MUSIKGESCHICHTE IN GESCHICHTEN

NORMAN LEBRECHT

Musikgeschichte in Geschichten

Aus dem Englischen übertragen
und als deutsche Ausgabe eingerichtet
von Ulla und Konrad Küster

Deutsche Verlags-Anstalt
Stuttgart

Die englische Originalausgabe
erschien 1985
unter dem Titel
»The Book of Musical Anecdotes«
bei André Deutsch, London.
Copyright © by Norman Lebrecht,
der die Einrichtung
der deutschen Ausgabe
autorisiert hat.

CIP-Titelaufnahme der Deutschen Bibliothek

MUSIKGESCHICHTE IN GESCHICHTEN
Norman Lebrecht.
Aus dem Englischen übertragen
und als dt. Ausgabe eingerichtet
von Ulla und Konrad Küster.
Stuttgart: Deutsche Verlags-Anstalt, 1989
Einheitssacht.:
The book of musical anecdotes ⟨dt.⟩
ISBN 3-421-06490-3
NE: Lebrecht, Norman [Bearb.]; EST

© der deutschen Ausgabe 1989
Deutsche Verlags-Anstalt GmbH, Stuttgart
Alle Rechte vorbehalten
Typographische Gestaltung:
Brigitte Müller
Gesamtherstellung:
Clausen & Bosse, Leck
Printed in Germany

INHALT

Einleitung 9

DIE ROMANTIK

IN DER ZWEITEN HÄLFTE DES 19. JAHRHUNDERTS

AUF DEM WEG INS 20. JAHRHUNDERT

DIE MODERNE UND IHRE ZEITGENOSSEN

Als Joseph Haydn 1791 nach London kam, war er von der gewaltigen Größe der Stadt und ihrem gesellschaftlichen Leben so begeistert, daß er, Systematiker von Geburt, seine Eindrücke in vier Notizbüchern niederschrieb. Mit dem Terminus »Anekdote« versah er sorgfältig jede der Geschichten, die er gleichsam als Souvenir mit nach Hause nehmen wollte, um sie bei passender Gelegenheit in Wien wieder zum besten geben zu können. Um dort seine Anhänger zu begeistern, notierte er sich die Geschichte von dem Geistlichen, der beim Anhören des Andantes in Haydns 75. Symphonie zusammenbrach und starb, weil ihm die Musik nachts zuvor bereits im Traum begegnet war. Seine Musikerkollegen wollte er mit dem Bericht von einem aufbrausenden Dirigenten erfreuen, der zu ungeduldig war, das Stimmen der Schlaginstrumente abzuwarten, und den Pauker deshalb aufforderte, sein Instrument während des Spiels fertigzustimmen. Und für seine adligen Gönner verzeichnete er genaue Beschreibungen des Essens beim Bürgermeister und eines Tageslaufes beim Pferderennen in Ascot sowie, etwas intrigant, eine eigenartige Bemerkung über den Fuß eines Fremden, der unter dem Unterrock der Duchess of Devonshire fleckig geworden war.

Haydn war ein Anekdotensammler aus Liebhaberei, und er verstand den Begriff »Anekdote« im weitesten zeitgenössischen Sinne – ähnlich wie es in der vierten Auflage von Samuel Johnsons Lexikon (1773) heißt: »Er [= der Begriff Anekdote] wird heutzutage, dem französischen Sprachgebrauch folgend, für Begebenheiten in der Biographie einer Person verwendet, für einen Detailaspekt des persönlichen Lebens.« Daß mit einer Anekdote an die Grenze der historischen Wahrheit vorgestoßen werden kann, daß mit einer Anekdote etwas humorvoll ausgedrückt wird – Aspekte, die der moderne deutsche Begriff einschließen kann –, bleibt in dieser Definition unberücksichtigt (übrigens auch in derjenigen des heutigen englischen Sprachgebrauchs).

Haydns Verständnis des Begriffs »Anekdote« war maßgeblich für die Anlage dieses Buches; das Leben großer Musiker wird in solchen Berichten über Geschehnisse gestreift, die von ihnen selbst, von ihren Freunden und Verehrern oder ihnen ferner stehenden Persönlichkeiten erstattet werden. Die Geschichten sind nicht bloßer Klatsch und ebenso keine Peep-Show, sondern sie sind gedacht als ein Mittel, ein – möglicherweise auch nur schwach anmutendes – Licht auf die Umstände zu werfen, unter denen Perlen der Musik entstanden. Die wiedergegebenen Geschichten sind witzig und tragisch, oberflächlich und tiefgründig, handeln von Alltäglichem und Erhabenem, von persönlichem und öffentlichem Wirken; sie versuchen, einem Jahrtausend der Musikgeschichte menschliche Züge zu verleihen.

Doch gerade in der Musik ist in den letzten fünfzig Jahren Anekdotisches mißbraucht worden und in Mißkredit geraten. »Heute tendiert man dazu, eine ›anekdotische Biographie‹ grundsätzlich in Frage zu stellen; man mißtraut jeder Geschichte, die sich nicht dokumentarisch absichern läßt«, schrieb Frank Walker 1962 in der Einleitung seines Buches »The Man Verdi«. Aber sogar dort, wo die dokumentarischen Verhältnisse günstig sind, tritt in der modernen Musikgeschichtsforschung oft die Biographik hinter den Detailanalysen von Notation und Form zurück. Hiervon freilich gibt es Ausnahmen, besonders bei David Brown (»Tchaikovsky«, 1978), Henry Louis de la Grange (»Mahler«, 1973), Maynard Solomon (»Beethoven«, 1977), Howard Chandler Robbins Landon (»Haydn«, 1976) oder Christopher Hogwood (»Handel«, 1985).

Die Entwicklung ist nirgends deutlicher zu verfolgen als an den großen musikalischen Nachschlagewerken, die von Zeit zu Zeit in Neufassungen vorgelegt werden, zum Beispiel an Lexika mit großer Tradition. Wo Sir George Groves »Dictionary of Music and Musicians« von 1879/89 eine Unmenge von persönlichen Betrachtungen in vier Bände preßt, bieten die zwanzig des »New Grove Dictionary of Music and Musicians« von 1980 ein Vielfaches an Daten, Tabellen und Übersichten, aber kaum eine einzige waschechte »Anekdote«. An hervorragenden musikwissenschaftlichen Instituten und Konservatorien werden unter ähnlichen Bedingungen heute Menschen ausgebildet, die zwar mit jeder Einzelheit der Mahlerschen Instrumentationskunst vertraut sind, aber sie wissen von diesem Komponisten selbst, der so intensiv um den Aufbau eines persönlichen Porträts bemüht war, nicht mehr als Geburts- und Todesjahr und sind allenfalls damit vertraut, daß er mit einer berühmten »femme fatale« verheiratet war. Das Persönliche eines Musikers scheint also im Nachhinein dazu verurteilt zu sein, das Schaffen nicht wesentlich beeinflussen zu dürfen.

In einer Zeit, in der der Kreis derjenigen, die sich für ernste Musik begeistern können, merklich enger wird und das Musikpublikum vergeblich nach Anregung und Information verlangt, überläßt man also die Funktion, die die Musikliteratur einnehmen könnte, reinen Geschäftemachern. Die Millionen Menschen, die sich zeitweilig für Mozart begeisterten, weil sie Peter Shaffers verzerrtes Bühnen- und Filmgesicht des Komponisten gesehen hatten (»Amadeus«, 1980), belegen, welch fundamentales Interesse eines weiten Publikums daran besteht, wieder einmal ein lebendiges Porträt großer Musiker gezeichnet zu bekommen.

Allem Anschein nach braucht man nichts von einem Komponisten zu wissen, um seine Musik genießen zu können. Doch der persönliche Einblick, den man über eine aussagekräftige »Anekdote« gewinnen kann, läßt Musik oftmals besser verstehbar werden und regt dazu an, sie tiefer zu ergründen. Wenn die jeweilige Geschichte genügend Leben und Begeisterungskraft hat, gibt sie auch der Musik eine besondere Würze.

Die frühesten anekdotischen »Musik-Geschichten« stehen in der Bibel; ein frühes Beispiel ist Samuels Bericht von Davids ausuferndem Tanzen beim Einzug in Jerusalem (2. Samuel 6,14–23). Nur relativ gering ist die Ausbeute, wenn man in den frühen Darstellungen der Musikgeschichte nach anekdotischem Material sucht. Erst gegen Ende des 18. Jahrhunderts, als mit Charles Burney und John Hawkins (beide mit dem eingangs zitierten Samuel Johnson bekannt) die führende Rolle in der Musikgeschichtsschreibung auf England überging, änderte sich das

Bild: Beide Autoren reicherten ihre zueinander in Konkurrenz stehenden Darstellungen mit zahlreichen Berichten aus älterer Zeit an. 1828 erschien dann die erste Anthologie der Musikanekdote (»Concert Room and Orchestra Anecdotes of Music and Musicians«); neben den Schriften von Burney und Hawkins als Hauptquellen schlugen sich dort die eigenen Forschungen des Verfassers jenes Buches, Thomas Busby, nieder.

»Anekdotische« Berichte aus der Musikgeschichte finden sich in Tausenden von Büchern, in Musikerbiographien, Memoiren und Briefausgaben, die längst vergriffen sind und in moderneren Studien nie erwähnt werden. Dieses vergessene Material enthält manches, was für die musikgeschichtliche Darstellung von einzigartiger Bedeutung ist; zum Beispiel findet sich der einzige Bericht eines Augenzeugen über die Begegnung (und die Trennung) von Brahms und Liszt, den so gegensätzlichen Polen romantischer Musik, in der Autobiographie des amerikanischen Pianisten William Mason, die im Jahre 1901 in New York erschien. Auch die Darstellungen des Lebens alter Meister, wie sie im 19. Jahrhundert geschrieben wurden, sind reich an »anekdotischem« Material. So enthält die 1883 erschienene Händel-Biographie von William Rockstro ein dreißig Seiten umfassendes Anekdotenkapitel – in dem freilich jede Geschichte peinlich genau bis zu ihrer Quelle zurückverfolgt wird.

Dagegen wird erstmals mit der vorliegenden Sammlung der Versuch unternommen, die Musikgeschichte systematisch anhand von anekdotenhaften Geschichten zusammenzufassen: als Überblick über Lebensstationen musikhistorisch bedeutender Gestalten. Zweck dieses Buches ist also, in knappem Rahmen das momentan herrschende Ungleichgewicht in der Darstellung von Musikgeschichte dadurch ein wenig zu beeinflussen, daß längst vergessene Berichte aus der musikalischen Vergangenheit zu neuem Leben erweckt werden; in einigen Fällen bedeutet dies sogar, daß völlig Unbekanntes erschlossen werden kann.

Die Auswahl mußte naturgemäß weithin zufällig und persönlich bleiben, und ich habe nicht den leisesten Zweifel daran, daß ich schöne Geschichten und reiche Quellen unberücksichtigt ließ. Manche Anekdote, die bei Plaudereien nach Tisch Eindruck zu machen pflegt, konnte nicht aufgenommen werden, da ihr Reiz im Druck verblaßt; andere, in denen fremdsprachige Wortspiele im Mittelpunkt stehen, blieben ausgeschlossen, weil sie unübersetzbar sind. Auch wurde auf einige berühmte Anekdoten verzichtet, wenn sie zu unglaubwürdig sind.

Mir erschien es am vernünftigsten, das Buch chronologisch anzulegen und dabei von den Geburtsdaten der einzelnen Person und nicht von bestimmten Begebenheiten auszugehen. Gelegentlich kommt eine unbedeutendere Persönlichkeit zu Wort, weil es zu ihr eine großartige Geschichte gibt; andererseits mußte ich – vor allem in den früheren Jahrhunderten – eine Reihe von Komponisten übergehen, weil sich für sie keine charakteristische »Anekdote« finden ließ. Vor allem fehlen daher bedauerlicherweise Guillaume Dufay, Giovanni Pierluigi da Palestrina, Alessandro Scarlatti, Charles Henri Valentin Alkan, Bedřich Smetana und Kurt Weill. Leser, denen passende Geschichten bekannt sind, bitte ich, mir diese über den Verlag zu übermitteln; auch bin ich für Hinweise auf Fehler dankbar, da diese bei einem Buch dieses Umfangs nur allzu leicht selbst einem noch so wachsamen Herausgeber-Auge entgehen können.

In der Regel habe ich Komponisten und Interpreten zu berücksichtigen versucht, die auf den Fortgang der Musikgeschichte von nachhaltigem, prägendem Einfluß waren. Für gut zwanzig der bedeutendsten unter ihnen ergaben sich dabei »Geschichten«-Reihen mit einigem Umfang. Freilich sollte man aber keine dieser Persönlichkeiten nach der Zahl der wiedergegebenen »Anekdoten« beurteilen: Extrovertierte oder exzentrische Künstler ließen um sich die besten Geschichten entstehen, und über Paganini, Rossini und Liszt könnte man anekdotenhafte Geschichten bändeweise zusammentragen.

Die Authentizitätsfrage ist ein Problem, das sich beim Umgang mit anekdotischem Material permanent stellt. Man kann nie sicher feststellen, wann (und ob) der Bericht von einer Begebenheit ausgeschmückt wurde, um die Wirkung zu erhöhen (dies ist sicherlich bei einer Vielzahl auch der besten Geschichten der Fall), und nicht immer läßt sich bestimmen, wann eine Geschichte überhaupt aufkam. Selbst kompetente Historiker stolperten bekanntlich über frei Erfundenes. Dies sei an einem Beispiel verdeutlicht.

»Bei meinem ersten Besuch in Wien, im Jahre 1845, saß ich einmal mit dem inzwischen verstorbenen, hervorragenden Harfenisten Parish-Alvars und Kapellmeister Reuling im Kaffeehaus bei einer ›demi-tasse‹, als letzterer mir eröffnete, daß exakt dort, wo wir nun saßen, Schubert viele Lieder komponiert habe, während er in Gesellschaft Beethovens seine Zigarre rauchte. Weil Schubert so korpulent war, häufte sich die herunterfallende Asche auf seiner Weste auf, und Beethoven, mit seinem oft plötzlichen Humor, blies sie von dort auf das Notenpapier und rief, heroisch übertreibend aus: ›Geben Sie acht, Phönix erhebt sich aus der Asche!‹«

John Ella, Konzertmanager und Musikschriftsteller im viktorianischen England, der diese Geschichte wiedergab, hätte allerdings wissen müssen, wie es um sie bestellt ist. Der Schubert-Forscher Otto Erich Deutsch, der sie in seinem Band »Schubert, Die Erinnerungen seiner Freunde« (Leipzig / Wiesbaden 1957) wieder abdruckte, widerlegt sie dort mit folgenden Argumenten: »Er [= Reuling] hatte Schubert nicht gekannt und also die Geschichte nur gehört. Schubert rauchte keine Zigarren, und soviel wir wissen, komponierte er nicht im Kaffeehaus. Er war auch mit Beethoven nie so intim, daß sie Stammgäste in einem solchen Lokal hätten werden können.« Jedenfalls wäre eine derartige Geschichte – abgesehen von ihrer Unglaubwürdigkeit – hier unter der Rubrik »Schubert« aufgenommen worden.

In der Regel habe ich die Geschichten bis hin zu ihrer ältesten gedruckten Quelle verfolgt. Wenn eine Anekdote in ihrer Aussage unzuverlässig erschien, wurde sie stets nur dann in diesen Band aufgenommen, wenn sie sich anderweitig absichern ließ. Dennoch wurden gelegentlich auch mißtrauenswürdige oder gar völlig widerlegbare Anekdoten aufgenommen, wenn sie den Charakter des Außergewöhnlichen haben, allerdings nur mit entsprechenden warnenden Hinweisen.

Die meisten Geschichten erscheinen in originaler Textversion, Orthographie und Interpunktion; nur bei ernstlicher Gefährdung von Verständlichkeit und flüssigem Lesen wurde von diesem Prinzip behutsam abgewichen. Auslassungen des Herausgebers sind mit drei Punkten gekennzeichnet, Zusätze stehen in eckigen Klammern. Fachausdrücke wurden nach Möglichkeit

vermieden, andernfalls erklärt, fremdsprachige Passagen übersetzt. Besondere textliche Verhältnisse (mangelnde Verständlichkeit eines wiederzugebenden Ausschnitts, Kürze, Kombination
mit einem zweiten Text) führten dazu, daß manche Geschichten
geringfügig umgeschrieben wurden; dies wurde in den Quellenangaben berücksichtigt (»nach...«). Quellenangaben im Hauptteil des Buches beschränken sich auf notwendigste Mitteilungen
über Autor und Zeit; diese wiederum verweisen auf das ausführ-
liche Quellenverzeichnis am Schluß des Bandes.

In zeitraubender, siebenjähriger Tätigkeit zur Vorbereitung
und Herausgabe des Buches habe ich international Hilfe in Form
von Anregungen, Material, Gastfreundschaft und Gesprächen
gefunden. Meine Dankesschulden an alle, die mir dabei zur Seite
standen, sind gewaltig. Besonderer Dank gilt all denen, die sich
mir persönlich zur Verfügung stellten, um direkt aus eigener
Erinnerung zu schöpfen, und denen, die mir die Wiedergabe
eines durch Copyright geschützten Textes erlaubten. Vor allem
gilt mein Dank aber Elbie und den Töchtern, deren dauernde
Geduld mit meiner Tätigkeit zu Bewunderung Anlaß gab und
stets zu deren Fortführung ermutigte.

Norman Lebrecht, 1985/1989

GUIDO VON AREZZO
nach 991 – vor 1050

Benediktinermönch. Im Bestreben, den Kirchen-
gesang zu erneuern, entwickelte er ein System
zur Benennung von Tönen (mit den Silben »ut«,
»re«, »mi« usw.); in Verbindung mit einer Sechs-
Ton-Leiter ergab sich dabei eine Möglichkeit
zum leichten Vom-Blatt-Lesen von Musik. Die
Methode blieb bis etwa 1600 in Gebrauch.

Papst Johannes [XIX.], der die römische Kirche führt, hatte davon erfahren, wie berühmt unsere Schule ist, besonders auch, wie
die Chorknaben aus unseren Antiphonarien [liturgischen Bü-
chern] Gesänge lernen, ohne sie je zuvor gehört zu haben; weil er
sich so sehr darüber wunderte, schickte er drei Boten zu mir, um
mich zu ihm einzuladen. Ich ging also nach Rom und nahm den
ehrwürdigen Abt Grunwald und Dom Peter, den Propst der Ka-
noniker der Kirche von Arezzo, mit mir, einen für unsere Tage
überaus gelehrten Menschen. Der Papst freute sich sehr, daß wir
kamen; wir erörterten vieles, und er befragte uns zu verschiedenen Themen. Unser Antiphonar blätterte er wie eine große gei-
stige Errungenschaft mehrmals durch, studierte die vorange-
stellten Erläuterungen und ruhte nicht eher, stand nicht eher von
dem Platz, an dem er saß, auf, bis er, seinem Vorsatz getreu, ein
Versikel gelernt hatte, das er noch nie gehört hatte, um sogleich
an sich selbst zu erfahren, was er von anderen gehört hatte und
kaum glauben konnte. Was soll ich weiter sagen? Der unsicheren
Verhältnisse wegen konnte ich nicht länger in Rom bleiben, weil
uns die sommerliche Hitze in dieser nahe am Meer gelegenen,
sumpfigen Gegend umzubringen drohte. Doch wir versprachen,

daß ich mich, sobald es Winter geworden wäre, zu einem neuerlichen Besuch verpflichtet fühlen würde, und dann werde ich die
Angelegenheit, die ich dem Papst in Umrissen vorgestellt habe,
seinem Klerus darlegen müssen.

Guido von Arezzo an Michael von Pomposa. In: Martin Gerbert, 1784

CHASTELAIN DE COUCY
um 1160–1203

Früher »Trouvère« (nordfranzösischer Minnesän-
ger), Teilnehmer an zwei Kreuzzügen.

Zur Zeit Philipp Augusts und Richards I. war Coucy, ein tap-
ferer und kultivierter Ritter in der Pikardie, außerordentlich verliebt in die Frau seines Nachbarn, des Herrn von Fayel. Nach
mannigfaltigen Schwierigkeiten und Mühen, wie sie sich in
einer solchen Lage ergeben können, beschloß der Liebhaber, das
Kreuz zu nehmen, um die Könige von Frankreich und England
ins Heilige Land zu begleiten. Als die Frau von Fayel seine Absicht erkannte, schuf sie ihm aus Seide und aus ihrem eigenen
Haar ein Netz, das er an seinem Helm befestigte, und schmückte
die Quasten mit großen Perlen. Selbstverständlich schieden die
Liebenden außerordentlich zärtlich voneinander. Nach seiner
Ankunft in Palästina vollbrachte Coucy viele tapfere und hel-
denhafte Taten, von denen er hoffte, daß deren Kunde auch zu
den Ohren der in Europa zurückgelassenen Geliebten dringe,
doch dann erhielt er leider in einer Schlacht, bei der die Christen
von den Sarazenen zurückgedrängt wurden, eine Wunde, die
bald für tödlich erkannt wurde, weshalb er einen Freund bat, im
Falle seines Todes sein Herz einbalsamieren zu lassen und der
Frau von Fayel zu schicken, ebenso in einer kleinen Kassette den
Schmuck, den sie ihm geschaffen hatte, und andere Zeichen ihrer Zuneigung sowie einen überaus zärtlichen Brief, den er ihr
noch auf dem Totenbett geschrieben hatte.

Der Freund gehorchte ihm in dieser Sache vollkommen, doch
als er in Frankreich ankam und um das Schloß, in dem die Dame

wohnte, herumstrich, um ihr bei erster Gelegenheit die Kassettte zu übergeben, entdeckte ihn der Herr von Fayel, ihr Mann, der ihn kannte und ahnte, daß er der Edelfrau Nachricht vom Chastelain zu überbringen beauftragt sei, dem Menschen, den er mehr als jeden andern haßte; er fiel über den Boten her und hätte ihn auf der Stelle ermordet, wenn dieser nicht um Gnade gebeten und ihm von dem Auftrag berichtet hätte, den ihm sein verstorbener Freund gegeben hatte. Als der erboste Edelmann die Kassette erblickte, ließ er den verängstigten Boten laufen und ging sofort zu seinem Koch, dem er befahl, das einbalsamierte Herz mit einer Soße zuzubereiten, die es genießbar mache, und es zum Mahl zu servieren. Gehorsam folgte der Koch und bereitete außerdem für seinen Herrn ein zweites Essen, das dem anderen äußerlich gleich war; von diesem nahm der Edelmann, während die Edelfrau das Herz ihres Liebhabers verspeiste. Nach dem Essen fragte der Seigneur de Fayel sie, wie es ihr geschmeckt habe. Als sie »sehr gut« antwortete, sagte er: »Ich dachte mir, daß es dir gefalle, denn ich vermutete, daß es ein Lebensmittel sei, auf das du stets sehr erpicht warst, und deshalb habe ich es dir auch zurichten lassen.« Die Edelfrau schöpfte noch keinen Verdacht und erwiderte nichts; ihr Mann dagegen verweilte noch länger bei seinem Thema und fragte sie, ob sie wisse, was sie gegessen habe. Sie verneinte. »Nun denn«, sagte er, »um dich noch mehr zu befriedigen, muß ich dir mitteilen, daß du das Herz des Chastelain de Coucy gegessen hast.« So an ihren Freund erinnert zu werden machte sie unruhig, doch sie konnte noch nicht glauben, daß ihr Mann es ernst meinte, bis er ihr die Kassette und den Brief gezeigt hatte. Als sie beides betrachtet und geprüft hatte, verlor sie die Beherrschung; nach einer kurzen Pause sagte sie dann zu Fayel: »Wirklich, du hast mir zu einem Lebensmittel verholfen, das ich überaus liebte, aber es ist das letzte, das ich überhaupt zu mir nehmen werde, denn nach ihm wird jedes Essen fade schmecken.« Darauf zog sie sich in ihre Kammer zurück, und weil man sie nicht mehr dazu bewegen konnte, irgend etwas zur Stärkung zu sich zu nehmen, setzten Fasten und Gram ihrem Leben bald ein Ende.

Aus einer Chronik des 13. Jahrhunderts. In: Thomas Busby, 1819. Von Jerome und Elizabeth Roche (A Dictionary of Early Music, 1981) als »bizarr und großenteils unwahr« widerlegt.

GUILLAUME DE MACHAUT
um 1300–1377

Komponist, Diplomat und Dichter aus Reims,
Führer der »Ars nova« im Frankreich und Italien
des 14. Jahrhunderts. Obwohl er Geistlicher war,
schrieb er vor allem weltliche Werke.

Halb blind, von Gicht gelähmt und fast sechzig Jahre alt, erhielt
Machaut von Peronelle d'Armatières, einem noch nicht zwan-
zigjährigen Mädchen edler Abstammung, einen Brief: »Sie, die
Euch nie gesehen hat, liebt Euch aufrichtig und möchte Euch ihr
Herz schenken.« Sie eröffnete ihm heimlich den Plan, ihn bei
einer Wallfahrt zu treffen, aber Machaut fürchtete sich vor einer
Begegnung mit ihr, weil er vermuten mußte, daß sie von seiner
Gebrechlichkeit abgestoßen werden könne.

Sie setzten sich aber miteinander unter einen Kirschbaum.
Dort schlief sie ein, den Kopf in seinem Schoß. Machauts Sekretär kam heran, legte auf ihre Lippen ein Blatt und sagte ihm, er
solle sich niederbeugen und sie küssen; dann zog er das Blatt
wieder fort... In der Messe küßten sie sich nochmals, hinter
einem Pfeiler verborgen.

Bei einer späteren Wallfahrt nahm Machaut Peronelle in der
Sommerhitze mit sich in ein Wirtshaus. Seine Schwägerin war
als Anstandsdame dabei und nahm das eine Bett im Zimmer ein,
das andere teilte Machaut mit seiner Geliebten und ihrer Dienerin. Peronelle drängte ihn, sie immer wieder zu küssen. Machaut
war zurückhaltend und sorge sich um ihre Ehre, gab aber endlich ihrem Drängen nach. Wenig später wurde Peronelle mit
einem jungen Mann verheiratet. In der Einsamkeit seines Alters
besang Machaut ihre gegenseitige Liebe in dem Gedicht »Voir
Dit«.

*Guillaume de Machaut, Le Livre du voir-dit, frei nacherzählt von Siegmund Leva-
rie, 1954*

Josquin des Près
um 1440–1521

Komponist der Hochrenaissance. Seine Werke ver-
legte der erste Musikaliendrucker der Geschichte,
Ottaviano Petrucci, in Venedig. Zu Josquins
Bewunderern zählte auch Martin Luther.

Ludwig XII., König von Frankreich, soll eine sehr schwache
Stimme besessen haben. Als dieser einst an einem Gesange Gefallen gefunden hatte, fragte er den vorzüglichsten seiner Sänger
[= Josquin], ob er den Gesang für mehrere Stimmen einrichten
könnte, dass er darin selbst eine Stimme singen könne. Der Sänger, über des Königs Forderung verwundert, von dem er wusste, dass er von der Musik gar nichts verstand, bedachte sich ein
wenig, bis er endlich eine Antwort gefunden hatte, und sprach:
Ja, mein König, ich will einen Gesang machen, in welchem auch
Ew. Majestät zu singen die Möglichkeit gegeben sein wird. Als
am folgenden Tage der König gefrühstückt hatte und nach der
Sitte des Hofes mit Gesängen zu erheitern war, brachte der Sänger den vierstimmig gesetzten Gesang hervor, den wir gleich
anführen werden. In demselben gefällt mir nicht sowohl das
Geistreiche der Kunst, als ich den mit der Kunst verbundenen
Fleiß loben muss. Denn er hat den Gesang so eingerichtet, dass
zwei Knaben aus einem Thema den Gesang anstimmten, gar fein
und zart, damit nicht die gar dünne Stimme des Königs verdeckt
würde, die zweite Stimme hatte er dem Könige gegeben in
einem einzigen fortlaufenden Tone in der Tonhöhe des Altes, da
diese zur Stimme des Königs passte; und nicht zufrieden mit diesem Kunstgriff (denn mit so großer Sorgfalt berücksichtigte er
alles in einer an und für sich unbedeutenden Sache, durch die er
aber den König sich geneigt machte) richtete der Komponist,
der selbst den Bass zu singen hatte, diesen, damit der König
nicht strauchle, so ein, daß er immer und immer wieder in der
zweiten Hälfte des Tempus den König in der Oktave unterstützte. Die Oktave ist aber gleichsam der gleiche Ton, durch
welchen nun die Stimme des Königs auffallend gestützt wurde.

Der König lächelte heiter zu dem Unternehmen und entließ ihn wohlgelaunt nicht ohne ihn zu beschenken und nicht ohne die erhoffte Gnade.

Heinrich Glarean, 1547

Unter vielem anderen erzählt man auch folgendes: Der französische König Ludwig XII. habe ihm irgendwelche geistliche Pfründe versprochen; doch da das leichtsinnig gemachte Versprechen, wie das an den Höfen der Könige zu gehen pflegt, nicht gehalten wurde, habe Jodocus [= Josquin], darüber aufgebracht, den Psalm »Memor esto verbi tui servo tuo« [»Gedenke deinem Knechte an dein Wort«] mit solcher Erhabenheit und Feinheit komponiert, dass er, vor einen Gerichtshof von Sängern gebracht und dann in strengem Gerichte geprüft, von allen bewundert wurde. Der König, schamrot, habe nicht gewagt sein Versprechen länger hinauszuschieben und die versprochene Wohlthat gewährt. Nun aber habe jener, als er die Freigebigkeit des Fürsten erfahren, sofort einen zweiten Psalm zur Danksagung angefangen, nämlich den Psalm »Bonitatem fecisti cum servo tuo Domine« [»Du tust Gutes deinem Knechte, Herr«].

Heinrich Glarean, 1547

MARTIN LUTHER
1483–1546

Reformator, Dichter vieler Kirchenlieder, die zu
einem Grundstock der protestantischen Kirchenmusik wurden. Ohne Luther, sagte man einmal,
habe es auch keinen Bach geben können.

Nachdeme D. Luther Im Anfang seines kampfes wieder die Bebstische [= päpstliche] mißbrauche, offentlich die furnemsten potentaten durchs gantze Reich zu feinden hatte, und auch sonsten privatim von Sathana viel große anfechtunge ausstehen muste, begab sichs oftermal, wan er In seinem schreibstublin seines

studirens und schreibens wartete, Das Ihn derselbe uff mancher-
ley weise und wege turbirte [= belästigte]. Einsmals kam M.
Lucas Edemberger (Hertzog Johann Ernsten Zu Sachsen prae-
ceptor) mit etzlichen seiner gessellen, allen guten Musicis, und
Georgen Rhauen, Ihne zu besuchen, So wird Ihme angezeigt,
das sich Luther In sein stublin verschlossen habe, und dasselbe
uber die Zeit zugehalten, habe auch in etzlicher Zeit nichts son-
derlichs gessen, noch getruncken, und niemand zu Ihme lassen
wollen. Da gedencket M. Lucas Es musse gewiß nicht recht
umb Ihn stehen, klopfet an, beckommet aber keine antwort, so
schauet er Zu einem lochlin durch die thur hinein und siehet,
Das Luther an der Erden auf seinem Angesichte ligt In einer On-
macht mit Ausgestreckten armen. Da offenet er die thur mit gewalt, ruttelet Ihn auf und fuhret Ihn Ins unter Losament [= ins
untere Logement], lesset Ihm ein wenig essen zurichten und fe-
het darauf an mit seinen gesellen zu musiciren. Da solches geschieht kombt D. Luther allgemach wieder Zu sich selbst und
verging Ihm sein schwermutt und Traurikeit, also das er auch
anfehet mit Ihnen zu singen. Hieruber wirdt er so frolich und
bittet gedachten M. Lucam und seine gesellen ufs vleissigste, Sie
wolten Ihn Ja oft besuchen, Insonderheit wan sie lust zu musiciren hetten und sich nichts irren noch abweisen lassen. Er hatte
auch gleich zu schaffen, was er wolle, Dan er befandt, sobald er
Musicam hörete, das sich seine tentationes [= Versuchungen]
und schwermut enderten, So sey der Teuffel Insonderheit der
Music, dardurch der Mensch frölich werde, sehr feindt, und
sehe nichts liebers, Dan wie er den Menschen könne durch
schwermut und Traurikeit ubereilen, und In Zagen und Zweif-
feln fuhren.

Matthäus Ratzeberger (1501–1559)

ORLANDO DI LASSO
um 1532–1594

Frankoflämischer Komponist, bedeutender Meister der Mehrstimmigkeit des 16. Jahrhunderts.
Weit gereist, gehören 200 italienische Madrigale,
146 französische Chansons, 93 deutsche Lieder und
rund 500 lateinische Motetten zu seinen Werken.
Seit 1564 Hofkapellmeister in München.

Wie dann einmal Anno [15]84 der Bischoff von Aichstet alhie
[= München] gewesen, und man bey S. Peter ausgangen, Ist
gleich im anzug zu morgen um 4. Uhr ein geling wetter entstanden donnert und gehimleyt [= gewetterleuchtet] und zway Wetter zusamen gangen, auch dermassen zu regnen angefangen, das
alle personen der Figurn eilents in die heuser und Kirchen unter-
stehen und der Klaider verschonen müssen. Ist also yederman
der mainung gewesen, man werde von den ungewitters wegen
den Umbgang [= Prozession] bis auf einen andern schönen tag
einstellen, Als haben die Fürsten personen etlichmal auf S. Peters
Thurn sehen lassen, wie sich das wetter anlasse, ob demselben
zuvertrauen, oder nit, aber alzeit durch die Thurner herab entbo-
ten worden, dem wetter sey khaines wegs zuvertrauen, Es gehen
wieder auf der andern seitten zway neue schwarze gewilkh und
wetter auf. Also seyen die Firstenpersonen lang im Zweifl gestanden, ob man ausgehen soll oder nit. Nun haben Ir. Fürstl.
Durchl. mich zum Stuel in der Kirchen hinzue gefordert und an-
gefragt, was ich vermain das zethun sey, darauf Ich underthenni-
gist geantwort, es wurde do es regnen solte grossen merkhlichen
schaden bringen, aber dieweil der, welcher das wetter machen
und aufhalten khönde, selbst mitgetragen, und Ime als dem Allmechtigen Gott dise ehr gescheche, So vermainte Ich es wer
demselben billich zuvertrauen, gefiel Ime dise andacht und Ererzaigung, so wurde er den regen schon aufhallten, wo nit So
wurde er auch ein andermal regnen lassen. Ich mainte man soll
vort gehen, darauf Ir. Fürstl: Durchl: genedigist geanntwortt,
Sie wellens gott in seinen göttlichen willen haimstellen und

demselben billich vertraun, Ich soll nur anziehen lassen. Wie Ich nun mit meinen MitCommissarien yederman in die ordnung angestellt, hat es anderst nit [aus-] gesehen, als wöll es alle augenplikh einen grossen plazregen thun, und etlichmal angehebt zu dropflen. Nun wie alle Ding in ordnung gewesen, bin Ich widerumb Zu Ir. Durchl. geritten, in die Kirchen hinein gangen, und Ir. Fürstl. Durchl. gehorsamist vermeldt, alle sachen seyen schon in guetter ordnung, Ir. Fürstl. Durchl. sollen nur in gottes Namen das Hochwirdige Sacrament lassen bis Zu der Kirchthir anziehen, und allda bis die Clerisey mit Iren Kreuzen und Fanen auch die Bruederschafften füriber gehen, alda verharren lassen, welches also geschehen..., welche zeit alweil der Himel gar Schwartz und trieb [trüb] gewesen. Und wie gleich das hochwirdig Sacrament durch die Kirchthür heraustragen wiert, und Herr Orlandt das gesang »Gustate et videte«, anhebt, so hebt die Sonnen dermassen an S. Petersthurm an zescheinen, das Ich vor lautter freiden aus der ordnung trit, und zu Ir. Fürstl. Durchl. hinzuegehe, und zaig derselben, wie die Sonnen an die thürn scheint, und sag mit diesen worten zu Ir. Fürstl. Durchl. »Gustate et videte quam suavis sit Dominus omnibus timentibus eum et confidentibus ei« [»Schmecket und sehet, wie freundlich der Herr ist. Wohl dem, der auf ihn traut!«], welches Ir. Fürstl. Durchl. mit freuden angehert, auch mir darauf genedigist geantwort, freilich, freilich. Ist auch also die ganze procession mit schöner Sonnen, und doch einem feinen Küelen lufftlen gar glickhlich und schön außgangen und umb die ganze Statt herum, auch wiederumb menigelich one schaden zu hauß khomen. Alsbalt aber die procession firiber [vorüber] gewesen, hat sich ein solcher Jamerlicher plazreng erhebt, alls der mit schapfen guß also das man vermaint es well ein wolkhenbruch khomen, daraus die Allmechtigkhait gottes, und die wahre presents [Präsenz] des zarten fronleichnams Jesu Christi und da dise schuldige ererzaigung und aller personen einhellige andacht gott dem Allmechtigen wohlgefellig gewesen, leichtlich hat khönden abgenomen und verstanden werden mögen, Welches nit allain damals, sonder auch etlichmal unterschidlicher weis, Sonderlich aber heur auch genuegsam hat khönnden gemerkht werden.

Bericht des Lizentiaten Müller, eines Lasso-Freundes, in: Adolf Sandberger, 1894/95

Don Carlo Gesualdo,
Fürst von Venosa
um 1561–1613

Italienischer Madrigalist und Mörder; beides
scheint für ihn ähnliche emotionale Quellen gehabt zu haben: Erst als Gesualdo aufhörte zu mor-
den, begann er ernsthaft zu komponieren. Sein ei-
genartiger Musikstil war in jüngerer Zeit eine Herausforderung für Strawinsky (»Monumentum pro
Gesualdo di Venosa«, 1960)

Gesualdo nahm die hochedle Donna Maria d'Avalos zur Frau,
die aber nur deshalb heiratete, um eine Legitimation für ihre Lie-
besspiele zu haben. Von Gesualdo fühlte sie sich bald vernachlässigt und gab sich daher einem Cavaliere hin, dem Herzog von
Andria. Als Gesualdo bemerkte, was vor sich ging, ließ er am
Zimmer seiner Frau ein falsches Schloß anbringen. Dann gab er
vor, über Land verreisen zu müssen, und die adlige Dame bestellte ihren Liebhaber für die folgende Nacht zu sich. Sie zogen
sich zurück und wurden schließlich über ihren Liebesvergnü-
gungen schläfrig. Währenddessen war Fürst Gesualdo inkognito
in den Palast gekommen. Er ging mit einigen Bewaffneten vor
die Tür seiner Frau, knackte das Schloß und schoß, während er
eintrat, auf beide, wobei der Herzog den Tod fand. Gesualdo trat
an das Bett und begann, seiner Frau mit einem »stilo« [einer
Stichwaffe] zuzusetzen; diese bat um Vergebung für die Sünden,
die sie begangen hatte, und um die nötige Zeit, sich näher erklären zu können. Doch alles war umsonst; sie zog das Leintuch
über ihren Kopf und starb, während sie ein »Salve Regina« be-
tete.

Nach Giovanni Battista Spaccini (1588–1636), in: Glenn E. Watkins, 1973

CLAUDIO MONTEVERDI
1567–1643

Italienischer Komponist, dessen Ziel es war, Musik zu schreiben, die einen Menschen ganz bewegen könne. Mit »Orfeo« (1607) schrieb er die erste reife Oper der Musikgeschichte. Geboren in Cremona – wohin er zeitlebens immer wieder zurückkehrte, wenn er in einer persönlichen Krise steckte –, verbrachte er zwanzig Jahre am herzoglichen Hof zu Mantua und dreißig als Maestro di cappella an San Marco in Venedig.

Ich tue Euer Hochwohlgeboren kund, wie, als ich mich in Gesellschaft des Kuriers v. Mantua befand und mit ihm nach Venedig mich begab, wir in Sanguanato – nicht im Orte selbst, sondern gut zwei Meilen davon entfernt – von drei plötzlich hervorbrechenden Spitzbuben in solcher Art beraubt wurden: mit einem Mal kam aus einem Felde, das die Straße abschloß, einer hervor von bräunlicher Hautfarbe, mit spärlichem Bartwuchs und von mittlerer Größe, bewaffnet mit einer langen Radflinte mit gespanntem Hahn, und einer der Schurken kam aus der Bande hervor und erschreckte mich mit seiner Flinte, und der andere griff mit den Händen den Pferden in die Zügel, die ganz ruhig weiter gingen, ohne den geringsten Widerstand, und ins Feld hineinzogen. Ich war schnell ausgestiegen und mußte mich nun niederknien, und einer von den zwei Flintenbewaffneten verlangte von mir die Börse und der andere machte sich beim Kurier zu schaffen und verlangte von ihm die Koffer, und als der Kurier selbe vom Wagen heruntergezogen hatte, öffneten sie einen nach dem andern, und ein Räuber packte alles, was ihm

27

unterkam und was der Kurier ihm bereitwilligst gab. Ich jedoch lag die ganze Zeit über auf den Knien, von jenem andern mit dem Schießgewehr festgehalten; so rafften sie alles zusammen, was ihnen unter die Augen kam, der letzte von den drei Schurken, der einen Degen in der Hand hielt, hatte den Aufpasser gemacht und hielt gespannt Ausschau, ob niemand von der Straße her käme. Als sie alle Sachen ganz genau durchwühlt hatten, kam jener, der den Kurier durchsucht hatte, zu mir her und sagte mir, ich solle mich ausziehn, er wolle alles sehn, und ob ich noch Geld habe. Als ich bezeugte, daß ich keines habe, ging er zu meiner Magd hin, um das Gleiche zu tun, und sie wehrte sich mit vielen Bitten, Beschwörungen und Tränen und brachte es dahin, daß er sie in Ruhe ließ. Dann ging er wieder zu den Sachen und zu den Koffern, machte aus dem Besten und Schönsten ein Bündel, und wie er so herumsuchte, um etwas zum Anziehn zu finden, kam er auf meinen Mantel, und als der Schelm merkte, daß er ihm zu lang war, sagte er: »Gib mir einen anderen«, dann griff er nach demjenigen meines Söhnleins; aber da er ihn zu kurz fand, sagte nun der Kurier: »Herr, er gehört dem armen Unschuldigen, gebt ihn her!« Und er gab sich zufrieden, dann fand er einen Anzug von dem Knaben und verfuhr wieder so, und auch noch Sachen der Magd erhielt er so als Geschenk durch vieles Bitten; aus dem übrigen machten sie ein großes Bündel, nahmen es huckepack und trugen es davon. Dann packten wir das Übrige zusammen und gingen in die Herberge. Am folgenden Morgen brachten wir in Santaguanata die Klage ein, dann reisten wir ab, ich sehr verzweifelt, und gelangten nach Este, dort wurde ein Schiff nach Padua genommen, welches die ganze Donnerstagnacht und beinahe den ganzen Freitag auf Sand gelaufen festlag, da niemand sich darum bekümmerte, daß es losgekommen wäre. Endlich gegen die zwanzigste Stunde, bei starkem Wind und Regen, wer anders als unser Kurier saß da auf achter im ungedeckten Boot und steuerte drauf los, er mühte sich aber auch tüchtig mit dem Rudern ab, und so gelangten wir nach Padua, das wir kurz nach ein Uhr betraten.

Claudio Monteverdi an Alessandro Striggio (1573–1630), den Librettisten des »Orfeo«; in: Hans Ferdinand Redlich, 1949

HEINRICH SCHÜTZ
1585–1672

Erster deutscher Komponist, der außerhalb der
deutschen Reichsgrenzen zu Berühmtheit kam.
Er schrieb viel protestantische Kirchenmusik –
und die erste deutsche Oper (»Dafne«, 1627).

Dem Churf. Durchl. zu Sachsen wol ver-
ordneten Herrn Geheimbden Secretario
Herrn Christian Reichbrohdt zu grosgon-
stigen geehrten Handen in Dresden.

Hochgeehrter Herr.

... [Ich] kann dem Herrn von dismal nicht bergen, das der Bassist
aus Armuht seine Kleider vor etlicher Zeit wieder verpfändet,
und seithero in seinem hause, nicht anders als Eine bestie im
Walde verwildert, numehr sich auch wieder reget, und mir
durch seine Frau hatt sagen lassen, das Er davon gehen mus undt
will... Ist aber schade und immer schade ümb solche köstliche
stimme das Sie aus der Capell verlohren gehen solle, was ists,
das sonst an seinem humor nichts sonderliches taugliches, undt
seine Zunge teglich in der Weinkanen will abgewaschen sein,
alleine Eine solche weite gurgel bedarff auch mehr nässe als
manche enge, und ob der guete Kerl seine geringe besoldung
gleich auch richtig bekäme, würde Sie doch zu grossen bancke-
ten nicht anreichen, und wann man dieses Kerls gubernement,
und haushaltung recht erkennen wolle, Solle man ihm, wie ich
vermeine, Sein gering bislein nur zu rechter Zeit geben lassen,
als lange aber solches nichts geschieht, kann man ihm gleichwol
für einen grossen Verschwender auch nicht ausruffen... Ver-
bleibe allezeit meines Hochgeehrten Herrn
Schuldiger Diener
Heinrich Schütz.

Dresden am 28 May
1652

Heinrich Schütz, Gesammelte Briefe und Schriften, 1931

JEAN-BAPTISTE LULLY
1632–1687

Italiener (geboren als Giovanni Battista Lulli),
der als Jugendlicher nach Frankreich kam und
dort von Ludwig XIV. protegiert wurde. Er entwickelte einen speziellen französischen Opern-
stil, schrieb mit Molière Ballettkomödien und
trat in der berühmtesten als Tänzer auf: in »Le
Bourgeois gentilhomme«.

[Seine Oper »Armide«] wurde zunächt nur kühl aufgenommen;
die Musik hatte weniger gefallen als gewöhnlich. Lully, der von
seinen eigenen Kompositionen derart überzeugt war, daß er, wie er
sich selbst eingestand, jeden umgebracht hätte, der ihm gesagt
hätte, sie seien schlecht, ließ das Werk für sich zum eigenen Vergnügen aufführen; er war der einzige Zuhörer. Dieser eigenartige
Umstand wurde dem König zugetragen, der daraufhin entschied,
die Oper könne nicht schlecht sein, wenn Lully selbst eine so gute
Meinung von ihr habe. Daher ordnete er an, in seiner Anwesenheit
das Werk aufzuführen, und er war von ihm so begeistert, weshalb
sich auch Hof und Publikum in ihrer Meinung umstimmen ließen.
George Hogarth, 1838 (2)

Oft wurde er gedrängt, eine kleine »air« auf der Violine vorzutragen, aber er verweigerte sich großen Herrschaften ebenso wie
seinen Kunstgenossen. Der einzige, der ihn zum Spielen bewegen konnte, war der Maréchal de Grammont. In seinem Gefolge
befand sich ein Mann namens La Lande, der später einer der berühmtesten Geiger Europas wurde. Einmal nach einem Essen
bat der Maréchal Lully, seinem Diener beim Spiel zuzuhören
und ihm Ratschläge zu geben. La Lande kam und spielte vermutlich so gut wie möglich. Lully dagegen war von den Fehlern, die jener machte, so verwirrt, daß er das Instrument nahm
und, als er nun einmal angefangen hatte, drei Stunden lang
spielte und die Violine dann nur ungern aus der Hand legte.
Lecerf de la Viéville, 1705

Der König war lebensgefährlich erkrankt; als er aber wieder ge-
nas, bekam Lully den Auftrag, ein Te Deum zu komponieren…
Er hatte bei der Komposition der Musik und den Vorbereitungen für die Aufführung nichts vernachlässigt; um seinen Eifer
noch deutlicher sichtbar zu machen, wollte er selbst den Takt
klopfen. Mit dem großen Stab, den er hierfür benutzte, verletzte
er sich im Eifer des Gefechts und stieß ihn sich in den Fuß. Dort
entstand zunächst nur eine kleine Schwellung, die aber derart
wuchs, daß sein Arzt, Mons. Alliot, ihm riet, sofort die Zehe
amputieren zu lassen, einige Tage später folgte der Fuß, schließlich das ganze Bein.

John Hawkins, 1776

Lullys Beichtvater weigerte sich, ihm die Absolution zu erteilen,
wenn er nicht die Noten zu seiner Oper »Achille et Polixene«
verbrenne, die er gerade für die Bühne komponierte. Lully willigte ein und überantwortete die Musik den Flammen. Als sich
Lully ein paar Tage später wieder wohler fühlte, besuchte ihn
einer der jungen Prinzen von Vendôme und sagte: »Warum,
Baptiste, seid Ihr ein solcher Idiot gewesen, Eure neue Oper wegen eines griesgrämigen Priesters zu verbrennen?«
   »Psst, psst!«, antwortete Lully. »Ich habe noch ein zweites Ex-
emplar davon.«

Charles Burney, 1776–89

ALESSANDRO STRADELLA
1638/39–1682

Italienischer Komponist. Schrieb vor allem Vokal-
werke (besonders Opern).

Ein venezianischer Nobile, dessen Geliebte eine bereits gut aus-
gebildete Sängerin war, wollte, daß Stradella, ein beliebter
Komponist, sie in ihrer Kunst vervollkommene, und bat ihn, sie

bei ihr zu Hause zu unterrichten – was völlig gegen venezianische Sitte war, da die Venezianer bekanntlich überaus eifersüchtig sind. Nach einigen Monaten Unterricht waren Lehrer und Schülerin einander derart zugeneigt, daß sie miteinander durchzubrennen beschlossen. Der Venezianer, an den Rand der Verzweiflung getrieben, beschloß, sich zu rächen und beide umbringen zu lassen. Sogleich schickte er nach zwei der berüchtigsten Mörder im damaligen Venedig.

Sie kamen nach Rom und erfuhren, daß Stradella am folgenden Tage nachmittags um fünf Uhr in S. Giovanni in Laterano ein Oratorium aufführen werde; dorthin gingen die Mörder in der Hoffnung, ihren Auftrag ausführen zu können, wenn Stradella anschließend mit seiner Geliebten nach Hause gehe. Doch die Musik ließ im Publikum eine solche Begeisterung aufkommen und wirkte auch bei den Mördern so tief, daß ihr Wüten in Frömmigkeit verkehrt wurde; sie wurden sich darüber einig, daß es ein Jammer wäre, einen Menschen umzubringen, dessen musikalische Begabung in ganz Italien bewundert werde.

Als sie die Kirche verließen, gratulierten sie ihm zu seinem Werk, legten ihm ihren Auftrag, ihn zu töten, offen und rieten ihm, sich am folgenden Tage umgehend in Sicherheit zu bringen.

Nach Pierre Bennet-Bourdelot, 1715. Nach weiteren Anschlägen, die von Venedig aus auf Stradellas Turiner Leben verübt wurden, wurde er schließlich in Genua von einem Soldaten erstochen.

ARCANGELO CORELLI
1653–1713

Corelli legte mit seinen Concerti grossi die Grundlagen, auf denen sich das Solokonzert entwickeln konnte.

Corelli, der in Rom »das höchste Ansehen« genoß, wurde gedrängt, am Königshof in Neapel aufzutreten, und nahm zwei Mitglieder seines eigenen Orchesters dorthin als Begleiter mit.

Es bedurfte einiger Überredungskunst von seiten Alessandro Scarlattis und anderer, bevor er seine Konzerte vor den Ohren des Königs zu spielen bereit war: Er habe nicht sein eigenes Orchester dabei und nicht genügend Zeit zum Proben, erklärte er. Doch bald stellte er fest, daß die neapolitanischen Musiker das vom Blatt spielen konnten, wofür seine römischen mehrere Proben gebraucht hätten, um das Stück jeweils perfekt musizieren zu können.

Das erste Stück, das er spielte, war eine Sonate, die der König so lang und trocken fand, daß er, weil er müde sei, zu Corellis großem Entsetzen den Raum verließ. Dann bat man Corelli, Scarlattis Musik zu einem Maskenspiel vorzutragen. Er versagte, war aber über alle Maßen erstaunt, daß die neapolitanischen Geiger es mit Perfektion spielen konnten. Schließlich wurde seine Arie in c-Moll gegeben; Corelli spielte C-Dur. »Riccominciamo«, sagte Scarlatti gutmütig – beginnen wir von vorn. Wieder spielte Corelli in der falschen Tonart, bis Scarlatti ihn laut korrigierte. Corelli schied in Ungnaden aus Neapel und gab das Geigenspiel bald völlig auf.

Bericht Francesco Geminianis bei Charles Burney, 1776–89

MARIN MARAIS
1656–1728

Komponierte in Paris größere Werke für Viola da gamba, die er spielte wie kein anderer. Unter seinen Werken findet sich auch eine Suite, in der eine Gallenblasenoperation musikalisch wiedergegeben wird.

Nach Hotmans Tod [Nicolas Hotman († 1163) war ein deutsch-französischer Gambist und Komponist] übernahm Sainte-Colombe den Schüler [Marais] seines Meisters, stellte aber nach sechs Monaten fest, daß jener ihn allmählich übertraf. Daher sagte er ihm, daß er ihm nun nichts mehr beibringen könne. Marais, der von seiner Gambe leidenschaftlich begeistert war, hätte

dennoch gern mehr von den Kenntnissen seines Lehrers profi-
tiert, um dabei sein eigenes Spiel auf dem Instrument noch zu
verbessern. Weil er jederzeit Zutritt zu dem Haus seines Lehrers
hatte, wartete Marais, bis der Sommer kam, wo Sainte-Colombe in einer kleinen Sommerhütte übte, die er zwischen den
Zweigen eines Maulbeerbaumes eingerichtet hatte, um dort die
völlige Ruhe und die angenehme Umgebung genießen zu können. Sobald sich Sainte-Colombe nun in diesem wunderlichen
Übungsraum eingeschlossen hatte, schlüpfte Marais darunter
und lauschte mit großem persönlichen Gewinn, wie jener bestimmte Passagen spielte, und verfolgte bestimmte Stricharten,
die die alten Meister als Geheimnisse bewahrten. Diese List ließ
sich aber nicht lange verbergen, denn einmal entdeckte Sainte-
Colombe seinen Schüler doch und achtete fortan darauf, daß
dieser seine Übungen nicht länger belauschen konnte.

Edmond van der Straeten, 1914

Henry Purcell
1659–1695

Der letzte bedeutende englische Komponist für
zweihundert Jahre. Purcell schrieb für Bühne und
Kirche sowie für die Chapel Royal. »Dido und
Aeneas« war die erste englische Oper.

Purcell starb am 21. Tag des Novembers 1695. Einer Überlieferung zufolge soll sein Tod nach einer Erkältung eingetreten sein,
die er sich in einer Nacht zugezogen hatte, in der er darauf wartete, in sein eigenes Haus eingelassen zu werden. Es heißt, er sei
ein Nachtschwärmer gewesen, und seine Frau soll die Diener angewiesen haben, ihn nach Mitternacht nicht mehr einzulassen.
Leider kam er damals noch eine Stunde später vom Wirtshaus,
erhitzt vom Wein, und wegen der Rauheit des Wetters zog er
sich eine Krankheit zu, an der er starb.

John Hawkins, 1776. Hawkins traut der »Überlieferung« nicht.

François Couperin
1668–1733

Bekannt als »Couperin Le Grand« (um ihn von
anderen Musikern in seiner Familie zu unterscheiden), wurden von ihm vier Bände mit Cem-
balomusik gedruckt, die auch Bach beeinflußten.

Die Sonate Nr. 1 in dieser Sammlung [die vier Suiten »Les Na-
tions«] ist die erste, die ich komponierte, und zugleich die erste,
die in Frankreich überhaupt entstand. Ihre Geschichte ist eigenartig. Begeistert von den Sonaten des Signor Corelli, dessen
Werk ich zeitlebens Bewunderung schuldig bin, ebenso wie ich
die französischen Werke von M. de Lully liebe, versuchte ich
selbst, eine zu komponieren.

Ich kenne die Begeisterung, die die Franzosen Neuem aus dem
Ausland entgegenbringen, und hatte nicht genügend Selbstver-
trauen; so gab ich vor, daß mir ein Verwandter, der im Dienst
des Königs von Sardinien stehe, eine Sonate eines jungen italienischen Komponisten geschickt habe. Ich baute aus den Buchstaben meines Namens einen italienischen Coperuni oder Pernu-
cio, den ich statt meines eigentlichen gebrauchte. Die Sonate
wurde begeistert aufgenommen. Ich schrieb noch weitere, und
mein ins Italienische transformierter Name brachte mir Verstell-
tem viel Beifall ein.

Couperin 1726 in seinem »Aveu de l'auteur au public«. Nach W. S. Newman, 1983

Antonio Vivaldi
1678–1741

Beruf und Haarfarbe brachten ihm den Beinamen
»Der rothaarige Priester« ein. Vivaldi stand die
meiste Zeit seines Lebens an einem Waisenhaus für
Mädchen in Venedig in Diensten, für dessen Schü-
lerinnen er gut fünfhundert Konzerte schrieb

(darunter auch »Die vier Jahreszeiten«); außerdem
komponierte er über vierzig Opern. 1741 zog er
nach Wien und starb dort in großer Armut.

Es heißt von ihm, daß ihm eines Tages beim Messelesen plötzlich ein Fugenthema einfiel, so daß er zur Überraschung der Gemeinde den Altar verließ, in die Sakristei eilte, um es aufzu-
schreiben, und danach zurückkehrte, um den Gottesdienst zu
Ende zu zelebrieren. Für dieses Vergehen wurde er vor die Inqui-
sition gebracht; aber der Fehltritt wurde als Verirrung des Geistes eingestuft, und er bekam keine weitere Strafe als die, daß
ihm für die Zukunft das Messelesen verboten wurde.

*George Hogarth, 1838 (2). Vivaldi selbst behauptete allerdings, vom Messelesen be-
freit worden zu sein, weil er den Gottesdienst dreimal wegen seines Lungenleidens
hatte unterbrechen müssen.*

Ich blieb so lang allhier [auf dem Maskenfest in der Redoute in
Venedig] biß es Zeit in die opera zu gehen war, alsdann fuhr mit
etlichen Bekannten in die von St. Angelo so kleiner und auch
nicht so kostbar als die oben beschriebene ist, der entrepreneur
davon war der berühmte vivaldi, so auch die opera componirt
hatte, und die recht artig und sehr wohl anzusehen war, die ma-
chinen waren nicht so kostbahr als die in dem andern theatro, die
Symphonie nicht so starck aber nichts desto weniger verdiente
sie gar wohl gehört zu werden... Gegen das ende spielte der vivaldi ein accompagnement solo, admirabel, woran er zu letzt
eine phantasie [Kadenz] anhing die mich recht erschrecket, denn
dergleichen ohnmöglich so jemahls ist gespielt worden noch
kann gespiehlet werden, denn er kahm mit den Fingern nur
einen strohhalm breit an den steg daß der bogen keinen plaz
hatte, und das auf allen 4 saiten mit Fugen und einer geschwindigkeit die unglublich ist, er surprenierte damit jedermann,
allein daß ich sagen soll daß es mich charmirt das kan ich nicht
thun weil es nicht so angenehm zu hören, als es künstlich gemacht war.

*Johann Friedrich Armand von Uffenbach, 4. Februar 1715. In: Eberhard Preußner,
1949*

36

Georg Philipp Telemann
1681–1767

Deutscher Komponist, schrieb rund tausend Suiten, 120 Konzerte und zahlreiche Opern. Fand
seine Lebensstellung in Hamburg, von wo aus er
sich um das Leipziger Thomaskantorat bewarb;
dort wurde er Bach vorgezogen, trat die Stelle
aber nicht an.

[Ich] sehnte mich nach einer hohen Schule, wozu ich Leipzig er-
kiesete. Ich reisete nach meiner Vaterstadt [Magdeburg], um
hiezu das benöthigte in Ordnung zu bringen. Ein veranstaltetes
Examen brachte den Ausspruch zu Wege, daß ich ein Jurist werden, und der Musik gäntzlich absagen sollte. Jenes war ohne dies
meine Absicht; und zu diesem bequemte ich mich ohne allen
Wiederspruch, mit dem festen Vorsatze, auf einen geheimen
Rath loß zu studieren: hinterließ auch meine gantze musikalische
Haushaltung, und begab mich 1701 nach Leipzig, da ich unterwegs in Halle, durch die Bekanntschaft mit dem damahls schon
wichtigen Hrn. Georg Fried. Händel beynahe wieder Notengifft
eingesogen hätte. Allein ich hielt fest, und nahm meine vorige
Gedancken wieder mit auf den Weg. Ich langte an, und kam am
schwartzen Brete mit einem ansehnlichen Studioso überein, dessen Stubenpursch zu werden. Mein Reisegeräthe ward geholet;
aber wie klopffte mir das Hertz, als ich Wände und Winkel der
Stube mit musikalischen Instrumenten versehen fand! mir
wurde alle Abend was vorgemusiciret, welches ich bewunderte;
ob ich es gleich selbst weit besser konnte.

Ich fing indes meine Collegia an... Mittlerweile kömt mein
Stubenpursch einst über meinen Coffre [Koffer], und findet den
von mir componirten sechsten Psalm, der, ich weiß nicht wie,
unter mein Leinenzeug gerathen war. Ich verständigte ihn meines Vorhabens, welches er billigte; bat sich aber den Psalm aus,
um ihn am nähesten Sonntage in St. Thomaskirche musiciren zu
lassen. Der damalige Bürgermeister und geheime Rath, Hr. D.
Romanus, findet Geschmack daran, und beredet mich, alle 14.

Tage ein Stück für besagte Kirche zu setzen; wogegen ich mit einem erklecklichen Legat versehen wurde.

Aus Telemanns Autobiographie in Johann Matthesons »Ehrenpforte«, 1740

Frau Telemann war mit ihrem Liebhaber durchgebrannt, wobei sie ihrem Manne eine Schuldenlast von 3000 Talern hinterließ, eine für damalige Zeit ungeheure Summe. Freunde traten für ihn ein und sammelten, um wenigstens einen Teil dieser Forderung zu decken... In einem der spaßigerweise in Versen abgefaßten Briefe an seinen Rigaer Freund Hollander wirbt er ziemlich unverblümt um weitere Spenden:

»Mein Zustand steht anitzt noch ziemlich zu ertragen.
Die Frau ist von mir weg und die Verschwendung aus.
Kann ich der Schulden mich von Zeit zu Zeit entschlagen
so kehrt das Paradies von neuem in mein Haus.
Das wehrte Hamburg hat mir treulich beygestanden,
und seine milde Hand voll Großmut aufgethan,
doch auswerts sind vielleicht noch Gönner mehr vorhanden.
Getrost! ich bin indeß

Dein Diener Telemann.«

Richard Petzoldt, 1967

JEAN-PHILIPPE RAMEAU
1683–1764

Bis zu seinem 50. Lebensjahr war er Klavierkomponist und angesehener Musiktheoretiker; dann wandte er sich auch der Bühne zu. In den darauffolgenden dreißig Jahren erneuerte er mit 25 größeren Werken die französische Oper.

Bei Proben mußte er viel reden; er tat dies mit solchem Feuer, daß sein Mund trocken werden konnte und er etwas Obst essen mußte, um weitersprechen zu können. Das gleiche konnte auch passieren, wenn er sich mit anderen unterhielt, und gerade in dem Augenblick, wo er besonders angeregt war, wurde er dann plötzlich stumm, öffnete den Mund und verdeutlichte pantomimisch, daß er nicht mehr sprechen könne.

Hugues Maret, 1766. In: C. M. Girdlestone, 1957

Bei einer Probe zu der Oper »Les Paladins« forderte Rameau eine Sängerin auf, eine bestimmte Arie wesentlich schneller zu singen.

»Aber wenn ich so schnell singe«, sagte die Künstlerin, »wird das Publikum die Worte nicht mehr verstehen können.«

»Das macht gar nichts«, antwortete der Komponist, »ich möchte nur, daß man meine Musik hören kann.«

R. B. Douglas, 1898

Trotz des hohen Ansehens, das Rameau genoß, hatte er mit »Les Paladins« keinen Erfolg; die Oper wurde abgesetzt, bevor das Publikum die Musik richtig aufgenommen hatte – »die Birne war noch nicht reif«, erklärte Rameau.

»Das hinderte freilich nicht, daß sie trotzdem vom Ast fiel«, gab Sophie Arnould zurück.

R. B. Douglas, 1898. Sophie Arnould (1740–1802) war eine französische Sopranistin, die vor allem in Rameau- und Gluck-Opern auftrat.

Gegen Ende seines Lebens sagte er zu einem Freund: »Geschmack habe ich nun mehr als früher, aber keine Begabung mehr.«

Nach C. M. Girdlestone, 1957

JOHANN SEBASTIAN BACH
1685–1750

Geboren in Eisenach. Gehörte einer Familie an,
aus der in sieben Generationen gut sechzig Mitglieder Berufsmusiker waren. 1723 wurde er Director musices und Thomaskantor in Leipzig.
Nur relativ wenige Menschen, mit denen er zusammen war, berichteten über Persönliches,
wenn sie von Bach sprachen.

Johann Sebastian Bach... pflegte sich mit Vergnügen einer Begebenheit zu erinnern, die ihm auf einer in seiner Jugend angestellten musikalischen Reise begegnet war. Er war auf der Schule
zu Lüneburg, in der Nähe von Hamburg, wo damals ein sehr
gründlicher Organist und Componist, Nahmens Reinecke [Jan
Adams Reinken, 1623–1722] blühete. Da er um diesen Künstler
zu hören, öfters eine Reise dahin machte, so geschah es eines Tages, da er sich länger in Hamburg aufgehalten hatte, als es das
Vermögen seiner Börse erlaubte, daß er bey seiner Zurückwan-
derung nach Lüneburg, nicht mehr als ein paar Schillinge in der
Tasche hatte. Noch nicht hatte er den halben Weg zurück gelegt,
als ihn ein starker Appetit anwandelte, und er zu dem Ende in
einem Wirthshause einkehrte, wo ihm bey dem köstlichen Geruch aus der Küche, die Lage, worinnen er sich befand, noch
zehnmal schmerzhafter vorkam. Mitten in seinen trostlosen Betrachtungen darüber hörte er ein knarrendes Fenster öfnen, und
sahe, daß aus selbigem ein paar Heringsköpfe auf den Kehrigt
geworfen wurden. Als einem ächten Thüringer, fieng ihm beym
Anblick dieser Figuren der Mund zu wässern an, und er säumte
keinen Augenblick sich ihrer zu bemächtigen; und siehe, o Wunder! er hatte kaum angefangen sie zu zergliedern, so fand er in
einem jeden Kopfe einen dänischen Ducaten versteckt; welcher
Fund ihn in den Stand setzte, nicht allein nunmehro eine Portion
Braten zu seiner Mahlzeit hinzuzufügen, sondern annoch mit
ehestem mit mehrer Gemächlichkeit eine neue Wallfahrt zum
Hrn. Reinecke nach Hamburg zu unternehmen. Besonders ist

es, daß der unbekannte Wohlthäter, der ohne Zweifel am Fenster gelauschet haben wird, um zu sehen, welchem Glückskinde sein Geschenk zu theil werden würde, nicht die Cüriosität gehabt hat, die Person und Eigenschaften desselben näher zu recognosciren.

Friedrich Wilhelm Marpurg, 1786. In: Bach-Dokumente III, 1972

[5.8.1705]

Erscheinet Johann Sebastian Bach Organist in der Neüen Kirchen alhier, mit Vorbringen wie Er gestern abends etwas späte in der Nacht vom Schloße aus, nacher Hause gangen und ufm Marck kommen, hetten 6. Schüler ufm Langensteine geseßen, alß er nun dem Rathhause gleich kommen, were ein Schüler Geyersbach hinter ihm her und mit einem Brügel uf ihn loß gangen, mit diesen Formalien; Worumb er ihn geschimpfet hette? Er geantwortet, er hette ihn gar nicht geschimpfet, und könte es ihm auch niemand beweisen, maßen er ganz stille gangen; daruf Geyersbach gesagt, ob er gleich ihn nicht geschimpfet hette, so hette er doch seinen Fagott einsmahls geschimpfet, u. wer seine Sachen schimpfte, der schimpfte auch ihn, und hette es geredet wie ein Hunds etc. etc. und zugleich uf ihn loß geschlagen, weiln er nun sich deßen nicht versehen, so hette er nach seinem Degen greiffen wollen, es were aber Geyersbach ihm in die Arme gefallen, und sich mit ihm herumb gezerret...

[14.8.1705]

Wird dem Schühler Geyersbachen was der Organist Bach wieder ihn geclaget vorgeleßen. [Dieser bestreitet], daß er klagenden Bachen vorgepaßet, sondern alß von dem Schuster Jahnen er zu seines Kindes Tauffmahl gebethen worden, und sie abends mit denen Gevatterinnen ein ständgen gemachet sey Bach mit der TabacksPfeiffe im munde über die straße gangen kommen, darauf Geyersbach selbigen gefraget, Ob ers geständig Ihn einen Zippel Fagottisten geheißen zu haben, da er nun solches nicht läugnen können, hätte Er Bach den Degen alßbald gezogen, dagegen Er Geyersbach sich ja wehren müßen, würde sonst ihm einen schaden gethan haben...

[19.8.1705]

...[Konsistorium:] Mann... müste... sich mit denen Schüh-
lern vergleichen [vertragen] auch eines dem andern das leben
nicht sauer machen.

Arnstädter Konsistorialakten von 1705. In: Bach-Dokumente II, 1969

Händeln achtete er sehr hoch, und wünschte oft, ihn persönlich
kennen zu lernen. Da Händel ebenfalls ein großer Clavier- und
Orgelspieler war, so wünschten auch viele Musikfreunde in
Leipzig und in der dortigen Gegend, beyde große Männer ein-
mahl gegen einander zu hören. Aber Händel konnte nie die Zeit
zu einer solchen Zusammenkunft finden. Er war dreymal aus
London zum Besuch nach Halle (seiner Vaterstadt) gekommen.
Beym ersten Besuch, etwa im Jahr 1719, war Bach noch in Cö-
then, nur 4 kleine Meilen von Halle entfernt. Er erfuhr Händels
Ankunft sogleich, und säumte keinen Augenblick, ihm unver-
züglich seinen Besuch abzustatten; aber gerade am Tage seiner
Ankunft, reiste Händel wieder von Halle ab. Beym zweyten
Händelschen Besuch in Halle (zwischen 1730–1740.) war Bach
schon in Leipzig, aber krank. Er sandte aber, sobald er Händels
Ankunft in Halle erfahren hatte, sogleich seinen ältesten Sohn,
Wilh. Friedemann, dahin, und ließ Händeln aufs höflichste zu
sich nach Leipzig einladen. Händel bedauerte aber, daß er nicht
kommen könne. Beym dritten Händelschen Besuch, um das
Jahr 1752 oder 1753 war Bach schon todt. Sein Wunsch, Händeln
persönlich kennen zu lernen, wurde ihm also eben so wenig erfüllt, als der Wunsch vieler Musikfreunde, die ihn und Händel
gern neben einander gesehen und gehört hätten.

Johann Nikolaus Forkel, 1802

Dass auch er, der friedfertige, besonnene Mann, mitunter von
seinem Eifer fortgerissen, von leidenschaftlichen Stimmungen
beherrscht wurde, zumal wenn er seine Kunst verletzt glaubte,
die ihm das Heiligste, Ehrwürdigste war, was ihm nächst Gott
und den Seinigen am Herzen lag, mag wohl entschuldigt werden. ...Die Grösse, in welcher die Nachwelt seine Erscheinung
zu betrachten gewohnt ist, [bleibt] vor diesen Zerwürfnissen un-

berührt. Weniger mochte es ihm angestanden haben, als er einstmals durch einen Fehlgriff des sonst tüchtigen Organisten an der Thomas-Kirche (Görner) beim Orgelspielen so in Zorn versetzt wurde, dass er sich die Perrücke vom Haupte riss und sie jenem mit dem donnernden Ausruf an den Kopf warf: »Er hätte lieber ein Schuhflicker werden sollen!«

Carl Hermann Bitter, 1881. Johann Gottlieb Görner (1697–1778) wurde nach Bachs Tod zum Vormund von dessen noch unmündigen Kindern bestellt.

Johann Sebastian Bach trat einst in eine große Gesellschaft, als eben ein Musikliebhaber am Flügel saß und phantasirte. In dem Augenblicke, daß dieser den großen Meister gewahr wird, springt er auf und endet mit einem dissonirenden Akkorde. Bach, der das hört, wird durch den musikalischen Übelstand so beleidigt, daß er dem ihm entgegen kommenden Wirthe vorbeiläuft, zum Flügel eilt, den dissonirenden Akkord auflößt und gehörig schließt. Dann erst tritt er zum Wirthe, und macht ihm seine Eintrittsverbeugung.

Johann Friedrich Reichardt, 1797. In: Bach-Dokumente III, 1972

Von Klangfülle war er so besessen, daß er – abgesehen von seinem fortwährenden, exzessiven Pedalspiel – diejenigen Tasten mit einem Stöckchen im Mund herunterdrückte, die er im jeweiligen Augenblick weder mit Händen noch Füßen erreichen konnte.

Charles Burney, 1776–89

So wohl bey seinen freyen Fantasien, als beym Vortrag seiner Compositionen, in welchen bekanntlich alle Finger beyder Hände ununterbrochen beschäftigt sind, und so fremdartige ungewöhnliche Bewegungen machen müssen, als die Melodien derselben selbst fremdartig und ungewöhnlich sind, soll er doch eine solche Sicherheit gehabt haben, daß er nie einen Ton verfehlte. Auch besaß er eine so bewunderungswürdige Fertigkeit im Lesen und Treffen anderer Clavierwerke (die freylich sämmtlich leichter als die seinigen waren), daß er einst, als er noch in Weimar lebte, gegen einen seiner Bekannten äußerte, er glaube wirklich, es sey ihm möglich, alles ohne Anstoß beym ersten Anblick zu spielen. Er hatte sich aber geirrt. Der Bekannte, gegen den er sich so geäußert hatte, überzeugte ihn davon, ehe 8 Tage vergingen. Er lud ihn eines Morgens zum Frühstück zu sich, und legte auf den Pult seines Instruments außer andern Stücken auch eines, welches dem ersten Ansehen nach sehr unbedeutend zu seyn schien. Bach kam und ging seiner Gewohnheit nach sogleich zum Instrument, theils um zu spielen, theils um die Stücke durchzusehen, welche auf dem Pulte lagen. Während er diese durchblätterte und durchspielte, ging sein Wirth in ein Seitenzimmer, um das Frühstück zu bereiten. Nach einigen Minuten war Bach an das zu seiner Bekehrung bestimmte Stück gekommen und fing an, es durchzuspielen. Aber bald nach dem Anfange blieb er an einer Stelle stehen. Er betrachtete sie, fing nochmahls an, und blieb wieder vor ihr stehen. Nein, rief er seinem im Nebenzimmer heimlich lachenden Freunde zu, indem er zugleich vom Instrument wegging: Man kann nicht alles wegspielen, es ist nicht möglich!

Johann Nikolaus Forkel, 1802

Man versichert, daß Joh. Seb. Bach sich oft mit Bettlern, die eine ganz ausgezeichnet klagende in einer Reihe von Dißonanzen vorschreitende Weise zu bitten hatten, die musikalische Unterhaltung und Befriedigung gab, erst zu thun als wolle er ihnen etwas geben und fände nichts, während dessen die Klage stieg, dann ihnen einige Mahle hintereinander das möglich Wenigste gab, wodurch die Klage nur etwas gemildet wurde; und am Ende ihnen ungewöhnlich viel gab, wodurch eine vollständige Auflösung und ein vollkommen befriedigender Schluß hervorgebracht wurde.

Johann Friedrich Reichardt, 1796, in: Bach-Dokumente III, 1972

Als er im Jahr 1747 in Berlin war, wurde ihm das neue Opernhaus gezeigt. Alles was in der Anlage desselben in Hinsicht auf die Ausnahme der Musik gut oder fehlerhaft war, und was Andere erst durch Erfahrung bemerkt hatten, entdeckte er beym ersten Anblick. Man führte ihn in den darin befindlichen großen Speise-Saal; er ging auf die oben herum laufende Gallerie, besah die Decke, und sagte, ohne fürs erste weiter nachzuforschen, der Baumeister habe hier ein Kunststück angebracht, ohne es vielleicht zu wollen, und ohne daß es Jemand wisse. Wenn nehmlich Jemand an der einen Ecke des länglicht viereckichten Saals oben ganz leise gegen die Wand einige Worte sprach, so konnte es ein anderer, welcher übers Kreuz an der andern Ecke mit dem Gesichte gegen die Wand gerichtet stand, ganz deutlich hören, sonst aber Niemand im ganzen Saal, weder in der Mitte, noch an irgend einer andern Stelle. Diese Wirkung kam von der Richtung der an der Decke angebrachten Bogen, deren besondere Beschaffenheit er beym ersten Anblick entdeckte. Solche Beobachtungen konnten und mußten ihn allerdings auch auf Versuche führen, durch ungewöhnliche Vereinigung verschiedener Orgelstimmen vor und nach ihm unbekannte Wirkungen hervor zu bringen.

Johann Nikolaus Forkel, 1802

Sein zweyter Sohn, Carl Phil. Emanuel, kam im Jahr 1740 in die Dienste Friedrichs des Großen. Der Ruf von der alles übertreffenden Kunst Johann Sebastians war in dieser Zeit so verbreitet, daß auch der König sehr oft davon reden und rühmen hörte. Er wurde dadurch begierig, einen so großen Künstler selbst zu hören und kennen zu lernen. Anfänglich ließ er gegen den Sohn ganz leise den Wunsch merken, daß sein Vater doch einmahl nach Potsdam kommen möchte. Allein nach und nach fing er an, bestimmt zu fragen, warum denn sein Vater nicht einmahl komme? Der Sohn konnte nicht umhin, diese Aeußerungen des Königs seinem Vater zu melden, der aber anfänglich nicht darauf achten konnte, weil er meistens mit zu vielen Geschäften überhäuft war. Als aber die Äußerungen des Königs in mehrern Briefen des Sohns wiederholt wurden, machte er endlich im Jahr 1747 dennoch Anstalt, diese Reise in Gesellschaft seines ältesten Sohns, Wilh. Friedemann, zu unternehmen. Der König hatte um diese Zeit alle Abende ein Cammerconcert, worin er meistens selbst einige Concerte auf der Flöte bließ. Eines Abends wurde ihm, als er eben seine Flöte zurecht machte, und seine Musiker schon versammelt waren, durch einen Officier der geschriebene Rapport von angekommenen Fremden gebracht. Mit der Flöte in der Hand übersah er das Papier, drehte sich aber sogleich gegen die versammelten Capellisten und sagte mit einer Art von Unruhe: Meine Herren, der alte Bach ist gekommen! Die Flöte wurde hierauf weggelegt, und der alte Bach, der in der Wohnung seines Sohns abgetreten war, sogleich auf das Schloß beordert. Wilh. Friedemann, der seinen Vater begleitete, hat mir diese Geschichte erzählt, und ich muß sagen, daß ich noch heute mit Vergnügen an die Art denke, wie er sie mir erzählt hat. Es wurden in jener Zeit noch etwas weitläuftige Complimente gemacht. Die erste Erscheinung Joh. Seb. Bachs vor einem so großen Könige, der ihm nicht einmahl Zeit ließ, sein Reisekleid mit einem schwarzen Cantor-Rock zu verwechseln, mußte als nothwendig mit vielen Entschuldigungen verknüpft seyn. Ich will die Art dieser Entschuldigungen hier nicht anführen, sondern bloß bemerken, daß sie in Wilh. Friedemanns Munde ein förmlicher Dialog zwischen dem Könige und dem Entschuldiger waren.

Aber was wichtiger als dieß alles ist, der König gab für diesen Abend sein Flötenconcert auf, nöthigte aber den damahls schon sogenannten alten Bach, seine in mehrern Zimmern des Schlosses herumstehende Silbermannische Fortepiano zu probiren. Die Capellisten gingen von Zimmer zu Zimmer mit, und Bach mußte überall probiren und fantasiren. Nachdem er einige Zeit probirt und fantasirt hatte, bat er sich vom König ein Fugenthema aus, um es sogleich ohne alle Vorbereitung auszuführen. Der König bewunderte die gelehrte Art, mit welcher sein Thema so aus dem Stegreif durchgeführt wurde, und äußerte nun, vermuthlich um zu sehen, wie weit eine solche Kunst getrieben werden könne, den Wunsch, auch eine Fuge mit 6 obligaten Stimmen zu hören. Weil aber nicht jedes Thema zu einer solchen Vollstimmigkeit geeignet ist, so wählte sich Bach selbst eines dazu, und führte es sogleich zur größten Verwunderung aller Anwesenden auf eine ebenso prachtvolle und gelehrte Art aus, wie er vorher mit dem Thema des Königs gethan hatte. Auch seine Orgelkunst wollte der König kennen lernen. Bach wurde daher an den folgenden Tagen von ihm eben so zu allen in Postdam befindlichen Orgeln geführt, wie er vorher zu allen Silbermannischen Fortepiano geführt worden war. Nach seiner Zurückkunft nach Leipzig arbeitete er das vom König erhaltene Thema 3 und 6stimmig aus, fügte verschiedene kanonische Kunststücke darüber hinzu, ließ es unter dem Titel: Musikalisches Opfer, in Kupfer stechen, und dedicirte es dem Erfinder desselben.

Dieß war Bachs letzte Reise.

Johann Nikolaus Forkel, 1802

[Zu den »Goldberg-Variationen«:]

Dieses Modell, nach welchem alle Variationen gemacht werden sollten, obgleich aus begreiflichen Ursachen noch keine einzige darnach gemacht worden ist, haben wir der Veranlassung des ehemaligen Russischen Gesandten am Chursächs. Hofe, des Grafen Kaiserling zu danken, welcher sich oft in Leipzig aufhielt, und... Goldberg mit dahin brachte, um ihn von Bach in der Musik unterrichten zu lassen. Der Graf kränkelte viel und hatte dann schlaflose Nächte. Goldberg, der bey ihm im Hause wohnte, mußte in solchen Zeiten in einem Nebenzimmer die Nacht zubringen, um ihm während der Schlaflosigkeit etwas vorzuspielen. Einst äußerte der Graf gegen Bach, daß er gern einige Clavierstücke für seinen Goldberg haben möchte, die so sanften und etwas muntern Charakters wären, daß er dadurch in seinen schlaflosen Nächten ein wenig aufgeheitert werden könnte. Bach glaubte, diesen Wunsch am besten durch Variationen erfüllen zu können, die er bisher, der stets gleichen Grundharmonie wegen, für eine undankbare Arbeit gehalten hatte. Aber so wie um diese Zeit alle seine Werke schon Kunstmuster waren, so wurden auch diese Variationen unter seiner Hand dazu. Auch hat er nur ein einziges Muster dieser Art geliefert. Der Graf nannte sie hernach nur seine Variationen. Er konnte sich nicht satt daran hören, und lange Zeit hindurch hieß es nun, wenn schlaflose Nächte kamen: Lieber Goldberg, spiele mir doch eine von meinen Variationen. Bach ist vielleicht nie für eine seiner Arbeiten so belohnt worden, wie für diese. Der Graf machte ihm ein Geschenk mit einem goldenen Becher, welcher mit 100 Louisd'or angefüllt war.

Johann Nikolaus Forkel, 1802. Johann Gottlieb Goldberg, 1727–1756, Organist und Komponist.

Leipzig, den 2. Novembr.
1748

Hoch Edler etc.
Hochgeehrter Herr Vetter.

Daß Sie nebst Frauen Liebsten sich noch wohl befinden, versichert mir Dero gestriges Tages erhaltene angenehme Zuschrifft, nebst mit geschickten kostbaren Fäßlein Mostes, wofür hiermit meinen schuldigen Danck abstatte. Es ist aber höchlich zu bedauren, daß das Fäßlein entweder durch die Erschütterung im Fuhrwerck, oder sonst Noth gelitten; weiln nach deßen Eröffnung und hiesiges Ohrtes gewöhnlicher visirung, es fast auf den 3ten Theil leer u. nach des visitatoris Angebung nicht mehr als 6 Kannen in sich gehalten hat; und also schade, daß von dieser edlen Gabe Gottes das geringste Tröpfflein hat sollen verschüttet werden. Wie nun zu erhaltenen reichen Seegen dem Herrn Vetter herzlichen gratulire; als muß hingegen pro nunc [momentan] mein Unvermögen bekennen, üm nicht im Stande zu seyn, mich reellement revengiren zu können. Jedoch quod differtur non auffertur [»aufgeschoben ist nicht aufgehoben«], und hoffe occasion zu bekommen in etwas meine Schuld abtragen zu können. Es ist freylich zu bedauren, daß die Entfernung unserer beyden Städte nicht erlaubet persöhnlichen Besuch einander abzustatten; Ich würde mir sonsten die Freyheit nehmen, den Herrn Vetter zu meiner Tochter Ließgen Ehren Tage, so künfftigen Monat Januar. 1749. mit dem neuen Organisten in Naumburg, Herrn Altnickol, vor sich gehen wird, dienstlich zu invitiren. Da aber schon gemeldete Entlegenheit, auch unbeqveme JahresZeit es wohl nicht erlauben dörffte den Herrn Vetter persöhnlich bey uns zu sehen; So will mir doch ausbitten, in Abwesenheit mit einem christlichen Wunsche ihnen zu assistiren, wormit mich

denn dem Herrn Vetter bestens empfehle, und nebst schönster
Begrüßung an Ihnen von uns allen beharre
> Eu: HochEdlen
>> gantz ergebener treüer Vetter
>> u. willigster Diener
>>> Joh. Seb: Bach.

P. S. M. Birnbaum ist bereits vor 6 Wochen beerdiget worden.

P. M.

Ohnerachtet der Herr Vetter sich geneigt offeriren, fernerhin mit
dergleichen liqueur zu assistiren: So muß doch wegen übermäßi-
ger hiesigen Abgaben es depreciren; denn da die Fracht 16 gr. der
Überbringer 2 gr. der Visitator 2 gr. die Landaccise 5 gr. 3 pf. u.
generalaccise 3 gr. gekostet hat, als können der Herr Vetter selb-
sten ermeßen, daß mir jedes Maaß fast 5 gr. zu stehen kömt,
welches denn vor ein Geschencke alzu kostbar ist. etc.

An Johann Elias Bach, Schweinfurt. Aus: Bach-Dokumente I, 1963

Die Familie der Bache, die, seit zwey Jahrhunderten Deutschland (doch diesem nicht allein) Meister und Meisterwerke der
Tonkunst aufstellte; aus welcher abstammete Sebastian Bach,
der größte Harmoniker neuerer Zeit, der das Vaterland durch
Lehren, Muster, und eine Menge Schüler für die höhere Kunst
zu bilden anfing... : diese Familie ist nun ausgestorben, bis auf
eine einzige Tochter des großen Sebastian Bach. Und diese
Tochter, jezt im hohen Alter – diese Tochter darbt. Sehr wenige
wissen es; denn sie kann – nein, sie soll, sie wird auch nicht bet-
teln! [Mai 1800]
   Unsere Bitte um Unterstützung der einzigen aus dem ver-
dienten Bachischen Hause Uebergebliebenen, der jüngsten
Tochter Sebastian Bachs, ist vom Publikum nicht übersehen
worden: man hat dieser guten Frau durch uns einen nicht ganz
unbeträchtlichen Beytrag zur Erleichterung ihres unversorgten
Alters zukommen lassen; sie hat in diesen Blättern darüber quit-
tirt und dafür gedankt. Mit inniger Rührung empfingen wir aber
jezt, den 10ten May, durch den Wiener Tonkünstler, Herrn Andreas Streicher, die ansehnliche Summe von 307 Gulden Wiener

Courant, welche von dem hiesigen Banquier Löhr mit 200 Rthlr. bezahlt worden sind... Die Sammlung war durch den angeführten Musiker veranstaltet... Zugleich erklärt sich der berühmte Wiener Komponist und Virtuos, Herr v. Beethoven, er werde eins seiner neuesten Werke einzig zum Besten der Tochter Bachs im Breitkopf-Härtelschen Verlage herausgeben, damit die gute Alte von Zeit zu Zeit Vortheil davon ziehen möchte: wobey er auf so edle Weise auf möglichste Beschleunigung der Herausgabe dringt, »damit uns ja nicht etwa diese Bach früher stürbe, als jener Zweck erreicht würde.« [Juni 1801]

Friedrich Rochlitz, 1800/01

Kirnberger hatte solch ein Bildnis seines Meisters Seb. Bach, das ich stets bewundert habe, in seiner Stube zwischen zwei Fenstern am Pfeiler über dem Klaviere hängen. Ein Leipziger bemittelter Leinwandhändler, der Kirnbergern vordem als Thomaner vor Vaters Türe vorbeisingen gesehn, kommt nach Berlin und auf den Gedanken, den jetzt namhaften Kirnberger mit seinem Besuche zu beehren. Kaum hat man sich niedergelassen, so schreit der Leipziger: »Ei, mein Herr Jesus! da haben Sie ja gar unsern Kantor Bach hängen; den haben wir auch in Leipzig auf der Thomasschule. Das soll ein grober Mann gewesen sein, hat sich der eitle Narr nicht gar in einem prächtigen Sammetrock malen lassen.« – Kirnberger steht gelassen auf, tritt hinter seinen Stuhl, und indem er ihn mit beiden Händen gegen den Gast aufhebt, ruft er, erst sacht, dann crescendo: »Will der Hund 'raus! 'raus mit dem Hunde!« – Mein Leipziger in Todesschreck rennt nach Hut und Stocke, sucht mit allen Händen die Türe und stürzt auf die Straße hinaus.

Kirnberger läßt nun das Bild herunternehmen, abreiben, den Stuhl des Philisters abwaschen und das Bild mit einem Tuche bedeckt wieder an seine alte Stelle bringen. Wenn nun jemand fragte, was das Tuch bedeute, so war die Antwort: »Lassen Sie! Es ist etwas dahinter.« – Das war die Gelegenheit, aus welcher das Gerücht entstand: Kirnberger habe den Verstand verloren.

Carl Friedrich Zelter an Johann Wolfgang von Goethe, 21.1.1829. Aus: Zelter, Selbstdarstellung. Johann Philipp Kirnberger, 1721–1783, Komponist und Musiktheoretiker, Bach-Schüler.

[Über Felix Mendelssohn Bartholdy:]

Mehrere Male saßen wir indessen Beide beisammen, die Abkürzung der Partitur [der Matthäuspassion] für die Aufführung zu überlegen. Es konnte nicht darauf ankommen, das Werk, das doch auch durch den Geschmack seiner Zeit vielfach beeinflußt war, in seiner Vollständigkeit vorzuführen, sondern den Eindruck seiner Vorzüglichkeit zusammenzuhalten. Die Mehrzahl der Arien mußten weggelassen, von andern konnten nur die Einleitungen, die sogenannten Accompagnements, erhalten werden; auch vom Evangelium mußte fortbleiben, was nicht zur Passionserzählung gehört. Oft genug waren wir zwiespältiger Ansicht, denn es galt eine Gewissensaufgabe; aber was wir schließlich festgestellt, scheint doch das Rechte gewesen zu sein, da es späterhin bei den meisten Aufführungen angenommen.

Es wurde nun Zeit, die Solosänger einzuladen. Wir beschlossen vereint die Runde zu machen und Felix war kindisch genug zu verlangen, daß wir dazu ganz gleich gekleidet sein sollten. Blauer Rock, weiße Weste, schwarzes Halstuch, schwarze Pantalons, und dazu hellgelbe Handschuhe von Wildleder, die damals gebräuchlich waren. (Unter welch strenger Controle der zwanzigjährige Jüngling noch stand, erfuhr ich hierbei. Ich hatte, weil sein Taschengeld vorzeitig ausgegangen war, ihm den Thaler zum Ankauf der Handschuhe geliehen, seine Mutter machte mir das zum Vorwurf: man müsse die schlechte Oekonomie junger Leute nicht unterstützen.) In dieser Passionsuniform gingen wir denn – nachdem uns Therese, der die Sache sehr feierlich war, eine Festchocolade gegeben, die Felix liebte – sehr vergnügt unseres Weges. Wir besprachen den wunderlichen Zufall, daß gerade hundert Jahre seit der letzten Leipziger Aufführung vergangen sein mußten, bis diese Passion wieder an's Licht komme, »und« rief Felix übermüthig, mitten auf dem Opernplatze stehend bleibend, »daß es ein Komödiant und ein Judenjunge sein müssen, die den Leuten die größte christliche Musik wiederbringen!«

Eduard Devrient, 1869

Georg Friedrich Händel
1685–1759

Sohn eines Wundarztes in Halle/Saale. Seinen
Ruhm errang er zunächst in Italien und wurde
dann Kapellmeister beim Kurfürsten von Hanno-
ver, dem späteren König Georg I. von England.
Noch vor seinem Herrn zog er nach London und
komponierte im folgenden halben Jahrhundert
fast fünfzig Opern. Als die Beliebtheit der Oper
zurückging, eroberte er sich die Gunst seiner Hörer mit einigen Oratorien über biblische Stoffe
zurück.

Von Kindesbeinen an hatte dieser Händel eine solche ungemeine
Lust zur Musik bezeiget, daß sein Vater, der ihn sonst zum Juri-
sten bestimmet hatte, darüber in Unruhe gerieth. Als er aber
nun merkte, daß dieser Trieb sich je länger je mehr äußerte, wurden alle Mittel vorgekehret, demselben zu widerstehen. Fürs Erste verbot er ihm nachdrücklichst, sich mit keinerley Art musikalischer Instrumente abzugeben, ja, es durfte nichts dergleichen
ins Haus kommen, und ihm ward auch nicht einmal zugestan-
den, irgendwo hinzugehen, da er so was antreffen konnte. Dem
ungeachtet vermehrten alle diese Fürsorge und Mühe nur des
Knabens Liebe zur Tonkunst, anstatt solche zu dämpfen.

Er hatte nehmlich Mittel gefunden, ein kleines Klavicordium
ganz heimlich ins Haus zu bringen, und unter dem Dache hinzustellen. So bald sich nun jedermann zur Ruhe begeben, schlich er
hinauf zu seinem Spielwerk: denn er hatte schon vorher, ehe es
ihm verboten worden, etwas weniges in der Musik erlernet, und
brachte es hernach, durch seine nächtliche Übungen, zu einer
Fertigkeit, die zwar damals in keine sonderliche Beobachtung
kam; doch aber ein gewisser Vorbote seiner künftigen Geschicklichkeit war.

John Mainwaring/Johann Mattheson, 1761

Er hatte fast ein Jahr in Florenz zugebracht, und sein Entschluß ging auf alle Städte und Theile Italiens, die nur einigermaßen wegen der Musik berühmt waren. Fürs Erste ging es auf Venedig los. In einer Maskerade daselbst entdeckte man ihn, als er, mit der Larve vor dem Gesichte, auf einem Flügel spielte. Scarlatti befand sich von ungefehr neben ihm, und sagte zu den Anwesenden, es könnte dieser Spieler kein andrer seyn, als der berühmte Sachse, oder der Teufel selbst. Da er sich nun hiedurch zu erkennen geben muste, hielt man sehr stark bey ihm an, daß er doch eine Opera setzen mögte. Es schien aber bey solchem Unternehmen so wenig Ehre und Nutz vermacht zu seyn, daß er ungern daran wollte. Endlich willigte er doch darinn, und brachte in drey Wochen seine Agrippine zu Papier, welche 27mal herhalten muste...

Die Zuhörer bey der händelschen Vorstellung wurden dermaaßen bezaubert, daß ein Fremder aus der Art, mit welcher die Leute gerühret waren, sie alle miteinander für wahnwitzig gehalten haben würde. So oft eine kleine Pause vorfiel, schryen die Zuschauer: Viva il caro Sassone, es lebe der liebe Sachse! nebst andern Ausdrückungen ihres Beyfalls, die so ausschweiffend waren, daß ich ihrer nicht gedenken mag.

John Mainwaring / Johann Mattheson, 1761

Er pflegte zu sagen: »Als ich das erste Mal in dieses Land kam, fand ich unter den Engländern viele gute Instrumentalisten, aber keine Komponisten. Instrumentalisten gibt es heute jedoch nicht mehr; heute sind alle Komponisten.«

Charles Burney, 1785

Händel gerieth eines Tages mit der Cuzzoni [Francesca Cuzzoni (1700–1770), italienische Sopranistin] in Wortstreit, weil sie die Arie Falsa imagine in der Oper Ottone nicht singen wollte. Oh! Madame, sagte er, je sçais bien que vous êtes une véritable Diablesse; mais je vous ferai sçavoir, moi, que je suis Beelzebub, le Chef des Diables. Ich weiß wol, daß ihr eine leibhafte Teufelinn seyd; aber ich will euch weisen, daß ich Beelzebub, der Teufel

Obrister bin. Darauf fassete er sie mitten um den Leib, und schwur, er wollte sie aus dem Fenster werfen, wenn sie weitere Worte machen würde... (Diese heldenmüthige That ist ohne Zweifel von hinten zu geschehen. Wer kann solchen Frauen und ihren Klauen von vornen trauen?)

John Mainwaring / Johann Mattheson, 1761

Ein englischer Sänger namens Gordon war eines Tages mit Händels Begleitung nicht einverstanden. Es kam zu heftigem Wortwechsel. Gordon trumpfte auf, er werde auf das Cembalo springen und es zertrampeln, wenn Händel die Art, wie er mit ihm musiziere, nicht ändere. »Oh«, meinte der Komponist, »sagen Sie mir rechtzeitig, wann das geschehen wird; ich möchte es bekannt machen. Denn sicher wird ein größeres Publikum Sie beim Springen als beim Singen bewundern wollen.«

William S. Rockstro, 1883

Bekanntlich hatte Händel derart empfindliche Nerven, daß es ihm unerträglich war, beim Stimmen der Orchesterinstrumente zuzuhören. Das hatte deshalb immer zu geschehen, bevor er das Theater betrat. Ein Spaßvogel, der sich einen Jux aus Händels Jähzorn machen wollte, stahl sich eines Abends vor einem Konzert, bei dem auch der Prince of Wales anwesend sein wollte, in das Theater und verstimmte alle Instrumente wieder. Sobald der Prinz erschien, gab Händel das Zeichen, daß man beginnen könne – con spirito. Der entsetzliche Mißklang, der ertönte, ließ den Komponisten wutschnaubend von seinem Platz hochfahren. Er rannte einen Kontrabaß, der ihm im Wege stand, über den Haufen, packte eine Kesselpauke und schleuderte sie mit aller Kraft auf den Anführer des Orchesters. Dabei rutschte ihm seine lange Perücke vom Kopf. Ohne sie wieder aufzusetzen, trat er barhäuptig vor die Musiker, rasend vor Zorn und derart von Ärger geschüttelt, daß er kein Wort herauszubringen vermochte. Gestikulierend und stampfend stand er einige Augenblicke in dieser lächerlichen Pose. Die Menschen bogen sich vor Lachen. Erst als der Prince of Wales persönlich eingriff und Händel mit großer Mühe beruhigte, konnte dieser dazu gebracht werden, seinen Platz wieder einzunehmen.

Thomas Busby, 1825

Es klang furchtbar, wenn er nach einer Arie schrie: »Chor!« Wenn der Prince of Wales (der spätere König George III.) und seine Gemahlin zu spät zu den Oratorienproben im Musikzimmer erschienen, konnte er sehr heftig werden. Die königlichen Hoheiten aber schätzten Händel so hoch, daß sie einräumten, er habe auch Grund zur Klage, denn es sei grausam, die armen Leute – gemeint waren die Musiker – so über Gebühr lange vom Unterrichten oder von anderen Beschäftigungen abzuhalten. Wenn aber Hofdamen oder andere Frauen während eines Konzerts redeten, dann muß unser Timotheus geflucht und mit Kraftausdrücken nur so um sich geworfen haben. Die Princess of Wales pflegte dann in ihrer bekannten Güte zu sagen: »Still, still, Händel ist wütend!«

Charles Burney, 1785

Händel liebte gutes Essen und Trinken. Er bekam einmal ein Dutzend Flaschen besten Champagner geschenkt [der englische Musikhistoriker Charles Burney (1726–1814) behauptet, es sei Burgunder gewesen!]. Händel meinte, daß diese Menge zu klein sei, um sie mit anderen zu teilen, und reservierte das köstliche Getränk für seinen ganz privaten Gebrauch.

Als er einige Zeit später eine größere Gesellschaft gab und mit seinen Freunden bei Tisch saß, verlangte ihn nach einem Glas seines geliebten Champagners. Aber er wußte nicht recht, wie er sich unauffällig entfernen könnte. Plötzlich setzte er eine gedankenschwere Miene auf, legte den Zeigefinger an die Stirn und rief: »I have got one tought!« (er meinte natürlich »thought«). Jedermann war der Ansicht, er wolle damit sagen, daß er einen Gedanken, einen göttlichen musikalischen Einfall habe, den er unbedingt sofort zu Papier zu bringen wünsche. Mit ehrfürchtiger Bewunderung sah man ihn von Tische gehen. Er kehrte zurück, hatte aber schon sehr bald einen zweiten, dann einen dritten, ja, einen vierten »tought«. Einen der Gäste wunderte die Häufigkeit von Sancta Cäcilias Eingebungen. Er folgte Händel und sah ihn in einem der Nebenräume an einen Wandschrank treten und dort zum geliebten Champagner greifen, von dem er sich einige kräftige Züge genehmigte.

Zum großen Vergnügen wurde bei Tisch von dieser Entdeckkung erzählt, und Händels »toughts« – seine Gedankenblitze – wurden in der damaligen Gesellschaft sprichwörtlich.

Thomas Busby, 1825

Händel mochte gern in einem Gasthaus einkehren. Einmal bestellte er ein Essen für drei Personen. Unendlich lange wartete er auf das Servieren der Mahlzeit, wurde ungeduldig und verlangte den Wirt zu sprechen.

»Warum lassen Sie mich so lange warten?« herrschte er ihn, schlechtgelaunt wegen seines Hungers, an.

»Wir warten natürlich, bis die Gesellschaft vollzählig ist«, antwortete der Wirt.

»Dann servieren Sie sofort – prestissimo! Ich bin die ganze Gesellschaft!«

William S. Rockstro, 1883

Bei der Erstaufführung des Werkes [»Der Messias« in London] war das Publikum insgesamt zutiefst ergriffen und begeistert. Als der Chor »For the Lord omnipotent reigneth« [das »Halleluja«] sang, waren die Hörer aber derart überwältigt, daß sich alle – auch der zufällig anwesende König – spontan von ihren Plätzen erhoben und der Musik im Stehen lauschten. Das wurde in England zur guten Gewohnheit, und es ist immer noch üblich, daß das Publikum aufsteht, wenn dieser Chor angestimmt wird.

Einige Tage nach der ersten Aufführung des grandiosen Oratoriums stattete Georg Friedrich Händel einem seiner guten Freunde, Lord Kinnoul, einen Besuch ab. Der Lord sprach Händel natürlich seine Anerkennung aus und meinte, er habe die Stadt mit seinem Werk vortrefflich unterhalten.

»Unterhalten?« fragte der Komponist. »Ich wollte die Menschen nicht unterhalten! Ich wollte sie besser machen.«
George Hogarth, 1838 (1)

Jeden Morgen brachte ein Diener dem Komponisten eine Tasse Schokolade. Des öfteren blieb er betroffen leise an der Tür stehen, weil er sah, daß Tränen sich mit Händels Tinte mischten, während er seine wunderbare Musik zu Papier brachte. Und Burgh berichtet, er habe Händel schluchzend angetroffen, als er die ergreifenden Worte »He was despised and rejected of men« [»Er ward verschmähet und verachtet, von allen verschmäht«] in Musik setzte.
William S. Rockstro, 1883

Gluck, mit dem spärlichen Beifalle, den seine »Caduta de' Giganti« errungen hatte, unzufrieden, beklagte sich desshalb bei Händel, indem er ihm die Partitur mittheilte. Händel erwiderte ihm darauf: »Ihr habt Euch mit der Oper nur zu viele Mühe gegeben; das ist aber hier nicht wohl angebracht; für die Engländer müsst Ihr auf irgend etwas Schlagendes und so recht auf das Trommelfell Wirkendes sinnen.«
Anton Schmid, 1854

Aus Dankbarkeit für die Zuneigung des Publikums und aus Großmut veranstaltete Händel eine Benefizaufführung seines »Messias« zugunsten einer Einrichtung, die für jegliche Unterstützung nur zu empfänglich war – des Hospitals für Findelkinder. Viele Jahre lang wiederholte er diese Aufführungen, schenkte der wohltätigen Einrichtung Abschriften von Partitur und Stimmen der Komposition und erweckte damit den Eindruck, als übertrage er diesem Heim das exklusive Aufführungsrecht. Das wurde auch von einigen führenden Leuten dieser Einrichtung so verstanden, und man entwarf ein Gesuch an das Parlament, in dem das, was man für Recht hielt, festgeschrieben werden sollte. Kurz, es sollte bei Strafe verboten werden, das

Werk aufzuführen, außer natürlich von Händel selbst und von jener Institution. Damit ein solches Gesetz möglichst ohne Schwierigkeiten zustande käme, versuchte man Händels Unterstützung zu erhalten. Er aber war empört. Schon als er das Wort »Parlament« vernahm, fuhr er auf, schäumte vor Wut und schrie: »Wozu wollen die Findelkinder mein Oratorium ins Parlament bringen? Zum Teufel! Meine Musik kommt nicht ins Parlament!«

Sir John Hawkins, 1776

Als Händel eines Tages in einer Kirche auf dem Lande am Gottesdienst teilgenommen hatte, bat er den Organisten, ob er danach wohl orgeln dürfe, bis die Gemeinde die Kirche verlassen habe. Der Organist stimmte sogleich zu. So nahm Händel also auf der Orgelbank Platz und spielte so herrlich, daß die ganze Gemeinde aufhorchte, gar nicht daran dachte, ihre Plätze zu verlassen, und in stiller Bewunderung lauschte. Der Organist wurde ungeduldig – vielleicht wartete seine Frau mit dem Essen – und gab ihm den Rat, ein Ende zu machen. Er sei überzeugt, daß er mit so wunderbarem Spiel die Menschen niemals aus der Kirche bekomme.

Thomas Busby, 1825

Im ersten Jahr nach Händels Erblindung spielte sein Schüler und Gehilfe [Johann Christopher] Smith die Orgel im Theater. »Samson« wurde aufgeführt, und Beard sang mit Inbrunst:

> »Total eclipse – no sun, no moon
> All dark, amid the blaze of noon...«

[»Tief dunkle Nacht! kein Tag, kein Licht, nur dunkle Nacht umhüllt mein Angesicht!«]

Das Publikum war zutiefst erschüttert. Der Gedanke, daß neben der Orgel der inzwischen selbst erblindete Komponist dieser Arie saß, brachte viele Zuhörer zum Weinen.

William Coxe, 1799

Wie ergreifend Händel's Musik auf Haydn wirkte, der sie hier zum erstenmal in ihrer vollen Pracht sich entfalten hörte, ist bekannt. Schon der grossartige Anblick des Ganzen, gehoben von der Heiligkeit des Ortes, musste das Gemüth feierlicher stimmen und als nun die gewaltigen Tonwogen des »Hallelujah« [im »Messias«] daherbrausten und die ganze Versammlung, der König wie der Niedrigste, sich erhob, der Macht des menschlichen Geistes, der hier das Lob des Allerhöchsten sang, den ungeheuchelten Tribut der Bewunderung zollend, blieb wohl kein Auge trocken. Auch Haydn, der nahe der königlichen Loge stand, weinte wie ein Kind – »Er ist der Meister von uns Allen«, rief er überwältigt aus.

Carl Ferdinand Pohl, 1867

Im ganzen Verlauf unseres Tischgespräches war nichts so anziehend, als was er [Beethoven] über Händel sagte. Ich saß dicht neben ihm und hörte ihn ganz deutlich auf deutsch sagen: »Händel ist der größte Komponist, der je gelebt hat.« Ich kann Ihnen nicht beschreiben, mit welchem Ausdruck (pathos) und ich möchte sagen, in welcher Erhabenheit (sublimity of language) er von dem Messias dieses unsterblichen Genies sprach. Jeder von uns war ergriffen, als er sagte: »Ich würde mein Haupt entblößen und auf seinem Grabe niederknien.« H. [wahrscheinlich der Verleger Tobias Haslinger] und ich versuchten wiederholt das Gespräch auf Mozart zu lenken, aber umsonst; ich hörte ihn nur sagen: »In einer Monarchie weiß man, wer der Erste ist«, was sich auf diesen Gegenstand beziehen mag, oder auch nicht.

Edward Schulz, 1824. In: Friedrich Kerst, 1925

NICOLA PORPORA
1686–1768

Italienischer Opernkomponist und Gesangslehrer; zu seinen Schülern zählten Caffarelli, Farinelli, Haydn und Metastasio.

Als Nicola Porpora ein Kloster in Deutschland besuchte, baten ihn die Mönche, am Gottesdienst teilzunehmen, damit er ihren Organisten anhören könne. Später fragte ihn der Prior: »Nun, was haltet Ihr von unserem Organisten?« »Ein gescheiter Mann«, antwortete Porpora. »Ja, gescheit«, fiel ihm der Prior ins Wort, »und fromm dazu und milde und von einfältigem Gemüt.« »Ja, seine Einfalt scheint mir so groß zu sein, daß seine linke Hand nicht einmal weiß, was die rechte tut.«

George Hogarth, 1838 (1)

GIUSEPPE TARTINI
1692–1770

> Berühmter Geiger und Musiktheoretiker. Er lebte lange in Padua, floh aber nach Assisi, nachdem er ohne Genehmigung eine seiner Schülerinnen geheiratet hatte. Während er sich in einem Kloster versteckt hielt, schrieb er seine ungeheuer schwierige »Teufelstrillersonate«.

Pietro Nardini hörte des öfteren, wie Tartini folgende Geschichte erzählte: Eines Nachts habe er geträumt, daß er einen Pakt mit dem Teufel geschlossen habe; Seine Majestät wollte ihm alle Wünsche erfüllen. Da legte Tartini ihm seine Geige in den Arm und forderte ihn auf zu spielen. Der Teufel geigte eine so wunderbare Sonate, daß Tartini begeistert applaudierte, und von seinem eigenen Beifallsklatschen wachte Tartini auf. Eilends griff er nach seiner Geige und versuchte, einige der Traumpassagen in den Tag hinüberzuretten – umsonst! Sie waren dahin. Tag und Nacht ging ihm die geträumte Sonate durch den Sinn, er mühte sich, eine ähnliche Sonate zu komponieren und nannte sie »Teufelssonate«. Aber seine Musik erschien ihm so viel schwächer als die des Traumes, und er soll gesagt haben, daß er den Musikerberuf sofort aufgäbe, wenn er wüßte, wie er auf andere Weise seinen Lebensunterhalt verdienen könne.

Michael Kelly, 1826

Johann Joachim Quantz
1697–1773

Flötenlehrer Friedrichs des Großen und Verfasser
des ersten umfassenden Flöten-Lehrbuchs
(Berlin 1752)

Ich kam über Bischofswerde nach Radeberg, wo es eben an
einem [Musikanten-]Gesellen fehlte. Theils um nicht in dem heißen Wetter zu reisen, theils weil ich mein Verlangen, mich in
Dresden, wovon dieser Ort nur zwo Meilen entfernet ist, bekannt zu machen, noch nicht hatte fahren lassen, nahm ich...
bey dem dasigen Stadtmusikus Knoll, Condition an. Allein, ein
für meinen Herrn sowohl, als für das gantze Städtchen sehr kläg-
licher Zufall, trennete uns bald wieder voneinander. Eines der
erschrecklichsten Donnerwetter, die ich jemahls gehöret, welches gleich am großen Bußtage, der nach Johannis einfiel,
Abends gegen 8 Uhr entstand, steckte, durch zwey grausame
Schläge, welche an drey verschiedenen Oertern zündeten, in wenigen Minuten, das gantze Städtchen in Brand, und verwandelte
es in Zeit von 4 Stunden, mit Kirche, Rathhaus, Schule, einem
Priesterhause, und noch 20 Häusern in der Vorstadt, in einen
Aschenhaufen. Das Feuer wütete so heftig, daß, wer sich nicht
bey Zeiten zur Stadt hinaus begeben hatte, endlich, weil es an
allen Ecken brannte, nicht mehr aus den Thoren kommen
konnte, sondern seine Zuflucht auf den in vollen Feuer stehenden Marckt nehmen mußte. Ich war einer von diesen. Die Kirche, welche gantz frey stund, wurde durch eine brennende
Speckseite, die sich im Fliegen an der Spitze des Thurms an-
hieng, in Brand gebracht. Des folgenden Tages war weder Essen
noch Trincken, auch nicht einmal Wasser zu bekommen. Zwanzig und etliche Brodte, und zwey Fässer Bier, die ein mitleidiger
Förster vom Lande herein schickte, mußten diesen Tag alle Einwohner, kümmerlich genug, sättigen. Der Oberpfarrer des
Orts, D. Richter, hatte an dem Tage, da das Unglück geschahe,
des Morgens seine scharfe Strafpredigt, in welcher er die Stadt
mit Sodom und Gomorra verglichen, mit diesen Worten be-

schlossen: »Ihr werdet es erfahren: Gott wird mit Donner drein schlagen. Amen!« und dadurch, wie auch durch den starcken Schlag, den er dabey im Eifer auf die Kantzel that, schon im voraus, die Zuhörer, und mich unter denselben, mit Grausen erfüllet.

Johann Joachim Quantz, Autobiographie, in: Friedrich Wilhelm Marpurg, 1755

GIOVANNI BATTISTA SAMMARTINI
um 1700–1775

Der aus Mailand stammende Komponist nimmt
mit seinem Werk eine Schlüsselstellung in der
Entwicklung der Symphonie ein; im Stil lehnt er
sich an Joseph Haydn an.

Ich kann mich gut an einen musikalischen Abend erinnern, der vor Jahren zu Ehren des gefeierten [böhmischen Komponisten Josef] Mysliveček gegeben wurde. Nachdem ein paar frühe Symphonien von San Martini gespielt worden waren, rief der Professor aus Böhmen plötzlich: »Jetzt habe ich den musikalischen Vater von Haydns Stil entdeckt...«

Auch San Martini, ein Mann voller Feuer und Originalität, stand im Dienste des Prinzen Nikolaus Esterházy, wenn er auch räumlich weit von ihm entfernt lebte. Ein Kaufmann aus Venedig mit Namen Castelli hatte vom Fürsten den Auftrag, San Martini für jedes Musikstück, das er ihm sandte, acht Zechinen zu bezahlen. Dafür sollte der Komponist mindestens zwei musikalische Werke im Monat abliefern, konnte aber, wenn er wollte, auch mehr bei diesem Kaufmann abgeben.

San Martini aber wurde älter, und mit dem Alter wurde er träger. Ich habe noch im Ohr, wie Castelli sich bei dem Komponisten beklagte, daß aus Wien ständig Mahnungen und Aufforderungen, Neues zu schicken, einträfen. San Martini brummte als Antwort: »Schon gut – ich werde komponieren. Aber das Cembalo bringt mich noch um!«

Stendhal, 1818. Josef Mysliveček lebte von 1737 bis 1781, er wurde von Mozart bewundert.

FARINELLI
1705–1782

Farinelli, der eigentlich Carlo Broschi hieß, war
der berühmteste Kastrat aller Zeiten. Er stammte
aus adliger Familie und wuchs in Neapel auf.

König Philipp V. von Spanien wurde von schweren Depressionen heimgesucht; er wollte sich nicht mehr rasieren lassen und konnte nicht mehr an Beratungen und Staatsgeschäften teilnehmen. Die Königin hatte bereits alle erdenklichen Mittel und Wege versucht, um seine Gesundheit wiederherzustellen. Eines Tages beschloß sie, daß ein musikalisches Experiment mit ihrem Gemahl, dem König, gemacht werden solle. Farinellis Ruhm war aus allen Teilen Europas, besonders aus Paris, auch nach Madrid gedrungen, und die Königin entschied, daß er in einem Zimmer neben denen des Königs ein Konzert geben solle. Und er sang dort eine seiner hinreißendsten Arien. Philipp zeigte sich zunächst erstaunt, dann ergriffen. Nach Farinellis zweiter Arie ließ er den Sänger zu sich bitten, überhäufte ihn mit Lob und mit Geschenken und fragte, wie er, der König, ein solches Talent angemessen belohnen könne; nichts wolle er ihm abschlagen. Farinelli war über die Absichten der Königin bestens orientiert; er bat den König, seinen Dienern zu gestatten, ihn zu rasieren und anzukleiden, und wieder in der Ratsversammlung zu erscheinen. Diese musikalische Medizin hat genützt. Dem Sänger blieb die Ehre, den König geheilt zu haben.

Charles Burney, 1776–89. In den folgenden fünfundzwanzig Jahren mußte Farinelli die insgesamt vier Arien allabendlich für den König singen.

THOMAS AUGUSTINE ARNE
1710–1778

Englischer Komponist. Schrieb hauptsächlich für
das Londoner Theater.

Eines Tages reiste Dr. Arne nach Cannons, dem Sitz des verstorbenen Duke of Chandos, um bei der Aufführung eines Oratoriums in der Kapelle von Whitchurch behilflich zu sein. Das Gedränge war nun so groß, daß im Hause des Dukes nichts zu essen zu bekommen war. Dr. Arne ging also nach Edgeware in »Chandos Arms« und betrat sogleich die Küche, wo eine Hammelkeule am Spieß briet. Die Bedienung erklärte, daß dieses Fleisch bereits von einer Herrengesellschaft bestellt sei; Dr. Arne aber wollte selbst die Keule verzehren. Er zog die Saite einer Geige aus der Tasche, zerschnitt sie und streute die Teile heimlich über das Fleisch. Dann verließ er die Küche und wartete geduldig, bis der Kellner die Hammelkeule servierte. Kaum hatte einer der Herren gekostet, rief er: »Ober, holen Sie das Fleisch! Es ist voller Maden.«

Das hatte Dr. Arne vorausgesehen. »Geben Sie es mir«, sagte er zu dem Kellner. »Oh, Sie können das Fleisch nicht essen; es ist voller Maden.« »Das macht nichts; Musiker haben einen kräftigen Magen.« Er nahm das Fleisch, entfernte die Darmsaitenstücke und genoß eine herzhafte Mahlzeit.

George Dubourg, 1852

Dr. Arnes Vater war Tapezierer in Covent Garden. Als er merkte, daß sein Sohn musikalisch begabt war, engagierte er einen Fremden, der geeignet schien, dem Sohn Geigenstunden zu geben. Dieser Meister kam, wie üblich, eines Abends ins Haus und sah mit Verwunderung, daß der junge Arne im Lagerraum übte. Dabei hatte er sein Notenpult auf einen Sarg gestellt. Er zeigte sich erstaunt und meinte, er selbst könne niemals so üben, weil er sich dann immer vorstellen würde, in dem Sarg läge ein Toter. »So ist es ja auch«, antwortete der junge Musiker, hob den Deckel und zeigte dem Lehrer den Toten. Das entsetzte den Lehrer dermaßen, daß er seinen Schüler nie wieder besuchte.

Thomas Busby, 1825

CAFFARELLI
1710–1783

Für Gaetano Majorano, mit dem Künstlernamen Caffarelli, schrieb Händel sein berühmtes »Largo«. Sein Ruhm als Kastrat war fast so groß wie der Farinellis.

Wie viele andere Kastraten bezauberte auch Caffarelli die Frauen. Er zeigte sich männlich, ohne diese Männlichkeit unter Beweis stellen zu können, und war den unerlaubten Freuden des Fleisches nicht abgeneigt. Als er 1778 von einem Ehemann in flagranti ertappt wurde, konnte er nur mit Mühe der Rache des Gatten entkommen. Im besten opera-buffa-Stil verbarg er sich nämlich unter einer leeren Wassertonne, wo er sich derart erkältete, daß er wochenlang nicht singen konnte. Aber der Ehemann hatte Rache geschworen. Caffarelli mußte für den Rest seines Romaufenthaltes von vier Leibwächtern behütet werden, die seine angsterfüllte Geliebte für ihn engagiert hatte.
Nach Angus Heriot, 1956.

FRIEDRICH DER GROSSE
1712–1786

Als Musiker war er Flötist und Komponist. Berlin baute er zu einem Musikzentrum aus, indem er sich ein bedeutendes Orchester zusammenstellte und ein Opernhaus errichten ließ. Carl Philipp Emanuel Bach wirkte bei ihm als Cembalist; das »Musikalische Opfer« von dessen Vater wurde über ein Thema komponiert, das der König jenem gegeben hatte.

Von sieben bis achteinhalb Uhr [abends] musizierte der König. Er blies ein Konzert oder einige Soli von Quantz oder auch eigne

Kompositionen, deren Zahl, wie er mir sagte, hundertzwanzig betrug. In den ersten Wochen ließ er mich zuhören. Später, als es Gesellschaften und Soupers in der Stadt gab, wollte er, daß ich mich dort amüsierte. Erst in den letzten vierzehn Tagen seines Aufenthaltes hörte ich ihn wieder musizieren. Nach diesem Konzert las er bis zehn Uhr; dann ging er zur Ruhe.

Henri de Catt, Memoiren: Winterquartier Breslau 1759

JEAN-JACQUES ROUSSEAU
1712–1778

Der in Genf geborene Philosoph war ein begabter Komponist und Musiktheoretiker. Seine Oper »Le Devin du village« stand lange auf den Spielplänen verschiedener Opernhäuser; sein »Dictionnaire de musique« erschien 1768.

Als ich eines Morgens bei ihm im Hause war, konnte ich beobachten, daß Dienstboten bei ihm Noten abholten oder welche zum Abschreiben brachten. Er empfing sie barhäuptig im Stehen. Zu einigen sagte er: »Es kostet so und so viel«, und dann bekam er das Geld. Andere fragte er: »Wann muß ich die Abschrift fertig haben?« »Meine Herrschaft möchte die Noten in vierzehn Tagen zurück haben.« »Unmöglich. Ich habe zu tun. Ich brauche mindestens drei Wochen!« Ich fragte ihn, weshalb er seine Gaben nicht sinnvoller einsetze? »Es gibt zwei Rousseaus auf der Welt«, war seine Antwort. »Der eine ist reich oder hätte reich sein können, wenn er gewollt hätte – ein kapriziöser, einzigartiger, phantasiebegabter Mann, der Rousseau der allgemeinen Meinung. Der andere Rousseau muß für seinen Lebensunterhalt sorgen – das ist der Rousseau, der vor Ihnen steht.«

Jacques Henri Bernardin de Saint Pierre, 1818–1820

Von den französischen Orchestermusikern wurde Rousseau sehr gehaßt, und auch er spricht in seinen Schriften nur mit Verachtung von ihnen. In seinen »Mémoires« schreibt Grétry, daß Rousseau das Orchester bei den Proben zu seiner Oper »Le Devin du village« so hochmütig behandelt habe, daß die Musiker – aus Rache – ein Bild von ihm erhängt hätten. »Es wundert mich nicht, daß sie mich aufhängen, sie haben mich lange genug gequält«, war Rousseaus Kommentar.

George Hogarth, 1838 (1)

CHRISTOPH WILLIBALD GLUCK
1714–1787

Bedeutender Opernkomponist, aus Böhmen gebürtig. Er gab der Dramatik in der Oper auf neue
Weise Gewicht. »Orpheus und Eurydike« ist
nach wie vor sein bekanntestes Werk.

Während einer Aufführung von »Alceste«, »tragédie de Mons.
W. A. Gluck«, sang Mademoiselle Levasseur die Arie »Il me dé-
chire et m'arrache le cœur« [Es zerreißt und zerdrückt mir das
Herz] mit einem so ergreifenden Ausdruck, daß ein Herr in einer
Loge vor Begeisterung spontan Beifall klatschte. Einer seiner
Nachbarn – offensichtlich anderer Ansicht – rief der Sängerin zu:
»Nicht mein Herz! Es zerreißt mir die Ohren!« Darauf erwiderte
der erste, begeisterte Herr: »Wie gut für Sie! Besorgen Sie sich
neue!«
Louis Engel, 1890

Auf dem Höhepunkt des musikalischen Streits zwischen den
Anhängern Glucks und denen Piccinis [Opernkomponist,
1728–1800] machte der damalige Direktor der Oper, Berton,
einen Versuch, Frieden zu stiften, indem er die beiden Galions-
figuren dieses Streites miteinander versöhnte. Berton gab (wie
Ginguené schreibt) ein großes Essen, bei dem Gluck und Piccini,
nachdem sie sich freundschaftlich umarmt hatten, nebeneinander plaziert wurden. Mit großer Herzlichkeit unterhielten sie
sich. Nach dem Essen redete Gluck – typisch deutsch – beflügelt
vom Wein reichlich laut, so daß jeder ihn hören konnte: »Die

Franzosen sind ja nette Leute, aber ich muß mich doch über sie wundern. Sie wollen, daß man Gesangsmusik für sie schreibt, vom Singen aber verstehen sie nicht das geringste. Mein lieber Freund, Sie sind ein in ganz Europa gefeierter Mann. Sie denken nur an Ihren Ruhm. Zwar komponieren Sie gute Musik, was aber haben Sie davon? Glauben Sie mir, hier darf man nur ans Geld denken, an sonst gar nichts!«

Piccini erwiderte galant, daß ja aber gerade Glucks Beispiel zeige, daß man recht gut gleichzeitig Ruhm und Geld im Sinn haben könne.

Ginguéné fügt hinzu: »Sie trennten sich, wie sie sich trafen, und ganz sicher meinten sie es mit den Zeichen gegenseitiger Wertschätzung ernst und aufrichtig. Doch der Streit über ihre verschiedene musikalische Auffassung war nicht beigelegt. Und wie es auch in der Politik vorkommt, so waren sie beide wohl am allerwenigsten an diesem Streit interessiert.«

George Hogarth, 1838 (1)

In den ersten Januartagen des Jahres 1775 wurde »Iphigenie in Aulis« neu aufgeführt. Gluck hatte einige Teile hinzukomponiert, anderes in der Partitur geändert und das Ballett – sehr gegen seinen Willen – beträchtlich verlängern müssen. Man hatte den Eindruck, Gluck wolle es allen und jedem recht machen. So bat auch Auguste Vestris, ob er nicht für seinen Sohn Gaetano eine Chaconne einbauen könnte, die dieser tanzen möchte.

»Glauben Sie, die Griechen tanzten eine Chaconne?« knurrte der Komponist.

»Glauben Sie nicht?« fragte der alte Tänzer ehrlich erstaunt. »Die müssen einem ja leid tun!«

»Nun gut«, meinte der Komponist, »so schreibe ich eben auch noch eine Chaconne für dieses Werk. Aber die Oper stinkt bereits vor Musik!«

R. B. Douglas, 1898

Er wurde [Gluck, nach einem ernsten Herzanfall] zu Bett gebracht. Seine Freunde wollten ihn nicht merken lassen, daß er in

Lebensgefahr schwebte, und fingen an, sich ernsthaft über ein geistliches Terzett, das Gluck komponiert hatte, zu unterhalten. Vornehmlich diskutierten sie darüber, wie die Partie des Christus gesungen werden sollte.

»Meine Freunde«, ergriff Gluck das Wort, »da ihr euch nicht entscheiden könnt, wie der Heiland singen soll, werde ich zu ihm gehen und ihn fragen.«

Gluck starb friedlich am 15. November des Jahres 1787.

Louis Engel, 1890

FRANÇOIS ANDRÉ PHILIDOR
1726–1795

Gab der opéra comique mit seinen Kompositionen neue Impulse. Bekannt wurde er ebenfalls als erster Schachmeister, außerdem wird behauptet, daß er als erster Komponist nach einer Aufführung vor den Vorhang gerufen wurde.

Das einzige Bonmot, das ihm zugeschrieben wird, scheint absolut ernst, ohne den kleinsten Anflug von Humor gemeint gewesen zu sein: Eines Tages kam er nach Haus und fand seine beiden etwa vierzehn und sechzehn Jahre alten Söhne über einer Partie Schach. Er sah dem Spiel zu, verfolgte zwei oder drei Züge und sagte dann zu seiner Frau: »Ma chère amie, unsere Kinder machen Schach – mit Erfolg – zu einem Glücksspiel!«

André Philidor, zit. in G. Allen, 1863

JOSEPH HAYDN
1732–1809

Haydn, der von seinen Zeitgenossen liebevoll »Papa Haydn« genannt wurde, stärkte Mozart, unterrichtete Beethoven und wurde in seinen eigenen Kompositionen zum Begründer der modernen Sinfonie und des Streichquartetts.

Als Haydn einst mit Dittersdorf in Wien über die Straße ging, hörten sie in einem Bierhause Haydnsche Menuetten sehr schlecht aufspielen. Wir müssen uns doch mit diesen Stümpern einen Spas machen, sagte einer dem andern; beyde traten in das Bierhaus, ließen sich einschenken, und hörten eine Weile zu. Von wem sind diese Menuetten? fragte endlich Haydn. Man nannte ihm seinen Namen. Ach, das ist ja erbärmliches Zeug! rief er aus. Die Musikanten geriethen darüber so in Harnisch, daß ihm einer derselben die Violine an den Kopf geworfen haben würde, wenn er nicht schleunig die Flucht ergriffen hätte.

Georg August Griesinger, 1810. Auch Albert Christoph Dies berichtet in seinem Buch, das im gleichen Jahr erschien, von dieser Begebenheit, von der Haydn beiden erzählt haben muß.

Im Jahr 1759 wurde Haydn in Wien bey dem Grafen Morzin als Musikdirektor mit zweyhundert Gulden Gehalt, freyer Wohnung und Kost an der Offizianten-Tafel angestellt. Hier genoß er endlich des Glücks einer sorgenfreyen Existenz; es ging ihm ganz gut. Der Winter wurde in Wien und der Sommer in Böhmen, in der Nähe von Pilsen, zugebracht. Er erzählte in seinen spätern Jahren gern, daß, wie er einst am Klavier saß, und die schöne Gräfin Morzin sich über ihn beugte, um in die Noten zu sehen, ihr Halstuch aus einander fiel. »Es war zum Erstenmal, daß mir ein solcher Anblick ward; er verwirrte mich, mein Spiel stockte, die Finger blieben auf den Tasten ruhen. – Was ist das, Haydn, was treiben Sie? rief die Gräfin; voll Ehrerbietung antwortete ich: aber Ihr' gräfliche Gnaden, wer sollte auch hier nicht aus der Fassung kommen?«

Georg August Griesinger, 1810

Unter der Kapelle des Fürsten Esterhazy befanden sich mehrere junge, rüstige Ehemänner, die im Sommer, wo sich der Fürst auf

seinem Schlosse Esterhaz aufhielt, ihre Weiber in Eisenstadt zurück lassen mußten. Gegen seine Gewohnheit wollte der Fürst
einst den Aufenthalt in Esterhaz um mehrere Wochen verlängern; die zärtlichen Eheleute, äußerst bestürzt über diese Nachricht, wandten sich an Haydn, und baten ihn, Rath zu schaffen.

Haydn kam auf den Einfall, eine Symphonie zu schreiben, (die
unter dem Namen der Abschieds-Symphonie bekannt ist) in
welcher ein Instrument nach dem andern verstummt. Diese
Symphonie wurde bey der ersten Gelegenheit in Gegenwart des
Fürsten aufgeführt, und jeder von den Musikern war angewiesen, so wie seine Partie geendiget war, sein Licht auszulöschen,
die Noten zusammen zu packen, und mit seinem Instrumente
unter dem Arme fortzugehen. Der Fürst und die Anwesenden
verstanden den Sinn dieser Pantomime sogleich, und den andern
Tag erfolgte der Befehl zum Aufbruch von Esterhaz.

So erzählte mir Haydn die Veranlassung zur Abschieds-Symphonie, und die Variante, daß Haydn dadurch seinen Fürsten
von dem Vorsatze, seine ganze Kapelle zu entlassen, abgewen-
det, und so vielen Menschen ihren Erwerb wieder gesichert
habe, ist zwar poetisch schöner, aber nicht historisch richtig.

Georg August Griesinger, 1810

Viele Jahre später, als Haydn in England war, mußte er feststellen, daß die Engländer hingerissen und begeistert von Instru-
mentalkonzerten waren, wenn lebhafte Allegro-Sätze gespielt
wurden. Bei langsamen Andante- oder Adagiosätzen aber pflegten sie einzuschlafen, ohne Rücksicht darauf, mit wieviel Schönheit er sie ausgestattet hatte. So komponierte er ein liebliches
Andante mit vielen zarten und ruhigen Passagen. Die Instrumente hatten leiser und leiser zu spielen, mitten im zartesten
Piano jedoch ließ er alle auf einmal wieder einsetzen, unterstützt
von einem Schlag auf die Kesselpauke – und damit war das Publikum erwacht!

Stendhal, 1818. Es handelt sich hier um die Symphonie Nr. 94 G-Dur »mit dem
Paukenschlag«.

»Wo Mozart ist, kann sich Haydn nicht zeigen!« so schrieb er, als man ihn zu gleicher Zeit mit Mozart nach Prag zur Krönung des Kaisers Leopold II. berief.

Georg August Griesinger, 1810

»Wenn es mein Fürst zufrieden ist«, sagte Haydn, »so folge ich Ihnen nach London.«

Der Fürst Anton erteilte die Erlaubnis zu der Reise sogleich, nur war es Haydns Freunden, die ihn doch vorher so oft überreden wollten, Wien zu verlassen, nicht recht. Sie stellten ihm sein Alter von sechzig Jahren, die Unbequemlichkeiten einer großen Reise und viele andere Dinge vor, um seinen Entschluß wankend zu machen; aber umsonst! Mozart gab sich vorzüglich Mühe und sagte: »Papa!« (so nannte er ihn für gewöhnlich), »Sie haben keine Erziehung für die große Welt gehabt und reden zu wenige Sprachen.« – »Oh!« erwiderte Haydn, »meine Sprache verstehet man durch die ganze Welt.«

... Mozart verließ an diesem Tage seinen Freund Haydn nicht. Er speiste bei ihm und sagte in dem Augenblick der Trennung: »Wir werden uns wohl das letzte Lebewohl in diesem Leben sagen.« Tränen entquollen beider Augen. Haydn wurde sehr gerührt, denn er deutete Mozarts Worte auf sich, und es fiel ihm der mögliche Fall nicht ein, daß Mozarts Lebensfaden schon im folgenden Jahre von der unerbittlichen Parze abgeschnitten werden konnte.

Albert Christoph Dies, 1810

Eines Morgens kam ein gepflegt aussehender Herr in den Laden [des Musikalienhändlers Howell] und bat, Howell möge ihm doch Klavierwerke zeigen; dieser legte ihm daraufhin Haydn-Sonaten vor, die eben erschienen waren. Der Fremde sah sie flüchtig an und sagte: »Nein, ich mag sie nicht.«

Howell antwortete: »Haben Sie gesehen, daß sie von Haydn sind, Sir?«

»Ja, schon, Sir, aber ich möchte etwas Besseres haben.«

»Etwas Besseres«, rief Howell unwillig aus, »mir liegt durch-

73

aus nichts daran, einen Herrn mit so üblem Geschmack zu bedienen.« Er wandte sich ab, doch da gab der Fremde sich als Haydn zu erkennen. Howell war so überrascht, daß er Haydn umarmte, und Haydn war von diesem Wortwechsel derart geschmeichelt, daß sie daraufhin für lange Zeit enge Freunde wurden.

William Gardiner, 1838–53

[Am 14. Dezember 1791] speisete ich das erste mahl bey Mr Shaw, Er Empfieng mich unten am thor, führte mich alsdan zu seiner gemahlin, welche nebst Ihren 2 töchtern mit anderen Ladies umgeben war. Da ich Rings umher mein Compliment machte, wurde ich auf einmahl gewahr, daß sowohl die Frau vom Hauß als auch Ihre Töchter und die übrige Frauenzimmer jede auf Ihrem gebutzten Kopf noch a parte an der Front ein perlfarbenes 3 finger breites band mit den in gold gestickten Nahmen Haydn sehr niedlich gewunden trugen, und Mr Shaw truge diesen Nahmen an seinem kleid ganz vorne an beiden Enden des kragens von den feinsten Stahlenen perlen, das kleid war von feinstem tuch, glat, und mit schönen stahlenen knöpfen: die Mis^tris ist das schönste weib, so ich jemahls gesehen. NB. Ihr gemahl wünschte von mir ein denckmahl, ich gab Ihm eine Tobacks dose, so ich eben ganz neu um 1 guinee kauffte, er gab mir dafür die seine. In etwelchen tagen kame ich zu Ihm, und sahe, daß Er über meine dose einen Sarg von Silber hatte machen lassen, auf den obern deckel ist sehr schön gravirt die Harfe Apollinis und rings um dieselbe folgen die worth »Ex dono celeberrimi Josephi Haydn« [»Geschenk des überaus berühmten Joseph Haydn«]. NB. Die Mis^tris gab mir zur gedächntnüß eine [An-]stecknadl.

Joseph Haydn, Londoner Notizbuch, in: Gesammelte Briefe und Aufzeichnungen, 1965

Er erinnerte sich daran, daß er einmal mit Mrs. Billington... in einem Haus zum Essen war, in dem ein Bild von ihr [von Joshua Reynolds gemalt] hing; es stellt sie dar, wie sie dem Gesang eines Engels lauscht. Haydn hatte damals gesagt, das Verhältnis müsse umgekehrt sein: Sie hätte beim Singen dargestellt werden müssen und der Engel als Zuhörer. Für dieses elegante Kompliment war er mit einem Kuß belohnt worden.

William Reeve, 1879. Elizabeth Billington (1765–1818) war eine englische Sopranistin.

Am Ende des ersten Konzertteils widerfuhr Haydn die hohe Ehre, von Seiner Königlichen Hoheit dem Prinzen von Wales in aller Form Seiner Majestät Georg III. vorgestellt zu werden. Ich stand so nahe bei dem König, daß ich nicht umhin konnte, das Gespräch zwischen beiden völlig mitzuhören. Unter anderem äußerte Seine Majestät (auf englisch): »Doktor Haydn, Sie haben viel Musik geschrieben.«

Worauf Haydn bescheiden antwortete: »Ja, Sire, viel mehr, als gut ist.«

Worauf der König wiederum treffend zurückgab: »O nein, die Welt widerlegt das.«

William T. Parke, 1830. Parke (1762–1847) war ein englischer Oboist.

Er zeigte mir seine Arie in D aus der »Schöpfung«, die darstellt, wie das Meer wogt und wie sich die Felsen aus ihm erheben. »Sehen Sie«, fragte er im Scherz, »wie sich die Noten zu Wellen aneinanderreihen? Sie gehen auf und ab! Und sehen Sie, Sie können auch die Berge erkennen. Man muß sich manchmal ein Vergnügen machen, wenn man so lange ernst gewesen ist.«

Nach Frederick S. Silverstolpe, 1841. Silverstolpe war Diplomat in der schwedischen Botschaft in Wien.

1805 wurde er so gebrechlich und schwach, daß das Gerücht aufkam, er sei gestorben. Die Pariser Zeitungen druckten eine Todesanzeige ab; daraufhin erkannte das Institut National (dessen Mitglied er war), es habe Anspruch darauf, daß man zu seinem Gedächtnis eine Messe zelebriere. Als Haydn davon erfuhr, war er überaus amüsiert. »O warum hat mir diese gebildete und fortschrittliche Institution nicht von ihrer Absicht Kenntnis gegeben, damit ich selbst hätte dabeisein und selbst den Takt

in der Aufführung meiner eigenen Trauermusik hätte schlagen
können!«
Thomas Busby, 1819

Am 10ten May [1809] rückte ein französisches Armeecorps des
Morgens vor die Mariahülfer Linie in Wien, welche von Haydns
Wohnung nicht weit entlegen ist. Man war eben beschäftiget,
ihn aus dem Bette zu bringen und anzukleiden, als vier Kartät-
schen-Schüsse fielen, welche die Fenster und Thüren seines Hauses heftig erschütterten. Mit voller Stimme rief er seinen be-
stürzten und geängstigten Leuten zu: »Kinder, fürchtet euch
nicht; wo Haydn ist, kann euch kein Unglück treffen.«
Georg August Griesinger, 1810

Als man [1820] den Leichnam des verstorbenen Komponisten
von Gumpendorf zu seiner jetzigen Ruhestätte in Wien überführen wollte, bemerkte man, daß der Schädel fehlte! Irgendwelche
Mediziner, so scheint es, hatten an dem Komponisten eine
Krankheit nachweisen wollen. Ohne mich in Einzelheiten zu ergehen, möchte ich lediglich feststellen, daß ich bei meinem letzten Wien-Besuch, in November 1873, die Ehre hatte, mit Baron
Rokitansky zu dinieren, dem leitenden Direktor der großen
Krankenhäuser. Nach dem Essen führte er mich in sein Arbeitszimmer und gab mir ein sorgsam gehütetes Erinnerungsstück in
die Hand: den Schädel von Papa Haydn.
John Ella, 1878

JOHANN CHRISTIAN BACH
1735–1782

Der elfte und jüngste Sohn Johann Sebastian
Bachs. Nachdem er als »Mailänder Bach« bekannt
geworden war, wurde er 1762 mit seiner Über-
siedelung nach England der »Londoner Bach«.
Er komponierte rund vierzig Klavierkonzerte;
Mozart bewunderte ihn sehr.

Christian Bach war ein sehr leichtgesinnter jovialischer Mensch. Als ihm einst einer seiner ernstern Freunde seine Sorglosigkeit als Künstler und Mensch vorhielt, mit der er meistens nur leichte vergängliche Sachen, die von ihm verlangt wurden, flüchtig hinwarf, und das damit verdiente Geld noch leichtsinniger für noch flüchtigere sinnliche Genüsse wegwarf, und ihm dabey das Beispiel seines ältern Bruders in Berlin [Carl Philipp Emanuel Bach] vorhielt, der große Werke vollendete, und das verdiente Geld sehr gut zu Rath zu halten wußte; sagte Bach: »Ey was, mein Bruder lebt um zu komponiren, und ich komponire um zu leben: er treibts für andere, ich für mich selbst.« Wenigstens beweis't diese Antwort, daß der sinnliche Mann nicht viel von der poetischen Idee vom Nachruhm hielt.

Johann Friedrich Reichardt, 1796

In Paris sowohl als in London, legte man dem Sohne [= Wolfgang Amadeus Mozart] verschiedene schwere Stücke von [Johann Christian] Bach, Händel, Paradies und andern Meistern vor, die er nicht nur vom Blat spielte, sondern sie auch sogleich in dem angemessenen Tacte, und mit aller Nettigkeit vortrug. Als er beym [englischen] Könige spielte, nahm er eine bloße Baßstimme, und spielte eine vortrefliche Melodie darüber. Joh. Christian Bach der Lehrmeister der Königinn, nahm den kleinen Mozart zwischen die Knie, und spielte einige Tacte, dann fuhr Mozart fort, und so immer abwechselnd spielten sie eine ganze Sonate mit einer solchen Präcision, daß jeder, der ihnen nicht zusah, glauben mußte, das Stück würde nur von einem gespielt.

Friedrich von Schlichtegroll, 1793

FRIEDRICH WILHELM HERSCHEL
1738–1822

Komponist und Organist, betätigte sich in England als Konzertveranstalter, begeisterte sich für Astronomie, entdeckte den Planeten Uranus und gab 1781 seine musikalische Laufbahn auf.

Sein Entdeckungsdrang war so groß, daß er bei einem Wohltä-
tigkeitskonzert, das er veranstaltete, sein Teleskop am Fenster
befestigen ließ und zwischen den Akten seine Observationen anstellte.

William Gardiner, 1838–1853

Den 15 Junij gienge ich von Windsor nach Slough zu H: Doctor
Hershel, allwo ich den grossen Teloscop sahe – dieser ist 40 Fuß
lang und 5 Fuß in Durchschnit, die Machine ist sehr groß, aber
so künstlich, daß ein einziger Mann die ganze Machine mit leichter Mühe in Bewegung setzen kan. Es sind noch 2 kleinere, wovon einer 22 Fuß hat, und welcher 6 tausendmahl vergrössert.
Der König liesse 2 für sich machen, wovon jeder 12 Schuch. Er
gabe Ihm 1000 guinees dafür. Dr Hershel war in seinen jüngeren
Jahren in Preusischen Diensten als Oboist in 7 jährigen Krieg,
desertirte mit sein Bruder, kam nach England, nährte sich viele
Jahr mit der Music, wurde Organist zu Bath, verlegte sich aber
anbey mehr auf die Astronomie. Nachdem Er sich die nöthige
Instrumenten anschuf, verlies Er Bath, miethete unweit Windsor ein Zimmer, studirte Tag und Nacht, seine Inhaberin wurde
Wittwe, Sie verliebten sich, und Sie heurathete ihn und gab ihm
ein Heurath Gut von 100 000 fl. Nebst diesen hat er vom König
zeit lebens 500 Pfund, und sein Weib von 45 Jahren gebahr dieses
Jahr 1792 einen Sohn. Er liesse vor 10 Jahren sein Schwester zu
sich komen, welche Ihm in seinen Beobachtungen die mög-
lichsten Dienste leistet. Er sizt manchmahl in der grössten Kälte
5 gegen 6 Stunden unter freyen Himmel.

*Joseph Haydn, Londoner Notizbuch, in: Gesammelte Briefe und Aufzeichnungen,
1965*

GIOVANNI PAISIELLO
1740–1816

Fruchtbarer Komponist, der die italienische Oper
am russischen Zarenhof bekannt machte und mit
seinem »Barbier von Sevilla« so populär wurde,

daß das römische Publikum in Aufruhr geriet, als
Rossini es wagte, den Stoff nochmals aufzugreifen.

Als Paisiello, der gewandte und im Hofleben erfahrene Italiener,
in Paris angekommen war und Napoleon vorgestellt wurde, begann er auch sofort, ihn mit »Sire« anzureden.

»Was meinen Sie mit ›Sire‹?« entgegnete der Erste Konsul.
»Ich bin General und nichts mehr.«

»Gut denn, General«, fuhr der Komponist fort, »ich bin gekommen, um mich Eurer Majestät zur Verfügung zu stellen.«

»Ich muß«, gab Napoleon zurück, »Sie wirklich bitten, mich
nicht so anzureden.«

»Verzeihen Sie, General«, antwortete Paisiello, »aber ich kann
mich einfach nicht von dem Benehmen lösen, das ich mir für die
Anrede von Regierenden, die im Vergleich mit Ihnen sich als
Gewürm ausnehmen, angewöhnt habe. Dennoch will ich Ihre
Aufforderung beherzigen, Sire, und wenn ich so unglücklich
bin, Euch zu kränken, so muß ich Eure Majestät dafür um
Nachsicht bitten.«
H. Sutherland Edwards, 1862

Als Paisiello hier war, hörte ich eines Tages, wie er von einer Begebenheit berichtete, die ein Beweis für die Freundlichkeit ist,
mit der die Zarin Katharina von Rußland ihm begegnete. Sie
hatte bei ihm Unterricht, und als er sie an einem überaus kalten
Morgen [beim Musizieren] begleitete, zitterte er vor Kälte. Ihre
Majestät bemerkte es, zog sich einen prächtigen Mantel, den sie
anhatte und der mit überaus wertvollen Brillantspangen ge-
schmückt war, aus und warf ihn ihm über die Schultern. Ein anderer Beweis dafür ist das, was sie einst dem Marschall Belo-
selsky erwiderte. Der Marschall ärgerte sich offenbar über »das
grünäugige Monster« und vergaß sich derart, daß er Paisiello
einen Schlag versetzte; Paisiello, ein kräftiger, athletischer
Mann, gab ihm dafür eine derbe Tracht Prügel. Dafür wiederum
brachte der Marschall Klage vor die Zarin und forderte, daß sie
Paisiello auf der Stelle entlasse, weil er es gewagt habe, einem

Marschall des russischen Zarenreichs Schläge zurückzugeben. Katharinas Antwort lautete: »Weder kann noch will ich Eurem Antrag stattgeben; Ihr verlort Eure Würde, als Ihr einen friedfertigen Mann und großen Künstler schlugt; kann es Euch da noch überraschen, daß auch er sie vergaß? Und was den Rang betrifft, Sire, so kann ich zwar fünfzig Marschälle machen, aber keinen Paisiello.«

Ich gebe diese Anekdote so wieder, wie ich sie gehört habe, obgleich ich hinzufügen muß, daß durch einen großen Zufall eine ähnliche Geschichte von Holbein erzählt wird, gegen den ein Adliger des Königreichs Großbritannien Anklage vor Heinrich VIII. erhob.

Michael Kelly, 1826. Kelly (1762–1826) war Sänger irischer Abstammung und befreundet mit Mozart, in dessen »Le nozze di Figaro« er bei der Uraufführung 1786 die Rollen des Don Curzio und Basilio übernommen hatte.

ANDRÉ-ERNEST-MODESTE GRÉTRY
1741–1813

Frankoflämischer Komponist, schrieb rund fünfzig Opern, von denen »Richard Cœur de Lion« (»Richard Löwenherz«) die erfolgreichste war.

An Neujahr nahm der Kaiser gewöhnlich die Glückwünsche der vornehmsten Männer Frankreichs aus Wissenschaft, Literatur und Kunst entgegen. Als Grétry zum ersten Mal dabei war, gab Napoleon (der keine Vorliebe für französische Musik hegte) vor, ihn nicht zu kennen, und sprach ihn daher barsch an: »Und wer sind Sie?« – »Grétry, Sire.«

Beim nächsten Besuch Grétrys fragte der Kaiser ihn wieder: »Und wer sind Sie?« Grétry fühlte sich ziemlich gedemütigt und sagte nach kurzer Pause: »Grétry, Sire.«

Als der Komponist von »Richard Cœur de Lion« sich das dritte Mal in den Tuilerien zeigte, fragte der Kaiser wiederum: »Und wer sind Sie?«

»Hélas! – toujours Grétry, sire!« [»Ach! immer noch Grétry,
Sire!«]
Hector Berlioz 1862 auf seinem Hochzeitsempfang, in: John Ella, 1878

LUIGI BOCCHERINI
1743–1805

Italienischer Cellist und Komponist; seine Wir-
kungszeit verbrachte er großenteils in Spanien.
Ein Zeitgenosse meinte einmal: »Wenn Gott zu den
Menschen sprechen wollte, nähme er dazu Haydns
Musik; wenn er aber Musik eines Irdischen hören
wollte, nähme er Boccherini.«

Der spanische König musizierte gerne gemeinsam mit Boccherini, und der österreichische Kaiser ergänzte das Duo gelegentlich zum Trio. Eines Tages fragte der Kaiser Boccherini, ob er
besser spiele als Karl IV., worauf der Musiker gewandt antwortete: »Sire, Karl IV. spielt wie ein König, aber Eure Kaiserliche
Hoheit spielt wie ein Kaiser!«
Hugh Reginald Haweis, 1884

DOMENICO CIMAROSA
1749–1801

Italienischer Opera-buffa-Komponist. Seine Oper
»Il matrimonio segreto« (»Die heimliche Ehe«)
begeisterte bei ihrer Premiere 1792 in Wien Leopold II. dermaßen, daß er ein Essen für die Mitwirkenden gab und sich die Oper anschließend ein zweites Mal anhörte. 1799 wurde Cimarosa in Neapel wegen Sympathien zu Napoleon
zum Tode verurteilt, dann aber begnadigt und
verbannt.

Der Kaiser Napoleon wollte einmal von dem berühmten Grétry wissen, was der Unterschied zwischen Mozart und Cimarosa sei.

»Sire«, erklärte Grétry, »Cimarosa plaziert die Statue auf der Bühne und den Sockel im Orchester; Mozart dagegen stellt die Statue ins Orchester und den Sockel auf die Bühne.«

George Hogarth, 1838 (1)

Cimarosa und Paisiello waren nicht nur Zeitgenossen und Rivalen, sondern sogar erklärte Feinde. Nie sah man sie miteinander, niemand konnte mit einem von beiden auf freundschaftlichem Fuße stehen, wenn er je dem anderen zu applaudieren gewagt hatte. Diese beiden großen Meister gingen, wie man wußte, nur maskiert ins Theater, um die Kompositionen des jeweils anderen inkognito auspfeifen zu können.

Thomas Busby, 1825

ANTONIO SALIERI
1750–1825

Das Gerücht, er habe Mozart umgebracht, gab den Stoff für Puschkins Dichtung und Rimsky-Korsakows Oper »Mozart und Salieri«, 1898, sowie für Peter Shaffers Schauspiel »Amadeus« ab. Geboren in der Nähe von Verona, lebte Salieri seit 1776 in Wien, wo Beethoven, Schubert und Liszt zu seinen Schülern gehörten.

Rossini: Nach Mozarts Tod wurde ernstlich die Vermutung geäußert, er [Salieri] habe ihn aus beruflichem Neid heraus umgebracht und dazu ein langsam wirkendes Gift eingesetzt.
Wagner: Dieses Gerede ging in Wien auch noch um, als ich dort war.
Rossini: Eines Tages sagte ich zu Salieri im Scherz: »Beethoven hat doch Glück, daß sein Selbsterhaltungstrieb ihn abhält, mit

Ihnen zu speisen. Sonst könnten Sie ihn ja in eine andere Welt hinüberschicken, wie Sie es mit Mozart getan haben.« – »Sehe ich denn aus wie jemand, der andere vergiftet?« antwortete Salieri.

Edmond Michotte, 1906

Moscheles [Ignaz Moscheles (1794–1870), Pianist und Komponist, war Salieri-Schüler] wollte auch den armen Salieri besuchen, der schwach, alt und an der Schwelle des Todes im Allgemeinen Krankenhaus lag. »Unsere Begegnung«, schrieb Moscheles, »war traurig, denn bereits sein Anblick erschreckte mich, und er sprach mit mir in abgerissenen Sätzen von seinem bevorstehenden Tod. Zum Schluß sagte er: ›Ich kann Ihnen als einem Ehrenmann versichern, daß von diesem sinnlosen Gerede nichts wahr ist; natürlich wissen Sie – Mozart – ich soll ihn vergiftet haben; aber nichts davon – nur Böswilligkeit, reine Böswilligkeit. Sagen Sie der Welt, lieber Moscheles, daß der alte Salieri, der auf seinem Sterbebett liegt, Ihnen dies gesagt hat.‹ Ich war tief bewegt, und als mir der alte Mann mit Tränen in den Augen nochmals für meinen Besuch dankte (nachdem er mich bereits bei meiner Ankunft mit Dankesworten überschüttet hatte), war es für mich an der Zeit, eilig aus dem Zimmer zu gehen, bevor mich das Gefühl völlig übermannt hätte...

[Aber] in moralischer Hinsicht hatte er zweifellos viele Stunden von Mozarts Dasein mit seinen Intrigen vergiftet.

Charlotte Moscheles, 1873

MUZIO CLEMENTI
1752–1832

Geboren in Italien, komponierte über hundert Klaviersonaten. Klaviervirtuose und -fabrikant, einer der Verleger Beethovens.

Wegen seiner ausgiebigen Studien war Clementi ein völlig geistesabwesender Mensch geworden – so sehr, daß er morgens mit einem schwarzen und einem weißen Strumpf bekleidet ausging, aber weil er nie ganz ohne [Strumpf] loszog, meinten einige seiner Freunde, die Geistesabwesenheit sei nur aufgesetzt. Ich dagegen neige aus folgendem Grund eher dazu, daß sie irrten: Clementi und Crosdill [John Crosdill (1751–1825), Cellist] waren zu einem Sommeraufenthalt beim Earl of Pembroke in dessen herrliches Haus nach Wilton gereist. Ein besonderes Schmuckstück des zugehörigen Parks ist ein wunderbarer See mit einer ausgedehnten Wasserfläche, in dem sie eines schwülen Abends zu baden beschlossen. Nach einer gewissen Zeit ging Crosdill aus dem Wasser, um sich in den Umkleideräumen wieder anzuziehen, und nahm heimlich Clementis Hemd mit ins Haus.

Clementi erschien wieder, aufs beste gekleidet, wie er glaubte, und während er in aller Breite von dem Vergnügen sprach, das er beim Untertauchen gehabt hatte, kam ein Herr mit einer Dame zum abendlichen Beisammensein. Nach der üblichen Begrüßung brachte die Dame den Wunsch vor, Clementi eine seiner Sonaten auf dem Klavier spielen zu hören, worauf er gerne einging. Als er Platz genommen hatte und ein bißchen in der für ihn typischen Weise herumgezappelt hatte, spielte er den ersten Satz eines seiner schwersten Stücke und wollte gerade mit dem Adagio beginnen, als er wegen der drückenden Hitze, ohne zu wissen, was er tat, begann, seine Weste fast ganz aufzuknöpfen; er spielte dann weiter, während die Dame sich, überaus erschrocken, in den hintersten Winkel des Saals zurückzog und Lord Pembroke, der sich vor Lachen kaum halten konnte, Clementi auf seine Lage aufmerksam machte.

William T. Parke, 1830

GIOVANNI BATTISTA VIOTTI

1755–1824

Italienischer Violinist und Komponist. Viotti ist der Begründer der modernen Geigentechnik.

84

Im fünften Stock eines Hauses in einer kleinen Pariser Straße,

§ 90 nicht

mitte/unten} 95 ″

ab §97 mitte ″

§ 92 unten nicht (statt dessen
mehrdote Gran)

die Zeiten sind anders geworden: Sie müssen nun hinaufsteigen,
wenn sie sich zu uns emporschwingen wollen. «
George Dubourg, 1852

WOLFGANG AMADEUS MOZART
1756–1791

Sohn eines Violinisten (des späteren Vizekapell-
meisters) beim Fürsterzbischof von Salzburg,
lebte in Wien als freier Komponist. »Ich sage ihnen vor gott, als ein ehrlicher Mann, ihr Sohn ist
der größte Componist, den ich von Person und
dem Nahmen nach kenne«, äußerte Haydn 1785
vor Leopold Mozart.

Einsmals gieng ich mit Hrn. Papa nach dem Donnerstag-Amte zu ihnen nach Hause, wir traffen den 4jährigen Wolfgängerl in der Beschäftigung mit der Feder an:

Papa: was machst du?

Wolfg: ein Concert fürs Clavier, der erste Theil ist bald fertig.

Papa: lass sehen.

Wolfg: ist noch nicht fertig.

Papa: lass sehen, das muss was saubers seyn.

Der Papa nahm ihms weg, und zeigte mir ein Geschmire von Noten, die meistentheils über ausgewischte Dintendolken [Tintenkleckse] geschrieben waren. /:NB: Der kleine Wolfgangerl tauchte die Feder, aus Unverstand, allemal bis auf den Grund des Dintenfasses ein, daher musste ihm, so bald er damit aufs Papier kamm ein Dintendolken entfallen, aber er war gleich entschlossen, fuhr mit der flachen Hand drüber hin, und wischte es auseinander, und schrieb wieder drauf fort:/ Wir lachten anfänglich über dieses scheinbare galimathias, aber der Papa fieng hernach seine Betrachtung über die Hauptsache, über die Noten, über die Composition an, er hieng lange Zeit steif mit seiner Betrachtung an dem Blate, endlich fielen seine Thränen, Thränen der Bewunderung und Freude aus seinen Augen, sehen sie Hr. Schachtner, sagte [er], wie alles richtig und regelmässig gesetzt ist, nur ists nicht zu brauchen, weil es so ausserordentlich schwer ist, dass es kein Mensch zu spielen im Stande wäre. Der Wolfgangerl fiel ein: drum ists ein Concert, man muss so lange exercieren, bis man es treffen kann, sehen Sie, so muss es gehen. Er spielte, konnte aber auch just so viel herauswirgen, dass wir kennen konnten, wo er aus wollte. Er hatte damals den Begriff, das Concert spielen und Mirakel wirken einerley seyn müsse.

Johann Andreas Schachtner (1731–1795), Brief vom 24. April 1792 an Mozarts Schwester, in: Mozart, Die Dokumente seines Lebens, 1961. Schachtner war erzbischöflicher Hof- und Feldtrompeter in Salzburg.

Mittwoch, den 3. Februar 1830

Bei Goethe zu Tisch. Wir sprachen über Mozart. »Ich habe ihn als siebenjährigen Knaben gesehen«, sagte Goethe, »wo er auf einer Durchreise ein Konzert gab. Ich selber war etwa vierzehn Jahr alt, und ich erinnere mich des kleinen Mannes in seiner Frisur und Degen noch ganz deutlich.« Ich machte große Augen, und es war mir ein halbes Wunder, zu hören, daß Goethe alt genug sei, um Mozart als Kind gesehen zu haben.

Goethes Gespräche mit Eckermann

Als der Knabe einst bey der Kaiserin war, führten ihn zwey der Erzherzoginnen, unter welchen die nachmalige unglückliche Königin von Frankreich, Antoinette, war, herum. Er fiel auf den, ihm ungewohnten, geglätteten Fussboden. Die eine der Prinzessinnen machte sich nichts daraus; die andere, Marie Antoinette, hob ihn auf und that ihm gütig. Er sagte zu ihr: »Sie sind brav; ich will Sie heirathen.« Sie erzählte das der Mutter, und als diese den Wolfgang fragte, wie ihm dieser Entschluss käme, antwortete er: »Aus Dankbarkeit; sie war gut gegen mich, während ihre Schwester sich um nichts bekümmerte.«

Georg Nikolaus Nissen, 1828. Nissen war seit 1809 mit Mozarts Witwe Constanze verheiratet.

In London, wo unser Vater bis zum Tode krank lag [1764], durften wir kein Klavier berühren. Um sich also zu beschäftigen, komponirte Mozart seine erste Symfonie [KV 16] mit allen Instrumenten – vornehmlich mit Trompeten und Pauken. Ich mußte sie, neben ihm sitzend, abschreiben. Indem er komponirte, und ich abschrieb, sagte er zu mir: Erinnere mich, daß ich dem Waldhorn was Rechts zu thun gebe!

Maria Anna von Berchtold zu Sonnenburg (geb. Mozart, Mozarts Schwester), 1800

Fast bis in sein 10tes Jahr hatte er eine unbezwingliche Furcht vor der Trompete, wenn sie allein, ohne andere Musik geblasen wurde, wie man ihm eine Trompete nur vorhielt, war es eben so viel, als wenn man ihm eine geladene Pistolle aufs Herz setzte, Papa wollte ihm diese kindische Furcht benehmen, und befahl mir einmal trotz seines Weigerns ihm entgegen zu blasen, aber mein Gott! hätte ich mich nicht dazu verleiten lassen, Wolfangerl hörte kaum den schmetternden Ton, ward er bleich und begann zur Erde zu sinken, und hätte ich länger angehalten, er hätte sicher das Fraise [= Krämpfe] bekommen.

Johann Andreas Schachtner, Brief vom 24. April 1792 an Mozarts Schwester, in: Mozart, Die Dokumente seines Lebens

Die Schwester seiner Frau [Sophia Haibel] erzählt Folgendes: Wie war der Schwager besorgt, wenn seinem Weibe Etwas fehlte! So war es einmal, als sie sehr krank lag und ich volle acht Monate sie wartete. Ich saass an ihrem Bette; Mozart auch. Er componirte an ihrer Seite. Ich beobachtete ihren nach so langer Zeit sich eingestellten süssen Schlummer. Stille hielten wir Alles, wie in einem Grabe, um sie nicht zu stören. Plötzlich trat ein roher Dienstbote ein. Mozart erschrak aus Furcht, seine Frau möchte gestört seyn, wollte, still zu seyn, winken, rückte den Sessel rückwärts hinter sich weg und hatte gerade das Federmesser offen in der Hand. Dieses spiesste sich zwischen den Sessel und seinen Schenkel, so dass es ihm bis an das Heft in das Bein einstach. Er, der sonst wehleidig war, machte keine Bewegung und verbiss seinen Schmerz, winkte mir, ihm hinaus zu folgen, und ich fand, dass die Wunde wirklich sehr tief war. Durch Johannisöl wurde er geheilt. Obschon er für Schmerz etwas krumm ging, so machte er doch, dass es verborgen blieb und seine Frau Nichts erfuhr.

Georg Nikolaus Nissen, 1828

[Sein Arzt Sigmund Barisani] kannte des Freundes Gewohnheit, oft bis tief in die Nacht hinein zu arbeiten und dann des Morgens noch im Bette wieder zu beginnen. Da ihm dies nicht abzugewöhnen war und er außerdem am Klavier so viel saß, riet ihm Barisani dringend, wenigstens stehend zu schreiben und sich körperlich möglichst viel zu bewegen. Seine Morgenritte scheint Mozart nicht lange fortgesetzt zu haben; er vermochte beim Reiten trotz aller Freude daran nie eine gewisse Ängstlichkeit abzulegen. Umsomehr bestärkte ihn Barisani um der körperlichen Bewegung willen in seiner Neigung für Billard und Kegelspiel, zumal da ihn dies in seinem Schaffen nicht im Geringsten störte.

In Prag bemerkte man, daß er während des Billardspiels ein Motiv mit hm hm vor sich hinsang und von Zeit zu Zeit in ein Buch sah, das er bei sich trug; es war das erste Quintett der Zauberflöte, das ihm im Kopf herumging.

Otto Jahn, 1856

Bald nach dem Mozart seinen Aufenthalt in Wien aufgeschlagen hatte, faßte der unvergeßliche Kaiser Joseph II. den Gedanken, der eines deutschen Kaisers so würdig war, den Geschmack an italienischen Opern, durch die Unterstützung deutscher Singspiele und Sänger zu verdrängen, und für das Vaterländische mehr zu stimmen. Er versammelte daher die besten Sänger und Sängerinnen, und ließ von Mozart eine deutsche Oper setzen. Für diese Virtuosen schrieb er nun das allgemein bekannte, allgemein beliebte Singspiel, die Entführung aus dem Serail in dem Jahre 1782.

Sie machte allgemeines Aufsehen; und die schlauen Italiener sahen bald ein, daß ein solcher Kopf für ihr welsches Geklingel bald gefährlich werden dürfte. Der Neid erwachte nun mit der ganzen Schärfe des italienischen Giftes! Der Monarch der im Grunde von der neuen tiefeindringenden Musik entzückt war, sagte doch zu Mozart: »Zu schön für unsere Ohren, und gewaltig viel Noten lieber Mozart!«

»Gerade so viel, Eure Majestät, als nöthig ist«, versetzte dieser mit jenem edlen Stolze, und der Freymüthigkeit, die großen Geistern so gut ansteht. Er sah ein, daß dieß nicht eigenes Urtheil, sondern nachgesagt war.

Franz Niemetschek, 1798/1808

Mozart wurde in Wien eines Tages auf der Straße von einem Bettler angesprochen, der ihn nicht nur um Almosen bat, sondern deutlich zu machen versuchte, daß er mit ihm entfernt verwandt sei. Mozart war in seinen Gefühlen angesprochen, doch weil er kein Geld bei sich hatte, forderte er den Bettler auf, mit ihm ins nächste Kaffeehaus zu gehen, wo er ein Schreibpapier nahm, mit der Feder Linien darauf zog und in wenigen Minuten ein Menuett und ein Trio komponierte. Mozart wies den Bettler an, dieses Stück (dazu einen Brief) zu seinem Verleger zu bringen, wofür der Bettler eine Summe ausgehändigt bekam, die etwa fünf Guineas entspricht.

William T. Parke, 1830

Allda [in Wien, etwa 1785] angekommen, wurde er im Hause des Herrn Hofraths v. Käß aufgeführt, welcher als der erste Musikfreund und Dilettant in Wien anerkannt war, und wöchentlich zweimal in seinem Hause Gesellschafts-Concerte gab, wo die ersten Virtuosen, die sich damals in Wien befanden, und die ersten Compositeurs, als: Joseph Haydn, Mozart, Dittersdorf, Hoffmeister, Albrechtsberger, Giarnovichi [Giovanni Marie Giornovichi (Jarnowick), um 1740–1804] etc. etc. versammelt waren; dort wurden Haydn's Symphonien aufgeführt. – Mozart pflegte meistens sich auf dem Fortepiano hören zu lassen, und Giarnovichi, damals der berühmteste Virtuos auf der Violine, spielte gewöhnlich ein Concert; die Frau vom Hause sang. Eines Abends geschah es, dass Mozart nicht gleich Anfangs im Conzerte erschien, und man auf ihn schon lange wartete, weil er ein neues Lied für die Frau vom Hause mitzubringen versprochen. Man schickte mehrere Bediente, um ihn zu suchen; endlich fand ihn einer im Gasthause, und bat ihn, alsogleich zu kommen, weil schon Alles seiner harrte, und man sich auf das neue Lied freute. Nun erinnerte sich Mozart, daß er das Lied noch nicht componirt hätte; er bat sogleich den Bedienten, ihm ein Stück Notenpapier zu bringen – nachdem dies geschehen war, fing Mozart im Gastzimmer an, das Lied zu componiren, und als er es fertig hatte, ging er damit in das Konzert, wo schon Alles in der gespanntesten Erwartung harrte. Dort wurde er nach einigen zarten Vorwürfen über sein langes Ausbleiben auf das freudigste empfangen; und als er sich endlich zum Clavier setzte, sang die Frau vom Hause das neue Lied mit einer zwar zitternden Stimme, allein es wurde dennoch enthusiastisch aufgenommen und beklatscht.

Adalbert Gyrowetz (1763–1850), anonyme Autobiographie, 1848, in: Mozart, Die Dokumente seines Lebens. Gyrowetz wirkte später in Wien als Hofkapellmeister der königlichen Theater.

Einen alten Bekannten aus Salzburg traf Mozart in dem Hornisten Ignaz [vielmehr: Joseph] Leutgeb (Leitgeb) in Wien wieder, wo dieser sich schon 1777 in einer Vorstadt in einem »kleinen Schneckenhäusl« eine Käserei eingerichtet hatte; zu diesem Zwecke hatte er bei L. Mozart ein Darlehen aufgenommen... Neben seinem Käsehandel trat er noch häufig in Konzerten auf, und diesem Umstande verdanken wir eine ganze Reihe Mozartscher Hornkonzerte, die alle in diese Periode fallen... Freilich mußte Leutgeb dafür den ganzen Schwall des Mozartschen Übermuts über sich ergehen lassen; so mußte er sich eines dieser Stücke so verdienen, daß er alle Stimmen der Mozartschen Sinfonien und Konzerte, die dieser kunterbunt im Zimmer umherwarf, kriechend sammeln und ordnen mußte; unterdessen komponierte Mozart am Schreibtisch.

Otto Jahn, 1856

Als ich einst am Flügel sass, und das »Non più andrai« aus »Figaro« spielte, trat Mozart, der sich gerade bei uns befand, hinter mich, und ich mußte es ihm wohl Recht machen, denn er brummte die Melodie mit und schlug den Tact auf meine Schultern; plötzlich aber rückte er sich einen Stuhl heran, setzte sich, hieß mich im Basse fortspielen und begann so wunderschön aus dem Stegreife zu variieren, daß Alles mit angehaltenem Atem den Tönen des deutschen Orpheus lauschte. Auf einmal aber ward ihm das Ding zuwider, er fuhr auf und begann in seiner närrischen Laune, wie er es öfters machte, über Tisch und Sessel zu springen, wie eine Katze zu miauen, und wie ein ausgelassener Junge Purzelbäume zu schlagen.

Anton Langer, Ein Abend bei Karoline Pichler, 1843, in: Mozart, Die Dokumente seines Lebens.

Nun hat Mozart zweifellos den Punsch besonders geliebt, aber Sophie Haibl berichtet doch zugleich, daß diese Vorliebe für ein »Punscherl« nie bis zur Unmäßigkeit gegangen sei. Auch bei der Niederschrift der Don-Giovanni-Ouvertüre hat er sich... von seiner Frau Punsch machen lassen. Ebenso wissen wir, daß er sich bei angestrengter Arbeit gerne durch ein Glas Wein oder Punsch gestärkt hat. Sein Logenbruder Joh. Mart. Loibl..., der im Camesinaschen Hause mit ihm Wand an Wand wohnte, schickte ihm öfter, wenn er ihn Klavier spielen und dazwischen klopfen hörte, Wein aus seinem Keller hinüber. Aber das Alles genügt doch nicht, um Mozart zu einem Trinker zu stempeln.

Otto Jahn, 1856

[1783] schrieb er für Mich. Haydn die beiden Duette für Violine und Bratsche (KV 423, 424...). Haydn hatte vom Erzbischof den Auftrag dazu erhalten, ihm aber einer andauernden Krankheit halber nicht entsprechen können. Da sprang Mozart in alter Anhänglichkeit für ihn ein; in kurzer Zeit waren die Duette in Haydns Wohnung vollendet und wurden in dessen Namen dem Erzbischof überreicht. Mozart mag es großen Spaß gemacht haben, seinem alten Peiniger, ohne daß dieser etwas davon merkte, einen Gruß zuzusenden, vor allem aber lehren die Stücke, daß ihm der Freundschaftsdienst an Haydn recht von Herzen kam.

Otto Jahn, 1856. Michael Haydn (1737–1806), der jüngere Bruder Joseph Haydns, wirkte damals als Konzertmeister in Salzburg.

Mozart studirte selbst die Rollen [seiner Oper »Don Giovanni« in Prag] mit einem jeden der... Mitglieder ein. Da nun bey der ersten Probe dieser Oper im Theater Sig^ra Bondini als Zerlina, zu Ende des ersten Actes, da, wo sie vom Don Juan ergriffen wird, nach mehrmaliger Wiederholung nicht gehörig und in dem wahren Augenblicke aufzuschreyen vermochte, so verliess Mozart das Orchester, ging auf die Bühne, liess die Scene noch einmal wiederholen und wartete den Augenblick ab, ergriff sie dann in demselben so schnell und gewaltig, dass sie ganz erschrocken aufschrie. »So ist es recht«, sagte er dann, sie dafür belobend, zu ihr, »so muss man aufschreyen.«

Georg Nikolaus Nissen, 1828

Den vorletzten Tag vor der Aufführung, als die Generalprobe vorbey war, sagte er Abends zu ihr [Mozart zu seiner Frau], er wolle Nachts die Ouvertüre [zu »Don Giovanni«] schreiben, sie möge ihm Punsch machen und bey ihm bleiben, um ihn munter zu erhalten. Sie that's, erzählte ihm, nach seinem Wunsche, leichte, muntere Sachen, z. B. von Alladin's Lampe, Aschenbrödel u. s. w., die ihn Thränen lachen machten. Der Punsch machte ihn aber so schläfrig, dass er [ein-]nickte, wenn sie pausirte, und nur arbeitete, wenn sie erzählte. Da aber die Anstrengung, die Schläfrigkeit und das öftere Nicken und Zusammenfahren ihm die Arbeit gar zu schwer machten, ermahnte seine Frau ihn, auf dem Canapee zu schlafen, mit dem Versprechen, ihn über eine Stunde zu wecken. Er schlief aber so stark, dass sie es nicht über's Herz brachte, und ihn erst nach zwey Stunden aufweckte. Diess war um 5 Uhr früh. Um 7 Uhr war der Copist bestellt und um 7 Uhr war die Ouverture fertig. Die Copisten wurden nur mit Mühe bis zur Vorstellung fertig, und das Opern-Orchester, dessen Geschicklichkeit Mozart schon kannte, führte sie prima vista vortrefflich aus.

Georg Nikolaus Nissen, 1828, nach mündlichen Berichten seiner Frau, Mozarts Witwe Constanze.

[Wenzel Swoboda, Kontrabassist im Prager Opernorchester] erinnert sich, daß die Tinte auf den Notenblättern noch kaum getrocknet war, als man die Noten zur Ouvertüre von »Don Giovanni« auf die Orchesterpulte stellte. Eine Probe war nicht möglich. Dennoch wurde die Ouvertüre mit solchem Feuer gespielt, daß es nicht nur die Begeisterung beim Publikum in höchste Höhen trieb, sondern auch den Komponisten überaus erfreute. Er wandte sich zum Orchester und rief aus: »Bravo, bravo, meine Herren, das war vortrefflich!«

Wenzel Swobodas Erinnerungen, in: Wilhelm Kuhe, 1913. Ob Mozarts Begeisterung wirklich so groß war, ist zweifelhaft, denn Georg Nikolaus Nissen zitiert 1828 den Prager Ständetheater-Direktor der Mozart-Zeit, Stiepanek, so, daß Mozart gesagt habe: »Es sind zwar viele Noten unter die Pulte gefallen, aber die Ouverture ist doch recht gut von Statten gegangen.«

Der Aufführung des »Don Giovanni« in Prag hatte ich nicht beigewohnt, Mozart gab mir aber sogleich Nachricht von der außerordentlich guten Aufnahme... Der Kaiser ließ mich zu sich rufen, überhäufte mich mit Lob, schenkte mir 100 Zechinen und sagte, er wünsche bald auch den »Don Giovanni« zu sehen. Nun kam Mozart von Prag zurück und übergab die Partitur sofort dem Kopisten, der die Stimmen so schnell wie möglich ausschrieb, weil der Kaiser verreisen mußte. Die Oper kam zur Aufführung, und – soll ich es sagen? – der »Don Giovanni« gefiel nicht. Und was sagte der Kaiser dazu?

»Diese Oper ist kostbar, ist göttlich, vielleicht sogar besser als der ›Figaro‹, aber sie ist keine Kost für die Zähne meiner Wiener.«

Ich erzählte Mozart diesen Ausspruch, der mir ganz ruhig erwiderte: »Man muß ihnen Zeit lassen, sie zu kauen.«

Lorenzo da Ponte, 1823–1827 (deutsch 1847/1960). Da Ponte (1749–1838) schrieb für Mozart außer dem Libretto zu »Don Giovanni« auch die zu »Le nozze di Figaro« und »Così fan tutte«.

Der Erfolg [der »Zauberflöte«] soll anfangs keineswegs so groß gewesen sein, und nach dem ersten Akt soll Mozart blaß und bestürzt zu Schikaneder [Emanuel Schikaneder, Librettist der »Zauberflöte«] gekommen sein, der ihn zu trösten versuchte. Während des zweiten Aktes habe sich die Stimmung gebessert, und zum Schluß sei Mozart gerufen worden. Er hatte sich versteckt und konnte nur mit Mühe bewogen werden, zu erscheinen. Der Unterschied zwischen seinen eigenen künstlerischen Absichten und der Art, wie das Wiener Publikum sein Werk aufnahm, mochte den schon damals besonders empfindlichen Meister im Innersten erschüttert haben.

Unter den Musikern erkannte dagegen mancher die Bedeutung des Werkes. [Beethovens Lehrer Johann] Schenck hatte, wie er in seiner handschriftlichen Autobiographie erzählt, bei der ersten Aufführung einen Platz im Orchester; er kroch nach der Ouvertüre außer sich vor Entzücken bis an den Dirigentenstuhl, ergriff Mozarts Hand und küßte sie, während dieser mit der Rechten forttaktierend ihm mit freundlichem Blicke die Wange streichelte.

Otto Jahn, 1856

Im Frühjahr 1787 kam der junge Beethoven nach Wien, wurde bei Mozart eingeführt und spielte ihm auf seine Aufforderung etwas vor, was Mozart, weil er es für ein eingelerntes Paradestück hielt, ziemlich kühl belobte. Beethoven, der das merkte, bat ihm darauf um ein Thema zu einer freien Phantasie, und, wie er stets vortrefflich zu spielen pflegte, wenn er gereizt war, dazu noch angefeuert durch die Gegenwart des von ihm hoch verehrten Meisters, erging er sich nun in einer Weise auf dem Klavier, daß Mozart, dessen Aufmerksamkeit und Spannung immer wuchs, endlich sachte zu den im Nebenzimmer sitzenden Freunden ging und lebhaft sagte: »Auf den gebt Acht, der wird einmal in der Welt von sich reden machen.«
Otto Jahn, 1856

In einer Privatgesellschaft wurde einst ein neues Werk von Joseph Haydn gemacht. Nebst Mozart waren mehrere Tonkünstler gegenwärtig, unter andern einer, der noch nie jemanden gelobt hatte, als sich selbst. Er stellte sich zum Mozart und tadelte bald dieses bald jenes. Mit Geduld hörte ihn dieser eine Zeit an; als es ihm aber zu lang dauerte, und der Tadler endlich wieder bey einer Stelle mit Selbstgenügsamkeit ausrief: »Das hätt' ich nicht gethan« – erwiederte Mozart: Ich auch nicht; wissen sie aber warum? Weil wir beyde es nicht so getroffen hätten!
Franz Niemetschek, 1798/1808. Der ungenannt Gebliebene war offenbar der tschechische Komponist Leopold Kozeluch (1747–1818).

Schon in Prag [1791, bei der Uraufführung von »La Clemenza di Tito«] kränkelte und medizinirte Mozart unaufhörlich; seine Farbe war blaß und die Miene traurig... Ein ahnendes Gefühl seines nahen Lebensendes schien die schwermüthige Stimmung hervorgebracht zu haben – denn schon damals trug er den Keim der Krankheit, die ihn bald hinraffte, in sich.

Bey seiner Zurückkunft nach Wien nahm er sogleich seine Seelenmesse vor, und arbeitete mit viel Anstrengung und einem lebhaften Interesse daran: aber seine Unpäßlichkeit nahm sichtbar zu, und stimmte ihn zur düstern Schwermuth. Seine Gattin nahm es mit Betrübniß wahr. Als sie eines Tages mit ihm in den Prater fuhr, um ihm Zerstreuung und Aufmunterung zu ver- schaffen, und sie da beide einsam saßen, fing Mozart an vom Tode zu sprechen und behauptete, daß er das Requiem für sich setze. Thränen standen dem empfindsamen Manne in den Au- gen. »Ich fühle mich zu sehr«, sagte er weiter, »mit mir dauert es nicht mehr lange: gewiß, man hat mir Gift gegeben! Ich kann mich von diesem Gedanken nicht los winden. –«

Franz Niemetschek, 1798/1808

Ach Gott, wie erschrak ich nicht, als mir meine halb verzwei- felnde, und doch sich moderiren wollende Schwester entgegen kam, und sagte: Gott Lob, liebe Sophie, dass du da bist; heute Nacht ist er so schlecht gewesen, daß ich schon dachte, er erlebt diesen Tag nicht mehr. Bleibe doch nur heute bey mir, denn wenn er heute wieder so wird, so stirbt er auch diese Nacht. Gehe doch ein wenig zu ihm, was er macht. Ich suchte mich zu fassen und ging an sein Bette, wo er mir gleich zuruffte: Ach gut, liebe Sophie, dass Sie da sind. Sie müssen heute Nacht da bleiben, Sie müssen mich sterben sehen. Ich suchte, mich stark zu machen und ihm es auszureden, allein er erwiederte mir auf alles: Ich habe ja schon den Todten-Geschmack auf der Zunge, und: Wer wird denn meiner liebsten Constance beystehen, wenn Sie nicht hier blieben. Ja, lieber M., ich muss nur noch zu unse- rer Mutter gehen, und ihr sagen, dass Sie mich heute gerne bey sich hätten, sonst gedenkt sie, es seie ein Unglück geschehen. Ja, das tun Sie, aber kommen Sie ja bald wieder. – Gott, wie war mir da zu Muthe. Die arme Schwester ging mir nach und bat mich um Gottes willen, zu denen Geistlichen bey St. Peter zu ge- hen, und [einen] Geistlichen zu bitten, er möchte kommen, so wie von ungefähr. Das tat ich auch, allein selbe weigerten sich lange, und ich hatte viele Mühe, einen solchen geistlichen Un- menschen dazu zu bewegen. – – Nun lief ich zu der mich angst- voll erwartenden Mutter; es war schon finster. Wie erschrak die Arme. Ich beredete selbe, zu der ältesten Tochter, der seligen Hofer, über Nacht zu gehen, welches auch geschah, und ich lief wieder, was ich konnte, zu meiner trostlosen Schwester. Da war der Sissmaier [Mozarts Schüler Franz Xaver Süßmayr (1766–1803), der Mozarts Requiem vollendete] bei M. am Bette; dann lag auf der Decke das bekannte Requiem, und Mozart explicirte ihm, wie seine Meinung seie, dass er es nach seinem Todte vollenden sollte. Ferner trug er seiner Frau auf, seinen Todt geheim zu halten, bis sie nicht vor Tag Albregtsberger davon benachrichtigt hätte; denn diesem gehört der Dienst vor Gott und der Welt. Glosett, der Doktor, wurde lange gesucht, auch im Theater gefunden; allein er musste das Ende der Piece abwarten – dann kam er und verordnete ihm noch kalte Umschläge über seinen glühenden Kopfe, welche ihm auch so erschütterten, dass er nicht mehr zu sich kam, bis er nicht verschieden. Sein Letztes war noch, wie er mit dem Munde die Pauken in seinem Requiem ausdrücken wollte, das höre ich noch jetzt.

Erinnerungen Sophia Haibels, in: Mozart, Die Dokumente seines Lebens.

Ein noch lebender, nicht unberühmter Tonsetzer in Wien sagte zu einem andern bey Mozarts Tode, mit vieler Wahrheit und Aufrichtigkeit: »Es ist zwar Schade um ein so großes Genie; aber wohl uns, daß er todt ist. Denn, würde er länger gelebt haben, wahrlich! die Welt hätte uns kein Stück Brod mehr für unsere Kompositionen gegeben.«

Franz Niemetschek, 1798/1808. Der erwähnte »Tonsetzer« soll Antonio Salieri gewesen sein.

Eine andere, sehr liebe Bekanntschaft... ist die des Herrn Mozart [Carl Thomas Mozart, 1786–1859, der ältere der überlebenden Söhne Mozarts]... Wunderhübsch finde ich z. B. daß er auf den Ruf u. das Lob seines Vaters so eifersüchtig ist, als sey jener ein junger angehender Musiker, u. eines Abends..., als viel Musik von Beethoven gemacht worden war, sagte mir die Baronin leise ich möchte doch nun auch was von Mozart spielen, der Sohn würde sonst nicht so froh wie gewöhnlich, u. als ich die Ouvertüre zu D. Juan gespielt hatte, thaute er erst auf, u. verlangte auch noch die aus der Zauberflöte von »seinem Vatter«

und hatte eine kindliche Freude daran, man mußte ihn liebge-
winnen.

*Felix Mendelssohn Bartholdy, Brief vom 24. Juli 1831, in: Eine Reise durch
Deutschland, Italien und die Schweiz, 1979*

Eine hübsche Anekdote [über Beethoven und den Pianisten,
Komponisten und Verleger Johann Baptist Cramer, 1771–1858]
teilte uns Cramers Witwe mit. In einem Augartenkonzert [1799]
gingen die beiden Künstler umher und hörten eine Aufführung
von Mozarts Klavierkonzert in c-Moll (Köchel 491). Beethoven
stand plötzlich still, und indem er die Aufmerksamkeit seines
Begleiters auf das außerordentlich einfache, doch eben so schöne
Motiv hinlenkte, welches erst gegen Ende des Stückes eintritt,
rief er aus: »Cramer! Cramer! Wir werden niemals im Stande
sein, etwas Ähnliches zu machen!« Und wo das Motiv sich wiederholt und zu einer Steigerung bearbeitet wird, bezeichnete
Beethoven, indem er seinen Körper hin und her bewegte, den
Takt und gab in jeder möglichen Weise eine bis zum Enthusiasmus sich steigernde Freude zu erkennen.

Alexander Wheelock Thayer, 1866/1908

LUIGI CHERUBINI
1760–1842

Italienischer Komponist, schrieb rund dreißig
Opern und war zwanzig Jahre lang Direktor des
Pariser Conservatoire. Seine Scharfzüngigkeit
brachte ihn dazu, Napoleon anzugreifen; er
mußte nach Wien fliehen, wo er Eindruck auf
Beethoven machte.

Bevor Napoleon erster Konsul wurde, stand er mit Cherubini in
gutem Vernehmen. Eines Abends, als eine der Cherubini'schen
Opern aufgeführt worden war, und die Beiden sich in derselben
Loge trafen, wandte sich Napoleon zu Cherubini und sagte:

»Mein lieber Cherubini, Sie sind sicherlich ein ausgezeichneter Musiker, aber Ihre Musik ist so lärmend und komplizirt, daß ich nichts damit machen kann«; worauf Cherubini erwiderte: »Mein lieber General, Sie sind sicherlich ein ausgezeichneter Soldat, aber was Musik betrifft, bitte ich mich zu entschuldigen, wenn ich es nicht für nöthig erachte, meine Kompositionen Ihrem Verständniß anzupassen.«

Edward Bellasis, 1874

Cherubini hatte geschworen, niemals einen Regenschirm auszuleihen, nachdem er die Erfahrung gemacht, daß das Geliehene niemals wiederkehrt. Eines Tages spazierte er auf dem Boulevard, als es heftig zu regnen begann. Ein Herr, der den Meister erkannte, stellte ihm sein Kabriolet freundlichst zur Verfügung, und Cherubini stieg ein. Da aber der artige Mann einen entgegengesetzten Weg zu verfolgen hatte, sagte er: »Monsieur Cherubini, bitte, leihen Sie mir nun Ihren Schirm!« »Nein«, erwiderte dieser, »meinen Schirm leihe ich niemals her«, sprachs und stieg wieder aus.

Edward Bellasis, 1874

Kaum hatte Cherubini... die Direktion des Konservatoriums übernommen, als er seinen Regierungsantritt durch strenge Maßnahmen bemerkbar machen wollte, wie sie in der bis dahin relativ unpuritanisch geleiteten Schule nicht bekannt gewesen waren. Um Zusammenkünfte zwischen Studenten und Studentinnen ohne Aufsicht der Lehrer unmöglich zu machen, ordnete er an, daß die Herren durch das Tor im Faubourg Poissonière und die Damen von der Rue Bergère aus eintreten sollten; die beiden Eingänge lagen an den entgegengesetzten Enden des Gebäudes.

Da ich diese neue, sittlich fundierte Hausordnung nicht kannte, kam ich eines Morgens auf dem Weg zur Bibliothek durch das Tor der Rue Bergère, das »weibliche« Tor, herein und war schon fast bei der Bibliothek angelangt, als ein Diener mich mitten auf dem Hofe anhielt und mich zwingen wollte, wieder hinauszugehen, um alsdann durch das »männliche« Tor zu der gleichen Stelle zu gelangen. Ich fand diese Zumutung so lächerlich, daß ich den uniformierten Argus zum Teufel schickte und meinen Weg fortsetzte. Der Bursche wollte sich bei dem neuen Herrn einschmeicheln, indem er sich ebenso streng zeigte wie dieser. Er gab also nicht nach, sondern lief zum Direktor und erzählte ihm die Sache. Ich war seit einer Viertelstunde in die Partitur von »Alceste« vertieft und dachte nicht mehr an diesen Zwischenfall, als Cherubini, von meinem Denunzianten begleitet, in den Lesesaal trat; sein Gesicht war noch bleicher, sein Haar noch struppiger, sein Blick noch bösartiger, sein Schritt noch gestelzter als gewöhnlich. Sie gingen um den Tisch, an welchem mehrere Leser saßen, herum; der Diener musterte einen nach dem andern, blieb vor mir stehen und rief: »Das ist er!« Cherubini befand sich in einem solchen Zorn, daß er im ersten Augenblick kein Wort hervorbringen konnte. »So, so, so so! Sie sind der!« sprach er endlich mit seinem italienischen Akzent, den die Wut noch lächerlicher machte, »Sie sind der, der durch das Tor geht, da – da – das ich nicht benutzt zu sehen wünsche!« – Mein Herr, Ihr Verbot war mir nicht bekannt, ein anderes Mal werde ich mich danach richten. – »Ein anderes Mal! Ein anderes Mal! Wa – wa – was tun Sie hier?« – Sie sehen es, mein Herr, ich studiere Glucks Partituren. – »Und wa – wa – was gehen Sie Glucks Partituren an? Und wer hat Ihnen erlaubt, i – i – in die Bibliothek zu kommen?« – Mein Herr (ich verlor allmählich meine Ruhe), die Partituren von Gluck sind das Schönste, was ich an dramatischer Musik kenne, und ich brauche von keinem Menschen eine Erlaubnis, um sie hier zu studieren. Von zehn bis drei Uhr steht die Bibliothek dem Publikum offen, und ich habe das Recht, davon Gebrauch zu machen. – »Da – da – das Recht?« – Ja, mein Herr. – »Und ich verbiete Ihnen, wieder hierherzukommen!« – Ich werde trotzdem wiederkommen. – »Wie – wie – wie heißen Sie?« schreit er, vor Wut zitternd. Und ich, meinerseits erbleichend: Mein Name wird Ihnen vielleicht eines Tages bekannt werden, aber heute – werden Sie ihn nicht erfahren! – »Fa – fa – fasse ihn, Hottin (so hieß der Diener), da – da – daß ich ihn ins Gefängnis werfen lasse!« Zur großen Bestürzung der Anwesenden fangen nun beide, Herr und Diener, an, mich um den

Tisch herumzujagen, sie werfen Sitze und Pulte um, ohne mich erreichen zu können, ich laufe schließlich rasch hinaus und rufe noch lachend meinem Verfolger zu: »Sie sollen weder mich noch meinen Namen haben, und bald komme ich wieder hierher und studiere Glucks Partituren weiter!«

So verlief mein erstes Zusammentreffen mit Cherubini.

Hector Berlioz, 1848–54

Ludwig van Beethoven
1770–1827

Geboren in Bonn; seine Familie stammte aus Flandern. 1792 zog er nach Wien. Beethovens Musik, sein Leben und seine Persönlichkeit wurden fast zu einem Mythos im verbleibenden 19. Jahrhundert: Er galt als eine Art Apotheose von Genie und Schöpferkraft.

Es war [zu Beethovens Jugendzeit] ein Mensch mittlerer Jahre in Bonn, namens Stommb, der früher auch Musiker war und komponieren gelernt hatte. Er war dadurch, wie man sagte, irrsinnig geworden, hatte die Gewohnheit, durch die Stadt zu gehen, in der rechten Hand einen Taktschläger und in der linken eine Rolle Noten; er redete kein Wort. Wenn er in die Rheinstraße Nr. 934 ins Unterhaus kam, wo keiner an ihn dachte, schlug er mit seinem Stock im Unterhaus auf den Tisch und wies nach oben auf Beethovens Wohnung, als wollte er zu verstehen geben, daß da auch Musiker wären, und schlug dann mit dem Taktschläger auf die Noten den Takt, redete kein Wort.

Ludwig van Beethoven lachte oft darüber, sagte mal: »Da können wir sehen, wie es den Musikern ergeht: dieser ist schon durch die Musik irre geworden. Wie mag es uns noch ergehen?«

Gottfried Fischer (1780–1864), in: Friedrich Kerst, 1913

Wenn Johann van Beethoven zufällig Besuch erhielt, und Ludwig kam darüber herein, streifte er sich gewöhnlich um das Klavier herum, machte mit der rechten Hand Griffe auf das Klavier. Sagte sein Vater: »Was sprudelst du da wieder, geh' weg, sonst geb' ich dir Ohrfeigen.« – Sein Vater wurde zuletzt, wenn er ihn Violine spielen hörte, aufmerksam, er spielte wieder nach seinem Sinne ohne Noten. Da kam sein Vater herein: »Hörst du denn gar nicht auf nach all meinem Sagen?« – Er spielte wieder, sagte zu seinem Vater: »Ist denn das nicht schön?« – Sagte sein Vater: »Das ist nur was anderes, allein aus deinem Kopf; dafür bist du noch nicht da.«

Gottfried Fischer, in: Friedrich Kerst, 1913

Er erzählte mir einst, daß er als Knabe nachlässig und nicht besonders angehalten gewesen, und daß seine musikalische Erziehung sehr schlecht gewesen sei. »Doch«, fuhr er fort, »ich hatte Talent zur Musik.«

Karl Czerny, 1842, in: Friedrich Kerst, 1913

Als wir beide noch jung, ich noch Attaché, Beethoven nur berühmt als Klavierspieler, als Komponist aber noch wenig gekannt war, trafen wir uns beim Fürsten Lobkowitz. Ein Herr, der sich für einen großen Kunstkenner hielt, knüpfte ein Gespräch mit Beethoven an, das sich um Lebensstellung und Neigung der Dichter drehte.

»Ich wünschte«, sagte Beethoven mit liebenswürdiger Offenheit, »ich wäre alles Handelns und Feilschens mit den Verlegern überhoben und fände einen, der sich entschlösse, mir für meine Lebenszeit eine bestimmte Jahresrente zuzusichern, wofür er das Recht haben sollte, alles, was ich komponiere, verlegen zu dürfen, und ich würde im Komponieren nicht träge sein. Ich glaube, Goethe hat es mit Cotta, und, wenn ich nicht irre, hat es Händels Londoner Verleger so mit ihm gehalten.«

»Mein lieber junger Mann«, sagte zurechtweisend jener Herr, »Sie müssen sich nicht beklagen, denn Sie sind weder ein Goethe noch ein Händel, und es ist auch nicht anzunehmen, daß Sie es werden; denn solche Geister werden nicht wieder geboren.«

Georg August Griesinger (1769–1845), Haydns Biograph, sächsischer Gesandter in Wien, 1853. In: Friedrich Kerst, 1913

Das Sonderbare und Originelle schien ihm bei der Composition die Hauptsache zu sein, auch bestätigt es seine Antwort hinlänglich, die er einer Dame, als sie ihn frug, ob er Mozarts Opern öfters besuche? zur Antwort gab: er kenne sie nicht, und höre auch nicht gern fremde Musik, da er seine Originalität nicht einbüßen wolle.

Wenzel Tomaschek, 1845. In: Ludwig Nohl, 1877. Tomaschek (1774–1850) war ein böhmischer Komponist.

Beethoven fand einmal Streichers Tochter an seinen zweiunddreißig Variationen [in c-Moll, komponiert 1806] übend; nachdem er eine Zeitlang zugehört, fragte er sie: »Von wem ist denn das?« – »Von Ihnen.« – »Von mir ist die Dummheit? O Beethoven, was bist du für ein Esel gewesen!«

Bericht des Konsistorialrats Pauer an Otto Jahn, in: Friedrich Kerst, 1913

In was für Gesellschaft er auch sein mochte: er wußte immer eine Wirkung auf jeden Hörer hervorzubringen, daß häufig kein Auge trocken blieb und mancher in lautes Schluchzen ausbrach. Denn es war etwas Wundervolles in seinem Ausdruck in Verbindung mit der Schönheit und Originalität seiner Ideen und seinem geistreichen Stil in deren Wiedergabe. Wenn er eine solche Improvisation beendigt hatte, pflegte er in lautes Gelächter auszubrechen und seine Zuhörer wegen der Rührung, die er in ihnen erzeugt hatte, zu verspotten. »Ihr seid Narren!« pflegte er zu sagen. Oft fühlte er sich durch diese Sympathiebezeigungen sogar beleidigt. »Wer kann unter solch verzogenen Kindern leben«, rief er wohl, und nur deshalb vermied er, wie er mir erzählte, eine Einladung anzunehmen, die der preußische König nach einer solchen Improvisation ihm zuteil werden ließ.

Karl Czerny, 1852/53, in: Friedrich Kerst, 1913

Im Jahre 1802 componirte Beethoven in Heiligenstadt, einem anderthalb Stunden von Wien gelegenen Dorfe, seine dritte Symphonie (jetzt unter dem Titel: Sinfonia eroica bekannt).

Beethoven dachte sich bei seinen Compositionen oft einen bestimmten Gegenstand, obschon er über musikalische Malereien häufig lachte und schalt... Bei dieser Symphonie hatte Beethoven sich Buonaparte gedacht, aber diesen, als er noch erster Consul war. Beethoven schätzte ihn damals außerordentlich hoch, und verglich ihn den größten römischen Consuln. Sowohl ich, als Mehrere seiner näheren Freunde haben diese Symphonie schon in Partitur abgeschrieben, auf seinem Tische liegen gesehen, wo ganz oben auf dem Titelblatte das Wort »Buonaparte«, und ganz unten »Luigi van Beethoven« stand, aber kein Wort mehr. Ob und womit die Lücke hat ausgefüllt werden sollen, weiß ich nicht. Ich war der erste, der ihm die Nachricht brachte, Buonaparte habe sich zum Kaiser erklärt, worauf er in Wuth gerieth und ausrief: »Ist der auch nichts anders, wie ein gewöhnlicher Mensch! Nun wird er auch alle Menschenrechte mit Füßen treten, nur seinem Ehrgeize fröhnen; er wird sich nun höher, wie alle Andern stellen, ein Tyrann werden!« Beethoven ging an den Tisch, faßte das Titelblatt oben an, riß es ganz durch und warf es auf die Erde. Die erste Seite wurde neu geschrieben und nun erst erhielt die Symphonie den Titel: Sinfonia eroica.

Franz Gerhard Wegeler und Ferdinand Ries, 1838. Der Bericht ist in jüngerer Zeit mehrfach angezweifelt worden.

Eines Tages war [Charles] Neate [englischer Pianist und Konzertmanager, 1784–1877] bei Beethoven. Er wollte ihn überreden, nach England zu kommen, und erwähnte dabei auch, wie hervorragend die englischen Ohrenspezialisten seien; er sei sicher, daß Beethoven dort von seiner Taubheit geheilt werden könne.

»Nein«, erwiderte Beethoven, »bei mir ist schon alles medizinisch Denkbare versucht worden. Ich werde nie geheilt werden. Ich kann Ihnen ja erzählen, wie es dazu kam. Damals schrieb ich gerade eifrig an einer Oper. «

Neate: »Fidelio?«

Beethoven: »Nein, nicht Fidelio. Ich mußte mich mit einem mißmutigen ›primo tenore‹ herumschlagen. Bereits zwei große Arien hatte ich ihm auf einen Text komponiert, aber er war mit keiner zufrieden; dann schrieb ich ihm eine dritte, mit der er zunächst einverstanden schien und die er mit sich nahm. Ich dankte den Sternen, daß ich ihn endlich losgeworden war, und machte mich daran, gleich das weiterzuführen, was ich zugunsten der Arien liegengelassen hatte und unbedingt vollenden wollte. Kaum hatte ich eine halbe Stunde daran gearbeitet, hörte ich es an meiner Tür klopfen, und mir war auf der Stelle klar, daß es mein ›primo tenore‹ war. Ich sprang mit solchem Zorn von meinem Tisch auf, daß ich mich, als der Mann mein Zimmer betrat, auf den Fußboden warf, wie man dies auf der Bühne zu tun pflegt« – hier breitete Beethoven die Arme aus, um mit dieser Geste seine Beschreibung zu illustrieren – »und ich kam unten mit den Händen auf. Als ich wieder aufstand, war ich taub geworden, und dabei blieb es dann. Die Ärzte meinen, der Nerv sei verletzt.«

Alexander Wheelock Thayer, Notizen für seine Beethoven-Biographie, in: Henry E. Krehbiel, 1898

Nachdem er mit seinem wunderlichen alten Koch das Essen festgelegt und seinem Neffen aufgetragen hatte, den Wein zu besorgen, brachen wir fünf zu einem Spaziergang auf. Beethoven ging stets ein Stück voraus und summte Melodien vor sich hin. Er komponierte seine Themen normalerweise unter freiem Himmel; bei einer solchen Gelegenheit, so erzählte mir [der Geiger Ignaz] Schuppanzigh, wurde Beethoven taub. Damals komponierte er im Garten und war davon so gefangengenommen, daß er es nicht bemerkte, als es heftig zu regnen begann – bis das Notenpapier so durchnäßt war, daß er nicht weiterschreiben konnte. Von jenem Tag an nahm die Taubheit stetig zu, und weder ärztliche Kunst noch die Zeit haben sie geheilt.

Leaves from the Journals of Sir George Smart, 1907. Smart (1776–1867), englischer Komponist und Dirigent, besuchte Beethoven 1825.

Beethoven spielte ein neues Pianoforte-Konzert von sich, vergaß aber schon beim ersten Tutti, daß er Solospieler war, sprang auf und fing an, in seiner Weise zu dirigieren. Beim ersten sforzando schleuderte er die Arme so weit auseinander, daß er beide Leuchter vom Klavierpulte zu Boden warf. Das Publikum lachte, und Beethoven war so außer sich über diese Störung, daß er das Orchester aufhören und von neuem beginnen ließ. Seyfried, in der Besorgnis, daß sich bei derselben Stelle dasselbe Unglück wiederholen werde, hieß zwei Chorknaben sich neben Beethoven stellen und die Leuchter in die Hand nehmen. Der eine trat arglos näher und sah mit in die Klavierstimme. Als daher das verhängnißvolle sforzando hereinbrach, erhielt er von Beethoven mit der ausfahrenden Rechten eine so derbe Maulschelle, daß der arme Junge vor Schrecken den Leuchter zu Boden fallen ließ. Der andere Knabe, vorsichtiger, war mit ängstlichen Blicken allen Bewegungen Beethovens gefolgt, und es glückte ihm daher, durch schnelles Niederbücken der Maulschelle auszuweichen. Hatte das Publikum vorher schon gelacht, so brach es jetzt in einen wahrhaft bacchanalischen Jubel aus. Beethoven geriet dermaßen in Wut, daß er gleich bei den ersten Akkorden des Solo ein halbes Dutzend Saiten zerschlug. Alle Bemühungen der echten Musikfreunde, die Ruhe und Aufmerksamkeit wiederherzustellen, blieben für den Augenblick fruchtlos. Das erste Allegro des Konzerts ging daher ganz für die Zuhörer verloren. Seit diesem Unfalle wollte Beethoven kein Konzert mehr geben.

Louis Spohr, 1860/61, in: Friedrich Kerst, 1913

Wir waren bei der heißen Nachmittagsgluth ziemlich heiß geworden und stiegen im sogenannten Schwarzspanierhause in der Alservorstadt zwei Treppen hoch. Wir zogen die Schelle an der Wohnungsthür. Niemand macht auf. Wir versuchen die Klinke, die Thür ist offen, das Vorzimmer leer! Wir klopfen an der Thür von Beethovens Stube und da Niemand ›herein‹ ruft, so klopfen wir wieder, endlich stärker. Vergebens! und doch hörten wir, daß Jemand in der Stube sei. Wir treten ein. Wunderliche Ueberraschung! An der uns entgegenstehenden Wand, an welcher kolossale mit Kohle rastrirte Papierbogen klebten, stand, uns den Rücken zugewendet, Beethoven – aber wie? Es mochten ihm an dem übermäßig heißen Sommertage die Kleider zu unbequem geworden sein, und so hatte er sie abgelegt und schrieb, nur mit einem kurzen Hemde angethan, zuweilen mir rothem Stifte flüchtige Noten an die Wand. Dann trat er vor und zurück, taktirte wohl auch und schlug auf seinem saitenlosen Klavier einige Tasten an. Zufällig wendete er sich der Thür nicht einmal zu. Wir sahen uns betroffen und lächelnd an. Ein Geräusch machen, hätte uns nichts genützt, der tieftaube Meister hätte uns doch nicht vernommen, und näher tretend unsere Gegenwart ihn in Verlegenheit versetzt. »Wollen Sie als Dichter die Erinnerung mit in den Norden nehmen«, sagte ich zu Atterbom, »daß Sie den Genius in seinem vielleicht kühnsten Fluge zur Erde gezwungen haben! Sie können aber sagen: Ich habe Beethoven dichten, ich habe ihn schaffen gesehen; gehen wir ungesehen und ungehört wieder fort.« Wir gingen. Allerdings haben wir ihn in flagranti ertappt. Auf dem Glacis angelangt, lachten wir Beide über die seltsame Situation, in der wir uns befanden.

Alois Jeitteles, österreichischer Dichter; Beethoven vertonte von ihm »An die ferne Geliebte«. Sein Begleiter war der schwedische Dichter und Philosoph Per Daniel Amadeus Atterbom (1790–1855). Jeitteles' Bericht in: Ludwig Nohl, 1877

1814. Als ich früh zu Beethoven kam, lag er noch im Bette; er war heute besonders lustig, sprang gleich heraus und stellte sich, so wie er war, ans Fenster, das auf die Schottenbastei ging, um die arrangierten Stücke durchzusehen. Natürlich versammelte sich die liebe Straßenjugend unter dem Fenster, bis er ausrief: »Die verd… Jungen, was sie nur wollen?« Ich deutete lächelnd auf ihn. »Ja, ja, Sie haben recht«, rief er jetzt und warf rasch einen Schlafrock über.

Ignaz Moscheles, 1841: in: Friedrich Kerst, 1913

Karlsbad, 2. September 1812
Beethoven habe ich in Teplitz kennengelernt. Sein Talent hat mich in Erstaunen gesetzt; allein er ist leider eine ganz ungebändigte Persönlichkeit, die zwar gar nicht unrecht hat, wenn sie die Welt detestabel [verachtenswert] findet, aber sie freilich weder für sich noch für andere genußreicher macht.

Johann Wolfgang von Goethe an Carl Friedrich Zelter, in: Zelter, Selbstdarstellung

Wenn so zwei zusammen kommen, wie ich und der Goethe, da müssen auch große Herren merken, was bei unser Einem als groß gelten kann. Wir begegneten gestern auf dem Heimwege der ganzen kaiserlichen Familie. Wir sahen sie von weitem kommen, und der Goethe machte sich von meiner Seite los, um sich an die Seite zu stellen; ich mochte sagen was ich wollte, ich konnte ihn keinen Schritt weiter bringen; ich drückte meinen Hut auf den Kopf, knöpfte meinen Oberrock zu, und ging mit untergeschlagenen Armen mitten durch den dicksten Haufen. – Fürsten und Schranzen haben Spalier gemacht, der Erzherzog Rudolph hat den Hut abgezogen, die Kaiserin hat gegrüßt zuerst. – Die Herrschaften kennen mich. – Ich sah zu meinem wahren Spaß die Procession an Goethe vorbei defiliren. Er stand mit abgezogenem Hute tief gebückt an der Seite. Dann hab' ich ihm auch den Kopf gewaschen, ich gab keinen Pardon.

Ludwig van Beethoven an Bettina von Arnim, Teplitz, August 1812, in: Anton Schindler, 1860

[Beethoven] selbst wurde gebeten, auf dem Pianoforte zu fantasieren, welches er durchaus nicht wollte. Es war schon im Nebenzimmer eine lange Tafel zum Speisen hergerichtet, und es ging endlich zu Tisch. Ich war ein junger Bursch, und mich interessierte Beethoven so, daß ich immer in seiner Nähe blieb. Man suchte ihn, und endlich ging man ohne ihn zur Tafel. Er war aber im Nebenzimmer und fing jetzt an zu fantasieren; alles verhielt sich still und hörte ihm zu. Ich blieb bei ihm neben dem Piano stehen. Er fantasierte beiläufig eine Stunde, wo nach und nach alles aufstand und sich herumversammelte. Nun fiel ihm erst ein, daß man ihn schon lange zum Speisen gerufen – er eilte vom Sessel ins Nebenzimmer. An der Tür stand ein Tisch mit Porzellangeschirr – er stieß aber an den Tisch so an, daß das Porzellan auf der Erde lag. Graf Dönhoff, ein reicher Kavalier, lachte dazu, und man setzte sich mit Beethoven neuerdings zu Tische. Vom Musikmachen war keine Rede mehr, denn nach der Fantasie von Beethoven war die Hälfte der Saiten vom Piano abgehauen.

Franz Glöggl, Wiener Musikverleger, in: Friedrich Kerst, 1913

Im Gasthofe »Zu den drei Raben« in der »vordern Brühl« bei Mödling spielte seit langen Jahren eine Gesellschaft von sieben Mann. Diese war eine der ersten, die den vom Rheine gekommenen jungen Musiker die National-Weisen der neuen Heimath unverfälscht hören ließ. Man machte gegenseitig Bekanntschaft und alsbald wurden für dieselben einige Partien »Landler« und andere Tänze componirt. [Nun] hatte Beethoven wiederum dem Ansuchen dieser Gesellschaft willfahrt. Bei Ueberreichung des neuen Opus an den Chef der Gesellschaft zu Mödling war ich anwesend. Der Meister äußerte unter Andern in heiterster Stimmung: er habe diese Tänze so eingerichtet, daß ein Musiker um den andern das Instrument zuweilen niederlegen, ausruhen, oder schlafen könne. Nachdem der Fremde, voll Freude über das Geschenk des berühmtem Componisten sich entfernt hatte, frug Beethoven, ob ich nicht bemerkt habe, wie die Dorf-Musikanten oft schlafend spielen, zuweilen das Instrument sinken lassen und ganz schweigen, plötzlich erwachen, einige herzhafte Stöße oder Streiche auf's Gerathewohl, doch meist in der rechten Tonart, thun, um sogleich wieder im Schlaf zu fallen – in der Pastoral-Sinfonie habe er »diese armen Leute zu copiren« versucht.
Anton Schindler, 1860

Beethoven war manchmal äußerst heftig. Eines Tages aßen wir im Gasthaus zum Schwanen zu Mittag; der Kellner brachte ihm eine unrechte Schüssel. Kaum hatte Beethoven darüber einige Worte gesagt, die der Kellner eben nicht bescheiden erwiederte, als er die Schüssel (es war ein sogenanntes Lungenbratel mit reichlicher Brühe), ergriff, und sie dem Kellner an den Kopf warf. Der arme Mensch hatte noch eine große Zahl Portionen verschiedener Speisen auf seinem Arm (eine Geschicklichkeit, welche die Wiener-Kellner in einem hohen Grade besitzen), und konnte sich daher nicht helfen; die Brühe lief ihm das Gesicht herunter. Er und Beethoven schrieen und schimpften, während alle anderen Gäste laut auflachten. Endlich brach auch Beethoven beim Anblick des Kellners los, da dieser die über das Gesicht triefende Sauce mit der Zunge aufleckte, schimpfen wollte, doch lecken mußte und dabei die lächerlichsten Gesichter schnitt.

Franz Gerhard Wegeler und Ferdinand Ries, 1838

Ich befand mich im [Verlags-] Gewölbe von Steiner & Comp., als mir Haslinger, dessen Associé, sagte: »Da ist Beethoven, wollen Sie ihn kennen lernen?« – Auf meine Bejahung fügte er hinzu: »Er ist taub; wollen Sie ihm etwas sagen, so schreiben Sie es sogleich auf, er liebt nicht, den Leuten seine Fehler zu zeigen.« Darauf stellte er mich ihm vor, und Beethoven lud mich ein, ihn in Baden zu besuchen. Dies geschah einige Tage später. Vom Wagen absteigend, trat ich ins Wirtshaus und fand dort Beethoven, der mit Wut aus der Tür ging, die er stark hinter sich zuschlug. Nachdem ich mich ein wenig abgestäubt, ging ich in das als seine Wohnung bezeichnete Haus. Seine Haushälterin sagte mir, ich würde ihn wohl nicht sprechen können, er sei wütend heimgekehrt. Ich gab ihr meine Visitenkarte, die sie ihm brachte, und nach einigen Minuten kam sie zu meiner großen Verwunderung wieder heraus und sagte mir, einzutreten. Da fand ich den großen Mann an seinem Schreibpult. Ich schrieb sogleich, daß ich glücklich sei, ihn kennen zu lernen. Das (nämlich, daß ich schrieb) machte einen günstigen Eindruck. Er ließ sich sogleich gehen und sagte mir, er sei der unglücklichste Mensch von der Welt; soeben komme er aus dem Wirtshause, wo er ein Stück Kälbernes, wozu er Lust verspürt, verlangt habe; aber es sei keines dagewesen; – das alles mit sehr ernster, finsterer Miene. Ich tröstete ihn, wir sprachen (ich immer schreibend) von anderen Dingen, und so hielt er mich wohl zwei Stunden fest; denn fürchtend, ihn zu langweilen oder zu stören, wollt' ich oft aufstehen, aber immer hielt er mich zurück. Ihn verlassend, eilte ich in meinem Wagen zurück nach Wien, fragte sogleich meinen Wirtssohn, ob man einen Kalbsbraten fertig habe, und auf dessen Bejahung ließ ich denselben auf eine Schüssel legen, wohl zudekken, und sandte, ohne ein Wort dazu zu schreiben, einen Mann in dem behaltenen Wagen nach Baden, um ihn an Beethoven in meinem Namen zu bringen. Am anderen Morgen lag ich noch im Bette, da kam Beethoven zu mir, küßte und herzte mich und sagte, ich sei der beste Mensch, den er je angetroffen; nie habe ihn etwas so glücklich gemacht als dieses Kälberne in dem Augenblick, wo er sich so sehr danach gesehnt habe.

Brief Moritz Schlesingers an den Musikhistoriker Adolf Bernhard Marx, 27.2.1859. In: Friedrich Kerst, 1913

Zu seinen Lieblingsgerichten gehörte auch eine Brotsuppe, breiartig gekocht, worauf er sich jeden Donnerstag schon zum voraus freute. Dazu mußten ihm zehn ansehnliche Eier auf einem Teller präsentiert werden, welche er, bevor selbe in das Fluidum hineingerührt wurden, vorerst gegen das Licht prüfend sondierte, eigenhändig köpfte und, der Frische wegen, sorgfältig beschnüffelte. Wollte es nun das Fatum, daß er einige darunter mit dem sogenannten Strohgeruch aufstöberte, dann ging auch der Spektakel los. Ein Donnerwort zitierte die Wirtschafterin vor Gericht, welche jedoch, wohl wissend, was die Glocke geschlagen, zwischen Tür und Angel dem Toben und Schelten nur ein halbes Ohr lieh und auf eine kluge Retraite [Rückzug] bedacht war, wenn herkömmlicherweise die Kanonade beginnen und die dekapitierten Malefikanten [geköpften Bösewichter], gleich Bombenwürfen aus wohlbedienten Batterien, auf ihrem Rücken spielen, und deren gelblich-weißes, klebriges Eingeweide in Laveströmen darüber sich ergießen sollte.

Ignaz Ritter von Seyfried, 1828, in: Friedrich Kerst, 1913

Er jagte seine – sonst gute Haushälterin aus dem Dienst, weil sie, ihn zu schonen, eine Unwahrheit gesagt hatte. Einer Freundin, welche ihm diese gute Person besorgt hatte und ihn dieser Härte wegen befragte, antwortete er: »Wer eine Lüge sagt, ist nicht reines Herzens, und eine solche Person kann auch keine reine Suppe kochen!«

W. Chr. Müller, Nachruf auf Beethoven 1827, in: Friedrich Kerst, 1913

Waschen und Baden gehörten zu Beethoven's unentbehrlichsten Lebensbedürfnissen. Hierin war er ganz Orientale. Für ihn hatte

Mahomed keineswegs zu viele Waschungen vorgeschrieben. Ging er während der Arbeit in den Vormittagsstunden nicht aus, um sich wieder zu sammeln, so stellte er sich, oft im tiefen Negligé, an's Waschbecken und goß große Krüge voll Wasser auf seine Hände, anbei die ganze Scala [Tonleiter] auf- und abwärts heulend, oder zur Abwechslung brummend; bald durchschritt er wieder mit rollenden oder stieren Augen das Zimmer, notirte einiges, und setzte dann das Aufgießen und Heulen weiter fort. Dies waren Momente tiefster Meditation, davon kein besonderes Aufhebens zu machen wäre, hätten sie nicht nach zwei Seiten unangenehme Folgen gehabt. Zunächst bewirkten sie oft Lachen bei seinen Dienstleuten, und dies gewahrend gerieth der Meister in Zorn, der ihn bisweilen zu lächerlichen Ausbrüchen gebracht. Oder er gerieth mit den Hauseigenthümern in Conflicte, wenn das Wasser durch den Boden gedrungen, was leider oft vorgekommen ist. Dies war ein Hauptgrund, daß Beethoven allenthalben ein unbeliebter Einwohner gewesen. Der Boden seiner Wohnstube hätte mit Erdpech belegt seyn müssen, um das Durchdringen des vielen Wassers zu verhindern. Und von diesem Ueberfluß an Begeisterung unter den Füßen merkte der Meister nichts!

Anton Schindler, 1860

In einem... Sommer besuchte ich öfters meine Großmutter, die in dem nahegelegenen Döbling eine Landwohnung innehatte. Auch Beethoven wohnte damals in Döbling. Den Fenstern meiner Großmutter gegenüber lag das baufällige Haus eines wegen seiner Liederlichkeit berüchtigten Bauers, Flohberger hieß er. Dieser Flohberger besaß außer seinem garstigen Hause auch eine zwar sehr hübsche, aber vom Rufe eben auch nicht sehr begünstigte Tochter Lise. Beethoven schien an dem Mädchen vieles Interesse zu nehmen. Noch sehe ich ihn, wie er die Hirschengasse heraufkam, das weiße Schnupftuch, am Boden nachschleppend, in der rechten Hand, und nun an Flohbergers Hoftore stehenblieb, innerhalb dessen die leichtsinnige Schöne, auf einem Heu- oder Mistwagen stehend, unter immerwährendem Gelächter mit der Gabel rüstig herumarbeitete. Ich habe nie bemerkt, daß Beethoven sie anredete, sondern er stand schweigend und blickte hinein, bis endlich das Mädchen, dessen Geschmack mehr auf Bauernburschen gerichtet war, ihn, sei es durch ein Spottwort oder durch hartnäckiges Ignorieren in Zorn brachte, dann schnurrte er mit einer raschen Wendung plötzlich fort, unterließ aber doch nicht, das nächstemal wieder am Hoftor stehenzubleiben. Ja, sein Anteil ging so weit, daß, als des Mädchens Vater wegen eines Raufhandels beim Trunk in das Dorfgefängnis (Kotter genannt) gesetzt wurde, Beethoven sich persönlich bei der versammelten Dorfgemeinde für dessen Freilassung verwendete, wobei er aber nach seiner Art die gestrengen Ratsherren so stürmisch behandelte, daß wenig fehlte und er hätte seinem gefangenen Schützling unfreiwillig Gesellschaft leisten müssen.

Franz Grillparzer, 1840, in: Friedrich Kerst, 1913

Eines Abends kam ich zu ihm nach Baden, um meine Lectionen fortzusetzen. Dort fand ich eine schöne, junge Dame bei ihm auf dem Sopha sitzen. Da es mir schien, als käme ich ungelegen, so wollte ich gleich mich entfernen, allein Beethoven hielt mich zurück und sagte: »Spielen Sie nur einstweilen!«

Er und die Dame blieben hinter mir sitzen. Ich hatte schon sehr lange gespielt, als Beethoven auf einmal rief: »Ries! spielen Sie etwas Verliebtes!« Kurz nachher: »etwas Melancholisches!« Dann: »etwas Leidenschaftliches!« u. s. w. – –

Aus dem, was ich hörte, konnte ich schließen, daß er wohl die Dame in etwas beleidigt haben müsse und es nun durch Launen gut machen wolle. Endlich sprang er auf und schrie: »Das sind ja lauter Sachen von mir!« Ich hatte nämlich immer Sätze aus seinen eigenen Werken nur durch einige kurze Uebergänge an einander gereiht, vorgetragen, was ihm aber Freude gemacht zu haben schien. Die Dame ging alsbald fort, und Beethoven wußte zu meinem großen Erstaunen nicht, wer sie war.

Franz Gerhard Wegeler und Ferdinand Ries, 1838

Im Jahre 1822 oder 23 saß er [Blasius Höfel (1792–1863), Maler, auch Beethoven-Porträtist] eines Abends, als es schon dunkel war, mit mehreren seiner Kollegen und dem Polizeikommissar beim Abendessen im Gasthausgarten »Zum Schleifer« außerhalb der Tore von Wiener-Neustadt, als ein Polizeidiener zum Kommissar kam und folgende Meldung machte: »Herr Kommissar, wir haben jemand arretiert, der uns keine Ruhe gibt und immerfort schreit, daß er Beethoven sei. Er ist aber ein Lump – hat keinen Hut – einen alten Rock usw., keinen Ausweis, wer er ist usw. «

Der Kommissar befahl, den Mann bis auf den nächsten Tag zu behalten, dann werde man hören, wer er sei.

Am nächsten Tage war die Gesellschaft neugierig, wie der Vorfall ausgefallen, und der Kommissar erzählte, daß er ungefähr um 11 Uhr nachts aufgeweckt und ihm wieder gemeldet wurde, wie der Arretierte keine Ruhe gebe, sondern verlange, daß man den Herrn Herzog, Musikdirektor in Wiener-Neustadt, zu seiner Identifizierung herrufe.

Dies geschah, und als der Herzog den Mann sah, nahm er ihn unter dem Ausrufe: »Das ist Beethoven« sofort mit nach Hause.

Tags darauf kam der Bürgermeister zu Beethoven, um wegen des Vorgefallenen um Entschuldigung zu bitten, und ließ ihn, von Herzog mit ordentlichen Kleidern versehen, im Magistrats-Staatswagen nach Baden, seinem damaligen Wohnorte, fahren.

Beethoven war an jenem Tage morgens, ohne Hut und in einem alten Rocke, ausgegangen, einen kleinen Spaziergang zu machen. Er gelangte an den Kanal und, in Gedanken vertieft, vergaß er umzukehren, folgte dem Kanal immerfort und befand sich abends müde, staubbedeckt und hungrig in einem ihm ganz unbekannten Orte, nämlich am Kanal-Bassin bei dem Ungartor von Wiener-Neustadt. Hier sah man ihn in die Fenster hineinschauen, und, da er wie ein Bettler aussah, wurde er verhaftet.

Auf seine Versicherung: »Ich bin Beethoven« soll er die Antwort erhalten haben: »Warum nit gar. A Lump sind Sie – so sieht Beethoven nit aus. «

Mitteilung Blasius Höfels an Alexander Wheelock Thayer, 1860, in: Friedrich Kerst, 1913

Zwischen all' dem Peroriren [= Diskutieren, hier über Carl Maria von Webers »Euryanthe«] schoß auch Beethoven in den Laden und fragte in seiner gewohnten hastigen Weise Haslinger: »Nun wie hat die neue Oper gefallen?« Haslinger schrieb: »Außerordentlich! Ein großer Erfolg!« Da rief Beethoven: »Das freut mich! das freut mich! So muß der Deutsche über den Sing-Sang zu Recht kommen!« Dann frug er: »Wie hat die kleine Sonntag gesungen [die Sopranistin Henriette Sontag, 1806–1854]?« »Vortrefflich!« Da schmunzelte er, und zu dem ebenfalls gegenwärtigen [Komponisten und Weber-Schüler Julius] Benedikt sich wendend, trug er diesem auf: »Sagen Sie Herrn von Weber, ich wäre hinein gekommen, aber wozu? – Seit langer Zeit schon –« und er deutete auf seine Ohren und lief davon.

Max Maria von Weber, 1864–66

Als es mit dem Sinfonie-Satz [in der Neunten Symphonie] Ernst geworden und der Meister in gar keine der gebetenen Abänderungen willigen wollte, da trübte sich der Horizont und [die Altistin] Caroline Unger hatte den Muth den obstinaten Meister geradezu einen Tyrannen aller Singorgane zu nennen. Beethoven erwiderte lächelnd, sie seyen beide durch die italienische Musik verwöhnt, darum ihnen solche schwer falle. »Aber diese Höhe hier«, replicirte die [Sopranistin Henriette] Sontag, auf die Stelle: »Küsse gab sie uns und Reben« zeigend, »läßt sie sich nicht abändern?« – »Und diese Stelle«, die Unger nachfolgend, »liegt für die meisten Alt-Stimmen zu hoch; läßt sie sich nicht abändern?« – Nein! und immer Nein! – »So quälen wir uns denn in Gottes Namen weiter«, endigte die Sontag.

Anton Schindler, 1860

Ich habe nie im Leben so einen wüthenden u. doch herzlichen Applaus gehört als heute. Der 2ᵗᵉ Satz der Symph. wurde einmahl ganz vom Beyfall unterbrochen u. hätte wiederhohlt werden sollen. Der Empfang war mehr als kaiserlich – denn 4 Mahl stürmte das Volk los. Zuletzt wurde Vivat gerufen. Die Harmonie hat sich sehr wacker gehalten – nicht die allermindeste Stöhrung hörte man. Als das Parterre zum 5ten Mahl Beyfallrufen anfing, schrie der Polizey Comißär Ruhe.

Bericht Anton Schindlers über die Uraufführung von Beethovens Neunter Symphonie (7. Mai 1824), für Beethoven in dessen Konversationsheften niedergeschrieben, dem Verständigungsmittel zwischen der Außenwelt und dem tauben Beethoven (Band 6, 1974)

Auch in Beethoven's Haushaltung gehörte es zur Ordnung, der Haushälterin ein »Wochengeld« zu verabfolgen. Das zu rechter Zeit zu erhalten hatte oft Schwierigkeit, weil der Meister am Arbeitstisch nicht gestört seyn wollte. Die alte Frau »Schnaps« pflegte sich in voller Markttrüstung an den Tisch zu stellen und zu warten, bis ein gefälliger oder durchbohrender Blick auf ihren Korb falle. Dann erscholl in mancherlei Nuancen, zuweilen singend, die Frage: Muß es seyn? worauf die Alte mit dem Kopfe nickend, oder mit dem Fuße stampfend zur Antwort gab: Es muß seyn! Dieser Scherz wiederholte sich fast an jedem Samstag, und wenn die Haushälterin mit dem Kalender beweisen mußte, daß heute Zahltag, so war der Meister eben nur in guter Laune, in welche er durch den Anblick der schlauen, aber doch treuen Dienerin versetzt werden konnte.

Anton Schindler, 1860, zu Frage und Antwort im Titel zum vierten Satz des Streichquartetts op. 135

Er äußerte sehr oft auf die erste Frage: wie geht's? – »Wie's einem armen Musikanten gehen kann.«

Friedrich Starcke (geb. 1774), Material zu einer Beethoven-Biographie, in: Friedrich Kerst, 1913

Im Streicherschen Hause war gewöhnlich wöchentlich musikalische Unterhaltung in einem eigens dazu akustisch gebauten Saale, wo in den Jahren 1816–1818 Beethoven selten dabei fehlte. Es wurden meist Kompositionen für Pianoforte vorgetragen. Bei dieser Gelegenheit hatte Beethoven oft seinen Neffen Karl mitgenommen. Einst schlief der Knabe, damals im neunten oder zehnten Jahre, auf Beethovens Schoße vor dem Klaviere während der Aufführung eines Tonstückes ein. Es wurde darauf von Beethoven etwas vorgetragen, und beim ersten Akkord erwachte Karl schnell und blickte freundlich auf. Man frug ihn, wie er schlafen konnte und um die Ursache seines jähen Erwachens, ob er auch wüßte, von wem dies Tonstück sei; und er antwortete hastig: »Das ist Musik von meinem Onkel.« Nicht wenig trug dies Benehmen des Knaben bei, daß ihn Beethoven stets lieber gewann.

Friedrich Starcke, in: Friedrich Kerst, 1913

Es kam die Zeit der Prüfungen [des Neffen Karl] in der Technik, und Schulden waren neuerdings zu berichtigen. Die Zeit drängte und Carl, der weder in seinem Wissen noch in seiner Tasche sich vorbereitet wußte, mehr und mehr seines Oheims Vorwürfe fürchtend, die ihn »schon längst ermüdet hatten und die er abgeschmackt fand«, faßte den Entschluß, dieß Leben zu ändern, nicht aber zu seines Oheims ersehnter Freude zu besserem Wandel, sondern sich zu tödten. Er kaufte zwei Pistolen, fuhr nach Baden, bestieg den Thurm der Ruine Rauhenstein und, auf dessen Höhe beide Pistolen an beide Schläfen anlegend und losdrükkend, verletzte er sich – nur oberflächlich die Knochenhaut, doch so, daß er nach Wien in das Allgemeine Krankenhaus zu überführen war. – Erschütternd traf Beethoven diese Kunde. Der Schmerz, den er über dieß Ereigniß empfand, war unbeschreiblich; er war niedergeschlagen wie ein Vater, der seinen vielgeliebten Sohn verloren. Ganz verstört begegnete ihm meine Mutter auf dem Glacis. »Wissen Sie, was mir geschehen ist? Mein Carl hat sich erschossen!« – »Und – ist er todt?« – »Nein, er hat sich nur gestreift, er lebt noch, es ist Hoffnung vorhanden, ihn retten zu können; – aber die Schande, die er mir angethan; ich habe ihn doch so sehr geliebt!«

Gerhard von Breuning, 1874

Öffentliche Blätter [brachten 1827] die Nachricht, [Johann Nepomuk] Hummel [Pianist und Komponist, 1778–1837] werde bald in Wien eintreffen. Bei der Kunde davon äußerte Beethoven: »Wenn er mich nur besuchen wollte, ich würde ihn bitten, mich in dem Concert am 7. April zu vertreten.« Um die Mitte des Märzmonats traf Hummel in Wien ein. Schon am Tage nach seiner Ankunft erschien er... an Beethoven's Krankenlager. Seit 1814 hatten sich beide Künstler nicht mehr gesehen. Hummel, entsetzt bei dem Anblick der Leidensgestalt Beethoven's, brach in helle Thränen aus, dieser aber suchte ihn zu beschwichtigen, indem er ihm eine von [dem Musikverleger Anton] Diabelli zugeschickte Radirung von Haydn's Geburtshaus zu Rohrau mit den Worten vorhielt: »Sieh, lieber Hummel, das Geburtshaus von Haydn; heute habe ich es zum Geschenk erhalten, es macht mir große Freude; eine schlechte Bauernhütte, in der ein so großer Mann geboren wurde!«... Schon wenige Tage nach diesem Vorfall haben wir den großen Tondichter zur letzten Ruhestätte geleitet, wobei Hummel das Bahrtuch mitgetragen.

Anton Schindler, 1860

In den letzten Lebensaugenblicken Beethovens war außer der Frau van Beethoven [Beethovens Schwägerin] und mir – niemand im Sterbezimmer anwesend. Nachdem Beethoven von 3 Uhr nachmittages an, da ich zu ihm kam, bis nach 5 Uhr röchelnd im Todeskampfe bewußtlos dagelegen hatte, fuhr ein von einem grellen Donnerschlage begleiteter Blitz hernieder und erleuchtete grell das Sterbezimmer (vor Beethovens Wohnhause lag Schnee). Nach diesem unerwarteten Naturereignisse, das mich gewaltig frappierte, öffnete Beethoven die Augen, erhob die rechte Hand und blickte starr mit geballter Faust mehrere Sekunden lang in die Höhe mit sehr ernster, drohender Miene, als wollte er sagen: »Ich trotze euch, ihr feindlichen Mächte! Weichet von mir! Gott ist mit mir.« Auch hatte es den Anschein, als wollte er wie ein kühner Feldherr seinen zagenden Truppen zurufen: »Mut, Soldaten! Vorwärts! Vertrauet auf mich! Der Sieg ist uns gewiß!«

Als er die erhobene Hand wieder aufs Bett niedersinken ließ, schlossen sich seine Augen zur Hälfte. Meine rechte Hand lag unter seinem Haupte; meine linke ruhte auf seiner Brust. Kein

Atemzug, kein Herzschlag mehr! Des großen Tonmeisters Genius entfloh aus dieser Trugwelt ins Reich der Wahrheit.

Anselm Hüttenbrenner (1794–1868), Komponist, Freund Beethovens und Schuberts, an Alexander Wheelock Thayer, gedruckt 1868. In: Friedrich Kerst, 1913

Das Leichenbegängnis war nur das eines großen Mannes. Bei dreißigtausend Menschen wogten auf dem Glacis und in den Straßen, wo der Zug gehen sollte. Kurz, dies läßt sich gar nicht beschreiben. Denken Sie an das Praterfest beim [Wiener] Kongreß im Jahre 1814, und Sie haben eine Vorstellung. Acht Kapellmeister trugen die Enden des Leichentuches, darunter Eybler, Weigl, Gyrowetz, Hummel, Seyfried usw. Sechsunddreißig Fackelträger, darunter Grillparzer, Castelli, Haslinger, Steiner usw. Gestern war Mozarts Requiem in der Augustinerkirche für ihn. Die Kirche faßte nicht alle Menschen, die sich hineindrängten.

Anton Schindler an Ignaz Moscheles, Wien, 4. April 1827. In: Friedrich Kerst, 1913

Ein Fremder, der vorüberging, fragte eine Wärterin: »Wer wird hier beerdigt?«
»Wissen Sie das nicht?« fragte das alte Weib zurück. »Der General der Musiker ist gestorben.«

Marion M. Scott, 1934

»Richte den Docht auf«, sagte ich zu Goubaux, »wir können doch überhaupt nichts sehen!« Statt dessen drückte er ihn nieder, und wir saßen in völliger Finsternis. Oder besser: in tiefstem Dämmerlicht, und dieser plötzliche Übergang von Licht in Dunkel, der durch die ersten Töne des Klaviers noch überhöht wurde, wirkte bei uns allen außerordentlich stark... Liszt, sei es rein zufällig oder unbewußt dahingehend beeinflußt, begann das traurige und herzzerreißende Andante der cis-Moll-Sonate [von Beethoven]. Jeder von uns blieb wie vom Schlag gerührt so sitzen, wie er gerade saß, und wagte sich nicht zu rühren. Ab und zu stoben verglühende Funken durch die Asche, warfen ein sonderbares, gespenstisches, flackerndes Licht in das Zimmer und umgaben uns mit bizarren, verzerrten Schatten. Ich war in einen Lehnstuhl gesunken, hörte über meinem Kopf erstickte Schreie und Schluchzer. Sie kamen von Berlioz, der seine Gefühle im Zaume zu halten versuchte. Als das Stück zuende war, blieben wir einige Augenblicke lang völlig stumm; dann zündete Goubaux eine Kerze an, und während wir aus dem Salon in das Studierzimmer hinübergingen, legte Liszt mir die Hand auf den Arm, blieb stehen und deutete auf Berlioz, dem die Tränen die Wangen hinabströmten. »Sehen Sie ihn«, sagte er leise, »dort hat der mutmaßliche Erbe Beethovens zugehört.«

Ernest Legouvé, 1893. Legouvé (1807–1903), französischer Dramatiker, war lange Zeit mit Berlioz befreundet.

Gerade tagte in Moskau ein Sowjetkongreß; als musikalischer Auftakt zur ersten Sitzung waren die »Internationale« und der Schlußsatz von Beethovens Neunter Symphonie mit Chor und Solisten aufgeführt worden. Danach soll Stalin ausgerufen haben: »Das ist die richtige Musik für die Massen; sie kann nicht oft genug erklingen, und man muß sie auch in unserem kleinsten Dorf hören...«

Die Folge war eine Beethoven-Epidemie, die jede vergleichbare Erscheinung, wie wir sie in Deutschland etwa während des [Ersten] Weltkriegs erlebt haben, noch bei weitem übertraf. Orchester und Chöre reisten durch das Land, auch in die fernöstlichen Provinzen, und führten Beethovens Neunte auf... Die offizielle Kunstzeitschrift führte immer wieder aus: »Armer Beethoven! Hundert Jahre lang war er heimatlos. Nun hat er endlich seine wahre Wohnstatt gefunden, das einzige Land, in dem er wirklich verstanden und geliebt wird: die Sowjetunion.«

Heinz Unger, 1939

GASPARO SPONTINI
1774–1851

Die bombastischen Opern dieses Italieners beeindruckten Wagner und Berlioz zutiefst.

Ein wohlhabender [Berliner] Musikliebhaber war taub geworden und litt schwer darunter, daß ihm das Vergnügen, seine geliebte Kunst zu genießen, genommen war. Nachdem er von Arzt zu Arzt gezogen war, schlug ihm ein letzter Doktor eine neuartige Behandlungsmethode vor: »Kommen Sie heute abend mit mir in die Oper«, schrieb er ihm auf.

»Was soll das? Ich kann doch keinen einzigen Ton hören«, gab der Patient barsch zurück.

»Keine Sorge«, erwiderte jener, »kommen Sie mit, und Sie werden zumindest etwas zu sehen bekommen.«

So zogen die beiden nun zum Theater, um Spontinis »Olympie« zu sehen. Alles ging gut bis hin zu einem der überwältigenden Finali, das zufällig an jenem Abend in noch lauterem Fortissimo gespielt wurde als sonst. Der Patient wandte sich um und rief: »Doktor, ich kann hören!«

Weil er keine Antwort bekam, sagte der glückliche Patient nochmals: »Doktor, Sie haben mich geheilt.«

Nur ein verdutzter, leerer Blick begegnete ihm; der Arzt war selbst so taub wie ein Holzpfahl.

François Castil-Blaze, 1856, in: George Titus Ferris, 1882

Über seinen endlich erfolgten Tod teilte mir Berlioz, der sein Sterbelager nicht verließ, mit, daß der Meister sich auf das äußerste gegen sein Sterben gesträubt habe; wiederholt rief er: »Je ne veux pas mourir, je ne veux pas mourir!« [Ich will nicht sterben!]: als ihn Berlioz tröstete: »Comment pouvez-vous penser mourir, vous, mon maître, qui êtes immortel!« [Wie könnt Ihr ans Sterben denken, Ihr, mein Meister, der Ihr unsterblich seid!] verwies ihm dies Spontini ärgerlich: »Ne faites pas de mauvaises plaisanteries!« [Machen Sie keine schlechten Witze!]

Richard Wagner, 1870. Weil aber Berlioz in Paris war, als Spontini in seinem Geburtsort Majolati starb, ist die Geschichte zweifelhaft.

Daniel-François-Esprit Auber
1782–1871

Französischer Komponist, schrieb 42 Opern.
Seine »Stumme von Portici« (oder »Masaniello«), eine lebendige Wiedergabe des Aufstands
in Neapel 1647, löste 1830 in Brüssel
die Revolution aus.

Auber wollte nie Aufführungen seiner eigenen Opern besuchen.
»Wenn ich es täte«, sagte er, »könnte ich keine einzige Note
mehr schreiben.«

Das Vergnügen, das ihm Rossinis Musik machte, veranlaßte
ihn, eines Abends in »Wilhelm Tell« zu gehen. In aller Ruhe
setzte er sich hin und wartete auf den zauberhaften Klang der
drei Celli, mit dem die Ouvertüre beginnt. Der Dirigent trat auf
und gab das Zeichen zum Einsatz. Doch o Schreck! Statt des tiefen E auf dem Cello ein schroffer verminderter Septakkord...
Weil eine Primadonna indisponiert war, konnte »Wilhelm Tell«
nicht gegeben werden, und man hatte statt dessen [Aubers]
»Masaniello« auf den Spielplan gesetzt. Er sprang so schnell auf,
wie es ihm seine stolzen 87 Lebensjahre erlaubten, und floh vor
seinem eigenen Werk.
Louis Engel, 1886

JOHN FIELD
1782–1837

Irischer Komponist, Klaviervirtuose und Musikpädagoge. Field »erfand« das Nocturne für Klavier; er ließ sich in St. Petersburg nieder, wo
Glinka zu seinen Schülern gehörte.

Es gibt keinen schrofferen Gegensatz als den zwischen einem
Field-Nocturne und Fields Umgangsformen, die häufig zyni-
sche Züge annehmen. Gestern war unter den Damen ein solcher
Aufruhr, weil er auf einem Fest aus seiner Tasche eine Porträtmi-
niatur seiner Frau zog und laut erklärte, sie sei seine Schülerin
gewesen, und er habe sie nur deshalb geheiratet, weil sie ihm nie
Geld für seine Unterrichtsstunden bezahlt habe und er wußte,
daß sie es auch nie tun würde. Außerdem prahlte er, er schlafe
ein, wenn er den Damen von St. Petersburg Unterricht gebe,
wobei er hinzufügte, daß sie ihn häufig fragten: »Warum soll
man zwanzig Rubel für die Stunde bezahlen, wenn Sie einschla-
fen?«
Aus Ignaz Moscheles' Tagebuch, in: Charlotte Moscheles, 1873

Als sein Ende sich näherte, knüpften seine Freunde mit ihm reli-
giöse Gespräche an. Field behielt aber bis zuletzt seine Manier zu
scherzen bei, machte sich über sie lustig und bekannte sich als
konfessionslos. Dennoch ließ man den englischen Geistlichen
bitten, ihn zu besuchen. Dieser weigerte sich anfangs, weil Field
in der englischen Gemeinde nicht legitimiert war, kam aber
schließlich doch. Field empfing ihn äußerst liebenswürdig und
bot ihm sogleich Madeira an. Es entspann sich nun zwischen
beiden... folgendes amüsante Zwiegespräch:
   »Sind Sie Katholik?« fragte der Geistliche.
   »Nein«, erwiderte Field.
   »Gehören Sie zur protestantischen Konfession?«
   »Nein.«
   »Sind Sie vielleicht Kalvinist?«

»Nicht ganz«, meinte Field, »kein Kalvinist, sondern – Klavierist.«

Heinrich Dessauer, 1912

NICCOLÒ PAGANINI
1782–1840

Gebürtiger Genueser. Mit Paganini begannen ein neuer Violinstil und ein neues Virtuosentum. Sein Capriccio Nr. 2 a-Moll regte andere Komponisten zu Variationenzyklen an, zum Beispiel Brahms, Rachmaninow, Lutoslawski und Lloyd Webber.

Als wir den großen Geiger zum ersten Mal mit eigenen Augen sahen – zuvor hatten uns nur Freunde von ihm berichtet, was uns doppelt reizte –, blickten wir gespannt aus dem Höllenschlund des Parketts zu ihm auf. Eine glückliche Lücke zwischen dem Kopf eines Herrn und der Haube einer Dame war uns dabei sehr hilfreich, und nun konnten wir das lange, blasse Gesicht dieser Musikperle anschauen, sozusagen ins Licht gehängt und so fremdartig aussehend wie möglich. Er machte allerhand ungeschickte Verbeugungen und brachte sich dann in eine großartige Grundstimmung für sein Werk, wobei sein Äußeres sicher und voller bewußter Kraft war, ob er nun den Bogen gerade am Instrument ansetzte oder noch nicht spielte. Wir gewannen den Eindruck, daß er nicht so alt aussehe, wie uns erzählt worden war; aber er ist hager und hat einen schmalen, hohen Kopf und deutlich hervortretende Züge. Er trägt sein schwarzes Haar so, daß es ihm wie einem Enthusiasten in den Nacken hängt, und hat einen eigenartigen, lächerlichen Rock alten Schnitts an; kurz, alles ist so ziemlich wie die Bilder von ihm in den Läden. Er ist wie ein großer, alt gewordener Junge, der sein Leben lang nichts anderes getan hat, als Geige zu spielen, und davon ebenso viel weiß, wie er von allgemeinen Umgangsformen nichts beherrscht. Sein Gesicht hat dabei viel weniger Ausdruckskraft, als es scheint. Zunächst wirkt es um wenig besser als eine Maske: mit eigenartigem, düsterem Ausdruck, als ob er seine Musik verachte und lieber schlafen gehen wolle. All seine Begeisterung lag in seinen Händen und in seinem Bogen. Gegen Ende des Konzerts nahm sie äußerlich zu und ließ ihn sich unharmonisch von einer Seite auf die andere bewegen, und es sah aus, als wolle er in seine Geige hineinkriechen. Gelegentlich warf er auch sein Haar zurück. Als er für den Applaus dankte, verbeugte er sich wie ein Kamel und grinste wie ein Kobold oder eine Bergziege.

Sein Spiel allerdings war großartig. Was andere Geiger gut können, kann er hundertmal besser. Wir haben nie zuvor jemanden so spielen gehört und hatten es uns auch nicht vorstellen können. Sein Bogen spricht perfekt an; er macht Vorstellungen, bittet, antwortet, baut Dialoge auf. In einem Wort, wir hatten nie zuvor etwas gehört, das auch nur wie ein Einzelteil seines Musizierens war – nie, nicht im geringsten. Das Publikum sitzt bewundernd da, und stößt gelegentlich Flüsterlaute aus wie »Wunderbar!« – »Mein Gott!« – und andere für Engländer ungewöhnliche Äußerungen der Begeisterung; und wenn die Zeit zum Applaus gekommen ist, nehmen manche die Gelegenheit wahr, einfach nur zu lachen – weil sie ihre Gefühle anders nicht ausdrücken können.

Aber nach dem, was wir gehört haben – wie sollen wir jetzt noch unsere alten Geigen und ihre Spieler ertragen können? Wie können wir uns jemals noch entschließen, ihnen zuzuhören? Wie roh wird es klingen, wie unausgebildet, wie unehrlich! Wenn der Italiener wieder fortreist, nimmt er die Kunst des Geigenspiels mit weg, außer wenn der eine oder andere von uns als sein Schüler in seine Fußstapfen tritt und einen gewissen Abglanz seiner Kunst im Instrument festhalten kann. Wie die Dinge stehen, müssen die größten Virtuosen – wie sie bislang hießen – nun von neuem beginnen und als kleine Jungen in seine Schule gehen.

Leigh Hunt (1784–1859), in: L. H. und C. W. Houtchens, 1949

Als er bei Lord Holland spielte, bat ihn jemand, auf der Violine über die Geschichte eines Sohnes zu improvisieren, der seinen

Vater tötet, flieht, ein Straßenräuber wird, sich in ein Mädchen verliebt, das ihn nicht erhören will, sie in eine wilde Gegend lockt und dort mit ihr von einem Felsen in einen Spalt springt, so daß sie auf ewig verschwinden. Paganini hörte in aller Ruhe zu und ließ, als die Geschichte fertig vorgetragen war, alle Lichter löschen. Dann begann er zu spielen, und seine musikalische Ausführung jener Geschichte, die ihm vorgelegt worden war, war so furchterregend, daß mehrere Damen ohnmächtig wurden und der Salon, als die Lichter wieder angezündet wurden, wie ein Schlachtfeld aussah.

Louis Engel, 1886

In Dublin war das Paganini-Fieber so groß, daß ein Mann sogar seinen Rock verpfändete; ich sah ihn ohne Rock auf die Galerie hinaufsteigen...

Eine Kutsche mit vier Pferden und Vorreitern wurde ausgesandt, um uns von Dublin nach Black Rock zu bringen, dem Sitz des Lord Lieutenant von Irland. Ich sollte eine der hübschen Töchter zur Tafel führen. Mein Platz war neben ihr, und sie fragte mich, ob es wahr sei, daß Paganini seiner Frau den Kopf abgeschnitten habe, denn das wurde unter anderem von ihm berichtet. Ich konnte es weder bestätigen noch verneinen und sagte ihr daher: »Euer Gnaden dürfen sicher sein, daß er sich mit dem Euren oder dem meinigen nicht abgeben wird.«

Leaves from the Journals of Sir George Smart, 1907

Nun will ich berichten, was mir vor fast fünfzehn Jahren in Padua widerfuhr. Ich war mit großem Erfolg in einem Konzert aufgetreten. Am nächsten Tag saß ich (als sechzigster) an der »Table d'hôte«, und mein Eintreten war unbemerkt geblieben. Einer der Gäste sprach von dem großen Eindruck, den ich am vergangenen Abend auf ihn gemacht hatte. Sein Nachbar pflichtete ihm in allem bei, fügte aber hinzu: »An Paganinis Spiel ist nichts verwunderlich – seine Fähigkeiten erwarb er sich, als er acht Jahre lang in einen Kerker eingesperrt war und sich die Strenge seiner Haft nur mit seiner Violine abmildern durfte. Er war verurteilt worden, weil er einen meiner Freunde, seinen Rivalen, feige erstochen hatte.«

Wie Sie sich denken können, war jeder von der Schwere meines Verbrechens entsetzt. Dann wandte ich mich an die Person, der meine Lebensgeschichte so vertraut war, und wollte von dieser wissen, wann und wo sich dieses zugetragen habe. Stellen Sie sich die Überraschung vor, die nun aufkam, als man plötzlich die Hauptfigur jener Tragödie vor sich sah. Plötzlich schien der Berichterstatter verwirrt, plötzlich war nicht sein Freund es gewesen, der ermordet worden war; er hatte es nur gehört, es war ihm versichert worden, und er glaubte es, aber es war nicht auszuschließen, daß er getäuscht worden war. So also setzt man dem Ansehen eines Künstlers zu, weil mißgünstige Leute nie begreifen werden, daß man in Freiheit ebenso gut wie hinter Schloß und Riegel studieren kann.

Ein noch lächerlicherer Bericht stellte mir in Wien die Leichtgläubigkeit einiger Enthusiasten unter Beweis. Ich hatte die Variationen »Le Streghe« [»Die Hexen«] gespielt, und sie hatten gute Wirkung gezeigt. Einer, der mir als gelbhäutig, melancholisch und helläugig dargestellt wurde, bestätigte, daß ihn an meinem Spiel nichts überrascht habe, denn er habe, als ich meine Variationen spielte, deutlich gesehen, wie der Teufel an meiner Seite meinen Arm bewegte und so den Bogen führte. Meine Ähnlichkeit mit ihm war ihm ein Beweis meiner Herkunft. Er war rot gekleidet, hatte Hörner auf dem Kopf und trug zwischen den Beinen einen Schwanz.

Paganini an den belgischen Musikforscher Fétis, 1831, in: François-Joseph Fétis, 1852

An einem schönen Tag ging Paganini, den Geigenkasten in der Hand, in Vuillaumes Werkstatt. Dieser Fachmann begutachtete das Instrument und riet zu einem Eingriff. Die Geige sollte geöffnet werden; Paganini stand bestürzt da. Nach langem Überlegen beschloß er, Vuillaume die Reparatur zu erlauben – unter der Bedingung, daß dieser sie unter den Augen des Besitzers ausführe. Paganini saß am Ende des Zimmers... und verfolgte die Operation mit großer Sorge. Der Meißel wurde zwischen Zargen und Decke eingeführt – ein leises, krachendes Geräusch, und Paganini sprang von seinem Stuhl auf. Mit jeder neuerlichen Bewegung des Werkzeugs vermehrten sich die Schweißperlen in den Augenbrauen des gepeinigten Mannes, der seine Geige mehr liebte als jedes andere wesenlose Ding der Erde. Er sagte, ihm sei es gewesen, als dringe der Meißel in sein eigenes Fleisch ein.

Louis Vidal (1820–1891), in: Jeffrey Pulver, 1969

Ich sagte bereits, daß Paganini den Anlaß zur Komposition des »Harold« [»Harold in Italien«] gegeben hatte und daß er den ersten Satz vom Manuskript her kannte. Die vollständige Symphonie hörte er an jenem Abend zum erstenmal. Das Konzert war eben zu Ende, ich war erschöpft, schweißgebadet und zitterte am ganzen Körper, als Paganini, von seinem Sohn Achille begleitet, sich mir lebhaft gestikulierend näherte. Infolge der Kehlkopfkrankheit, an der er später starb, hatte er die Stimme schon damals gänzlich verloren, und wenn er sich nicht an einem völlig ruhigen Ort befand, konnte niemand außer seinem Sohn seine Worte verstehen oder vielmehr erraten. Er winkte dem Knaben; dieser stieg auf einen Stuhl, brachte sein Ohr ganz nah an seines Vaters Mund und wandte sich dann an mich: »Mein Vater versichert Ihnen, daß er noch nie in seinem Leben so tief beeindruckt war von einem Konzert; daß Ihre Musik ihn erschüttert hat und daß er Ihnen am liebsten auf Knien danken würde.« Bei diesen sonderbaren Worten machte ich eine Bewegung des Unglaubens und der Verwirrung; aber Paganini ergriff mich beim Arm und zog mich, während er mit seiner erstorbenen Stimme einige: Ja, ja! hervorbrachte, auf die Bühne, wo sich noch viele von meinen Musikern befanden, kniete vor mich hin und küßte mir die Hand. Es ist, meine ich, nicht nötig, zu sagen, welcher Schwindel mich erfaßte; ich erzähle diese Tatsache, das genügt.

[Am folgenden Tag brachte Achille einen Brief zu Berlioz, den dieser erst dann öffnen sollte, wenn er allein sei. Berlioz las den Brief.] Ich muß sehr blaß geworden sein, denn als meine Frau Harriet ins Zimmer kam und mich mit einem Brief in der Hand und verstörtem Gesicht erblickte, rief sie aus: »Nun, was gibt es wieder? Ein neues Unglück? Wir müssen mutig sein! Wir haben schon andere Dinge ertragen!«

»Nein, nein, im Gegenteil!«

»Was denn?«

»Paganini.«

»Nun, was ist mit ihm?«

»Er sendet – 20 000 Francs –«

»Louis! Louis!« schreit Harriet und rennt ins Nebenzimmer, wo unser Junge spielte, »come here, come with your mother, komm und laß uns Gott danken für das, was er für deinen Vater getan hat.«

Und beide eilen an mein Bett, knien nieder, die Mutter betet, das Kind faltet staunend die Hände. Welch ein Anblick! Hätte Paganini es nur sehen können!

Hector Berlioz, 1848–54

In seiner letzten Nacht schien er ungewöhnlich ruhig. Er hatte ein wenig geschlafen; als er aufwachte, bat er darum, daß die Vorhänge zur Seite gezogen wurden, damit er den Mond betrachten könne, der, voll und rund, über den gewaltigen, klaren Himmel ruhig seine Bahn zog. Während er nun fortwährend auf den leuchtenden Himmelskörper starrte, wurde er wieder schläfrig, aber das Murmeln in den Bäumen nebenan ließ in seiner Brust die süße Erregung aufkommen, die die Verkörperung des Schönen ist. In dieser feierlichen Stunde hatte es den Anschein, als wolle er der Natur all die großen Gefühle zurückgeben, die ihn damals beseelten; er streckte seine Hände nach seiner Zaubergeige aus, seinem treuen Reisegefährten, dem Zauberer, der mit seinen Saiten zum Räuber geworden war, und schickte mit ihren letzten Klängen den letzten Seufzer eines Lebens zum Himmel, das nur Musik gewesen war.

François-Joseph Fétis, 1852, unter Berufung auf einen italienischen Beobachter

LOUIS SPOHR
1784–1859

Deutscher Komponist, Violinvirtuose und
Dirigent

Im Jahre 1808 war zu Erfurt der berühmte Fürstenkongreß, bei welchem Napoleon seinen Freund, den Kaiser Alexander, und die deutschen Könige und Fürsten bewirtete. Alle Neugierige der Umgegend strömten hin, um die Pracht anzustaunen, die sich dort entfaltete. Auch ich machte in Gesellschaft einiger meiner Schüler eine Fußpartie nach Erfurt, weniger um die Großen der Erde, als die Größen des Théâtre français... zu sehen und zu bewundern... Einer... Vorstellung hoffte ich nebst meinen Gefährten beiwohnen zu dürfen; leider erfuhr ich aber, daß sie nur für die Fürsten und ihr Gefolge stattfänden und jeder andre davon ausgeschlossen sei. Ich hoffte nun, durch Vermittlung der Musiker Plätze im Orchester zu finden, aber auch dieses schlug fehl, da denselben aufs strengste untersagt war, irgend jemand mit hineinzunehmen. Endlich fiel mir der Ausweg ein, daß ich und meine drei Schüler an der Stelle ebenso vieler Musiker die Zwischenakte mitspielen und so der Vorstellung beiwohnen könnten. Da wir es uns etwas kosten ließen und die Musiker wußten, daß die Stellvertreter ihre Plätze genügend ausfüllen würden, so gaben sie ihre Zustimmung. Nun zeigte sich aber eine neue Schwierigkeit: es konnten nur drei von uns bei den beiden Violinen und der Viola plaziert werden, und da keiner von uns ein andres Orchesterinstrument außer jenen spielte, so hätte einer zurückbleiben müssen. Da kam ich auf den Gedanken zu versuchen, ob ich nicht bis zum Abend so viel auf dem Horn erlernen könne, daß ich imstande sei, die Partie des zweiten Horns zu übernehmen. Ich ließ mir sogleich von dem, dessen Stelle ich einnehmen wollte, das Horn geben und begann meine Studien. Anfangs kamen fürchterliche Töne zum Vorschein; doch nach einer Stunde gelang es mir schon, die natürlichen Töne des Horns zur Ansprache zu bringen. Nach Tische, während meine Schüler spazierengingen, erneuerte ich im Hause des

Stadtmusikus meine Übungen, und obgleich mir die Lippen sehr wehe taten, so ruhete ich doch nicht eher, als bis ich meine Hornstimme der allerdings leichten Ouvertüre und der Zwischenakte, die am Abend gespielt werden sollten, fehlerlos herausbringen konnte.

So vorbereitet schloß ich mich nebst meinen Schülern den andern Musikern an, und da jeder sein Instrument unter dem Arme trug, so kamen wir auch unangefochten glücklich zu unsern Plätzen. Wir fanden den Saal, in welchem das Theater aufgeschlagen war, schon glänzend erleuchtet und mit dem zahlreichen Gefolge der Fürsten angefüllt. Dicht hinter dem Orchester befanden sich die Plätze für diese selbst. Bald nachdem der fähigste meiner Schüler, dem ich die Leitung der Musik übertragen und dessen Direktion ich mich selbst als neugebackner Hornist untergeordnet hatte, das Orchester hatte einstimmen lassen, erschien der Kaiser mit seinen Gästen, und die Ouvertüre begann. Das Orchester bildete, mit dem Gesicht nach dem Theater gekehrt, eine lange Reihe, und es war jedem Mitwirkenden streng untersagt, sich umzukehren und die Fürsten neugierig zu betrachten. Da ich im voraus davon unterrichtet war, hatte ich einen kleinen Spiegel zu mir gesteckt, mit dessen Hülfe ich, sobald die Musik geendet hatte, unbemerkt die Lenker der europäischen Geschicke, einen nach dem andern genau betrachten konnte. Bald zog mich indessen das vortreffliche Spiel der tragischen Künstler so ausschließlich an, daß ich den Spiegel meinen Schülern überließ und meine ganze Aufmerksamkeit dem Theater zuwandte. – Bei jedem der folgenden Zwischenakte mehrten sich aber die Schmerzen an meinen Lippen, und nach Beendigung der Vorstellung waren sie so angeschwollen und wund geworden, daß ich kaum zu Abend essen konnte.

Louis Spohr, 1860/61

CARL MARIA VON WEBER
1786–1826

Kapellmeisterssohn und Michael-Haydn-Schüler.
1821 errang er mit der Oper »Der Freischütz«
den Trimph seines Lebens.

Weber haßte den König [Friedrich von Württemberg], vor dessen Schlosse er barhaupt vorübergehen mußte, der ihn unge-
recht schmähte, von dessen Willkür, dessen Lastern er täglich
Zeuge war und da ihm die Krone, wenn nicht ein edler Mann
darunter stand, wenig imponirte, so vergaß er oft in jugend-
lichem Leichtsinne die Gefahren die ihm daraus erwuchsen und
erwiderte dem König weit freier, als es dieser gewohnt war...
    Wieder einmal bei einer solchen Angelegenheit höchst aufge-
regt aus dem Cabinet des Königs tretend, sprach ihn auf dem
Corridore eine alte Frau an, die ihn nach der Wohnung der Hof-
waschfrau fragte. Carl Maria deutete auf die Thüre zu den Ge-
mächern des Königs und sagte: »Da wohnt die königliche
Waschfrau!« Das alte Weib tritt ein, und vom Könige, der alte
Frauen nicht leiden mochte, hart angefahren, bringt sie endlich
stotternd vor, daß ihr ein junger Herr, der so eben aus der Thür
getreten sei, gesagt habe, hier wohne die »königliche Waschfrau«.
    Wüthend schickte der König, der den Zusammenhang gleich
errieth, einen Officier zu Carl Maria, ließ ihm Arrest geben und
ihm vorläufig seine volle Ungnade ankündigen.
Max Maria von Weber, 1864

Webers Pech war, daß Rossini in jeder Saison [1826] in London
weilte, denn dieser wurde zu vielen musikalischen Festen eingeladen, Weber aber nur zu wenigen. Auf einem dieser Feste, das die
Bankiersfrau Mrs. Coutts, die ihm 26 Pfund 5 Schillinge zahlte,
gab, bat eine Dame ihn, die Ouvertüre zu »Der Freischütz« zu
spielen. Er lehnte ab, weil diese nicht für das Klavier geschrieben
sei. Die Dame gab ihm daraufhin ein Druckexemplar des Werks,

auf dem »Klavierauszug vom Componisten« stand. Weber ging sofort zum Klavier und spielte das Stück vor. Als er fertig war, trat er auf mich zu und fragte mich: »Wer ist jene Dame?«

Ich antwortete: »Lady Guildford.«

»Sie hat mir eine Lehre gegeben«, sagte er. »Ich werde nie wieder Ouvertüren für Klavier arrangieren.«

Sir George Smart (1776–1867), 1907

Die Hauptproben unter Moris Leitung – Weber saß in einem Lehnstuhl – verliefen glänzend und zur großen Befriedigung des Meisters, der nur einmal seine Stimme über den üblichen Flüsterton hinaus erhob. Der Chor hatte ein Gebet, eine Anrufung der Gottheit in der Kantate, mit voller Stimme begonnen. Sofort ließ Weber abbrechen und rief: »Psst, psst! Würden Sie jemals in der Anwesenheit Gottes so laut schreien?«

Julius Benedict, 1881

5. Juni. – Früh am Morgen wurde ich in größter Eile zu Sir G. Smart gerufen. Um elf Uhr nachts hatte Fürstenau Weber ins Schlafzimmer gebracht; seine Freunde waren zu früher Morgenstunde an seine Tür getreten und hatten sie entgegen allen Versprechungen Webers verschlossen gefunden. Hierfür mußte er also nachts nochmals aufgestanden sein. Alles Klopfen und alles Rufen war umsonst; keine Antwort drang aus dem Zimmer. Deshalb schickte Sir George nun nach mir und anderen Freunden, und vor unseren Augen wurde die Tür aufgebrochen. Der Lärm störte den Schläfer nicht; er schlief den Schlaf des Todes. Sein Kopf lag ruhig im Kopfkissen, vom linken Arm gestützt… Jeder Versuch, meine Trauer zu beschreiben, wäre Lästerung. Ich hatte Weber stets für einen völlig eigenständigen Komponisten gehalten, dem der unvergängliche Ruhm zukommt, unsere deutsche Musik wieder etabliert zu haben, zwischen Mozart, Beethoven und Rossini. Auf seiner Frisierkommode lag ein kleiner, von ihm beschriebener Zettel. Diesen legte ich in mein Notizbuch und trage ihn seitdem immer bei mir.

Charlotte Moscheles, 1873

GIACOMO MEYERBEER
1791–1864

Gebürtiger Berliner, verbrachte die meiste Zeit
seiner Komponistenlaufbahn in Paris; zu seinen
Leidenschaften gehörten aufwendiger Bühnen-
spektakel und endloses Proben.

Einmal sang der Opernchor in »Les Huguénots« sehr lahm.
Meyerbeer hatte Sorge, daß die große Szene – die »Bénédiction
des Poignards« – ihre Wirkung wegen Mangels an Energie des
Chores einbüßen könne, schickte nach dem Dirigenten und
fragte ihn, was er tun könne, um in die Darbietung des Chors
Begeisterung hineintragen zu können.

»Warum nicht«, sagte der kluge Mann. »Gleiches wird mit
Gleichem vergolten – bringen Sie also Begeisterung in die Sänger.«

»Welcher Betrag«, fragte Meyerbeer, »ist erforderlich, um die
Herren ihr Bestes geben zu lassen?«

Der »Chef des Chœurs« nannte eine Summe und bekam sofort die Erlaubnis, sie dafür zu verwenden; die Sänger ver-
schwanden prompt um die nächste Ecke, um sie auszugeben.
Das Mittel half! Als der große Chor an die Reihe kam, waren alle
voller Begeisterung und schrien so laut, daß die Aufführung davon nachhaltigen Schaden nahm.

Louis Engel, 1886

Meyerbeer hat nicht nur das Glück, Talent zu haben, sondern
auch im höchsten Grade das Talent, Glück zu haben.

Hector Berlioz, 1848–54

[Die große Mezzosopranistin und enge Turgenjew-Freundin
Pauline Viardot] hatte einen unschönen Schneidezahn, der etwas
vorstand; nun war sie für die Fidès in »Le Prophète« ausgewählt
worden, und mehrere ihrer engen Freunde wollten sie bewegen,

sich ihn ziehen zu lassen – ohne Erfolg. Bei einer der letzten Proben trat Meyerbeer auf sie zu und sagte ihr, daß er zutiefst bedauere, ihr ihren Part wieder abnehmen zu müssen – bis sie sich des häßlichen Schneidezahns entledigt habe. Das war zu stark; der Zahn kam heraus, und sie schickte ihn dem Komponisten. Nach der Premiere kam Meyerbeer zu ihr in die Garderobe und schenkte ihr ein Armband, in dessen Mitte ein weißes Schmuckstück in edle Steine eingefaßt war; das weiße Schmuckstück war ihr Schneidezahn.
Charles Villiers Stanford, 1914

Rossini ging mit einem Freund die Boulevards entlang; da trafen sie Meyerbeer, und sie begrüßten einander freundlich.
»Was macht Ihre Gesundheit, werter Maestro?« fragte Meyerbeer.
»Schwankend, cher Maître, sehr schwankend. Sie wissen, meine Verdauung; mein armer Kopf – ach! Ich fürchte, es geht abwärts mit mir.«
Sie gingen weiter. »Wie können Sie nur solche Geschichten erzählen?« fragte der Freund. »Es ging Ihnen nie besser, und Sie sagen, es gehe abwärts mit Ihnen.«
»Ach«, antwortete Rossini, »gewiß; aber warum sollte ich es nicht so darstellen? Es macht ihm soviel Freude.«
Felix Moscheles, 1899

Meyerbeer, der eine Leidenschaft dafür entwickelt hatte, seine Musik ohne Ende geprobt zu hören, wollte ein Werk nicht zur Premiere freigeben. Er kam zu Rossini, jammernd und seufzend wie üblich. »Nun«, sagte Rossini, »was macht Ihnen heute zu schaffen?«
»O Maestro«, antwortete jener, »ich bin so krank; ich weiß nicht, was ich tue.«
Rossini wußte, daß Meyerbeer aus einer Probe kam, und sagte: »Je vais vous dire ce que c'est, vous vous écoutez trop.« [»Ich will Ihnen sagen, was es ist: Sie haben sich zu lange zugehört.«]
Louis Engel, 1886

Verdi erzählte Italo Pizzi, daß ein junger Neffe Meyerbeers einen Trauermarsch für den Toten komponiert hatte und ihn Rossini auf dem Klavier vorspielte, um sein Urteil zu erfahren. Verdi saß am Klavier, während er diese Anekdote erzählte; Pizzi sagte, daß Verdi eine lustige Imitation von Rossini gab, wie er über den Marsch urteilte: »Sehr gut, sehr gut! Aber wäre es nicht wirklich besser gewesen, wenn Sie gestorben wären und Ihr armer Onkel den Marsch komponiert hätte?«

Herbert Weinstock, 1968/81

KARL CZERNY
1791–1857

Wiener Komponist. Seit seinem fünfzehnten Lebensjahr verdiente er sich Geld und Ruhm als Klavierlehrer; Liszt und Thalberg gehörten zu seinen Schülern. Zudem komponierte er Unterrichtswerke für Klavier, mit denen man sich als junger Pianist auch heute noch herumzuschlagen hat.

Bevor ich 1845 aus Wien abreiste, bat mich Czerny um einen Besuch. Drei Treppen hoch lebte dieser verehrte Musiker in einer Flucht großer Zimmer...

Als ich durch seine Bibliothek ging, bat er mich, seine Sammlung englischer Literatur zu beachten: »Sie sehen, ich habe Ihren Byron, Scott, in diesem Fall alles vollständig, und Ihren unsterblichen Shakespeare – Ihren Beethoven, he? – Gottes Lieber Mann, he?« Unser Gespräch ging eine Zeitlang hin und her, und ich fragte unter anderem: »Wie konnte er nur genügend Zeit finden, um so viele Werke zu veröffentlichen?« Er antwortete: »Ich werde Sie vielleicht noch mehr überraschen, denn ich wurde 28 Jahre alt, bevor ich mein erstes Werk veröffentlichte, und ich habe in meinem Leben mehr Musik geschrieben als jeder lebendige Kopist. Sie werden es mir glauben, wenn ich Ihnen sage, daß ich mehr als tausend Stücke geschrieben habe, die unveröffentlicht sind, und daß ich nie einen Kopisten beschäftige, wenn ich einen Druck vorbereite.«

Gerne wollte ich erfahren, ob das alles wahr sei, und wollte seine Technik, an vier Publikationen gleichzeitig zu arbeiten, kennenlernen. Czerny lächelte über mich – einen, den seine Arbeitsweise erstaunte.

In jeder Ecke seines Arbeitszimmers stand ein Schreibtisch mit einer noch nicht vollendeten Notenhandschrift. »Mein lieber Mr. Ella, Sie sehen, ich arbeite auch für Engländer«, sagte er und zeigte mir eine lange Liste von Volksliedern, die er für d'Almaine & Co. arrangierte. Auf dem zweiten Schreibtisch fand ich Beethovens Symphonien «à quatre mains«, halb fertig, für Cocks & Co. An einem dritten Schreibtisch bearbeitete er Bachs Fugen für eine Neuausgabe, an einem vierten schrieb er eine große Symphonie. Jedesmal, wenn er an einem Stück eine Seite fertiggeschrieben hatte, ging er zum nächsten Schreibtisch weiter, und wenn er schließlich am vierten eine Seite geschrieben hatte, fing er wieder von vorn an. So mechanisch arbeitete jener Musiker. Kein Wunder, daß seine Kompositionen so trocken sind.

John Ella, 1878

GIOACCHINO ROSSINI
1792–1868

Als etwa Dreißigjähriger war Rossini nach einer Reihe von Opera-buffa-Erfolgen weltberühmt. Von 1829 an schrieb er dann kein einziges Bühnenwerk mehr und verbrachte den Rest seines Lebens träge in Paris.

Einige rigorose Bologneser... wiesen ihn – nicht ohne Grund – zurecht, weil er gegen die Regeln der Komposition verstoßen habe. Rossini leugnete dies nicht. »Ich hätte mir nicht so viele Fehler vorzuwerfen«, gab er zur Antwort, »wenn ich genügend Zeit gehabt hätte, meine Komposition noch zweimal durchzusehen: Sie wissen genau, daß mir für die Komposition einer Oper kaum sechs Wochen Zeit gelassen werden. Davon vergnüge ich mich zunächst einen Monat lang, und, bitte, wann soll ich mich denn vergnügen, wenn nicht in meinem jetzigen Alter und wegen meines momentanen Erfolgs? Soll ich damit warten, bis ich alt und vergrämt bin? Dann also kommen die beiden letzten Wochen; jeden Morgen komponiere ich ein Duett oder eine Arie, die noch am Abend geprobt wird. Wie wollen Sie mich dabei dann noch unbedeutende Fehler in der Grammatik der Begleitung wahrnehmen lassen?«

Stendhal, 1824

Ich stieg die Treppen zu der ärmlichen Wohnung des großen Mannes Beethoven hinauf... Dort fand ich mich auf einer Art Dachboden wieder, der völlig in Unordnung und überaus drekkig war. Besonders erinnere ich mich an die Zimmerdecke. Sie befand sich unmittelbar unter dem Dach und ließ Risse erkennen, durch die sich bei schlechtem Wetter wohl Regen in Strömen hernieder ergoß...

Als wir eintraten, bemerkte er uns nicht, sondern blieb weiter sitzen, über Korrekturen gebeugt, die er zuendelas. Dann hob er den Kopf und sagte in anständigem Italienisch: »Ah, Rossini, der Komponist von ›Il Barbiere di Sivigla‹? Meine Glückwünsche! Das ist eine ausgezeichnete Opera buffa. Ich habe mit großem Vergnügen darin gelesen und alles sehr genossen. Das Werk wird so lange gespielt werden, wie es italienische Oper gibt. Versuchen Sie sich nie an etwas anderem als der Opera buffa!«...

Der Besuch war nur kurz. Eine Seite des Gesprächs mußte auf schriftlichem Wege erledigt werden. Ich drückte ihm meine volle Bewunderung für sein Genie aus. Er antwortete mit einem tiefen Seufzer und mit nur einem Satz: »Oh, un infelice« – ein Unglücklicher! Dann wünschte er mir für »Zelmira« Erfolg, erhob sich und rief uns noch nach: »Vor allem machen Sie noch vieles wie den ›Barbiere‹!«...

Als ich die verfallene Treppe hinabstieg, konnte ich meine Tränen nicht mehr zurückhalten...

Nach Edmond Michotte, 1906. Rossinis Begleiter war der Dichter Giuseppe Carpani (1752–1825).

Liszt kam zu ihm in sein kleines Zimmer zu Besuch und impro-
visierte ziemlich schlecht auf dem kleinen Pleyel-Klavier vor
sich hin. Als er fertig war, sagte Rossini: »J'aime mieux l'autre«
[das andere mag ich lieber].

»L'autre?« fragte Liszt verwirrt?

»Ja«, sagte Rossini. »Haydns Chaos [in der ›Schöpfung‹].«

Louis Engel, 1886

Baron James Rothschild schickte Rossini einige phänomenale
Trauben aus seinem Treibhaus. Rossini schrieb in seinem Dan-
kesbrief: »Bien que vos raisins soient superbes, je n'aime pas
mon vin en pillules« [so gut Ihre Trauben sicherlich sein mögen,
mag ich doch meinen Wein nicht in Tablettenform zu mir neh-
men]. Baron Rothschild verstand dies als gezielte Aufforderung
und schickte Rossini einige Flaschen seines berühmten Château-
Lafitte.

Lillie de Hegermann-Lindencrone, 1911

Er sagte einmal sehr offen: »Ich kenne keine wunderbarere Beschäftigung als das Essen, also richtiges Essen. Für den Magen
ist Appetit dasselbe wie Liebe für das Herz. Der Magen ist der
Dirigent, der das große Orchester unserer Leidenschaften dirigiert und in Bewegung versetzt. Das Fagott oder die Pikkoloflöte, die in ihrer Unzufriedenheit vor sich hin murmeln oder
schrill ihr Verlangen vortragen, sind für mich gleichbedeutend
mit dem leeren Magen. Der wieder gefüllte Magen dagegen ist
die Triangel der Befriedigung oder die Kesselpauke der Freude.
Wie in der Liebe sehe ich in ihm die Primadonna par excellence,
die Göttin, die unseren Sinnen Kavatinen gibt, die das Ohr be-
rauscht und das Herz erfreut. Essen (man beachte, daß Rossini es
an erster Stelle nannte), Liebe, Singen und Verdauen sind wirklich die vier Akte der komischen Oper, die man ja gemeinhin als
das Leben bezeichnet, und sie sind vergänglich wie die Bläschen
in einer Champagnerflasche. Wer sie zerspringen läßt, ohne sich
an ihnen zu freuen, ist ein armer Irrer.«

Daß der Musiker, der ein so offenes gastronomisches Glaubensbekenntnis ablegte und der erklärte, die Trüffel sei der Mozart unter den Pilzen, ein anerkannter Feinschmecker war, kann nicht bestritten werden. Doch an dem Morgen, an dem ich ihn [zum ersten Mal] sah, schien er mit Brot und Milch völlig zufrieden.

Leopold Auer, 1924. Auer (1845–1930) war ein aus Ungarn gebürtiger Geiger und Musikpädagoge.

Sie wissen, jeder kommt zu ihm; er saß gähnend in seiner ›Robe de chambre‹, als ein Mensch hereingelassen wurde, fürchterlich schäbig gekleidet und armselig – er wollte natürlich sein Glück versuchen und war sich bei Rossini seiner Sache völlig sicher: Er ist allen Misérables gegenüber so großzügig!

»Schön, was kann ich für Sie tun?« fragte Rossini. »Ein Künstler? Welche Stimmlage singen Sie?«

»Keine, Monsieur Rossini, ich bin Instrumentalist, aber wenn Sie nur...«

»Ah, welches Instrument?«

»Die Pauke, Monsieur! Und wenn Sie mich Ihnen etwas vorspielen ließen...«

»O, par exemple!« rief Rossini aus und konnte sich vor Lachen kaum halten. »Nein danke; und im übrigen haben wir hier ja gar keine Pauke.«

»Aber ich habe meine Pauke mitgebracht.«

»Diable! Kaum vorzustellen, was Sie sich für Mühe gegeben haben!«

Doch der Professor konnte seinen Gast noch nicht abschütteln. Tatsächlich kam die Pauke ins Zimmer, und Rossini sann auf eine besondere Erschwernis. Nun sagte sein Gegenüber: »Ich werde die Ehre haben, Ihnen die Ouvertüre zu ›La Gazza ladra‹ [»Die diebische Elster«] vorzuspielen.«

»Ah!« sagte Rossini und lachte wieder. Nun gut, der Musiker wartete nicht lange, und nach dem gewaltigen Paukenwirbel, mit dem der Marsch der Ouvertüre beginnt, sah er – erfreut über das Getöse, das sein Spiel machte – auf. »Monsieur«, sagte er, »nun habe ich sechzig Takte Pause – wir wollen sie übergehen und...«

»O bitte, tun Sie das nicht«, antwortete Rossini ernst. »Bitte halten Sie sie aus.«
Henry F. Chorley, 1841

Um Mittag nahm er seine Perücke, die bis dahin auf dem Tisch gelegen hatte, während sein kahles Haupt mit einem Tuch bedeckt gewesen war; dann zog er sich an, und um ein Uhr war er jeden Tag fort. Den ersten Kutscher, den er sah, hielt er an und fragte: »Est-ce que vos chevaux sont fatigués?« [»Sind Ihre Pferde müde?«] Wenn der unglückliche Kutscher nun »Non, monsieur« sagte, ließ Rossini ihn weiterfahren: Er wollte sich nur müden Pferden anvertrauen und hat sein Leben lang nie einen Eisenbahnwaggon betreten.
Louis Engel, 1886

Eines Morgens, als Rossini in Paris war, spielte ein wandernder junger Drehorgelmann zufällig unter seinem Fenster eine Romanzenmelodie aus [Fromental] Halévys »Guido und Ginevra«. Rossini zitierte den armen Schlucker zu sich ins Zimmer, packte ihn, schüttelte ihn und rief aus: »Was willst du damit sagen, du kleiner Bösewicht?«

»Signor!« rief der unglückliche kleine Übeltäter. »Bitte nicht schlagen!«

»Du bist doch dazu bestochen worden, dieses infernalische Charivari vor meinem Fenster zu spielen? Antworte, du Balg, und zwar sofort!«

Der Junge schwor bei allen Göttern Italiens, daß dies nicht der Fall sei.

»Du lügst! Erkläre dich, wer dich hierher schickte, um mir diese abscheuliche Musik vorzusetzen.«

»Niemand, Signor!«

Doch der wütende Rossini war nicht davon zu überzeugen, daß die Belästigung ihm nicht als Vorgeschmack auf die Vergnügungen des Infernos eingerichtet war. Schließlich drückte er dem Straßenmusikanten zwei Napoléons in die Hand; dieser hob die Lider, als er das Gold in seiner Hand spürte.

»Hier! Nimm sie«, sagte Rossini. »Laß dir für deine Orgel eine neue Walze mit einer Arie aus ›Tancredi‹ geben. Dann gehst du und spielst sie sechzig Mal unter den Fenstern von M. Halévy. Hast du mich verstanden? Sechzig Mal!«

»Ja, Signor!« stammelte der Junge.

»Vielleicht lernt der dann endlich, wie man gute Musik schreibt!«

Max Maretzek, 1855

Auber fragte ihn, wie ihm die Vorstellung von »Tannhäuser« gefallen habe. Rossini antwortete mit hintergründigem Lächeln: »Diese Musik muß man mehrmals hören. Ich gehe nicht wieder hin.«

Lillie de Hegermann-Lindencrone, 1911

Rossini sagte: »M. Wagner a des beaux moments, mais de mauvais quarts d'heure« – bei Herrn Wagner gibt es herrliche Momente, aber fürchterliche Viertelstunden.

Emil Naumann, 1876

»Meine Unsterblichkeit?« fragte Rossini. »Wissen Sie, was mich überleben wird?... Der dritte Akt des ›Tell‹, der zweite Akt von ›Otello‹ und der ›Barbiere di Siviglia‹ von Anfang bis Ende«... Dann fragte ich ihn nach dem »Gebet des Moses« [aus »Mosè in Egitto«, 1818], diesem großartig einfachen Stück, ob es entstanden sei, als er verliebt, hungrig oder elend war, denn Hunger (und ebenso Liebe) habe die Macht, Menschen inspiriert arbeiten zu lassen. »Ich werde Ihnen etwas erzählen«, sagte er und an seinem hintergründigen Grinsen sah ich, daß etwas Lustiges kommen werde. »Ich hatte etwas Pech; ich kannte eine Prinzessin B-g-e, eine der leidenschaftlichsten Frauen, die es gibt, begabt mit einer großartigen Stimme; mit Duetten, Gesprächen etc. hielt sie mich eine ganze Nacht lang wach. Kurz nach dieser kräfteraubenden Vorstellung mußte ich einen Kräutertrunk zu mir nehmen, der vor mir stand, als ich das ›Gebet‹ schrieb. Wie

ich nun den g-Moll-Chor schrieb, tauchte ich plötzlich meine Feder aus Versehen in die Arzneiflasche statt in das Tintenfaß; es gab einen Klecks, und während ich ihn mit Sand trocknete (damals gab es noch kein Löschpapier), gewann er immer mehr die Form eines Auflösungszeichens. Daraufhin überlegte ich mir sogleich, welche Wirkung es wohl habe, wenn ich von g-Moll nach G-Dur überginge – und wenn dies nun eine positive Wirkung hat, dann verdankt die Stelle sie jenem Klecks.«
Louis Engel, 1886

Dieses erhabene Gebet [des Moses] ist eine erst nachträgliche Zutat und wurde eingeführt, um ein nicht schlüssiges Moment in der szenischen Wiedergabe der Durchquerung des Roten Meeres zu verstecken. Rossini räkelte sich auf seinem Bett, Freunde saßen um ihn herum; da kam plötzlich Tottola, der Textdichter, ins Zimmer und rief aus: »Maestro! Ich habe den dritten Akt gerettet! Ich habe ein Gebet geschrieben, das die Juden sprechen können, bevor sie das Rote Meer durchqueren!« Und er gab Rossini den Text. Während der Maestro das Gekritzel entzifferte, flüsterte der Dichter der Gesellschaft zu, er habe den Text in nur einer Stunde geschrieben. »Was, in einer Stunde?« rief Rossini. »Her eine Feder – die Musik werde ich in einer Viertelstunde fertig haben.«
William Gardiner, 1838

Eines Morgens, als ich Rossini besuchte, mühte er sich gerade mit einem kleinen Musikstück ab, als ich eintrat. »Wie, was ist das?« fragte ich. Mit großem Ernst antwortete er: »Heute hat mein Hund Geburtstag, und ich schreibe jedes Jahr ein Stück für ihn.«
Arthur Lawrence, 1899

Es war spät an Rossinis Sterbetag, und er hatte seinen Geist ausgehaucht. Seine getreue Ehegattin war nicht da; sie ging ernsteren Pflichten nach, denn sie gab ihrem Hund ein Schwefelbad.

Doch als sie von dem traurigen Ereignis erfahren hatte, kam sie herein, legte ihre Hand auf den Kopf des Toten, stellte sich in melodramatische Pose und sagte: »Je jure sur la tête de Rossini, de garder son nom pur à l'avenir« [Ich schwöre beim Haupte Rossinis, daß ich seinen Namen ewig rein halten werde]. Wenn man bedenkt, daß sie damals an die siebzig Jahre alt war, muß diese Selbstverleugnung wirklich gewaltig erscheinen!

Louis Engel, 1886. Den Schwur leistete Rossinis zweite Frau, Olympe; in erster Ehe war er mit der Sängerin Isabella Colbran (1785–1845) verheiratet gewesen.

FRANZ SCHUBERT
1797–1828

Wiener Komponist, schrieb mehr als sechs-
hundert Lieder, daneben Kammermusik und
Orchesterwerke.

Als er, ein Knabe noch, nach dem Vortrage einiger kleiner, von ihm über Gedichte von Klopstock componirter Lieder einen Freund, der sie eben angehört hatte, fragte, ob er wohl glaube, daß jemals etwas aus ihm werden könne, und dieser ihm erwi-derte, er sei jetzt schon etwas Tüchtiges, meinte Schubert: »Zu-weilen glaube ich es wohl selbst im Stillen. Wer vermag aber nach Beethoven noch etwas zu machen?«

Heinrich Kreißle von Hellborn, 1865

Schubert besuchte öfters das Theater, und es darf nicht Wunder nehmen, daß der liederreiche Tondichter sich von dem Melo-dienstrom Rossinischer Musik angeregt fühlte, wobei freilich Niemand weniger als er die schwachen Seiten des genialen Ma-estro übersehen konnte. Als er nun eines Abends mit mehreren Bekannten (darunter auch Herr Doppler, der Gewährsmann die-ses Geschichtchens) aus der Oper »Tancred« nach Hause wan-derte, ergingen sich diese derart in Lobeserhebungen über Rossini's Musik und insbesondere über seine Opernouverturen, daß Schubert, dem des Lobes zu viel sein mochte, zum Widerspruch gereizt, erklärte, es würde ihm ein Leichtes sein, derlei Ouvertüren, in ähnlichem Styl gehalten, binnen kürzester Zeit niederzuschreiben. Seine Begleiter nahmen ihn beim Wort, und versprachen ihrerseits die That durch ein Glas guten Weins zu belohnen. Schubert machte sich sogleich an die Arbeit und componirte eine Ouverture für Orchester, welcher später noch eine zweite folgte, und die unter dem Namen: »Ouverturen im italienischen Styl« bekannt, bei seinen Lebzeiten in Concerten mit Beifall aufgeführt wurden.

Heinrich Kreißle von Hellborn, 1865

Ein Vereinigungsort der Gesellschaft, an welche Schubert um diese Zeit sich enger angeschlossen hatte, war das... Extrazimmer zu ebener Erde im Gasthaus zur »Ungarischen Krone« in der Himmelpfortgasse. Zu den Abendgästen gehörten die Maler Schwind, Kupelwieser, Schnorr und Teltscher, die Dichter Senn und Bauernfeld, die Beamten J. Hüttenbrenner, Berindl und Bernhard Teltscher, der Börsenmakler Engelsberg, der... Clavierspieler Szalay u. a. m. – Schubert soll in jenem Kreis »der Kanevas« geheißen haben, weil er, wenn ein Fremder eingeführt und der Gesellschaft vorgestellt wurde, immer zuerst seinen Nachbar zu fragen pflegte: »Kann er was?«

Heinrich Kreißle von Hellborn, 1865

Auch dem Weine war er zugethan wie nur je ein Jünger der holdseligsten Kunst. Doch wenn das Blut der Rebe in ihm glühte, tobte er nicht etwa, sondern liebte es, in einen Winkel zurückgezogen, sich behaglich stiller Wuth zu überlassen, ein lächelnder Tyrann, der, wenn es anging, irgend etwas ohne Lärm verwüstete, z. B. Gläser, Teller, Tassen, wobei er zu schmunzeln und die Augen ganz klein zusammenzukneifen pflegte. – Wenn er im Gasthause etwas »über die Taxe« getrunken hatte, pflegte er dem Kellner, sobald es zum Zahlen kam, verstohlen unter dem Tisch die Hand zu zeigen, der dann an der Zahl der vorgestreckten

Finger die Zahl der vertilgten Seidel abzuzählen hatte. – Ein Freund Schubert's erwähnt auch gerne des sogenannten »vertrunkenen Quartetts«, eines Männerquartettes, welches, bevor es Schubert componirt hatte, auch schon »vertrunken« war. `

Heinrich Kreißle von Hellborn, 1865

Es war an einem Sommernachmittag, und wir waren mit Franz Lachner [dem Komponisten und Dirigenten, 1803–1890] und andern nach Grinzing zum »Heurigen« gewandert, welchem Schubert besonders zugetan war, so wenig ich dieser scharfen Säure Geschmack abzugewinnen wußte. Unter munteren Gesprächen saßen wir beim Weine, spazierten erst im Abenddunkel zurück; ich wollte gleich nach Hause, da ich damals in einer entlegenen Vorstadt wohnte, allein Schubert zog mich mit Gewalt ins Gasthaus, auch wurde mir das Kaffeehaus hinterher nicht geschenkt, mit welchem er den Abend, eigentlich die späte Nacht, zu beschließen gewohnt war. Es war bereits ein Uhr, und eine äußerst lebhafte musikalische Diskussion hatte sich beim heißen Punsche entsponnen. Schubert setzte Glas auf Glas und war in eine Art Begeisterung geraten, in welcher er, beredter als gewöhnlich, Lachner und mir alle Zukunftspläne auseinandersetzte. Da mußte ein eigener Unstern ein paar ausübende Künstler, berühmte Orchester-Mitglieder des Operntheaters, ins Kaffeehaus führen. Beim Eintritt dieser Leute hielt Schubert mitten in seiner schwungvollen Rede inne; seine Stirn runzelte sich, seine grauen Äuglein glänzten wild unter den Augengläsern hervor, an denen er unruhig hin und her schob. Kaum hatten aber die Musiker den Meister erblickt, als sie eiligst auf ihn zuliefen, seine Hände ergriffen, ihm tausend Schönes sagten, ihn mit Schmeicheleien beinahe erdrückten. Schließlich kam heraus, daß sie eine neue Komposition für ihr Konzert sehnlichst wünschten, mit Solostellen für ihre besonderen Instrumente, Meister Schubert werde sich gewiß willfährig erweisen, usw.

Der Meister zeigte sich aber nichts weniger als willfährig, sondern schwieg. Auf wiederholtes Andringen sagte er kurzweg: »Nein! Für euch schreib' ich nichts.«

»Nichts für uns?« fragten die Musiker betreten.

»Nein. Durchaus nicht.«

»Und warum nicht, Herr Schubert?« wurde in etwas gereiz-
tem Tone erwidert. »Ich denke, wir sind Künstler so gut wie Sie!
Man kennt ja in ganz Wien keine besseren.«

»Künstler!« rief Schubert, trank hastig das letzte Glas Punsch
aus und stand vom Tische auf. Dann schob der kleine Mann den
Hut übers Ohr und stellte sich dem einen körperlich großen und
dem andern mehr korpulenten Virtuosen wie drohend entgegen.
»Künstler?« wiederholte er, »Musikanten seid Ihr! Weiter nichts!
Der eine beißt in das Messingmundstück seines hölzernen Prü-
gels, der andere bläst sich die Backen auf an seinem Waldhorn!
Nennt ihr das Kunst? Ein Handwerk ist's, eine Fertigkeit, die
Geld einbringt und damit holla! – Künstler ihr! Wißt ihr nicht,
was der große Lessing sagt? – Wie kann einer sein ganzes Leben
lang nichts tun, als in ein Holz mit Löchern beißen! – Das hat er
gesagt – (zu mir gewendet) oder was Ähnliches! Gelt! (wieder zu
den Virtuosen): Ihr wollt Künstler sein? Bläser und Fiedler seid
ihr alle miteinander! Ich bin ein Künstler, ich! Ich bin Franz
Schubert, den alle Welt kennt und nennt! Der Großes gemacht
hat und Schönes, das ihr gar nicht begreift! Und der noch Schö-
neres machen wird – (zu Lachner): Gelt, Bruder, gelt? – das Al-
lerschönste! Kantaten und Quartette, Opern und Sinfonien!
Denn ich bin nicht bloß ein Ländler-Kompositeur, wie's in der
dummen Zeitung steht und wie's die dummen Menschen nach-
schwatzen – ich bin Schubert! Franz Schubert! daß ihr's wißt...«

Am nächsten Morgen lief ich zu dem Freunde, um nachzusehen, da mir sein Zustand bedenklich erschienen war. Ich traf
Schubert noch im Bette, fest schlafend, die Augengläser auf dem
Kopfe wie gewöhnlich... Ich wartete das Erwachen des Freundes ab. – »Du bist's?« sagte er, nachdem er mich erkannt, schob
die Augengläser zurecht und reichte mir, freundlich lächelnd,
obwohl beinahe verlegen, die Hand. – »Ausgeschlafen?« fragte
ich mit einer gewissen Betonung. – »Unsinn!« fuhr Schubert
heraus und sprang lautlachend aus dem Bette. Ich konnte nicht
umhin, die Szene zu erwähnen. – »Was werden sich die Leute
von dir denken?« sagte ich, ein wenig im Hofmeisterton.

»Die Spitzbuben!« erwiderte Schubert ruhig und gutmütig.
»Weißt du denn, daß es die intrigantesten Schlingel von der Welt

sind? Auch gegen mich. Sie haben ihre Lektion verdient! Obwohl's mich reut. Aber ich werd' ihnen die verlangten Solis
schreiben, und sie küssen mir die Hand dafür. Ich kenn' das
Volk!«

Eduard von Bauernfeld, 1869, in: Otto Erich Deutsch, 1957

Eines Tages, zu Anfang des Jahres 1826, besuchte Lachner den
Freund im Fruhwirthhaus neben der Karlskirche, wohin Schubert ein Jahr zuvor übersiedelt war. Er hatte gerade keine
Arbeitslaune und war froh über die Ablenkung. »Komm,
trink'n mer an Kaffee!« Schubert holte eine alte Mühle, sein Ju-
wel, wie er sagte, aus dem primitiven Holzschrank und begann,
nachdem er die Bohnen gemessen und seine Brillen abgelegt
hatte, zu mahlen. Plötzlich schrie er auf: »Ich hab's, ich hab's, du
rostig's Maschinerl!« Er schleuderte die Mühle in einen Winkel,
und die Bohnen flogen in alle Winde. »Ja, was hast denn,
Franzl?« rief Lachner.

»A so a Kaffemühl' is do was Herrlich's. Die Melodien und
die Themen kommen nur so ang'flog'n. Sixt es, dieses Ra-ra-ra,
das is! Das schafft uns Inspirationen, das versetzt uns in das wundervolle Reich der Phantasie!«

»Also dei Kaffemühl' is, die komponiert, und net dei Kopf?«
lachte der Lachner.

»Ganz recht, Franzl«, schrie Schubert, »der Kopf sucht
manchmal taglang nach einem Motiv, das die kleine Maschin' da
in aner Sekund'n findet. Hör amal!« Es waren die Themen zu
dem grandiosen Streichquartett in d-Moll, dessen zweiter Satz
die Variationen über das Lied »Der Tod und das Mädchen« enthält. Lachner notierte rasch. »Komm, Franzl«, sagte Schubert,
»jetzt klaub'n mer die Bohnen z'samm, damit mer endlich zu
unserm Kaffee kommen.« Es muß ein guter Wiener Kaffee gewesen sein, denn Lachner beteuerte noch fünfzig Jahre später, als
er längst wieder in Deutschland lebte, daß Schuberts Meister-
schaft in der Zubereitung dieses Getränkes seiner Kunst im
Komponieren nicht nachgestanden sei.

Franz Lachner (1803–1890), 1905, in: Otto Erich Deutsch, 1957

Schubert brachte ihm [dem Sänger Johann Michael Vogl] eines Morgens mehrere Lieder zur Durchsicht. Der Sänger, eben beschäftigt, beschied den Tondichter auf eine andere Zeit und legte die Lieder bei Seite. Später sah er dieselben allein durch, und fand eines darunter, das ihm besonders zusagte. Da aber die Tonart, in welcher es gesetzt war, für seine Stimme zu hoch lag, ließ er es transponiren und die Uebertragung copiren. Nach etwa vierzehn Tagen musizirten die beiden Kunstgenossen gemeinschaftlich, bei welcher Gelegenheit einiges Neue, darunter auch das besagte Lied, vorgenommen wurde, welches Vogl, ohne ein Wort darüber zu sagen, in der Handschrift des Uebersetzers auf das Clavier gelegt hatte. Als Schubert die nur in der Tonart umgeänderte Composition angehört, rief er erfreut im Wiener Dialect aus: »Schaut's, das Lied is nit uneb'n, von wem ist denn das?« – Er hat also in diesem Fall nach Verlauf von ein paar Wochen sich seiner eigenen Arbeit nicht mehr erinnert. (Freiherr von Schönstein theilte mir obiges Factum mit, welches ganz geeignet war, auch seine Lieblingsansicht, Schubert sei ein musikalischer Hellseher gewesen, ihm als die richtige erscheinen zu lassen. An den Namen des Liedes konnte er sich nicht mehr erinnern.)

Heinrich Kreißle von Hellborn, 1865

Als ich im Winter 1827 mit meinem Meister [Johann Nepomuk Hummel] nach Wien reiste, wo ich Beethoven wenige Wochen vor seinem Tode noch sehen und sprechen sollte, hatten wir Schubert [noch] nie nennen hören... Wir speisten dort mehrmals in Gesellschaft eines stillen jungen Mannes und seines Leibsängers, des Tenoristen Vogl. Letzterer, schon ältlich, aber voller Feuer und Leben, hatte sehr wenig Stimme mehr – und das Klavierspiel Schuberts war, trotz einer nicht unbedeutenden Fertigkeit, weit entfernt, meisterlich zu sein. Und doch habe ich die Schubertschen Gesänge nie wieder gehört wie damals! Vogl wußte seinen Mangel an Stimme durch innigsten, treffendsten Ausdruck vergessen zu machen, und Schubert begleitete – wie er begleiten mußte. Ein Stück folgte dem andern – wir waren unersättlich – die Ausführenden unermüdlich. Ich habe noch meinen dicken, treuherzigen Meister vor Augen wie er in dem großen Salon seitwärts vom Piano auf einem bequemen Sessel saß – er sagte wenig, aber die hellen Tränen liefen ihm über die Wangen. Wie mir dabei zumute, vermag ich nicht zu schildern. Es war eine Offenbarung.

An einem der folgenden Tage machte ich Schubert einen Besuch, in seinem hochgelegenen, dürftig ausgestatteten Zimmer. Ein ziemlich breites, in ursprünglichster Einfachheit konstruiertes Stehpult ist mir noch gegenwärtig – es lagen frisch geschriebene Manuskripte darauf. »Sie komponieren viel«, sagte ich zum jungen Meister. – »Ich schreibe jeden Vormittag einige Stunden«, erwiderte er in bescheidenstem Tone, »wenn ich ein Stück fertig habe, fange ich ein anderes an.«

Ferdinand Hiller, 1877, in: Otto Erich Deutsch, 1957. Hiller (1811–1885) war Komponist und Dirigent.

Bei [seinem Freund Benedikt] Randhartinger trat er einst mit den Worten ein, es fehlten ihm an der fälligen Miete noch 15 Gulden. Jener gab sie her und begleitete ihn dann nach Hause. Ihr Weg führte über den Graben an einer der ersten Wiener Musikalienhandlungen vorbei. Dort blieb Schubert stehen, indem er ausrief: »Siehst du, die haben eine Menge Sachen von mir, und du könntest gleich dein Geld wiederbekommen, wenn sie nur einen kleinen Teil von dem zahlten, was sie mir schuldig sind. Schon oft bin ich wegen meines Honorars bei ihnen gewesen, aber sie sagten jedesmal, sie hätten jetzt gerade so viel Auslagen und meine Kompositionen würden so wenig gekauft. Weißt du, dahinein geh' ich nicht wieder.«

Otto Gumprecht (1823–1900), in: Otto Erich Deutsch, 1957. Die Musikalienhandlung an der Straße »Graben« in Wien war A. Diabelli & Co.

Franz Schubert, Benedict Randhartinger und Franz Lachner gingen [nach Beethovens Beerdigung] zusammen in das Gasthaus zur »Mehlgrube« am Neuen Markt. Man bestellte Wein, und Schubert erhob das gefüllte Glas mit dem Ausrufe: »Auf das Andenken unseres unsterblichen Beethoven!« und, als die Gläser geleert waren, füllte er sie zum anderen Male, ausrufend: »Nun, und dieses auf denjenigen von uns Dreien, der unserem Beethoven der Erste nachfolgen wird!« – Und er hatte wahrlich in prophetischem Geiste die Todesahnung leider sich gesprochen; denn schon im folgenden Jahre: 1828 am 19. November starb auch dieser Ton-Genius, von welchem Beethoven auf dem Sterbebette gesagt: »Wahrhaftig, in dem Schubert wohnt der göttliche Funke.« Und nur fünf Gräber seitwärts, oberhalb seinem großen Vorbilde, hatte auch er die – in seinen Fieberphantasieen – »zunächst Beethoven« gewünschte Ruhestätte erhalten.

Gerhard von Breuning, 1874

Schubert wurde durch einige Zeit düster gestimmt und schien angegriffen. Auf meine Frage, was in ihm vorgehe, sagte er nur, »nun, ihr werdet es bald hören und begreifen.« Eines Tages sagte er zu mir, »komme heute zu Schober, ich werde euch einen Zyklus schauerlicher Lieder vorsingen. Ich bin begierig zu sehen, was ihr dazu sagt. Sie haben mich mehr angegriffen, als dieses je bei anderen Liedern der Fall war.« Er sang uns nun mit bewegter Stimme die ganze »Winterreise« durch. Wir waren über die düstere Stimmung dieser Lieder ganz verblüfft, und Schober sagte, es habe ihm nur ein Lied, »Der Lindenbaum«, gefallen. Schubert sagte hierauf nur, »mir gefallen diese Lieder mehr als alle, und sie werden euch auch noch gefallen«; und er hatte recht, bald waren wir begeistert von dem Eindruck der wehmütigen Lieder, die Vogl meisterhaft vortrug. – Schönere deutsche Lieder gibt es wohl nicht, und sie waren sein eigentlicher Schwanengesang. Er war von da an angegriffen.

Josef von Spaun, 1858, in: Otto Erich Deutsch, 1957

GAETANO DONIZETTI
1797–1848

Italienischer Opernkomponist, der mehr als siebzig Bühnenwerke komponierte. Besonders in »Lucia di Lammermoor« und in »Anna Bolena« finden sich hervorragende Partien für dramatische
Soprane.

Als Donizetti einmal gefragt wurde, welche seiner Opern er für
die beste hielte, antwortete er, ohne sich zu besinnen: »Wie soll
ich das entscheiden? Jedem Vater liegt ein verkrüppeltes Kind
ganz besonders am Herzen – und deren habe ich viele!«
Louis Engel, 1886

Donizetti, den ich in den Jahren 1840 und 1841 gelegentlich traf,
war ein auffallend vornehmer, liebenswürdiger und eleganter
Herr – sein Wesen entsprach ganz seiner Musik. Zwar war er
noch jung, doch hatte er damals bereits mehr als vierzig Opern
komponiert. Ich erinnere mich genau, daß ich mich mit ihm
über Rossini unterhielt, und ich fragte, ob Rossini den »Barbier
von Sevilla« wirklich in vierzehn Tagen geschrieben habe. »Das
könnte sein«, meinte Donizetti, »er war immer ein schrecklicher
Faulpelz!« – Ich muß schon sagen, daß ich erstaunt und verwundert mein Gegenüber anschaute. Sollte es wirklich Zeitver-
schwendung sein, zwei Wochen und länger für die Komposition
einer Oper zu brauchen?
Charles Hallé, 1896

Ein Mailänder Theatermanager war von einem Komponisten im
Stich gelassen worden und suchte nun verzweifelt nach einer
neuen Oper, die vierzehn Tage später bereits aufgeführt werden
sollte. Er bat Donizetti, eines seiner bereits vorhandenen Werke
zu überarbeiten. »Macht Ihr Euch über mich lustig?« erwiderte
der Komponist. »Ich bin es weder gewohnt, meine eigenen alten

Werke neu zusammenzuflicken, noch die anderer Komponisten aufzupolieren. Ich werde in vierzehn Tagen eine neue Oper für Sie schreiben, schickt mir Felice Romani.« Der Librettist erschien. »Ich gebe dir eine Woche für den Text. Das Werk muß in vierzehn Tagen komponiert sein. Mal sehen, ob wir das nicht schaffen!«

Das Ergebnis dieser Herausforderung war »L'Elisir d'amore«.

Nach Fedorico Alborghetti und Michelangelo Galli, 1875

JACQUES FROMENTAL HALÉVY
1799–1862

Der Pariser Jude komponierte »La Juive«, war Lehrer von Gounod, Saint-Saëns und Bizet, der sein Schwiegersohn wurde. Er war der Onkel des Offenbach-Librettisten Ludovic Halévy.

Aus der Loge des Komponisten verfolgte Cherubini die Uraufführung einer Oper Halévys. Cherubini schwieg bis nach dem 2. Akt. Dann fragte Halévy, der sein Schüler war: »Maestro, habt Ihr mir nichts zu sagen?« Cherubini brummte zurück: »Zwei Stunden höre ich Ihnen bereits zu. Und nichts haben Sie mir bisher gesagt!«

Charles Hallé, 1896

VINCENZO BELLINI
1801–1835

Schuf in seinen Opern »La Sonnambula« und »Norma« berühmte Sopranpartien.

Als Bellini in Neapel am Konservatorium studierte, wurde er im Haus von Signor Francesco Fumaroli, Präsident des Obersten

Gerichtshofes, eingeführt, dessen schöner, talentierter Tochter er Gesangsstunden erteilte. Natürlich verliebte er sich über beide Ohren in die reizende Schülerin, die seine Gefühle von ganzem Herzen erwiderte. Wie in solchen Situationen üblich, wußte alle Welt von dieser Affäre – außer den Eltern des verliebten Kindes.

Nach Bellinis erster Oper »Adelson e Salvini«, die mit mäßigem Erfolg gegeben wurde, ließ er durch einen gemeinsamen Freund, Signor Marsigli, um die Hand seiner Maddalena anhalten; natürlich wurde der Antrag von den Eltern abgelehnt. Sie waren über seine Dreistigkeit empört und verboten Bellini das Haus. Die Liebenden waren verzweifelt. Sie tauschten Treueschwüre aus und versprachen, daß keiner einem anderen angehören wollte.

»Deine Eltern werden sich noch glücklich schätzen, mir deine Hand anzutragen, und zwar noch bevor ich meine zehnte Oper komponiert haben werde«, sagte Bellini zu Maddalena.

»Es dauert lange, bis zehn Opern fertig sind«, seufzte das Mädchen.

»Nur ein paar Jahre. Wir sind jung und können warten«, entgegnete Bellini.

»So laß uns denn schwören, daß wir einander treu sein werden, und daß wir – tot oder lebendig – nach deiner zehnten Oper vereint sein werden«, rief die romantisch und poetisch veranlagte Maddalena.

Bellini schwor.

Seine zweite Oper, »Bianca e Fernando«, wurde ein großer Erfolg. Bellini bekam einen Ruf nach Mailand, um für die Scala »Il Pirata« zu schreiben. Das wurde nun ein Riesenerfolg und machte den Komponisten in ganz Europa bekannt. Die Opern »Straniera«, »Zaira«, »I Capuletti e Montecchi« entstanden in schneller Folge, und »La Sonnambula« krönte Bellinis Ruhm in der ganzen zivilisierten Welt.

Wie Bellini vorausgesagt hatte, warteten die Eltern von Maddalena Fumaroli nicht bis zum Erscheinen seiner zehnten Oper. Nach dem sensationellen Erfolg von »La Sonnambula« erhielt er von seiner geliebten Maddalena einen Brief, in dem sie ihm mitteilte, daß der Vater ihrem inständigen Drängen nachgegeben habe und der Vereinigung zustimme. Dieses Schreiben erreichte

Bellini, als er für Madame Pasta und für Giulia Grisi »Norma« komponierte. Er, der bis dahin täglich an Maddalena geschrieben und ewige Treue gelobt hatte, antwortete wenig enthusiastisch über ihr gemeinsames zukünftiges Glück. Seine großen Triumphe, die das Herz der armen Maddalena mit Hoffnung auf das einzig ersehnte Glück erfüllt hatten, ließen die Liebe Bellinis zu dem Mädchen abkühlen.

Ob es nun Ruhmsucht war oder eine Leidenschaft für Giulia Grisi – wer will das entscheiden? Jedenfalls schrieb Bellini einen hinhaltenden Brief an Maddalena. Er sei zu sehr mit der Komposition von »Norma« beschäftigt. Wenn diese Oper fertiggestellt sei, komme er nach Neapel, und dann werde man über ihre Vereinigung entscheiden.

Er aber kam nicht. Bald darauf starb die arme Maddalena an gebrochenem Herzen; in ihrem letzten Brief noch erinnerte sie ihn an sein Versprechen, daß sie »nach Deiner zehnten Oper – tot oder lebendig – vereint« würden. Ihr letzter Brief und ihr Tod machten auf Bellini tiefen Eindruck. Unendliche Traurigkeit senkte sich auf seine Seele. In Italien glaubt man, daß er vom Geist Maddalenas verfolgt wurde, die in Gestalt einer weißen Taube jede Nacht in sein Schlafzimmer flatterte. Als seine zehnte Oper »I Puritani« fertig komponiert gewesen sei, habe sich die Taube auf der Partitur niedergelassen, habe zehn Mal geseufzt und sei dann entschwunden.

Bellini starb kurz nach der Uraufführung von »I Puritani«.

Max Maretzek, 1870

Obgleich Bellini schon mehrere Jahre in Frankreich gelebt, sprach er doch das Französische so schlecht, wie es vielleicht kaum in England gesprochen werden kann. Ich sollte dieses Sprechen nicht mit dem Beiwort »schlecht« bezeichnen; schlecht ist hier viel zu gut. Man muß entsetzlich sagen, blutschänderisch, weltuntergangsmäßig. Ja, wenn man mit ihm in Gesellschaft war, und er die armen französischen Worte wie ein Henker radebrach und unerschütterlich seine kolossalen Coq-à-l'âne [= Ungereimtheiten] auskramte, so meinte man manchmal die Welt müsse mit einem Donnergekrache untergehen. Eine Leichenstille herrschte dann im ganzen Saale; Todesschreck malte sich auf allen Gesichtern, mit Kreidefarbe oder mit Zinnober; die Frauen wußten nicht ob sie in Ohnmacht fallen oder entfliehen sollten; die Männer sahen bestürzt nach ihren Beinkleidern, um sich zu überzeugen, daß sie wirklich dergleichen trugen; und was das Furchtbarste war, dieser Schreck erregte zu gleicher Zeit eine konvulsive Lachlust, die sich kaum verbeißen ließ.

Heinrich Heine, 1836/37

Es war leider der letzte Augenblick wo ich ihn in diesem Leben sehen sollte. Dieses war eines Abends, nachdem wir im Hause einer großen Dame, die den kleinsten Fuß in Paris hat, mit einander gespeist und sehr heiter geworden, und am Fortepiano die süßesten Melodien erklangen. Ich sehe ihn noch immer, den guten Bellini, wie er endlich erschöpft von den vielen tollen Bellinismen die er geschwatzt, sich auf einen Sessel niederließ. Dieser Sessel war sehr niedrig, fast wie ein Bänkchen, so daß Bellini dadurch gleichsam zu den Füßen einer schönen Dame zu sitzen kam, die sich, ihm gegenüber, auf ein Sofa hingestreckt hatte und mit süßer Schadenfreude auf Bellini hinabsah, während dieser sich abarbeitete, sie mit einigen französischen Redensarten zu unterhalten, und er immer in die Notwendigkeit geriet, das, was er eben gesagt hatte, in seinem sizilianischen Jargon zu kommentieren, um zu beweisen, daß es keine Sottise, sondern im Gegenteil die feinste Schmeichelei gewesen sei. Ich glaube, daß die schöne Dame auf Bellinis Redensarten gar nicht viel hinhörte; sie hatte ihm sein spanisches Röhrchen, womit er seiner schwachen Rhetorik manchmal zu Hülfe kommen wollte, aus den Händen genommen, und bediente sich dessen um den zierlichen Lockenbau an den beiden Schläfen des jungen Maestro ganz ruhig zu zerstören.

Heinrich Heine, 1836/37

JOSEPH LANNER
1801–1843

Österreichischer Tanzkomponist. 1819 gründete
er ein Quartett mit Johann Strauß-Vater, aber
schon bald trennten sich die Wege der beiden
Walzerkönige.

Lanner wurde nie Weltmann; er blieb Naturkind, ein Papageno
mit blondem Schopf und Stumpfnase. Als er bei einem Hofball
nach einem langen, exakt ausgeführten Menuett einer Erzherzo-
gin sein durchschwitztes Hemd zu zeigen versuchte – sie sollte
sehen, wie er sich geplagt hatte – fiel er in Ungnade.

Ernst Decsey, 1922

HECTOR BERLIOZ
1803–1869

Sohn eines Arztes aus Grenoble. Er wurde zum
Medizin-Studium nach Paris geschickt, wandte
sich aber ganz der Musik zu. Er schockierte die
konservative Gesellschaft mit exzentrischer
Musik und satirischen Essays.

Im Theater bemerkte jemand, der neben Berlioz saß, daß er
während der Aufführung einer Beethoven-Symphonie bitterlich
schluchzte: »Wollen Sie sich nicht lieber etwas zurückziehen,
wenn das Konzert Sie derart erregt?«

»Glauben Sie etwa, ich wollte mich hier vergnügen?« erwiderte Berlioz schroff.

Ernest Legouvé, 1893

Es war bei der Uraufführung seiner Oper »Ali Baba«, einem der,
wie jedermann zugab, schwächsten und hohlsten Werke Cheru-

binis. Ermüdet von den sich häufenden Einfallslosigkeiten konnte ich am Ende des ersten Aufzuges mich nicht enthalten zu sagen, und zwar laut genug, um von meinen Nachbarn gehört zu werden: »Ich gebe 20 Francs für einen Gedanken!« In der Mitte des zweiten Aktes, noch mehr gelangweilt als zuvor, erhöhe ich mein Angebot und sagte: »Ich gebe 40 Francs für einen Gedanken!« Das Finale beginnt: »Ich gebe 80 Francs für einen Gedanken!« Am Ende des Finales stehe ich auf und werfe die letzten Worte hin: »Wahrhaftig, ich bin nicht reich genug. Ich gebe es auf!« und gehe fort.

Ein oder zwei junge Leute, die in derselben Reihe saßen, sahen mich entrüstet an. Es waren Schüler des Konservatoriums, die man in die Oper geschickt hatte, um ihrem Direktor von Nutzen zu sein. Wie ich später erfuhr, versäumten sie nicht, ihm über mein freches Benehmen Bericht zu erstatten.

Hector Berlioz, 1848–54

Als ich 1822 mit meinem Gefährten Robert nach Paris kam, widmete ich mich ganz den [medizinischen] Studien, die mit dem mir auferlegten Beruf zusammenhingen. Getreulich hielt ich das Versprechen, welches ich bei der Abreise meinem Vater gegeben hatte. Ich mußte jedoch eine recht harte Probe bestehen, als mich Robert, nachdem er mir eines Morgens den Neuzugang einer Leiche gemeldet hatte, zum erstenmal in den Seziersaal des Spitals »De la Pitié« führte. Der Anblick dieser entsetzlichen menschlichen Fleischkammer, die umherliegenden Gliedmaßen, die verzerrten Gesichter, die halbgeöffneten Schädel, der blutige Schlamm, in dem wir wateten, der widerliche Geruch, der ihm entströmte, die Spatzen, welche sich in Schwärmen um Lungenreste stritten, die Ratten, die in einer Ecke an blutigen Wirbelknochen nagten, dies alles erfüllte mich mit solchem Grausen, daß ich mit einem Sprung aus dem Fenster die Flucht ergriff und atemlos bis nach Hause lief, als ob der Tod mit seinem schauerlichen Gefolge mir auf den Fersen sei. Ich blieb vierundzwanzig Stunden im Bann dieses ersten Eindrucks, wollte von Medizin nichts mehr hören und erdachte tausend Torheiten, um der mir drohenden Zukunft zu entgehen.

Robert verschwendete seine Beredsamkeit, um meinen Widerwillen zu bekämpfen und mir die Albernheit meiner Pläne zu beweisen. Es gelang ihm, mich zu einem zweiten Versuch zu bewegen. Ich willigte ein, ihm noch einmal nach dem Spital zu folgen, und wir traten in den Leichensaal. Seltsam! Als ich die Sektionsobjekte wieder erblickte, die mir zuerst einen so tiefen Abscheu eingeflößt hatten, blieb ich vollkommen ruhig; ich hatte keine andere Empfindung als kalten Widerwillen; ich war mit diesem Anblick schon so vertraut wie ein altes Semester; das schlimmste war vorüber. Es machte mir sogar Spaß, gleich nach meiner Ankunft in der halbaufgeschnittenen Brust eines Toten herumzustochern, um den geflügelten Gästen dieses liebreizenden Aufenthalts eine Portion Lunge zu spendieren. »Das lasse ich mir gefallen«, sagte Robert lachend, »du nimmst Vernunft an.«...

Ich nahm also, wenn nicht mit Interesse, so doch mit stoischer Ergebenheit an dem anatomischen Lehrkurs teil...

Ich war im Begriff, ein gewöhnlicher Student zu werden, dazu ausersehen, durch eine weitere Null die bedenkliche Anzahl der schlechten Ärzte zu vergrößern, als ich eines Abends in die Oper ging. Man spielte die »Danaiden« von Antonio Salieri. Die Pracht, der Glanz der Inszenierung, die Klangsprache des Orchesters und der Chöre, ... das donnernde Bacchanal endlich und die so schwermütig wollüstigen Tanzweisen, welche Spontini in die Partitur seines alten Landsmannes eingeschoben hat, versetzten mich in einen Zustand der Verwirrung und der Aufregung, den zu beschreiben ich nicht versuchen will. Mir war wie einem zum Matrosen geborenen jungen Menschen zumute, welcher, ohne vorher etwas anderes als Kähne auf seinen Gebirgsseen erblickt zu haben, sich plötzlich in einen Dreimaster auf hoher See versetzt sieht. In der Nacht, welche dieser Aufführung folgte, schlief ich kaum, man kann es sich vorstellen, und der Anatomiestunde am nächsten Tage mochte man die Schlaflosigkeit anmerken. Ich sang beim Durchsägen eines Schädels die Arie des Danaus: »Genießt des gütigen Geschicks«; und als Robert, der hörte, daß ich die Melodie: »Hinab, in Amphitritens Schoß« summte, statt Bichats Kapitel über die Sehnenscheiden zu lesen, voll Ungeduld ausrief: »Sei doch bei der Sache! Wir schaffen es nicht! In drei Tagen ist unsere Leiche verdorben! Sie kostet 18 Francs! Sei doch vernünftig!«, da antwortete ich mit dem Gesang an Nemesis: »O Gottheit, die nach Blute dürstet!«, und das Seziermesser fiel ihm aus der Hand.

Hector Berlioz, 1848–54

An einem Prüfungstag am Konservatorium fragte Cherubini, der eine Partitur von Berlioz durchsah: »Was hat die Pause von zwei Takten zu bedeuten?« Berlioz antwortete: »Ich stelle mir vor, daß die verlängerte Stille einen gewissen Effekt auf die Hörer haben könnte.« In seiner bekannten schlechten Laune knurrte Cherubini: »So, so, der Effekt wäre sicher noch größer, wenn Sie die Pause noch länger machten...«

Nach Mathilde Marchesi, 1897

Mein Logennachbar, ein redseliger junger Mann, zeigte mir den Componisten, welcher sich, am äußersten Ende des Saals, in einem Winkel des Orchesters befand, und die Pauke schlug. Denn die Pauke ist sein Instrument. »Sehen Sie in der Avant-scene«, sagte mein Nachbar, »jene dicke Engländerin? Das ist Miß Smithson; in diese Dame ist Herr Berlioz seit drei Jahren sterbens verliebt, und dieser Leidenschaft verdanken wir die wilde Symphonie, die Sie heute hören.« In der That, in der Avant-scene-Loge saß die berühmte Schauspielerin von Coventgarden; Berlioz sah immer unverwandt nach ihr hin, und jedesmal, wenn sein Blick dem ihrigen begegnete, schlug er los auf seine Pauke, wie wüthend. Miß Smithson ist seitdem Madame Berlioz geworden, und ihr Gatte hat sich seitdem auch die Haare abschneiden lassen. Als ich diesen Winter im Conservatoire wieder seine Symphonie hörte, saß er wieder als Paukenschläger im Hintergrunde des Orchesters, die dicke Engländerin saß wieder in der Avant-scene, ihre Blicke begegneten sich wieder – aber er schlug nicht mehr so wüthend auf die Pauke.

Heinrich Heine, Zeitungsberichte, 1964

»Mein lieber Legouvé«, sagte er, »es gibt Menschen in der Hölle, die dies Schicksal weniger verdient haben als ich.«

Zwar war ich an derartige Ausbrüche bei ihm gewöhnt, doch war ich einigermaßen erstaunt. »Um Himmels willen, was ist passiert?«

»Du weißt, daß meine arme Frau in primitiven Verhältnissen auf dem Montmartre wohnt.«

»Und daß du sie oft dort besuchst, das weiß ich auch, und ich weiß auch, daß deine Fürsorge und deine Verehrung für sie es ihr unter den gegebenen Umständen so angenehm wie nur möglich gemacht haben.«

»Dafür kannst du mir nicht allzuviel Verdienst zuschreiben«, antwortete er rasch. »Ein Mann müßte ja ein Ungeheuer sein, wenn er eine solche Frau nicht liebte und verehrte!« Und dann fuhr er mit unbeschreiblicher Bitterkeit fort: »Und ein solches Ungeheuer bin ich!«

»Plagt dich dein Gewissen einmal wieder?«

»Entscheide selbst. Ich lebe ja nicht allein.«

»Ich weiß.«

»Jemand anderes hat ihren Platz eingenommen. Ich kann es drehen, wie ich will. Ich bin zu weich, ich bin wie ein Kind. Vor ein paar Tagen hat man an der Tür meiner Frau geläutet. Sie öffnet. Eine sehr elegante junge Dame steht ihr gegenüber und sagt lachend: ›Ich möchte bitte zu Madame Berlioz.‹ ›Ich bin Madame Berlioz‹, antwortet meine Frau. ›Sie verstehen mich nicht richtig, ich möchte zu Madame Berlioz‹, wiederholt die andere. ›Ich bin es.‹ – ›Nein, das sind Sie nicht! Sie sprechen von der alten Madame Berlioz, von der verlassenen Madame Berlioz, und ich spreche von der jungen und hübschen und zärtlich geliebten. Diese Madame Berlioz steht nämlich vor Ihnen.‹ Damit dreht sie sich um, knallt die Tür vor der armen Frau zu, die ohnmächtig vor Kummer zu Boden sinkt.« Hier schwieg Berlioz. Nach kurzer Pause meinte er: »Ist das nicht abscheulich? Hatte ich nicht recht, daß ich sagte...«

»Wer hat dir diese Untat berichtet?« fragte ich aufgebracht.

»Es war sicher die Frau, die sie auch begangen hat. Ich glaube sogar, sie rühmte sich dieser Tat auch noch. Und willst du mir

etwa sagen, du habest sie nach ihrem Bericht nicht sofort drei-
kantig hinausgeworfen?«

Mit gebrochener Stimme murmelte er: »Ich konnte es nicht.
Ich liebe sie!«

Ernest Legouvé, 1893

Mein »Requiem« enthält an die tausend Takte. Und genau bei
dem Takt, ... in dem das Tempo breiter wird und die Blechin-
strumente ihre furchtbare Fanfare herausschmettern, mit einem
Wort: bei dem einzigen Takt, in dem die Tätigkeit des Dirigenten wahrhaft unentbehrlich ist, senkt Habeneck [einflußreicher
Pariser Dirigent, 1781–1849] seinen Stab, zieht in aller Seelenruhe seine Tabaksdose aus der Tasche und nimmt eine Prise.
Zum Glück hatte ich immer wieder zu ihm hingeblickt; in dem
Augenblick, da ich sehe, daß er den Einsatz nicht gibt, drehe ich
mich blitzschnell auf meinem Absatz herum, stürze vor ihn,
strecke den Arm aus und markiere die vier langsamen Taktteile
des neuen Tempos. Die Orchester folgen mir, alles setzt in Ordnung ein, ich dirigiere den Satz bis zum Schluß, und die von mir
erträumte Wirkung ist erzielt. Als Habeneck bei den letzten
Worten des Chores sah, daß das »Tuba mirum« gerettet war,
sagte er zu mir: »Mich überlief kalter Schweiß; ohne Sie waren
wir verloren!« – »Ja, ich weiß wohl«, antwortete ich und sah ihn
fest an. Ich fügte kein Wort hinzu. Hat er es mit Absicht getan?
Wäre es möglich, daß dieser Mensch im Bunde mit Monsieur X
und der Cherubini-Clique eine solche Niederträchtigkeit geplant
hätte? Ich will es nicht glauben. Doch ich zweifle nicht daran,
und möge Gott mir vergeben, wenn ich dem Mann Unrecht tue.

Hector Berlioz, 1848–54

Ich fragte [George] Osborne, ob er sich an die [oben erzählte]
Geschichte erinnern könne. Er antwortete, daß er noch alles genau wisse, denn er habe neben Berlioz im Kirchenschiff geses-
sen. Allerdings sei Berlioz kein einziges Mal aufgestanden, Habeneck habe kein Mal den Dirigentenstab aus der Hand gelegt,
er habe auch keine Prise Schnupftabak genommen und ebenfalls

habe es keine Notwendigkeit für ein Eingreifen von Seiten Berlioz' gegeben.

Im übrigen habe ich Berlioz bei Erscheinen seiner Memoiren gefragt, weshalb um alles in der Welt er eine so unsinnige erfundene Geschichte in Umlauf gebracht habe. Berlioz hat nur gelacht und gesagt, daß er diese Geschichte zu gut finde; die dürfe nicht verloren gehen.

Charles Villiers Stanford, 1914

Ich war bei einem jener nächtlichen Feste [in Wien] in melancholische Träumereien versunken (denn die Straußschen Walzer, mit ihren feurigen, einem Liebesruf gleichenden Melodien, haben die Gabe, mich tief traurig zu stimmen), als ein kleiner Mann mit klugem Gesicht sich durch die Menge drängte und in meine Nähe kam; es war am Tage nach einem meiner Konzerte. »Mein Herr«, sprach er lebhaft, »Sie sind Franzose, ich bin Ire, in meinem Lob verbirgt sich also kein Nationalstolz, und« (er griff nach meiner linken Hand) »ich bitte Sie um die Erlaubnis, Ihnen die Hand zu drücken, die die ›Romeo‹-Symphonie geschrieben hat. Sie verstehen Shakespeare!«

»In diesem Fall verwechseln Sie die Hände«, antwortete ich, »ich schreibe immer mit dieser.«

Der Ire lächelte, nahm meine rechte Hand, die ich ihm bot, schüttelte sie herzlich und sprach, indem er sich entfernte: »O! Diese Franzosen! Über alles und alle müssen sie sich lustig machen, selbst über ihre Bewunderer!«

Hector Berlioz, 1848–54

Gelegentlich wurde mit einer Reihe von Gästen auch ein Schriftsteller oder ein Künstler in Compiègne eingeladen. Schließlich müssen Traditionen gewahrt bleiben! Hier ein Beispiel für die allergnädigste Begrüßung bei einer solchen Gelegenheit: Der Kaiser [Napoleon III.] hatte beklagt, daß er immer schlechter sehe. »Eigenartigerweise kann ich blau und schwarz nicht mehr unterscheiden. Wer ist denn das da drüben?«

»Sire, es ist Monsieur Berlioz.«

Er hob die Stimme: »Monsieur Berlioz, ist Ihr Frack blau oder schwarz?«

»Sire«, beeilte sich Berlioz zu antworten, »ich würde mir niemals die Freiheit erlauben, vor Eurer Majestät in einem blauen Frack zu erscheinen. Mein Frack ist schwarz.«

»Gut«, sagte der Kaiser.

Und das war alles, was der Kaiser in vier Tagen zu ihm sagte.

Edmond und Jules Goncourt, 15. November 1862. In: Robert Baldick, 1962. Edmond und Jules Goncourt waren französische Historiker, Romanciers und Kritiker.

MICHAIL GLINKA
1804–1857

Der »Vater« der russischen Musik; Glinkas »Leben für den Zaren« ist die erste echte russische Oper.

Zu Hause fühlte ich mich nicht sehr glücklich. Marja Petrowna gehörte zu jenen Frauen, für die Toiletten, Bälle, Equipagen, Pferde, Livreen und so fort alles bedeuten; für Musik – mit Ausnahme leichter Romanzen – hatte sie wenig oder besser gesagt überhaupt kein Verständnis, und alle höheren poetischen Gefühle waren ihr völlig fremd. Ein Beweis für ihre Gleichgültigkeit gegenüber der Musik ist folgende Episode: als ich im Jahre 1835 »Ein Leben für den Zaren« zu komponieren begann, beklagte sie sich bei meiner Tante – der Schwester meines Vaters – Marja Nikolajewna Selepugina darüber, daß ich Geld für Notenpapier ausgebe.

Michail Glinka, 1854/55

Liszt kam zum zweitenmal nach Petersburg, . . . hörte sich meine Oper an und fand mit sicherem Gefühl alle bedeutenden Stellen heraus. Trotz der vielen Mängel des »Ruslan« beruhigte er mich. Er meinte, man könne die Oper als erfolgreich bezeichnen, da sie nicht nur in Petersburg so viel gespielt, sondern auch in Paris im Verlaufe eines Winters zweiunddreißigmal gegeben worden sei. Rossinis »Wilhelm Tell« sei im ersten Winter nur sechzehnmal aufgeführt worden.

Ich sagte ihm offen meine Meinung über die Kunst und über die Komponisten. Meiner Ansicht nach war Carl Maria von Weber – sogar in seinem »Freischütz« – nicht befriedigend, da er den Dominantsept-Akkord der ersten Stufe zu oft anwandte. Darauf erwiderte mir Liszt: »Vous êtes avec Weber comme deux rivaux, qui courtisez la même femme« [Sie und Weber sind wie zwei Rivalen, die derselben Frau den Hof machen]...

Am Tage meiner Ankunft [in Paris] erschien Meyerbeer bei mir im »Römischen Hotel« und sagte mir unter anderem: »Comment se fait-il, monsieur Glinka, que nous vous connaissons tout de réputation, mais nous ne connaissons pas vos œuvres?« [Wie kommt es, Monsieur Glinka, daß wir Sie wegen Ihrer Reputation kennen, nicht aber auch wegen eines Ihrer Werke?]

»Cela est très naturel«, – lui ai-je répondu, – »je n'ai pas l'habitude de colporter mes productions.« [Das ist sehr verständlich, antwortete ich ihm, denn ich gehöre nicht zu denen, die ihre Werke selbst verbreiten.]

Michail Glinka, 1854/55

MICHAEL WILLIAM BALFE
1808–1870

Komponist und Sänger, geboren in Irland. Von ihm stammen »The Bohemian Girls« und das Lied »Come into the Garden, Maud«.

Es mag für manchen neu sein, auf welche Weise Balfe neue Melodien erfand, wenn ihn die Inspiration verlassen hatte. Er schrieb die Tonbuchstaben mehrfach auf einzelne Zettel und mischte diese Papierschnipsel in einem Hut. Einzeln entnahm er ihm die Zettel wieder und notierte den gezogenen Ton-Buchstaben, nachdem er sich zuvor für Tonart und Takt seiner Komposition entschieden hatte. Die häufig wiederholten Töne in seinen Melodien scheinen für die Wahrheit dieser Geschichte zu sprechen.

C. L. Kennedy, 1875

Maria Malibran
1808–1836

Gefeierte Primadonna aus der spanischen Sängerfamilie García.

»La Sonnambula« wurde gegeben, und das neue Theater [in Venedig] war bis auf den allerletzten Platz besetzt. Am Ende des Rondo finale »Ah! non giunge« glitt die Malibran aus und verlor einen ihrer leichten Schuhe, der weit in den Zuschauerraum flog. Sogleich erhob sich eine Balgerei, die in der großen Menschenansammlung fast zum Tumult ausartete und selbst die Theaterbesucher in den Logen erfaßte. Jeder wollte wenigstens ein winziges Stück von dem Objekt ergattern und als Trophäe nach Hause tragen, das den Fuß der göttlichen Sängerin berührt hatte. Es war eine unbeschreibliche Jagd.

Einerseits war die Malibran entzückt und geschmeichelt von dem amüsanten Gedränge, andererseits fürchtete sie, es könnte zu einer Katastrophe kommen. Und so warf sie – um ihre Verehrer auseinanderzubringen – ihren zweiten Schuh ebenfalls in den Zuschauerraum, allerdings in eine andere Richtung. So entbrannte der Aufstand, räumlich von einander getrennt, mit neuer Heftigkeit.

Erst als ihre Schuhe – verehrt wie die des Papstes – zu winzigen Stücken und Streifen als heilige Erinnerungsstücke unter den Zuschauern aufgeteilt waren, legte sich der Sturm. Der Direktor des Theaters verkündete später, daß dieses Theater fortan den Namen »Teatro Malibran« tragen solle. Und so heißt es noch heute.

Richard Hoffman, 1910

Die Malibran legte Herz und Seele in jede ihrer Rollen. So geriet sie fast in Verzweiflung über den begriffsstutzigen und linkischen Mr. Templeton, der von Schauspielerei nicht die geringste Ahnung hatte. Bei ihrer ersten Probe ertrug sie sein steifes und starres Benehmen noch mit Geduld und dachte, sie werde »diesen Mann«, wie sie ihn nannte, durch ihr eigenes Spiel schon noch zu einem gewissen Enthusiasmus bewegen. Als sie ihn aber bei der nächsten und übernächsten Probe immer noch stocksteif und unbeweglich fand, zischte sie ihm ins Ohr: »Zum Donnerwetter, Sir, wissen Sie eigentlich nicht, daß Sie mein Liebhaber sind? Im ersten Akt müssen Sie mir leidenschaftlich Ihre Liebe zeigen und im zweiten sollten Sie mich über die Bühne schleifen, als wenn Sie mich in Stücke zerreißen möchten!«

Sanft wie ein Lamm erwiderte Mr. Templeton: »Aber Madame, ich könnte Ihnen weh tun!« – »Und wenn schon«, schrie die temperamentvolle Sängerin. »Was kümmert das Sie, lassen Sie das nur meine Sorge sein!« Und sie stampfte mit ihrem hübschen kleinen Fuß auf den Boden, um ihren Worten Nachdruck zu verleihen. »Wenn Sie mir nicht weh tun, bei Gott, dann werde ich Sie umbringen!«

J. E. Cox, 1872. John Templeton sang 1833 den Elvino in »La Sonnambula« mit der Malibran und war hinfort als »Malibrans Tenor« bekannt.

Die Malibran starb bereits mit achtundzwanzig Jahren. Ihr Tod trat möglicherweise deswegen so früh ein, weil sie sich in einem Duett mit Madame Caradori-Allan zu sehr engagiert hatte und zu sehr aus sich herausgegangen war. Zwar war in den Proben alles genau abgesprochen worden, aber Madame Caradori-Allan änderte in der Aufführung mancherlei an ihrem Gesang. Das stachelte die Malibran dermaßen an, daß sie herrlicher denn je sang. Eine Wiederholung wurde erklatscht. »Wenn ich jetzt dieses Stück noch einmal singe, wird es mich umbringen«, sagte die Malibran zu mir. »Bitte, singe nicht!« – »Doch, ich will singen und sie damit vernichten!« Nach dem Wiederholen des Duetts bekam die Malibran einen Schwächeanfall und wurde ohnmächtig in ihre Garderobe getragen.

Sir George Smart, 1907

Felix Mendelssohn Bartholdy
1809–1847

Enkel des jüdischen Philosophen Moses Mendelssohn, wurde protestantisch erzogen. Mit
siebzehn Jahren hatte er zwölf Streichersympho-
nien, eine Oper und die Ouvertüre zum »Som-
mernachtstraum« komponiert; mit zwanzig
Jahren dirigierte er Bachs Matthäuspassion, was
für die Bach-Renaissance nachhaltige
Bedeutung hatte.

Eines Morgens, im November, erhielt ich eine Aufforderung,
Frau von Goethe, die Schwiegertochter des Dichters, welche das
Mansarden-Stockwerk des Goethe'schen Hauses bewohnte,
noch am nämlichen Vormittage zu besuchen. Sie empfing mich
mit den Worten: »Sie werden Bekannte aus Berlin hier finden,
deren Wiedersehen Ihnen Freude machen wird.« Ich rieth, ich
fragte, doch ohne das richtige zu treffen, als sich plötzlich die
Thür öffnete und Zelter's stattliche Gestalt, damals noch in
rüstiger Kraft, eintrat... Als wir noch in den gegenseitigen Begrüßungen und ersten Wechselworten begriffen waren, wurde
die Thür des Zimmers leise geöffnet und ein Knabe von etwa
zwölf Jahren trat ein; es war Felix Mendelssohn, den ich mit
Freuden erkannte...

Im tiefern Geschoß..., in den Gesellschaftszimmern Goethe's, befand sich ein vortrefflicher Streicher'scher Flügel, den
ihm Rochlitz besorgt hatte. Dort fanden wir uns am Abend des
Tages Alle wieder zusammen, denn Goethe hatte eine größere
Gesellschaft geladen, um seine weimarischen Freunde, insbesondere die musikalischen, mit dem staunenswürdigen Talente des
Kindes, von dem Zelter den Tag über viel erzählt, auch früher
schon Manches geschrieben, bekannt zu machen...

[Dann] erst erschien Goethe selbst; er kam aus seinem Arbeitszimmer; gewöhnlich pflegte er, wenigstens habe ich es so bemerkt, erst abzuwarten, daß die Gesellschaft versammelt sei, bevor er sich zeigte... Sein »Guten Abend« richtete sich an Alle,

doch vorzugsweise ging er auf Zelter zu und schüttelte ihm vertraulich die Hand... Felix Mendelssohn schaute mit blitzenden
Augen zu dem schneeigen Haupte des hohen Dichters hinauf;
dieser aber nahm ihn mit beiden Händen freundlich beim Kopf
und sagte: »Jetzt sollst du uns auch Etwas vorspielen!« Zelter
nickte sein Ja dazu...

Der Flügel war geöffnet worden, die Lichte auf das Pult gestellt. Felix Mendelssohn sollte spielen. Er fragte Zelter, gegen
den er durchaus kindliche Hingebung und Vertrauen zeigte:
»Was soll ich spielen?«

»Nun, was du kannst!« antwortete dieser in dem obenhin
streifenden Tone, dessen sich Alle erinnern werden, die ihn
näher gekannt: »Was dir nicht zu schwer ist!«

...Es wurde endlich festgesetzt, daß er frei phantasiren solle
und er bat Zelter um ein Thema...

...Das Spiel hatte, wie es nicht anders sein konnte, die
höchste Bewunderung Aller erregt, und namentlich war Goethe
selbst von wärmster Freude erfüllt. Er herzte den kleinen Künstler, in dessen kindlichen Zügen sich Glück, Stolz und Verlegenheit zugleich malten... Goethe war ein großer Freund der
Bach'schen Fugen; ein Musiker aus dem Städtchen Berka, zwei
Meilen von Weimar, mußte ihm dieselben häufig vorspielen. Es
wurde also auch Felix Mendelssohn die Aufforderung gestellt,
eine Fuge des hohen Altmeisters zu spielen. Zelter wählte sie aus
dem Notenheft der Bach'schen Fugen, welches herbeigebracht
wurde, und der Knabe spielte dieselbe völlig unvorbereitet, mit
vollendeter Sicherheit... Goethe's Freude wuchs bei dem er-
staunenswürdigen Spiel des Knaben. Unter Anderm forderte er
Felix auf, ihm eine Menuett zu spielen.

»Soll ich Ihnen die schönste, die es in der ganzen Welt giebt,
spielen?« fragte er mit hell leuchtenden Augen.

»Nun, und welche wäre das?«

Er spielte die Menuett aus [Mozarts] »Don Juan«. Goethe
blieb fortdauernd lauschend am Instrument stehen, die Freude
glänzte in seinen Zügen. Er wünschte nach der Menuett auch die
Ouverture der Oper; doch diese schlug der Spieler rund ab mit
der Behauptung, sie lasse sich nicht spielen, wie sie geschrieben
stehe, und abändern dürfe man nichts daran. Dagegen erbot er

sich, die Ouverture zum »Figaro« zu spielen... Goethe wurde immer heiterer, immer freundlicher, ja er trieb Scherz und Neckerei mit dem geist- und lebensvollen Knaben. »Bis jetzt«, sprach er, »hast du mir nur Stücke gespielt, die du kanntest, jetzt wollen wir einmal sehen, ob du auch Etwas spielen kannst, was du noch nicht kennst. Ich werde dich einmal auf die Probe stellen.«

Er ging hinaus..., kam nach einigen Minuten wieder in's Zimmer und hatte mehrere Blätter geschriebener Noten mitgebracht. »Da habe ich Einiges aus meiner Manuscriptensammlung geholt. Nun wollen wir dich prüfen. – Wirst du das hier spielen können?«

Er legte ein Blatt mit klar aber klein geschriebenen Noten auf das Pult. Es war Mozart's Handschrift. Ob es uns Goethe sagte oder ob es auf dem Blatte stand, weiß ich nicht mehr, nur daß Felix Mendelssohn freudig erglühte bei dem Namen und uns Alle ein unnennbares Gefühl durchbebte, was zwischen Begeisterung und Freude, zwischen Bewunderung und Ahnung schwankte, vielleicht von Allem etwas hatte. Goethe, der Greis, der ein Manuscript Mozart's, des seit dreißig Jahren Bestatteten, dem zu reichster Verheißung frisch aufblühenden Knaben Felix Mendelssohn vorlegt, um es vom Blatt zu spielen – wahrlich, diese Constellation ist eine seltene zu nennen!

Der junge Künstler spielte mit vollster Sicherheit, ohne nur den kleinsten Fehler zu machen, das nicht leicht zu lesende Manuscript vom Blatt... Goethe blieb, da Alles Beifall spendete, bei seinem heitern Ton. »Das ist noch nichts!« rief er, »das können auch Andere lesen. Jetzt will ich dir aber Etwas geben, dabei wirst du stecken bleiben! Nun nimm dich in Acht!«

Mit diesen scherzenden Worten langte er ein anderes Blatt hervor und legte es aufs Pult. Das sah in der That sehr seltsam aus. Man wußte kaum, ob es Noten waren, oder nur ein liniirtes, mit Dinte besprütztes, an unzähligen Stellen verwischtes Blatt. Felix Mendelssohn lachte verwundert laut auf. »Wie ist das geschrieben! Wie soll man das lesen?« rief er aus.

Doch plötzlich wurde er ernsthaft, denn indem Goethe die Frage aussprach: »Nun rathe einmal, wer das geschrieben?« rief Zelter schon, der herzugetreten war und dem am Fortepiano sitzenden Knaben über die Achsel schaute: »Das hat ja Beethoven geschrieben! Das kann man auf eine Meile sehen! Der schreibt immer wie mit einem Besenstil und mit dem Aermel über die frischen Noten gewischt! Ich habe viele Manuscripte von ihm! Die sind leicht zu kennen!«

... Bei diesem Namen aber war, wie ich schon eben sagte, Felix Mendelssohn plötzlich ernsthaft geworden, mehr als ernsthaft. Ein heiliges Staunen verrieth sich in seinen Zügen ... Das Alles währte aber nur Secunden. Denn Goethe wollte die Prüfung scharf stellen ... Felix begann sofort zu spielen. Es war ein einfaches Lied; ... einmal spielte er es so durch, im Allgemeinen richtig, aber doch einzeln inne haltend, manchen Fehlgriff unter einem raschen: »Nein so!« verbessernd; dann rief er: »Jetzt will ich es Ihnen vorspielen!« Und dieses zweite mal fehlte auch nicht eine Note; die Singstimme sang er theils, theils spielte er sie mit. »Das ist Beethoven, diese Stelle!« rief er dazwischen zu mir gewandt, als er auf einen melodischen Zug stieß, der ihm die eigenthümliche Weise des Künstlers recht scharf auszuprägen schien. »Das ist ganz Beethoven, daran hätte ich ihn erkannt!«

Ludwig Rellstab, 1861. Rellstab (1799–1860) war Schriftsteller und Dichter; Schubert vertonte Texte von ihm (in den ersten Liedern des Zyklus »Schwanengesang«).

Wie der liebe Freund componirte, habe ich nur ein einziges Mal mit angeschaut. Ich kam zur Vormittagszeit in seine Stube und fand ihn Noten schreibend, wollte alsbald wieder gehen, um nicht zu stören. Er lud aber zum Bleiben ein, indem er sagte: »Ich schreibe blos ab.« Ich blieb denn und wir redeten von allerlei, während er immer weiter schrieb. Nicht ab, denn es lag kein Papier da, außer dem, auf welchem er schrieb. Es handelte sich um die große Ouvertüre aus C-dur, welche damals auch aufgeführt aber nicht veröffentlicht worden ist, und war eine Partitur für volles Orchester. Er fing mit dem obersten System an, machte langsam ein Taktpause-Zeichen, ließ ziemlich reichlichen Raum und zog dann den Taktstrich von oben herab über das ganze Blatt. Hierauf beschrieb er das zweite, dann das dritte System u. s. w., theils mit Pausen, theils mit Noten. Bei den Violinen kam zum Vorschein, warum er den Takt so breit angelegt, denn es gab da eine Figur, welche Platz brauchte. Die an der Stelle regierende längere Melodie wurde in nichts ausgezeichnet, sondern bekam eben so, wie die andern Stimmen ihren Takt und wartete bei dem Taktstrich auf die Fortführung, wenn ihr System wieder an die Reihe kam. Dabei gab es kein Vor- oder Zurücksehen, Vergleichen, Ueberhören oder dergleichen, sondern die Feder ging allerdings langsam und vorsichtig, aber ohne jeden Aufenthalt vorwärts, und wir sprachen ohne Aufhören weiter. Das Abschreiben, wie es genannt, beruhte also darauf, daß das Ganze so vollständig bis in jeden einzelnen Ton hinein durchdacht und ausgetragen in der Seele lag, als sähe er es fertig vor sich.

Julius Schubring, 1866. Schubring (geb. 1806) war selbst Komponist.

Mendelssohn hatte eine Lieblingsgeschichte aus der Römerzeit, nämlich jene starre, todesstille Senatsversammlung, die ein harmloser Gallier für Steingebilde hielt und deshalb den einen im Kreise am Barte zu zupfen sich erkühnte; aber das vermeintliche Steinbild bekam Leben und schlug den Vorwitzigen mit einem Schwertstreich nieder.

In Erinnerung an diesen Vorgang war es denn zwischen Hildebrandt und Mendelssohn eingeführt, daß man sich bei einer Begegnung, gleichviel in welcher, selbst in der vornehmsten Gesellschaft, niemals eher Guten Tag sagte als unter einer gewissen Formalität. Hildebrandt mußte nämlich plötzlich stehen bleiben, ein starres Gesicht machen und Mendelssohn ging langsam und feierlich auf ihn zu und zupfte ihn am Barte, worauf er einen gewaltigen Römerschlag auf die Schulter empfing, der den Zauberbann löste. Dann erst begrüßte man sich mit gewohnter Herzlichkeit.

Elise Polko, 1868

Frankfurt, 19. Juli 1842

Mein liebes Mütterchen!

... Prinz Albert hatte mich auf den Sonnabend um halb zwei zu sich einladen lassen, damit ich vor meiner Abreise [aus England] seine Orgel noch probieren möchte, ich fand ihn ganz allein, und wie wir mitten im Gespräch sind, kam die Königin [Victoria], ebenfalls ganz allein, im Hauskleid – sie müsse in einer Stunde nach Claremont abreisen, sagte sie; »aber mein Gott, wie sieht es hier aus«, setzte sie hinzu, indem sie sah, daß der Wind von einem großen ungebundenen Notenheft alle Blätter einzeln auf das Pedal der Orgel (die einen hübschen Zimmerschmuck bildet) und in die Ecken geworfen hatte. Indem sie das sagte, kniete sie hin und fing an, die Blätter zusammenzusuchen, Prinz Albert half und ich war auch nicht faul. Darauf fing der Prinz an, mir die Register zu explizieren, und während dessen sagte sie, sie wollte es schon allein wieder in Ordnung bringen.

Darauf bat ich aber, der Prinz möchte mir lieber erst etwas vorspielen, ich wollte damit in Deutschland recht renommieren; und da spielte er mir einen Choral auswendig mit Pedal so hübsch und rein und ohne Fehler, daß mancher Organist sich was daraus nehmen konnte, und die Königin, die mit ihrer Arbeit fertig geworden war, setzte sich daneben und hörte sehr vergnügt zu; darauf sollte ich spielen und fing meinen Chor aus dem Paulus »Wie lieblich sind die Boten« an. Noch ehe ich den ersten Vers ausgespielt hatte, fingen sie beide an, den Chor ordentlich mitzusingen...

Unter anderem sagte die Königin, ob ich neue Lieder komponiert hätte, und sie sänge die gedruckten sehr gern. »Du solltest ihm mal eins vorsingen«, sagte Prinz Albert. Sie ließ sich erst ein wenig bitten, dann meinte sie, sie wollte das Frühlingslied in B-Dur versuchen. »Ja, wenn es noch da wäre, denn alle Noten wären schon eingepackt für Claremont.« Prinz Albert ging, es zu suchen, kam aber wieder, es sei schon fortgepackt...

Während die sprachen, krame ich ein wenig unter den Noten und finde mein allererstes Liederheft darunter. Da bat ich nun natürlich, sie möchte lieber was daraus wählen..., und sie tat es sehr freundlich, und was wählte sie? »Schöner und schöner«, sang es erst ganz allerliebst rein, streng im Takt und recht nett im Vortrag; nur wenn es nach »der Prosa Last und Müh« nach d herunter geht und harmonisch heraufkommt, geriet sie beide Male nach dis, und weil ich's ihr beide Male angab, nahm sie das letztemal richtig d, wo es freilich hätte dis sein müssen. Aber bis auf dies Versehen war es wirklich allerliebst, und das letzte lange

g habe ich von keiner Dilettantin besser und reiner und natürlicher gehört. Nun mußte ich bekennen, daß Fanny [seine
Schwester, 1805–1847] das Lied gemacht hatte (eigentlich kam
es mir schwer an, aber Hoffahrt will Zwang leiden) und sie bitten, mir auch eins von den wirklich Meinigen zu singen. »Wenn
ich ihr recht helfen wollte, täte sie es gern«, sagte sie und sang:
»Laß dich nur nichts nicht dauern« wirklich ganz fehlerlos und
mit wundernettem, gefühltem Ausdruck. Ich dachte, zuviel
Komplimente müsse man bei solcher Gelegenheit nicht machen
und dankte bloß sehr vielmal; als sie aber sagte: »O, wenn ich
mich nur nicht so geängstigt hätte, ich habe sonst einen recht
langen Atem«, da lobte ich sie recht tüchtig und mit dem besten
Gewissen von der Welt, denn gerade die Stelle mit dem langen c
am Schluß hatte sie so gut gemacht und die nächsten drei Noten
auf einen Atem herangebunden, wie man es selten hört, und
darum amüsierte mich's doppelt, daß sie selbst davon anfing.

Felix Mendelssohn Bartholdy an seine Mutter, in: Sebastian Hensel, 1879. Seba-
stian Hensel war Mendelssohns Neffe, Sohn von dessen Schwester Fanny.

Noch einmal hatte er mit der Königin Musik gemacht und war
begeistert, wie gut sie seine Lieder interpretiert hatte. Als er sich
verabschieden wollte, sagte sie: »Mein lieber Dr. Mendelssohn,
Sie haben mir eine so große Freude gemacht. Kann ich nicht
auch Ihnen ein Vergnügen bereiten?«

»Um die Wahrheit zu sagen, ich habe einen Wunsch, den nur
Eure Majestät mir erfüllen kann.«

»Er ist bereits gewährt!«

Und dann sagte er ihr, daß er so sehr gern einmal die Kinder-
zimmer und alles, was zur Kindererziehung der königlichen
Familie diente, anschauen würde.

Der berechnendste Höfling hätte keinen besseren Wunsch
äußern können, um der Königin zu gefallen. Herzlich gern ge-
währte sie Mendelssohn diesen Wunsch und begleitete ihn
höchstpersönlich in die Gemächer ihrer Kinder. Und dort wurde
nicht nur so obenhin geschaut; die Königin zeigte ihm auch, was
in den Schränken lag, und erklärte ihm Einzelheiten über die Erziehung. Bald waren sie in ihrem Gespräch nicht mehr die er-

lauchte Königin und der untertänige Diener, sondern mater familias und pater familias, die Erfahrungen austauschten und sich
über Erziehungsfragen unterhielten.

Felix Moscheles, 1899

OLE BULL
1810–1880

Norwegischer Violinvirtuose; Exzentriker, Auto-
didakt. Er gründete ein Konservatorium in Norwegen und eine norwegische Kolonie in den USA;
beide Institutionen scheiterten.

Auf dem Mississippi begegnete ihm damals eine für die Verhältnisse in der Zeit und des Landes höchst bezeichnende Geschichte. Er fuhr mit einer Gesellschaft halbwilder Ansiedler aus
dem fernen Westen auf einem Dampfer den Strom hinab und las
eben seine Zeitung, als einer der Männer im Auftrag der andern
ihm die Einladung überbrachte, ein Glas mit ihnen zu trinken.
»Ich danke Ihnen«, war seine höfliche Erwiderung, »aber ich
trinke nie Branntwein.« Fluchend fragte der andere dagegen, ob
er vielleicht zum Mäßigkeitsverein gehöre. »Das nicht, aber
Branntwein ist Gift für mich.« – »So balgen Sie sich, wenn Sie
nicht trinken können!« Die Kameraden des Mannes, die sich indessen um die beiden geschart hatten, riefen nun gleichfalls:
»Wenn Sie nicht trinken wollen, müssen Sie sich mit uns balgen.
Sie sehen verteufelt stark aus. Lassen Sie sehen, was Sie leisten
können.« – »Ein Norweger schlägt sich so gut als irgend jemand, wenn sein Blut in Wallung ist; mit kaltem Blut dagegen
kann ich mich nicht schlagen, und ich habe doch keinen Grund
dazu.« – »Sie sehen einem starken Burschen gleich und sollen
sich balgen, beim Henker!« – Wie Ole Bull sah, daß es kein
Entrinnen gebe, sagte er ganz ruhig: »Da Sie durchaus eine
Probe meiner Kraft haben wollen, ohne daß ein Grund zum
Kampf vorliegt, so will ich Ihnen einen Vorschlag machen.
Einer von Ihnen darf mich packen, wo und wie er mag, und ich

wette, daß er binnen einer halben Minute vor meinen Füßen auf dem Rücken liegt.« Man wählte einen starken Burschen aus, der auf Ole losging und ihn um den Leib faßte, aber im nächsten Augenblick flog derselbe mit einem Ruck kopfüber zu Boden und lag besinnungslos auf dem Verdeck. Plötzlich bemerkte Ole mit großem Unbehagen, wie einer der Kameraden des Mannes sein Bowiemesser zog; zu seinem Trost überzeugte er sich jedoch, daß es nur dazu dienen sollte, eine Flasche zu entkorken. Nachdem man den Ohnmächtigen durch einen tüchtigen Schluck wieder zu sich gebracht hatte, fragte dieser zuerst: »Wie der Teufel bin ich denn da auf den Boden gekommen?« worauf seine Genossen in ein schallendes Gelächter ausbrachen, in das er schließlich mit einstimmte. Er sprang auf die Füße und versuchte Ole Bull zu überreden, ihm zu zeigen, wie er ihn zu Fall gebracht habe; als er ihn dazu nicht zu bringen vermochte, sagte er: »Nehmen Sie dieses Messer da mit nach Hause; Sie ringen verteufelt gut; Sie sind schnell wie der Blitz!« Später kam dem Künstler zu Ohren, wie eben dieser Bursche einem Verleger, der eine feindselige Kritik über sein Spiel gebracht hatte, zu Leib gestiegen sei, um sich mit ihm für »den stärksten Geiger, den er je auf der Welt gesehen«, zu schlagen.

Sarah Bull, 1886

Er war von der Prinzessin D. beauftragt, bei einer ihrer Abendgesellschaften ein Quartett zu arrangieren und dabei selbst mitzuspielen, und er hatte sich hiezu die Mitwirkung Ernsts und der Brüder Boucher versichert. Als die Musiker nun die Treppe herunterkamen, folgten ihnen eine paar weiße polnische Hunde unter Knurren und Bellen bis in den Salon. Ernst, der seidene Strümpfe und Schuhe trug, ergriff die Flucht und ermutigte dadurch einen der kleinen Köter, ihn zu beißen. Nun stürzte sich derselbe auf Ole Bull los, allein dieser nahm ihn mit größter Ruhe auf die Fußspitze und ließ ihn bis zu den Flammen des großen Kandelabers empor fliegen, so daß der herbeieilende Lakai ihn als Leiche vom Boden aufhob. Die Prinzessin, welche am Ende des Saales unter einer Art Thronhimmel saß und von dort aus ihres Lieblings tragisches Geschick mit ansah, ließ in ihrer

Aufregung den Musikern sagen, sie sollen sich unverzüglich entfernen. Ole Bull erklärte sich vollkommen bereit, dieser liebenswürdigen Aufforderung nachzukommen, sobald ihm das Honorar für die von ihm engagierten Künstler behändigt sein würde. Diese Bemerkung besänftigte zwar die Gefühle der hohen Dame einigermaßen, allein da drei von den Mitgliedern des Quartetts bereits fort waren, so blieb nichts übrig, als ihm die fünfundzwanzig Louisdor zu bezahlen, wofür sich die vier Freunde ein splendides Abendessen im Palais-Royal zu Gemüte führten.

Sarah Bull, 1886

FRÉDÉRIC CHOPIN
1810–1849

Schrieb vor allem Klavierwerke, liebte öffentliche Konzertauftritte nicht, lebte vor allem von Unterricht und Verlegerhonoraren. Neun Jahre lang lebte er mit der Romanschriftstellerin George Sand zusammen.

1835, also zu der Zeit, in der Chopins Kunst und Ruhm am höchsten standen, hatte er einmal seine musikalischen Porträts in einem polnischen Salon, in dem aber eher die drei Haustöchter im Mittelpunkt des abendlichen Festes standen, mit allem Prunk und großer Kraft vorgetragen. Nachdem er einige Porträts extemporiert hatte, wollte eine dieser Damen (Mme. Delphine Potocka), daß er das ihre vortrage. Daraufhin nahm Chopin ihr den Schal von den Schultern, legte ihn über die Tastatur und begann zu spielen; er wollte damit zweierlei ausdrücken: erstens, daß er den Charakter der glänzenden und berühmten Modeprinzessin nur so richtig erfassen könne, und zweitens, daß Charakter und Seele hinter den Äußerlichkeiten des Mondänen verborgen seien wie sein Klavier unter dem Schal.

Stanislaw Tarnowski, 1899

Chopin gab in Paris ein Konzert mit eigenen Werken; im Publikum befanden sich auch [der tschechische Pianist Alexander] Dreyschock und [sein österreichischer Kollege und Liszt-Rivale Sigismond] Thalberg. Glücklich verfolgten sie das ganze Konzert, doch als sie danach wieder auf der Straße waren, begann Thalberg plötzlich zu schreien, so laut er konnte.

»Was ist denn nun los?« fragte Dreyschock erstaunt.

»Oh«, sagte Thalberg, »ich habe nun den ganzen Abend über nur piano-Laute gehört und wünschte mir zum Kontrast wieder einmal ein kleines Forte.«

William Mason, 1901. Mason, amerikanischer Pianist (1829–1908), beruft sich dabei auf Dreyschock selbst.

Als ich Chopin in Paris besuchte, bat ich ihn, mir die Bekanntschaft von Kalkbrenner, Liszt und Pixis zu vermitteln. Das ist nicht nothwendig, antwortete Chopin; warte einen Augenblick, ich will sie Dir zeigen; aber Jeden besonders.

Hierauf setzte er sich an den Flügel, nahm Liszt's Haltung an, spielte wie er und machte dessen Mimik und Gestikulationen täuschend nach; dann übernahm er eine andere Rolle und imitirte Pixis. Den nächsten Abend ging ich mit Chopin ins Theater. Er verliess die Loge für kurze Zeit; ich drehte mich um und sehe Pixis neben mir sitzen. Lachend klopfe ich diesen, ihn für Chopin haltend, vertraulich auf die Schulter und sagte: Höre auf und ahme nicht mehr nach! Mein Nachbar, sehr erstaunt über die Keckheit des ihm unbekannten Mannes, wusste nicht, was er denken sollte. Zum Glück kam in diesem Augenblicke Chopin wieder in die Loge und lachte herzlich, als er den komischen Irrthum durchschaute. Mit der ihm eigenen Grazie wusste er sich und mich bei dem wirklichen Pixis zu entschuldigen.

Joseph Nowakowski, Freund und Studiengenosse Chopins, in: Moritz Karasowski, 1878. Friedrich Kalkbrenner (1785–1849) war Lehrer Chopins; Johann Peter Pixis (1788–1874) war Pianist, Pädagoge und Komponist.

Eines Abends, als man im Salon versammelt war, spielte Liszt ein Chopin'sches Nocturne, erlaubte sich aber einige Verzierungen. Chopin's zartes, geistvolles Antlitz zeigte noch die Spuren seiner unlängst überstandenen Krankheit und verrieth Unruhe; endlich war er nicht mehr fähig, sich zu beherrschen, und sagte mit der ihm zu Zeiten eigenen Kaltblütigkeit zu Liszt: »Ich bitte Dich, lieber Freund, wenn Du mir die Ehre erweisest, etwas von meinen Compositionen zu spielen, so spiele sie entweder so, wie sie geschrieben sind, oder spiele etwas Anderes.« – »Na da spiele selbst«, entgegnete Liszt etwas piquirt und stand vom Piano auf. »Sehr gern«, sagte Chopin. In demselben Augenblicke fiel eine Motte in die Lampe und verlöschte sie. Man wollte die Lampe wieder anzünden, da rief Chopin: »Nein, im Gegentheil, löscht alle Lampen aus; das Licht des Mondes genügt mir vollkommen.«

Hierauf begann er zu improvisiren und spielte fast eine ganze Stunde. Aber wie? Das kann man nicht beschreiben, denn die Empfindungen, die Chopin's Zauberhände hervorriefen, lassen sich mit Worten nicht schildern. Als er das Clavier verliess, glänzten Thränen in den Augen seiner Zuhörer; auch Liszt war innig gerührt, umarmte Chopin und sagte: »Ja, mein Freund, Du hast Recht. Werke von solchem Geist, wie der Deinige, sollen nicht angerührt werden; jede eigenmächtige Veränderung bringt ihnen nur Schaden. Du bist ein ächter Poët!« – »Oh, so ist es nicht«, gab Chopin mit Lebhaftigkeit zur Antwort. »Jeder von uns besitzt seine eigene Art.«
Moritz Karasowski, 1878

Fünf Tage nachher waren die Freunde an demselben Ort [in Nohant, George Sands Landgut in der französischen Provinz Berry] und zur selben Tageszeit wiederum versammelt. Liszt bat Chopin zu spielen und liess alle Lichter auslöschen und alle Vorhänge zuziehen; als sich aber Chopin an das Clavier setzen wollte, flüsterte Liszt ihm etwas ins Ohr und setzte sich an seine Stelle hin. Dann spielte er dieselbe Composition, welche Chopin das letzte Mal gespielt hatte und die Zuhörer waren wieder entzückt. Nachdem er das Stück zu Ende gespielt, zündete er die auf dem Clavier stehenden Lichter an, worauf allgemeines Staunen erfolgte.

»Was sagst Du nun?« fragte Liszt seinen Rivalen.

»Ich sage, was Jeder sagt; auch ich glaubte es sei Chopin.«

»Du siehst« sagte der Virtuose indem er aufstand »dass Liszt, wenn er will, Chopin sein kann; könnte aber Chopin wohl Liszt sein?«

Friedrich Niecks, 1890

Er hatte mich gebeten, in einer Zeitung darüber [über eines seiner seltenen öffentlichen Konzerte] zu berichten, doch Liszt hatte Anspruch auf diese ehrenvolle Aufgabe erhoben. Sogleich ging ich zu Chopin, um ihm diese gute Nachricht zu bringen. »Ich hätte lieber gehabt, wenn Sie es getan hätten«, antwortete er sanft.

»Sie scherzen, mein lieber Chopin. Ein Artikel von Liszt! Es ist wirklich ein großes Glück, für Sie ebenso wie für die Öffentlichkeit. Verlassen Sie sich doch auf die große Bewunderung, die er für Ihr Talent hegt. Ich bin sicher, er wird Ihnen dabei ein großartiges Königreich zubilligen.«

»Ja«, sagte er lächelnd, »ein großartiges Königreich, aber nur innerhalb seines eigenen Kaiserreichs.«

Ernest Legouvé, 1893. Legouvé (1807–1903) war ein französischer Dramatiker.

[Gräfin Pauline Plater, eine polnische Adlige, die in Paris lebte] sagte eines Tages zu Chopin: »Si j'étais jeune et jolie, mon petit Chopin, je te prendrais pour mari, Hiller pour ami, et Liszt pour amant.« [Wenn ich jung und hübsch wäre, mein kleiner Chopin, nähme ich Sie zum Mann, Hiller zum Freund und Liszt zum Liebhaber.]

Friedrich Niecks, 1890

Es gab ein absolut zuverlässiges Mittel, um ihn vom Klavier wegzubekommen: Man mußte ihn nur darum bitten, den Trauermarsch zu spielen, den er auf die schrecklichen Ereignisse in Polen komponiert hatte. Er weigerte sich nie, ihn zu spielen, aber wenn er fertig war, nahm er stets seinen Hut und ging.

Ernest Legouvé, 1893

Du hattest eines Abends die Aristokratie der französischen Schriftstellerwelt bei Dir versammelt – George Sand durfte hier nicht fehlen. Beim Nachhausegehen sagte Chopin zu mir: »Welch eine antipathische Frau, diese Sand! Ist's denn wirklich eine Frau? ich möchte es bezweifeln.«

Ferdinand Hiller (1811–1885), deutscher Komponist und Dirigent, offener Brief an Franz Liszt, in: Ernst Burger, 1986

[George Sand] besass einen kleinen Hund, der die Gewohnheit hatte, sich rund umher zu drehen, um seinen Schwanz zu erfassen. Eines Abends, als derselbe gerade damit beschäftigt war, sagte sie zu Chopin: »Wenn ich Ihr Talent hätte, so würde ich für diesen Hund ein Clavierstück schreiben.« Chopin setzte sich sofort ans Clavier und improvisirte den reizenden Walzer in Des-dur (Op. 64), der daher den Namen »Valse du petit chien« erhalten hat.

Friedrich Niecks, 1890

»Ihr werdet zu meinem Gedächtnis spielen«, sagte er zu den Freunden, die ihm am liebsten waren, und zu seinen engsten musikalischen Weggenossen, »und ich werde euch von drüben hören.« [Der französische Cellist Auguste-Joseph] Franchomme, sein bester Freund und sein Helfer in kompositorischen Belangen, für den er seine Sonate für Violoncello und Klavier geschrieben hatte, antwortete: »Gut, wir werden deine Sonate spielen.«

»O bitte nicht, nicht meine Musik, spielt bitte wirklich gute Musik, Mozart zum Beispiel.«

Stanislaw Tarnowski, 1899

Nachdem er das Viaticum in Empfang genommen und von der himmlischen Weihe durchdrungen war, die die Sakramente in fromme Seelen ergießen, verlangte er nach der letzten Ölung. Er wünschte den Sakristan, der mich begleitet hatte, reichlich zu entlohnen, und als ich bemerkte, daß die von ihm gezahlte

Summe das Zwanzigfache des üblichen Honorars betrage, antwortete er: »O nein, es ist nicht zu viel, denn was ich erhielt, ist unbezahlbar.«

Von dieser Stunde an war er ein Heiliger. Der Todeskampf begann und währte vier Tage. Geduld, Gottvertrauen, ja sogar fröhliche Ruhe verließen ihn nun nicht mehr, trotz all seiner Leiden, bis zum letzten Atemzuge. Er war in Wahrheit glücklich und nannte sich glücklich. Inmitten der furchtbarsten Schmerzen drückte er nur ekstatische Freude und rührende Andacht aus, die Dankbarkeit, daß ich ihn zu Gott zurückgeführt hatte, die Verachtung der Welt und ihrer Güter, und den Wunsch bald zu sterben.

Er segnete seine Freunde und als er nach der vermeintlichen letzten Krisis sich von einer Menge umringt sah, die sein Zimmer Tag und Nacht füllte, fragte er mich: »Warum beten sie nicht?« Bei diesen Worten fielen alle auf die Knie, und selbst die Protestanten sangen die Litaneien und Sterbegebete mit...

Die Sprache, die er führte, war immer formschön und bewegte sich in wohlgewählten Worten. Aber zum Schluß, um seine Dankbarkeit auszudrücken und gleichzeitig auf das Elend derer hinzuweisen, die mit Gott unversöhnt sterben, rief er aus: »Ohne Sie wäre ich wie ein Schwein krepiert!«

Als er starb, rief er nochmals die Namen von Jesus, Maria und Josef, küßte das Kruzifix und preßt es mit dem Ausruf an sein Herz: »Nun bin ich an der Quelle der Seligkeit!«

Abbé Jelowicki, Jugendfreund Chopins, in: James Huneker, 1917.

Ein Herr mit unbestreitbarer musikalischer Begabung spielte Chopins Musik sehr gut und war von ihr völlig begeistert; er spielte viele Stücke von ihm, auch einige der schwierigsten. Ich überbrachte ihm die traurige Nachricht von Chopins Tod. Darauf rief er aus: »Großartig! Dann kann ich mir nun seine sämtlichen Werke in gebundener Ausgabe kaufen!«

Charles Hallé, 1896

ROBERT SCHUMANN
1810–1856

Deutscher Romantiker. Heiratete Clara Wieck,
die Tochter seines Klavierlehrers (dieser versuchte, die Verbindung mit aller Macht zu verhindern). Von 1854 an lebte Schumann in einer
Nervenheilanstalt.

Zu Schumanns Eigentümlichkeiten gehörte es, daß er Wiecks
Kinder in den Dämmerungsstunden auf sein Zimmer mitnahm,
und sie durch Erzählung der abenteuerlichsten Spukgeschichten
eigener Erfindung zu fürchten machte... Schumann schloß bisweilen wohl auch die Stubentüre ab, und erschien plötzlich, allgemeinen Schrecken verbreitend, bei dem unheimlichen Schein
einer Spirituslampe als Gespenst in einem umgewendeten Pelz.
Eine andere wirklich originelle Belustigung für ihn war die, einen
der beiden Wieckschen Söhne längere Zeit auf einem Fuße gegen
Belohnung stehen zu lassen, während er in der Stube auf und ab
ging, und von Zeit zu Zeit mit blinzelnden Augen freundlich
lächelnd, die Balancierübungen der Knaben beobachtete.
Wilhelm Josef von Wasielewski, 1906

Schumanns Begabung wurde so niedrig eingeschätzt, daß die
Angestellten bei Breitkopf & Härtel, wenn er mit einer neuen
Komposition unter dem Arm den Laden betrat, einander anstie-
ßen und lachten. Einer von ihnen erzählte mir, daß sie ihn für
einen komischen Kauz und Versager hielten, weil seine Stücke
Ladenhüter waren.
William Mason, 1901

Als Schumann gerade sein Klavierquintett vollendet hatte, kam
Liszt unerwartet nach Leipzig und verlangte, daß es noch am selben Abend aufgeführt werde. »Es war schwierig, vier Künstler
binnen so kurzem herbeizurufen«, erklärte uns Clara Schumann,

»doch ich nahm einen Wagen und fuhr so lange durch Leipzig, bis ich meine Mission erfüllt hatte.« Die Aufführung sollte nun um sieben Uhr abends bei den Schumanns zu Hause stattfinden. Zu dieser Zeit waren alle versammelt, nur Liszt fehlte; er ließ noch bis neun Uhr auf sich warten. Dann wurde das Quintett gespielt. Als es zuende war, trat Liszt auf Schumann zu, legte ihm gönnerhaft die Hand auf die Schulter und rief aus: »Nein, nein, lieber Schumann, das ist nicht das Richtige; das ist nur Kapellmeistermusik.« Nachher, beim Essen, ließ sich Liszt zu einigen abfälligen Bemerkungen über Mendelssohn hinreißen. Da stand Schumann abrupt auf, packte Liszt an der Schulter und schrie ihn an: »Wie können Sie es wagen, so von unserem großen Mendelssohn zu sprechen!« Damit verließ er das Zimmer. Liszt, dieser von aller Welt angesehene Mann, erhob sich ebenfalls, verbeugte sich vor Clara Schumann und sagte: »Ich bedaure zutiefst, der Urheber eines so unerquicklichen Vorfalls gewesen zu sein. Ich fühle, daß ich hier fehl am Platze bin; bitte nehmen Sie meine untertänigsten Entschuldigungen an und lassen Sie mich gehen.«
Edward Speyer, 1937

Einmal wurde [Joseph] Joachim zum Besuch erwartet. Schumann schlug uns in heiterer Stimmung vor, gemeinschaftlich eine Violinsonate zu componiren. Joachim sollte dann errathen, von wem jeder Satz wäre. Der erste Satz fiel mir zu, das Intermezzo und Finale componirte Schumann, und das Scherzo hatte Brahms nach einem Motiv aus meinem ersten Satze ausgeführt. Als nun Clara Schumann und Joachim uns die Sonate vortrugen, traf dieser sofort das Richtige und erkannte den Autor eines jeden Satzes.

Das Manuscript der Sonate wurde Joachim zum Geschenk gemacht, und Schumann schrieb darauf die Widmung:

F. A. E.
In Erwartung der Ankunft des verehrten und geliebten
Freundes Joseph Joachim schrieben diese Sonate
Robert Schumann, Johannes Brahms, Albert Dietrich.

Albert Hermann Dietrich, 1899. »F. A. E.« war Joachims Motto: Frei, aber einsam.

Madame Schumann hatte in einem ihrer [Düsseldorfer] Sub-skriptionskonzerte auch einige Solostücke ohne Begleitung ge-spielt. Ihr Mann saß nicht weit von ihr hinter dem Klavier. Als sie fertiggespielt hatte, gab es zwischen dem Publikum und den Musikern auf der Bühne einen kleinen Tumult, weil man ihr gratulieren wollte. Sie schenkte dem nur wenig Beachtung, denn sie sah ihren Mann unbewegt und kalt. »Habe ich nicht gut gespielt, Robert?« Weil sie keine Antwort bekam, brach sie in Tränen aus, während der ganze Saal doch von dem allgemeinen Begeisterungssturm dröhnte.

Friedrich Niecks, 1884

Es war am Fastnachtsmontag, den 27. Februar 1854, als Schu-mann in der Mittagsstunde den Besuch seines Arztes, des Sani-tätsrats Dr. Hasenclever, sowie des Kunstgenossen Albert Diet-rich empfing. Man setzte sich gemeinschaftlich. Während des Gespräches, welches aufgenommen worden, verließ Schumann, ohne ein Wort zu sagen, das Zimmer. Man glaubte, er werde zu-rückkehren, und als dies nach einem gewissen Zeitraume nicht geschehen war, entfernte seine Gattin sich, um nach ihm zu sehen. Er war im Hause nicht zu finden. Die anwesenden Freunde eilten sofort auf die Straße, um den Vermißten zu suchen, – vergeblich! Er war im Negligée und ohne Kopfbe-deckung in aller Stille aus dem Hause nach der Rheinbrücke gegangen, und hatte durch einen Sturz von derselben in den Strom seinem qualvollen Zustande ein Ende zu machen ver-sucht. Die anwesenden, in einem Kahne ihm sogleich nacheilen-den Schifferknechte zogen ihn wieder aus den Fluten.

Wilhelm Joseph von Wasielewski, 1906

Schumann hat noch nach dem erschütternden Vorfall so erha-bene Momente der Ruhe gehabt, daß er seiner Frau Variationen über ein Thema, das ihm »Engel als Gruß von Mendelssohn und Schubert« während der ersten Krankheit hören ließen, fertig schrieb. Die häuslichen Verhältnisse sind von Schumann, wie durch eine Art Ahnung, bis auf's Kleinste vorher geordnet;

selbst zu allen Manuscripten hatte er in der letzten Zeit die genauesten Andeutungen gefügt. In einem seiner frühern Hefte, die er mit Bemerkungen aller Art vollgeschrieben hatte, findet sich der Satz: »Man hüte sich als Künstler den Zusammenhang mit der Gesellschaft zu verlieren, sonst geht man unter wie ich.«

Joseph Joachim an Woldemar Bargiel, 6. März 1854, in: Briefe von und an Joseph Joachim, 1911. Bargiel war der Halbbruder von Clara Schumann.

Freitag, den 10., in der Nacht auf Sonnabend, den 11., bekam Robert eine so heftige Gehörsaffektion die ganze Nacht hindurch, daß er kein Auge schloß. Er hörte immer ein und denselben Ton und dazu zuweilen noch ein andres Intervall. Den Tag über legte es sich. Die Nacht auf Sonntag, den 12., war wieder eben so schlimm und der Tag auch, denn das Leiden blieb nur zwei Stunden am Morgen aus und stellte sich schon um 10 Uhr wieder ein. Mein armer Robert leidet schrecklich! alles Geräusch klingt ihm wie Musik! er sagt, es sei Musik so herrlich mit so wundervoll klingenden Instrumenten, wie man auf der Erde nie hörte! aber es greift ihn natürlich furchtbar an. Der Arzt sagt, er könne gar nichts tun...

Freitag, den 17., nachts, als wir nicht lange zu Bett waren, stand Robert wieder auf und schrieb ein Thema auf, welches, wie er sagte, ihm die Engel vorsangen; nachdem er es beendet, legte er sich nieder und phantasierte nun die ganze Nacht, immer mit offenen, zum Himmel aufgeschlagenen Blicken; er war des festen Glaubens, Engel umschweben ihn und machen ihm die herrlichsten Offenbarungen, alles das in wundervoller Musik; sie riefen uns Willkomm zu, und wir würden beide vereint, noch ehe das Jahr verflossen, bei ihnen sein... Der Morgen kam und mit ihm eine furchtbare Änderung! Die Engelstimmen verwandelten sich in Dämonenstimmen mit gräßlicher Musik; sie sagten ihm, er sei ein Sünder, und sie wollen ihn in die Hölle werfen, kurz, sein Zustand wuchs bis zu einem förmlichen Nervenparoxysmus; er schrie vor Schmerzen (denn wie er mir nachher sagte, waren sie in Gestalten von Tigern und Hyänen auf ihn losgestürzt, um ihn zu packen), und zwei Ärzte, die glücklicherweise schnell kamen, konnten ihn kaum halten. Nie will ich diesen Anblick vergessen, ich litt mit ihm wahre Folterqualen.

Clara Schumann in ihrem Tagebuch, 1854, in: Berthold Litzmann, 1905

Franz Liszt
1811–1886

Liszt hatte auf Musik und Gesellschaftsleben des
19. Jahrhunderts gewaltigen Einfluß; es entstand,
was Heine als »Lisztomanie« bezeichnete. Gegen
Ende seines Lebens nahm er die niederen Weihen
und war fortan der »Abbé Liszt«.

Als ich Liszt 1880 begegnete, sagte er – ich erinnere mich ganz
genau – zu mir: »J'ai reçu le célèbre baiser de Beethoven.« [Ich
habe Beethovens berühmten Kuß erhalten.]

Ich habe festgestellt, daß Beethovens Sekretär Schindler 1823
an Beethoven schrieb: »Sie werden doch das Konzert des kleinen
Liszt besuchen? Es wird dem Jungen sicher Mut geben. Versprechen Sie mir, daß Sie hingehen werden.« Tatsächlich gehorchte
Beethoven. Als der »kleine Liszt« das Podium betrat, entdeckte
er Beethoven in der ersten Reihe, was ihn eher ermutigte als ver-
unsicherte – er spielte mit Hingabe und Eingebung, daß es jede
Kritik von vornherein unmöglich machte. Mitten in dem anschließenden Beifallssturm konnte man sehen, wie Beethoven
auf das Podium stieg, den jungen Virtuosen in die Arme nahm
und ihn, wie Liszt mir versicherte, »auf beide Wangen« küßte.

*Nach Hugh Reginald Haweis, 1884. Haweis war ein anglikanischer Geistlicher und
wirkte als Musikschriftsteller. Seine weitverbreitete Geschichte ist ein zentrales Beispiel für die Legendenbildung um Liszt. Beethoven nahm an Liszts Konzert nicht
teil und umarmte ihn nicht öffentlich. Allenfalls empfing er ihn bei sich zu Hause.
Liszt erzählte einem seiner Schüler: »Beethoven ergriff mich mit beiden Händen,
küßte mich auf die Stirn und sagte freundlich: ›Geh hin, du bist einer der vom
Schicksal Begünstigten, denn du wirst viele andere Menschen froh und glücklich machen. Es gibt nichts Besseres.‹« Siehe hierzu Alan Walker, Franz Liszt, 1983.*

Pixis war seinerzeit ein altmodischer Virtuose mit einigem Ruf gewesen... Unter seinen Werken befindet sich ein Duo für zwei Klaviere. Als die Komposition noch nur handschriftlich vorlag, erklang sie im Konzert, und Liszt spielte eines der beiden Klaviere. Pixis wußte, daß Liszt gewöhnlich auswendig spielte, hatte ihn aber gebeten, diesmal die Noten doch zumindest offen vor sich auf das Notenpult zu stellen, weil er selbst es nicht wagte, seinen Part ohne Noten zu spielen...

Als der Zeitpunkt gekommen war, schritten die beiden Pianisten auf die Bühne; jeder trug sein Notenexemplar in der Hand. Pixis schlug es sorgsam auf und stellte es auf das Pult. Liszt dagegen setzte sich ans Klavier; unmittelbar bevor er zu spielen begann, warf er die Noten hinter das Klavier und spielte das Stück auswendig. Liszt war damals noch jung und handelte eben etwas unüberlegt.

William Mason, 1901

In einem Symphoniekonzert, bei dem er mitwirkte und das Berlioz leitete, wurde der »Gang zum Richtplatz« aus Berlioz' »Symphonie fantastique«... gespielt. Nach dessen Schluß setzte Liszt sich ans Klavier und spielte seine Bearbeitung dieses Satzes (für Klavier solo); die Wirkung übertraf sogar noch die, die das Stück mit vollem Orchester gehabt hatte.

Charles Hallé, 1896

Es ist weitgehend Liszt zu verdanken, daß sich die französische Musikwelt für Schumann zu interessieren begann. Liszt spielte dessen Kompositionen und schrieb über ihn begeisterte Zeitungsartikel. In einem führenden Pariser musikalischen Journal veröffentlichte er zudem einen langen, bewundernden Artikel über Clara Schumann; später fragte er sie, ob er ihr gefallen habe. Sie bejahte, fügte aber hinzu: »Was hat Sie zu der Behauptung veranlaßt, daß, wenn ich übe, je eine schwarze Katze bei mir neben dem Notenpult sitze?« – »Ma chère madame«, antwortete Liszt, »damit ein solcher Artikel beim französischen Publikum ankommt, muß etwas derart Pikantes in ihm stehen.«

Edward Speyer, 1937

Gegen Schluß [des Konzerts im April 1835] sah ich, wie Liszts Haltung jenen verzweifelten Ausdruck annahm, gemischt mit strahlend glücklichem Lächeln, wie ich es nie in eines anderen Menschen Antlitz erlebte, außer auf unseres Erlösers Darstellungen mancher früher Meister; seine Hände flogen über die Tasten hin, der Boden, auf dem ich saß, geriet ins Wanken wie ein Drahtseil, und das gesamte Publikum war in wogenden Klang eingehüllt, sooft die Hand und der Geist des Künstlers es wollten; in den Armen des Freundes, der sich ihm zuwandte, wurde er ohnmächtig, und der gewaltige Anfall von Hysterie griff auf uns über. Die Wirkung der Szene war durch und durch fürchterlich. Das gesamte Publikum im Saal saß atemlos vor Schrecken da, bis Hiller nach vorn trat und erklärte, Liszt befinde sich bereits wieder bei Bewußtsein und in relativ guter Verfassung. Als ich Mme. de Circourt in ihren Wagen hob, zitterten wir beide wie Espenlaub, und ich zittere auch jetzt noch, da ich diese Zeilen schreibe.

Henry Reeve, 1898

Ich hörte Liszt erst wieder 1840 bei seinem Besuch in London, wo er das Publikum damit irritierte, daß er sein Auftreten als »Pianoforte Recitals« ankündigte. Dieser heute weitverbreitete Begriff war zuvor ungebräuchlich gewesen, und man fragte sich: »Was soll das heißen? Wie kann man auf einem Pianoforte rezitieren?«

Bei diesen »Recitals« spielte Liszt normalerweise zunächst ein Stück, begab sich dann aber vom Podium herunter, trat in das Saalinnere, wo die Plätze so angeordnet waren, daß man sich dort frei bewegen konnte; er ging dort zwischen seinen Zuhörern herum und unterhielt sich mit seinen Freunden, alles mit der gnädigen Herablassung eines Fürsten, bis er sich wieder dazu gestimmt fühlte, ans Klavier zurückzukehren.

Charles Salaman, 1901. Salaman (1814–1901) war ein englischer Pianist.

In einer Soiree am Petersburger Hofe, wo er in hoher Gunst stand, geschah es, daß während Liszt spielte, der nicht sonderlich musikliebende Zar Nikolaus sich ziemlich laut mit einer Dame unterhielt. Liszt hielt plötzlich inne und verließ seinen Platz am Flügel.

Der Zar, etwas überrascht, stand auf.

»Warum haben Sie Ihr Spiel unterbrochen?« fragte er, auf den Künstler zugehend.

»Wenn der Kaiser spricht, muß man schweigen«, war die machiavellistische Antwort des verletzten Maestro.

Janka Wohl, um 1887

Der »Bürgerkönig« traf den Künstler zufällig bei [dem Klavierfabrikanten] Erard. »Erinnern Sie sich der Zeit«, fragte er, sich freundlich an den steif dastehenden Liszt wendend, »da Sie als kleiner Knabe bei mir spielten, und ich noch Herzog von Orleans war? Vieles hat sich seither verändert.«

»Ja, Sire, aber nicht zum Bessern!« erwiederte der Meister trocken.

Die Antwort kostete Liszt den Großkordon der Ehrenlegion, aber sie schmückt ihn um so glänzender, als ein neuer Beweis der edlen Selbständigkeit seines Charakters.

Janka Wohl, um 1887

Die betörte Dame am Hof von Sachsen-Weimar hatte offenbar eine besondere Vorliebe für alten Tabak, was alle Freunde und Mithöflinge verwirrte – bis eines Tages bei einem Unfall der erstaunliche Umstand herauskam, daß sie fortwährend zwischen den Brüsten als gleichsam geheiligte Reliquie ihres musikalischen Idols einen Zigarrenstummel trug, den Liszt unmittelbar vor ihren Augen auf die Straße geworfen hatte. Sie hatte das unappetitliche Stückchen voller Verehrung aufgehoben, es in ein kostbares Medaillon gefaßt, das in Brillanten mit dem Monogramm »F. L.« verziert war, und sich von ihrem jungfräulichen Hals herabhängen lassen, von wo der penetrante, widerliche Geruch aufgestiegen war, der den großherzoglichen Hof so lange in Verwunderung gehalten hatte.

William Beatty-Kingston, 1887

[Es] sollte ein Wohlthätigkeitskonzert stattfinden, zu dem sie [eine russische Gräfin] ihre Mitwirkung zugesagt hatte... Am Konzertabend fand sich ein glänzendes Auditorium in der Redoute ein. Die Gräfin, in einer violettsammtenen, mit Pelzwerk besetzten, bis zum Halse geschlossenen Robe, erschien am Arme Liszt's, welcher in dem für die Künstler reservierten Raume dem Publikum gegenüber Platz nahm.

Als die Reihe an die Gräfin kam, wurde sie sehr schön empfangen und sie hub an, ihre Ballade [Chopins g-Moll-Ballade] zu spielen – selbstverständlich ohne Noten, aus dem Gedächtniß. Alles ging recht gut bis zur sechsten Seite, da – zögert sie und bleibt stecken. Tiefaufathmend beginnt sie aufs Neue und das Publikum muntert sie durch wohlwollenden Beifall auf. Doch an derselben Stelle, verrathen sie ihre überreizten Nerven zum zweiten Male. Todtenbleich erhebt sie sich vom Stuhle. Da ruft ihr der Meister von seinem Platze aus, in flammendem Zorn gebieterisch zu: »Dort bleiben!« – Sie setzt sich wieder und inmitten einer schwülen, schier unheimlichen Stille hebt sie das unselige Stück zum dritten Mal zu spielen an. Und wieder verläßt sie das Gedächtniß. Mit verzweifelter Anstrengung hascht sie nach den Fäden des Schlußsatzes und beschließt das Stück mit einem verrückten Tongewirre der unerhörtesten Dissonanzen.

Ich erinnere mich nicht, je einer peinlicheren Szene beigewohnt zu haben. Der Meister war außer sich und als er die Gräfin später zu ihrem Wagen führte, sagte er ihr ganz unumwunden seine Meinung... Heimgekehrt nahm die Gräfin eine Dosis Laudanum und schlief volle achtundvierzig Stunden in einem Zug. Man glaubte sie bereits todt; doch erwachte sie wieder. Nach einem Briefwechsel – der Meister forderte, daß sie Budapest sofort verlasse – stürzte sie eines Morgens mit einem Revolver in der Hand in Liszt's Zimmer und nahm ihn kaltblütig aufs Korn. »Da bin ich!« rief der Meister, ruhig auf sie zuschreitend. Die Unglückliche ließ die Waffe fallen und sank ihm zu Füßen.
Janka Wohl, um 1887

Man war weithin der Ansicht, Liszt sei der natürliche Vater unter anderem auch des Pianisten Franz Servais. Liszts Antwort auf diese Spekulation war in eigentümlicher Weise glatt: »Ich kenne seine Mutter nur durch Correspondenz, und so was kann man nicht durch Correspondenz abmachen.«

Nach Alan Walker, 1983

Eine junge Pianistin hatte ein Konzert [in Berlin] angesetzt und kündigte sich nun – in der Hoffnung, dadurch mehr Publikum gewinnen zu können – als »Schülerin von Franz Liszt« an. Weil sie ihm nie im Leben unter die Augen getreten war, erschrak sie, als sie am Morgen ihres Konzertes in den Zeitungen las, daß der Abbé in der Stadt angekommen sei. Das einzige, was sie tun konnte, war, alles offen zu gestehen; sie ging also in sein Hotel und bat um ein Gespräch. Als sie zu ihm vorgelassen wurde, bekannte sie unter Tränen alles und bat um Verzeihung. Liszt fragte nach den Titeln der Stücke, die sie abends aufzuführen gedachte, griff eines heraus, ließ sie am Klavier Platz nehmen und es sich vorspielen. Dann gab er ihr ein paar Ratschläge zur Interpretation und entließ sie, indem er ihre Wange tätschelte, mit den Worten: »Nun, meine Beste, können Sie sich als Schülerin von Liszt bezeichnen.«

Charles Villiers Stanford, 1914

Liszt war nicht immer liebenswürdig. Er ärgerte sich über Leute, die fest damit rechneten, daß er [ihnen] etwas vorspielen werde. Als die Baronin K. ihm die Zusage abgerungen hatte, zu ihr zum Tee zu kommen, weil er ihren Vater gekannt habe, lud sie zahllose Freunde ein und stellte ihnen in Aussicht, daß Liszt vielleicht etwas spielen werde. Sie schob das Klavier mitten ins Zimmer – niemand hätte es übersehen können. Jeder war auf dem qui vive, als Liszt ankam, und wagte vor Spannung kaum zu atmen. Dieser jedoch, der, wie ich vermute, bereits zahlreiche derartige Erlebnisse hinter sich hatte, erfaßte die Lage mit einem Blick. Nachdem ihm mehrere Gäste vorgestellt worden waren, fragte er die Gastgeberin mit seinem einnehmendsten Lächeln: »Où est votre piano, chère madame?« und sah sich überall nach dem Klavier um, obgleich es unmittelbar vor seiner Nase stand.

»Oh, Monseigneur! Wollen Sie wirklich –?« antwortete sie und trat triumphierend auf das Klavier zu. »Sie sind sehr freundlich, ich hätte nie gewagt, Sie darum zu bitten.« Sie wies mit der Hand auf das Instrument: »Hier ist das Klavier!«

»Ah«, sagte Liszt, der gern einmal einen Spaß machte, »c'est vrai. Je voulais y poser mon chapeau.« [Ich möchte dort meinen Hut ablegen.]

Völlig niedergeschlagen, aber ohne Furcht, rief die Baronin: »Aber, Monseigneur, Sie werden sich doch nicht weigern, wenigstens eine Tonleiter zu spielen – das Klavier nur einmal anzuschlagen.«

Aber Liszt antwortete kühl und so unfreundlich, wie sie taktlos war: »Madame, ich spiele meine Tonleitern nie am Nachmittag«, wandte ihr den Rücken zu und unterhielt sich mit Madame Helbig.

Lillie de Hegermann-Lindencrone, 1913

Ich hatte glücklicherweise soeben das Manuskript meines Klavierkonzerts aus Leipzig erhalten und nahm es mit. Ausser mir waren noch anwesend Winding, Sgambati und ein deutscher Lisztianer, dessen Namen ich nicht kenne, der aber so weit in der Nachäffung seines Abgotts geht, dass er sogar das Gewand eines Abbé trägt; dann noch ein Chevalier de Concilium und einige junge Damen von der Sorte, die Liszt am liebsten mit Haut und Haaren aufessen möchten, ihre Anbetung ist einfach komisch...

Winding und ich waren sehr begierig, zu sehen, ob er wirklich mein Konzert vom Blatt spielen würde. Ich hielt es für unmöglich; Liszt aber nicht. »Wollen Sie spielen?« fragte er, und ich beeilte mich zu antworten: »Nein, ich kann's nicht.« (Ihr wisst, ich hab's nie geübt.) Nun nahm Liszt das Manuskript, ging ans Klavier und sagte mit seinem charakteristischen Lächeln zu den versammelten Gästen: »Nun wohl, dann will ich Ihnen zeigen, dass ich's auch nicht kann.« Und damit begann er. Ich muss gestehen, dass er den ersten Teil des Konzerts zu schnell nahm, und der Anfang infolgedessen durcheinander klang, aber später, als ich eine Gelegenheit hatte, das Tempo anzugeben, spielte er, wie nur er spielen kann. Es ist bezeichnend, dass er die Kadenz, den schwersten Teil des Konzerts, am besten spielte. Es lohnt sich wirklich, zu sehen, wie er sich dabei benimmt. Er begnügt sich nicht mit dem Spielen, sondern macht gleichzeitig Bemerkungen, richtet das Wort bald an diesen, bald an jenen der versammelten Gäste, nickt bedeutungsvoll zur rechten oder zur linken, besonders wenn ihm etwas gefällt. Im Adagio und noch mehr im Finale erreichte er den Gipfel in seinem Spiel sowie in dem Lob, welches er spendete.

Ich muss noch einer wirklich göttlichen Episode gedenken. Gegen das Ende des Finale wird das zweite Thema, wie Ihr Euch vielleicht erinnert, in einem mächtigen Fortissimo wiederholt. In den allerletzten Takten, wo in den ersten Triolen die erste Note im Orchester von Gis in G verwandelt wird, während das Klavier in einer grossen Tonleiter-Passage wild über die ganze Klaviatur rast, hörte er plötzlich auf, stellte sich in seiner ganzen Grösse hin, verliess das Klavier, und mit grossen, theatralischen Schritten und erhobenen Armen ging er durch die lange Klosterhalle, indem er das Thema buchstäblich herausschrie. Als er zu dem betreffenden g kam, streckte er seine Arme gebieterisch aus und rief: »G, G, nicht Gis! Vorzüglich! Das ist das richtige schwedische Banko!« und fügte leise hinzu: »Smetana schickte mir neulich ein Beispiel.« Er ging ans Klavier zurück, wiederholte die ganze Strophe und kam zum Schluss. Dann gab er mir das Manuskript und sagte in einem besonders herzlichen Tone: »Fahren Sie fort, ich sage Ihnen, Sie haben das Zeug dazu, und – lassen Sie sich nicht abschrecken.«

Diese Schlussworte waren für mich von kolossaler Wichtigkeit; es lag etwas darin, das ihnen eine gewisse Weihe gab!

Brief Edvard Griegs, in: Henry T. Finck, 1908

Das Orchester spielte Wagners Ouvertüre zu »Tannhäuser«. Der Applaus war nicht so begeistert, wie Liszt es für richtig gehalten hätte, weshalb er sich in seiner Loge erhob und so gewaltig mit seinen großen Händen zu klatschen begann, daß sich das gesamte Publikum ihm zuwandte, und als man ihn erkannte (es wäre schwer gewesen, ihn nicht zu erkennen, weil er eine so auffällige Persönlichkeit ist), begann man ihm zuzuklatschen. Er schrie: »Bis!« [Da capo!] Darauf schrie das Publikum im Chor: »Bis!« Und das Orchester wiederholte die gesamte Ouvertüre. Dann wandte sich das Publikum neuerlich Liszt zu und brüllte: »Vivat Liszt!«

Auber sagte, etwas derartiges habe man in der Geschichte jener erhabenen und klassischen Konzerte noch nie erlebt. Die Gäste verloren fast den Verstand, und Auber riet uns, das Haus vor Schluß der Veranstaltung zu verlassen, weil er befürchtete, es werde am Ausgang zu Auseinandersetzungen kommen.

Liszt war mit dem Nachmittag, den er verbracht hatte, äußerst zufrieden.

Lillie de Hegermann-Lindencrone, 1911

Für Frau Cosima [Wagner] sang ich dafür einigemale Liszts Mignon, noch ehe dieser in Bayreuth erschien. Als ich eines Tages wieder »auf Begehren« dabei war, sah ich Wagner eintreten, der bis zu Ende hörte. Dann schritt er, den Kopf nach hinten geworfen – eine Haltung, die ihm das Ansehen von sehr starkem Selbstbewußtsein gab – ziemlich steif, einen Pack Noten unterm Arm, durch den Salon und wandte sich, ehe er ihn wieder verließ, an Frau Cosima: »Sieh mal an«, sagte er, »ich wußte gar nicht, daß Dein Vater so hübsche Lieder geschrieben hat; ich dachte, er hätte sich nur um den Fingersatz beim Klavierspiel verdient gemacht! Übrigens erinnert mich das Gedicht mit den blühenden Zitronen immer an einen Leichenbitter!« Und dabei imitierte er die Geste des Zitronen tragenden Leichenbitters. Frau Cosima mußte lächelnd hinnehmen, das weder ihr noch uns zu hören angenehm war.

Lilli Lehmann, 1913. Cosima Wagner (1837–1930) war Liszts zweite Tochter; 1857 heiratete sie den Dirigenten Hans von Bülow, löste sich aber 1864 von ihm, um mit Richard Wagner zusammenzuleben, den sie 1870 heiratete.

Sobald wir unter uns waren, fragte er mich ruhig: »Sie haben Cosima gesehen?«

Ich fühlte in mir nichts von dem, was Liszts mächtige Persönlichkeit unter seinen engen Vertrauten hervorzurufen pflegt...

So war ich nicht im geringsten eingeschüchtert, und weil ich glaubte, daß er seiner Tochter feindselig gegenüberstehe [die ihren Mann, Hans von Bülow, verlassen hatte, um mit Wagner zu leben], antwortete ich mit entschiedener Vehemenz: »Ich bitte Sie, sagen Sie mir nichts Negatives über Ihre Tochter. Ich trete für sie ein und kann keinen Vorwurf zulassen. Vor einer derart übermenschlichen Gestalt wie Wagner können die Vorurteile und sogar die Gesetze der Menschen nicht aufrechterhalten werden. Wer könnte diese Faszination nicht nachfühlen, sich gerne der Überlegenheit eines solchen Genies unterzuordnen? An Cosimas Stelle täten Sie, was sie getan hat, und es ist Ihre väterliche Pflicht, keine Hindernisse auf dem Weg aufzubauen, mit dem sich das große Ereignis verwirklichen läßt, worauf sie mit Recht hofft.«

Liszt nahm mich freundlich beim Arm. »Ich bin ganz Ihrer Meinung, aber ich darf sie nicht äußern«, sagte er noch ruhiger. »Das Gewand, das ich trage, verlangt bestimmte Verhaltensweisen von mir, denen ich nicht offen entgegenhandeln kann. Ich kenne die Versuchungen des Herzens, zu streng zu urteilen, nur zu gut; die Konventionen verlangen von mir Stillehalten, aber in mir wünsche ich mehr als jeder andere, daß es für diese schreckliche Affäre eine legale Lösung gibt.«

Judith Gauthier, 1910. Judith Gauthier (1850–1917) war eine französische Schriftstellerin und überzeugte Wagnerianerin.

Eines Tages besuchte der Papst den Meister in seiner Einsamkeit auf dem Monte Mario, wo er in einem alten Dominikanerkloster wohnte. Der heilige Vater war verstimmt und schon bei seinem Eintritt, gab er Liszt zu verstehen, er sei eigens gekommen, um sich durch sein Genie trösten und erheitern zu lassen. Er bat ihn zu improvisieren. Auch er liebte diese Art Musik insbesondere, in der sich die Originalität und Individualität des Künstlers am freiesten aussprechen kann, durch nichts beengt, was den subjektiven Schwung der Seele hindert.

»Ich spielte denn auch, meiner Eingebung folgend con amore«, sagte der Meister. »Möglicherweise war ich beeinflußt durch mein sympathisches Auditorium, kurz ohne mein Geklimper loben zu wollen, muß ich gestehen, daß der heilige Vater tief ergriffen war und als ich geendet hatte, eine sehr eigenthümliche, hochinteressante Bemerkung machte:

›Die Gerechtigkeit, mein lieber Palestrina‹, meinte er, ›sollte sich Ihrer Musik bedienen – wenn man selbe nämlich auch anderswo als hier zur Hand haben könnte, um verstockte Verbrecher zur Reue zu bewegen. Keiner würde wiederstehen, dessen bin ich sicher, und in dieser Epoche der humanistischen Bestrebungen ist die Zeit gewiß nicht ferne, wo man sich derlei psychischer Mittel bedienen wird, um lasterhafte Seelen zu bekehren.‹«

Janka Wohl, um 1887. Mit der Anrede »mein lieber Palestrina« kommt eine Anspielung auf die Stellung zustande, die Giovanni Pierluigi da Palestrina als päpstlicher Komponist innehatte.

Die Familie Wagner zeigte [nach Liszts Tod] kein äusseres Zeichen der Trauer. Die Töchter gingen in schwarzen Kleidern, das war alles. Wir erwarteten bestimmt, dass wenigstens eine der Festvorstellungen ausfallen werde...

Wäre doch wenigstens die vom Giebel wehende Flagge entfernt oder auf Halbmast gesetzt worden! Aber nichts, nichts von allem geschah, was auf pietätvolles Gedenken hätte hindeuten können. Nicht einmal die üblichen Empfänge im Wahnfried unterblieben für einige Zeit. Es war, als wolle man mit Absicht betonen, dass das Hinscheiden Franz Liszts nicht wichtig genug sei, um die Glorie der Festspiele vorübergehend mit einem Trauerschleier abzudämpfen... Seit jener Zeit habe ich Wahnfried nicht mehr betreten.

Felix Weingartner, 1928

Was man nie genügend anerkannt hat, nie genügend anerkennen wird, ist die Universalität ohne Gleichen, die Liszt charakterisierte und die Anton Rubinstein ausrufen ließ: Liszt ist mit Niemand zu vergleichen, weder als Pianist noch als Musiker und am allerwenigsten als Mensch, denn Liszt ist mehr als all' dies, Liszt ist eine Idee!

Janka Wohl, um 1887

197

»Haben Sie Ihre Lebensgeschichte niedergeschrieben?« fragte ich ihn eines Tages.

»Es war genug, mein Leben zu leben«, versetzte er, plötzlich ernst werdend.

Janka Wohl, um 1887

LOUIS JULLIEN
1812–1866

Französischer Dirigent, mitverantwortlich dafür, daß Dirigenten den Ruf einer Kultfigur eingeräumt bekommen konnten.

Er beschloß, das Vaterunser in Musik zu setzen. Wie viele andere Freunde deutete auch ich ihm an – natürlich so höflich, wie ich konnte –, daß die Öffentlichkeit den Gedanken vermutlich etwas unpassend fände, daß sich ein Komponist, der sich der Tanzmusik widme, nun an einem so hehren Thema versuche; doch mit dem Selbstbewußtsein, das eine der hervorstechenden Eigenschaften dieser bemerkenswerten Persönlichkeit war, antwortete Jullien, daß eine Komposition, auf deren Titelseite zwei der bedeutendsten Namen der Geschichte stünden, unzweifelhaft Erfolg haben müsse. Auf die Bitte, dies näher zu erläutern, wandte er sich mir zu und sagte:

> »Das Vaterunser.
> Worte von
> Jesus Christus
> Musik von
> Jullien.«

Jules Rivière, 1893

Tanzmusik und seine eigenen Kompositionen dirigierte er mit einem Stab aus weißem oder schwarzem Holz, der gegen einen mit Edelsteinen besetzten ausgewechselt wurde, wenn eine

Symphonie von Beethoven oder einem anderen klassischen Komponisten aufgeführt werden sollte.

Willert Beale, 1890

Eines Morgens saß er am Flügel. Plötzlich sprang er mit einem Messer in der Hand auf, redete eine junge Dame an, die zu Besuch im Hause weilte, und eröffnete ihr, daß er eine Eingebung vom Himmel erhalten habe, sie zu töten. Mit bewundernswerter Geistesgegenwart sagte sie, sie sei zum Sterben bereit, bäte aber um eine Gnade vor ihrem Tod.

»Das wäre?« fragte er. »Ich habe die Macht, jede Eurer Bitten zu erfüllen.«

Sie bat, daß er ihr noch einmal einige seiner Kompositionen auf der Pikkoloflöte vorspiele.

Er war einverstanden und ging in das Nebenzimmer, um das Instrument zu holen. Sie aber warf blitzschnell die Tür hinter ihm zu, drehte den Schlüssel im Schloß und läutete um Hilfe. Er wurde in Dr. Pinets »Maison de Santé«, bekannt als »La Folie St. James« gebracht, wo er – tobsüchtig – am 14. März 1866 starb.

William Maynard, 1867

SIGISMOND THALBERG
1812–1871

Klaviervirtuose und Komponist; Rivale von Franz Liszt.

Der Manager, der mit den Vorbereitungen für ein Konzert in Belfast betraut war, lehnte es ab, einen großen Flügel für Thalberg bereitzustellen. Er fürchtete, ein solches Instrument könnte Schaden nehmen. Er wollte nur ein kleines, altes, schäbiges Klavier, Pianino genannt, für die Bühne zulassen. Für diese Niederträchtigkeit des Agenten wollte Thalberg sich rächen.

Das Konzert ging mit Erfolg vorüber; das Publikum war begeistert, obgleich der Flügel fehlte. Als Thalberg auf die Bühne schritt, um sein letztes Stück vorzutragen, sagte er leise zu meinem Vater: »Nun Klavier, leb wohl!« Und als er anfangen wollte zu spielen, gab das unglückselige Instrument keinen Ton mehr von sich. Thalberg hatte die Saiten, die ohnehin bereits in einem besorgniserregenden Zustand gewesen waren, zerstört, und die Hammer waren nicht mehr zu bewegen.

»Das habe ich erwartet«, brummte der Agent, als er das Wrack besah; »das wäre auch passiert, wenn ich ihm den besten Flügel aus meinem Geschäft zur Verfügung gestellt hätte.«

Willert Beale, 1890

GIUSEPPE VERDI
1813–1901

Verdis Meisteropern bilden das Herzstück im
modernen italienischen Opernrepertoire.

Uebrigens zeigte sich schon in seinem siebenten Jahre der Einfluß, den die Musik auf sein junges Gemüth ausübte und zwar unter folgenden Umständen.

Es war an einem Festtage, und Verdi diente während der Messe als Chorknabe in der kleinen Kirche von Roncole. Die Messe wurde von der Orgel begleitet. Verdi hörte dieselbe zum ersten Male und die wunderbaren Harmonien des Instruments versetzten den Knaben vollständig in Entzücken. In diesem Augenblick verlangte der Priester mit dem Worte: Aqua, das Weihwasser; doch Verdi war dermaßen außer sich, daß er ihn nicht hörte. Der Priester wiederholte noch einmal: Aqua, aber Verdi blieb taub. Als auch die dritte Aufforderung ergebnislos blieb, versetzte der Priester, ein brutaler Mensch, dem kleinen Burschen einen so heftigen Stoß, daß er die drei Stufen des Altars hinabstürzte. Der Fall war so heftig, daß das Kind ohnmächtig liegen blieb und nach der Sakristei gebracht werden mußte. Aber was that der Knabe, als er wieder zu sich kam und zu seinen Eltern geführt werden konnte? Anstatt zu weinen und sich zu beklagen, wie andere Kinder es vielleicht gethan hätten, wiederholte er seinem Vater von Neuem in den rührendsten Ausdrücken die Bitte, ihn Musik studiren zu lassen.

Arthur Pougin, 1887

Allein jetzt begann für mich eine Reihe der schwersten Unglücksfälle. Im April wurde mein kleiner Knabe krank; es gelang den Aerzten nicht, die Ursache seines Leidens zu entdecken, und langsam dahinsiechend verstarb der Kleine in den Armen seiner vor Schmerz fast wahnsinnigen Mutter. Einige Tage später erkrankte mein Töchterchen, und auch sie raffte der Tod dahin. – Doch das war noch nicht alles: in den ersten Tagen des Juni wurde meine junge Frau selbst von einer heftigen Gehirnentzündung befallen und am neunzehnten Juni 1840 trug man einen dritten Sarg aus meiner Wohnung!

Ich war allein – ganz allein! – In einem Zeitraum von etwa zwei Monaten hatte ich drei theure Wesen verloren; meine ganze Familie war dahin! – Und in dieser furchtbaren Seelenqual mußte ich eine komische Oper schreiben! –

»Un Giorno di regno« hatte keinen Erfolg. Zum Theil ist der Mißerfolg unzweifelhaft auf Rechnung der Musik zu setzen; zum Theil fällt er aber auch der Aufführung zur Last. Von Schmerz gebeugt durch das Unglück, welches auf mich eingestürmt war, und außerdem verbittert durch den Mißerfolg meiner Oper redete ich mir ein, daß ich keinen Trost mehr in der Kunst finden würde und faßte den Entschluß, nie wieder zu componiren! – Ich schrieb sogar an den Ingenieur Pasetti (der nach dem Fiasco von »Un Giorno di regno« kein Lebenszeichen wieder von sich gegeben hatte) und bat ihn, Merelli zur Lösung meines Contractes zu veranlassen.

Merelli ließ mich rufen und behandelte mich als ein launenhaftes Kind! – Er könne nicht glauben, daß ein einziger Mißerfolg im Stande sei, mir die Freude an der Kunst zu verderben u. s. w. u. s. w. Aber ich ließ nicht nach, bis er mir endlich meinen Contract zurückgab.

»Ich kann Dich nicht mit Gewalt zwingen zu schreiben,

Verdi«, sagte er, »aber mein Vertrauen zu Dir ist noch dasselbe wie früher. Wer weiß, eines Tages wirst Du vielleicht doch wieder zur Feder greifen! – In diesem Falle brauchst Du mich nur zwei Monate vor Beginn der Saison zu benachrichtigen, und ich verspreche Dir, daß die Oper, die Du mir bringst, zur Aufführung gelangen wird. «

Ich dankte ihm; aber seine Worte vermochten meinen Entschluß nicht wankend zu machen.

Ich blieb in Mailand und nahm eine Wohnung in der Nähe der Corsia de' Servi. Mein Muth war auf das Tiefste gesunken und ich dachte nicht mehr an die Musik, als ich eines Abends am Ausgange der Galerie Cristoforis mit Merelli zusammentraf, der im Begriff war, nach dem Theater zu gehen. Der Schnee fiel in dichten Flocken vom Himmel, und Merelli, der seinen Arm unter den meinen geschoben hatte, nöthigte mich, ihn nach dem Theater zu begleiten. Unterwegs erzählte er mir, daß er sich in großer Verlegenheit befände wegen einer neuen Oper, die er zu geben habe. Er hatte Nicolai beauftragt, dieselbe zu schreiben, aber der Künstler war mit dem Libretto nicht zufrieden.

»Denke Dir nur«, sagte Merelli, »ein Text von Solera, herrlich!! – wundervoll!! – ausgezeichnet!! – die dramatischen Situationen geradezu großartig, dabei sehr spannend, und wunderschöne Verse – aber dieser Querkopf von Nicolai läßt nicht mit sich reden; er sagt einfach, der Text ist unmöglich! – Ich weiß nicht, was ich machen soll; wenn ich wenigstens wüßte, wo ich gleich einen andern Text hernehmen soll!«

»Da kann ich Dir helfen«, war meine Antwort. »Hast Du nicht ›Il Proscritto‹ für mich schreiben lassen? Ich habe keine Note dazu componirt und stelle ihn Dir gern zur Verfügung. «

»Wirklich! – o, das ist ja ein wahres Glück für mich!«

Während dieser Unterhaltung waren wir am Theater angekommen. Merelli rief Bassi herbei, der gleichzeitig als Dichter, Director, Regisseur, Bibliothekar u. s. w. fungirte und beauftragte ihn, sofort nachzusehen, ob sich in den Archiven nicht noch ein Manuscript von »Il Proscritto« befände. Dasselbe wurde in der That gefunden; allein zu gleicher Zeit zeigte Merelli mir ein anderes Manuscript:

»Hier ist das Libretto von Solera. Es ist ewig schade um die schöne Dichtung! – Nimm sie doch einmal mit, und sieh' sie Dir an!«

»Was soll ich damit? Ich bin durchaus nicht in der Stimmung Operntexte zu lesen.«

»Nun, dieser hier wird Dich nicht verletzen; lies ihn, und bring ihn mir gelegentlich wieder mit.«

Er zwang ihn mir förmlich auf. Es war ein starkes Heft und in großen Buchstaben geschrieben, wie sie zu jener Zeit Mode waren. Ich machte eine Rolle daraus, steckte sie in die Tasche und begab mich nach Hause.

Unterwegs bemächtigte sich meiner eine Art unerklärlichen Unbehagens; eine tiefe Traurigkeit, ja fast eine wahre Todesangst schnürte mir die Brust zusammen. Zu Hause angelangt warf ich das Manuscript mit einer fast gewaltsamen Bewegung auf den Tisch. Im Fallen war dasselbe aufgegangen, und ohne daß ich mir Rechenschaft darüber zu geben vermochte, blieben meine Augen auf der von mir geöffneten Seite und speciell auf dem Verse haften:

»Va, pensiero, sull' ali dorate.« [Fliehe, Gedanke, auf goldenen Flügeln.]

Ich durchflog die folgenden Verse und wurde um so tiefer von denselben ergriffen, als dieselben fast eine Paraphrase der Bibel bildeten, an der mein Herz stets mit warmer Begeisterung hing.

Ich lese einen Abschnitt, einen zweiten, dann, fest auf meinem Vorsatze beharrend, nichts mehr zu schreiben, schließe ich das Heft und lege mich schlafen! – aber was half's! – Nabucco ging mir fortwährend durch den Kopf – der Schlaf kam nicht. Ich stehe wieder auf und lese das Libretto nicht einmal, nein zwei-, dreimal, so oft, daß ich am andern Morgen das Gedicht Solera's von Anfang bis zu Ende auswendig wußte.

Trotz alledem war ich noch keineswegs gesonnen, meinen Vorsatz zu ändern und kehrte im Laufe des Tages nach dem Theater zurück, um Merelli das Manuscript wieder einzuhändigen.

»Nun, schön! nicht wahr?« fragte er.

»Sehr schön.«

»Wohlan, so setze es in Musik!«

»Nein, ich will nichts damit zu thun haben.«

»Setze es in Musik! sage ich Dir, setze es in Musik!«

Bei diesen Worten nimmt er das Manuscript, steckt es mir in die Tasche meines Ueberziehers, nimmt mich bei den Schultern und schiebt mich nicht nur aus seinem Cabinet, sondern schlägt mir auch noch die Thür vor der Nase zu und verriegelt sie von innen.

Was thun?

Ich ging nach Hause mit Nabucco in der Tasche. Heute einen Vers, morgen einen andern, bald eine Note, bald einen Satz – und nach und nach wurde die Oper fertig.

Persönliche Erinnerungen Verdis, niedergeschrieben am 19. Oktober 1879 für Giulio Ricordi, in: Arthur Pougin, 1887

»Immer, von Anfang an, ist das Volk mein bester Freund gewesen«, sagte Verdi. »Ein paar Zimmerleute waren die ersten, die mir Zuversicht in meine Arbeit und Aussicht auf Erfolg gaben.

Ich habe lange Zeit in Armut und Enttäuschung in Busseto gelebt. Alle Verleger haben mich ausgelacht, jeder Impresario wies mir die Tür. Ich habe allen Mut, alles Vertrauen verloren, und nur meiner Hartnäckigkeit war es zu danken, daß ›Nabucco‹ an der Mailänder Scala geprobt wurde. Die Sänger waren ziemlich schlecht, und das Orchester hatte Mühe, den Lärm der Handwerker, die einige Umbauten auszuführen hatten, zu übertönen. Endlich begann der Chor – so gelangweilt wie üblich – ›Va, pensiero‹ zu singen. Schon nach wenigen Takten wurde es im Theater so still wie in einer Kirche. Ein Handwerker nach dem anderen legte die Arbeit nieder und setzte sich auf die Leiter oder auf das Gerüst und lauschte. Als die Nummer beendet war, brach der lärmendste Beifall los, den ich je erlebt habe. ›Bravo, bravo, viva il maestro!‹ wurde geschrien und man schlug mit dem Handwerkszeug auf das Gebälk. Da wußte ich, was die Zukunft bringen würde.«

Charles Villiers Stanford, 1893, in: Frederick J. Crowest, 1897

Wir haben schon früher gesehen, daß »Alzira«, welche im Jahre 1845 an demselben Theater [Neapel, Teatro San Carlo] gegeben wurde, trotz des Rufes, dessen Verdi sich zu jener Zeit bereits erfreute, nur wenig vom Glück begünstigt war. Verdi's Freunde in Neapel, abergläubisch wie alle Italiener, waren mit sich einig darüber, daß das Mißgeschick jenes Werkes dem Einflusse des Componisten Capecelatro zuzuschreiben sei. Derselbe, ein Musikdilettant von nicht unbedeutendem Talent, galt bei seinen Landsleuten als ein vollendeter »jettatore«. Nun ist es allgemein bekannt, welche verhängnißvolle Macht die Neapolitaner dem »bösen Blick« beilegen. Dieses Mal aber wollten sie selbst das Unmögliche nicht unversucht lassen, um dem schlimmen Einfluß Capecelatro's die Spitze zu bieten, und es ergab sich hieraus eine Situation, die den Stoff zu einer tollen Burleske liefern könnte.

Kaum hatte Verdi Neapel betreten und im Hôtel de Russie Wohnung genommen, so bezogen seine Freunde die Wache vor der Thür des Hotels, um jedes Zusammentreffen mit dem gefürchteten »jettatore« zu verhindern. Wenn Capecelatro sich in der Nähe des Hotels sehen ließ, wurde er ohne Erbarmen fortcomplimentirt; zeigte er sich hartnäckig, so wurde er mit Grobheiten tractirt, kurz er mußte sich unter allen Umständen entfernen. Aber die Ueberwachung der Wohnung genügte diesen treuen und unermüdlichen Beschützern noch nicht. Sowie Verdi ausging, war er von einer Gruppe seiner Freunde umgeben. Im Theater, im Restaurant, auf der Promenade, überall begleiteten sie ihn, lediglich zu dem Zweck, Capecelatro zu verhindern, mit ihm in Berührung zu kommen. Vielleicht war diese Handlungsweise nicht immer ganz nach Verdi's Geschmack, und es ist sogar möglich, daß seine Nerven bisweilen unter dem Eifer seiner Freunde litten; aber wie hätte er ihnen zürnen können? Handelten sie doch einzig und allein nur in seinem Interesse. Am besten war es jedenfalls, alles über sich ergehen zu lassen und sie höchstens im Stillen ein wenig zu verwünschen.

Doch wie dem auch sei, die neue Art Gardes du Corps erreichte ihren Zweck und führte ihre Aufgabe unverdrossen bis zu Ende durch. Die Aufführung von »Luisa Miller« fand am 8. December 1849 statt, ohne daß es Capecelatro auch nur ein einziges Mal gelungen wäre, den Bann zu durchbrechen und – der Erfolg der Oper war natürlich ein ungeheurer.

Arthur Pougin, 1887

Die ersten Acte von »Luisa Miller« erzielten einen vollen Erfolg; alles ging nach Wunsch. Der letzte Act naht heran; derselbe ist nicht nur der beste in dem ganzen Stück, sondern er darf sogar wegen seiner dramatischen Kraft und des hohen Werthes der Musik als ein wahres Meisterwerk bezeichnet werden. In dem Augenblick, als der Act beginnen sollte, befand sich Verdi auf der Bühne, um die letzten Anordnungen zu treffen, als plötzlich hinter den Coulissen hervor ein Mensch auf ihn zustürzt und ihm um den Hals fällt; in demselben Augenblick verliert eine Coulisse den Halt und stürzt auf die Bühne. Verdi bemerkt den Unfall gerade noch zu rechter Zeit, thut einen großen Schritt rückwärts, wobei er Capecelatro – denn er war es – mit sich zieht, und die Coulisse fällt zu den Füßen des Meisters nieder. Eine Hand breit weiter, und sie hätte ihn zerschmettert – in den Armen Capecelatro's! – Doch damit nicht genug. Der letzte Act beginnt, und – der Erfolg ist weit geringer als bei den vorhergehenden – nach alledem leugne noch Jemand den Einfluß des »jettatore«, wenn er den Muth dazu hat!

Anonymer italienischer Bericht, in: Arthur Pougin, 1887

Es war in Rom gegen Ende des Jahres 1847, zur Zeit der ebenso außerordentlichen, wie flüchtigen Popularität des Papstes Pius IX., den die Italiener bekanntlich einen Augenblick als den Befreier und künftigen Retter ihres Vaterlandes ansahen. Die Freude dauerte nicht lange; aber es ist Thatsache, daß der Kirchenfürst damals namentlich bei den Römern eine fast an Vergötterung streifende Liebe und Verehrung genoß. Am Theater Tordinona wurde »Ernani« gespielt, und einzelne Scenen des Stückes wurden von der patriotischen Menge allabendlich mit lärmendem Beifall überschüttet. Statt des: »A Carlo Quinto sia gloria e onor!« [Ruhm und Ehre Karl dem Fünften!] sang man: »A Pio nono« u. s. w., und natürlicher Weise wurden in der Verschwörungsscene die österreichisch-spanischen Banner und Cocarden durch Tricoloren ersetzt. Die Scene mußte bei jeder Vorstellung wiederholt werden. Eines Abends war ein Nationalgardist, welcher rittlings auf der Balustrade der Galerie sitzend der Vorstellung beiwohnte, mit der einmaligen Wiederholung noch nicht zufrieden: »Bis! Viva l'Italia! Viva Pio Nono!« begann er zu rufen. Das Publicum ließ sich hinreißen, und der Vorhang ging zum dritten Male in die Höhe. Aber unser Gardist war noch immer nicht zufrieden. Er begann von Neuem zu rufen, bis das Publicum endlich ungeduldig wurde und ihn auszischte. Nun aber steigerte sich seine patriotische Erregung bis zum Paroxismus; er riß seinen Tschako vom Kopfe und schleuderte ihn in's Parterre, dem Tschako folgte der Waffenrock und schließlich auch noch die Weste. Die Gäste im Parterre geriethen in nicht geringe Bestürzung; sie fürchteten, er würde sich im nächsten Augenblick selbst hinabstürzen; aber er machte es noch schlimmer: er zog seinen Säbel und schleuderte ihn mit solcher Gewalt nach der Bühne, daß er zwei Schritte vor der Rampe im Fußboden stecken blieb. Man kann sich denken, welchen ungeheuren Tumult diese Scene verursachte. Derselbe legte sich erst, als es endlich nach vieler Mühe einem Offizier gelang, sich des Wahnsinnigen zu bemächtigen und ihn aus dem Saale zu entfernen.

Arthur Pougin, 1887

Die größte Anerkennung von seiten des Monarchen war die Ernennung zum Senator des Oberhauses. Er hatte keinen Sinn für praktische Politik und machte sich den Spaß, die Worte »Abstimmen, abstimmen!« (ai Voti! ai Voti!) als Text für einen Choral zu wählen, und er benutzte das Papier der Tagesordnung als Notenblatt für die Komposition. Ebensowenig hatte er Sinn für die Verleihung eines Titels. Am Morgen nach der Aufführung besuchte ich ihn zusammen mit Boito. Wir trafen ihn, wie er aufgeregt im Zimmer auf und ab raste. Boito erkundigte sich, was denn passiert sei. Er schob ihm ein Telegramm des Königs zu. Es enthielt das Angebot, ihn zum Marchese von Busseto zu ernennen.

Boito: »Und, Meister, was habt Ihr geantwortet?«

Verdi: »Ich habe ihm erwidert: ›Als Musiker bin ich geboren – ein Musiker will ich bleiben!‹«

Charles Villiers Stanford, 1914. Arrigo Boito war Komponist und schrieb Libretti für Verdi.

Verdi machte mich sehr glücklich, als er mir anbot, ihm meine Lieder und möglichst auch ein paar meiner anderen Kompositionen zuzuschicken. Als ich nach der Anschrift fragte, an die ich meine Sendung schicken sollte, sagte er: »Oh – adressez simplement ›Maestro Verdi, Italia‹.«
George Henschel, 1918

Als er nach Paris kam, um die Proben für »Les Vêpres Siciliennes« zu überwachen, und als das Orchester zu einer zusätzlichen Probe nicht erschien und er warten mußte, beschwerte er sich beim Dirigenten. »Mein Gott, sie haben eben etwas anderes zu tun!« war dessen Antwort. Verdi darauf: »Sie haben anderes zu tun? Anderes als ihre Pflicht?« Dann nahm er seinen Hut, verließ stehenden Fußes das Theater und fuhr aus Paris.
Louis Engel, 1886

»La Traviata« war in Venedig durchgefallen. Der Bariton Varesi und andere Sänger wollten Verdi trösten und sprachen ihm ihr Mitgefühl aus. Er aber rief nur aus: »Bemitleidet euch und euresgleichen nur selbst! Ihr habt ja meine Musik nicht begriffen!«
Frederick J. Crowest, 1897

»Meine Gage«, sagte Maurel, »wird dieselbe sein, die Monsieur Tamagno verlangt. Nimmt er 2000 Francs pro Abend, so werde ich auch für 2000 singen; nimmt er 10 000 Francs, so wird meine Forderung genauso hoch sein.«

10 000 Francs war aber genau die Summe, wie Maurel wußte, die Tamagno forderte. Maurels Gage an der Scala hatte sich aber nur auf 2000 Francs belaufen, und deshalb haßte Maurel Tamagno wie Jago den Othello. Jago, intellektuell der Überlegene, haßte Othello, der eine höhere Stellung einnahm.

Maurel ließ sich weitläufig über die Geistesschwäche von Tenören aus und verschwieg auch nicht, wie überlegen er sich solchen Leuten gegenüber fühlte. »Wenn Gott einen perfekten Idioten geschaffen hat, dann wird er ihm sagen: ›Werde Tenor!‹«

Maurel redete witzig und unterhaltend, aber nicht vernünftig, und er betonte noch einmal, daß er nur für die gleiche Gage singen werde, die Tamagno bekomme.

»Typisch Maurel«, sagte Verdi. »Natürlich mag ein Bariton ein größerer Künstler sein als ein Tenor, und Maurel ist überdies viel klüger als Tamagno. Aber der Diamant ist eben wertvoller als andere Edelsteine. Nicht, weil er schöner ist! Man findet ihn aber seltener!«

H. Sutherland Edwards, 1900

Als der vierte Act [von »Rigoletto«] einstudirt wurde, bemerkte der mit der Rolle des Herzogs von Mantua betraute Tenor Mirate, daß seiner Rolle noch ein Theil fehlte, den er allein zu singen hatte, und er wandte sich dieserhalb an den Componisten:

»Mi manca un pezzo« (mir fehlt ein Stück), sagte er.

»C'è tempo – te lo darò« (wir haben noch Zeit; ich werde es Dir geben), antwortete ihm dieser.

Jeden Tag wurde das Verlangen wiederholt, und die Antwort war stets dieselbe. Mirate begann bereits unruhig zu werden, als Verdi ihm endlich am Abend vor der Generalprobe ein Stück Papier mit der berühmten Canzone: »La donna è mobile« [deutsche Version: »Ach, wie so trügerisch sind Weiberherzen«] übergab.

»Da lies!« sagte er.

Mirate entfaltet das Papier und sieht mit Befriedigung, daß das Stück ziemlich leicht ist.

»Du wirst mir Dein Ehrenwort geben«, fährt Verdi nun fort, »daß Du diese Cantilene zu Hause weder singen noch summen, oder auch nur pfeifen wirst; mit einem Wort: daß Du sie keinen Menschen, wer es auch sei, hören läßt.«

»Mein Wort darauf!« antwortet Mirate, und Verdi ist zufrieden.

Diese Heimlichkeit hatte folgende Ursache: Der Meister erhoffte mit Recht einen großen Eindruck von dieser Canzone mit ihrem neuen Rhythmus voll eleganter Ungezwungenheit. Nun wußte er aber, daß die Melodie außerordentlich leicht zu behalten war, und da er die Fassungsgabe der Italiener in dieser Beziehung kannte, so fürchtete er nicht nur, daß man seiner Melodie den jungfräulichen Zauber der Neuheit nehmen, sondern daß sie sich auch schon vor der Aufführung in Venedig verbreiten könne, wo er dann Gefahr lief, daß man ihn des Plagiats beschuldigte, anstatt ihm für seine glückliche Idee zu applaudiren.

Das Versprechen, welches er Mirate abnahm, hatte also seinen guten Grund; aber es genügte noch nicht, und der Meister war sich dessen wohl bewußt. Am Tage der Generalprobe ließ er sich dasselbe daher nicht nur von dem ganzen Orchester, sondern von jedem einzelnen Mitgliede des Theaters wiederholen, und bat auf das Dringendste um absolutes Schweigen. Das Geheimniß wurde in der That gut bewahrt, und der Erfolg des Liedes war ein geradezu wunderbarer. Schon bei dem eleganten Geigenritornell wurde das Publicum aufmerksam, und als der Sänger den ersten Vers vollendet hatte, brach ein donnernder Beifallssturm los, der sich nach dem zweiten in ein tosendes »da Capo« umwandelte. Verdi erlebte einen ungeheuren Triumph, und der Umstand, daß beim Verlassen des Theaters Jedermann das Lied vor sich hinsummte, zeigte auf das Schlagendste, daß er mit seiner Voraussetzung vollkommen Recht gehabt hatte.

Arthur Pougin, 1887

Obgleich die meisten Familien der glühenden Hitze halber Wien verlassen hatten, so wirkte doch der Name Verdi elektrisch genug, um die Land-, Thal- und Bergbewohner wieder in die Stadt zu locken. Schaarenweise drängte man sich an die Casse, um einen Platz zu erhaschen und allabendlich waren die Räume des Opernhauses dicht besetzt. Das Requiem wirkte begeisternd auf das Publicum. Die Hauptpartien waren durch die Damen Stolz und Waldmann, sowie durch die Herrn Masini und Medini ganz vortrefflich besetzt, und die Chöre, welche durch den akademischen Gesangverein verstärkt worden waren, sowie das Orchester, leisteten unter Verdi's Zauberstab Außergewöhnliches. Der Meister seinerseits äußerte zu wiederholten Malen, daß es ein hoher Genuß für ihn sei, ein so vortreffliches Orchester und so ausgezeichnete Chöre dirigiren zu können.

Am Abend nach der ersten Aufführung des Requiem war Verdi im Begriff, das Theater zu verlassen und seinen Wagen zu besteigen, als er sich plötzlich von einer Schaar Studenten umringt sah, welche ihm enthusiastisch zujubelten. Der Meister, dessen einfacher Sinn sich von jeher gegen solche stürmische Ovationen sträubte, flüchtete rasch in den nahestehenden Wagen, jedoch bemerkend, daß die jungen Hitzköpfe Miene machten, die Pferde auszuspannen, sprang er eben so schnell auf der anderen Seite des Wagens heraus und lief mit Blitzesschnelle zu Fuß in sein Hôtel. Die darauffolgenden Abende verließ Verdi das Theater nur dann, wenn er mit Bestimmtheit wußte, daß Niemand in- oder außerhalb desselben ihn erwarte.

Mathilde de Castrone Marchesi, 1877. Mathilde Marchesi (1821–1913), gebürtige Deutsche, war Sängerin und eine berühmte Gesangspädagogin.

Ein Freund besuchte Verdi in dessen Villa in Moncalieri und traf ihn in einem Zimmer, das Verdi sein kombiniertes Wohn-, Eß-, Schlafzimmer nannte. Er setzte hinzu: »Ich habe zwar noch zwei andere große Zimmer, die aber stehen voller Geräte, die ich für die Saison gemietet habe.« Er stieß die Türen auf und zeigte auf ein paar Dutzend Orgelklaviere.

»Als ich hier ankam, spielten all diese Instrumente von morgens bis abends Melodien aus ›Rigoletto‹, ›Trovatore‹ und anderen Opern von mir. Das ging mir so auf die Nerven, daß ich diese alle gemietet habe. Es hat mich ungefähr 1000 Francs gekostet, aber so kann ich in Frieden leben.«

Wilhelm Ganz, 1913

Reggio, 7. Mai 1872

Sehr geehrter Herr Verdi!
Am 2. d. Mts. begab ich mich, veranlaßt durch das Aufsehen, welches Ihre Oper »Aïda« macht, nach Parma. Meine Neugier war so groß, daß ich schon eine halbe Stunde vor Beginn des Stückes meinen Platz Nr. 120 eingenommen hatte. Ich habe die Inscenirung bewundert, die ausgezeichneten Sänger mit Vergnügen gehört und mich bemüht, nichts von dem Stücke zu verlie-

ren. Nach Beendigung der Aufführung fragte ich mich, ob ich zufrieden sei, und die Antwort lautete verneinend. Ich kehrte nach Reggio zurück und achtete unterwegs auf die Urtheile meiner Reisegefährten. Fast alle stimmten darin überein, daß »Aïda« ein Werk ersten Ranges sei. – Ich bekam darauf Lust, mir das Stück noch einmal anzusehen, und kehrte am vierten nach Parma zurück. Bei dem ungeheuren Zudrange gelang es mir nur noch nach den verzweifeltsten Anstrengungen, für fünf Lires einen reservirten Platz zu erlangen, um der Vorstellung bequem beiwohnen zu können. Ich gelangte zu folgendem Schluß: Die Oper enthält durchaus nichts, was begeistert und electrisirt; wenn die pomphaften Decorationen nicht wären, würde das Publicum nicht bis zum Schluß aushalten. Sie wird das Theater noch einige Male füllen und dann in den Bibliotheken vermodern. Sie werden sich jetzt, lieber Herr Verdi, mein Bedauern vorstellen können, für diese beiden Vorstellungen 32 Lires ausgegeben zu haben. Wenn Sie nun noch den erschwerenden Umstand hinzufügen, daß ich von meiner Familie abhängig bin, so werden Sie begreifen, daß dieses Geld wie ein grauenhaftes Gespenst meine Ruhe stört. Ich bitte Sie daher offenherzig, mir die Summe gefälligst zurückzusenden; ich lasse die Rechnung hier folgen.

Hinfahrt per Bahn	2,60 Lire,
Rückfahrt	3,30 Lire,
Theater	8,00 Lire,
Miserables Abendessen auf dem Bahnhof	2,00 Lire.
	Summa 15,90 Lire.
Dieselbe Summe	× 2 =
	Summa Summarum 31,80 Lire.

In der Hoffnung, daß Sie ihn aus dieser Klemme ziehen werden, grüßt Sie von Herzen

Bertani.

Adresse: Bertani Prospero, Via San Domenico Nr. 5

[An Ricordi]

... Sie können sich denken, daß ich, um diesen Sprößling seiner Familie vor den ihn verfolgenden Gespenstern zu retten, gern die kleine Rechnung bezahle, die er mir sendet. Ich bitte Sie also, ihm 27,80 Lire zuschicken zu wollen. Es ist dies allerdings nicht die ganze Summe, die er verlangt, aber es geht mir über den Spaß, ihm auch noch sein Abendessen bezahlen zu sollen; er hätte recht gut zu Hause essen können. Es versteht sich von selbst, daß er über den Empfang quittiren muß, und außerdem bitte ich Sie auch, eine briefliche Erklärung von ihm zu verlangen, in der er sich verpflichtet, keine meiner Opern mehr zu hören, damit er sich nicht von neuem der Gefahr aussetzt, von Gespenstern bedroht zu werden, und damit er mir neue Reisekosten erspart...

Giuseppe Verdi

In: Arthur Pougin, 1887

Das Textbuch zu »Tosca« wurde von Luigi Illica ursprünglich nicht für Puccini, sondern für einen anderen Ricordi-Komponisten verfaßt, nämlich für den wohlhabenden und auf großem Fuße lebenden Alberto Franchetti, bekannt als »der italienische Meyerbeer«. Franchetti aber gefiel das Libretto nicht, Illica weigerte sich, es zu ändern, und so schlug Franchetti vor, mit Ricordi zu Verdi zu gehen, um seinen Rat einzuholen. Man begab sich also ins Hotel Milano, und Illica las dem Achtzigjährigen in seiner Hotelsuite die drei Akte des Librettos vor. Als er geendet hatte, sprang Verdi auf und nannte das Textbuch »ausgezeichnet«. Franchetti war einigermaßen konsterniert und fragte, wie denn er die Rolle des Tenors behandeln würde? »Mein lieber Franchetti, ich würde einfach Musik dazu machen – ein bißchen Musik, das ist alles!« Als Puccini von Verdis Urteil hörte, überkam ihn große Lust, dieses Textbuch selbst zu komponieren, und es gelang ihm, Ricordi davon zu überzeugen, seinen Vertrag mit Franchetti zu lösen und dafür ihm Illicas Textbuch anzuvertrauen.

Nach Giulio Gatti-Casazza, 1969, und Mosco Carner, 1975

Im Jahr 1899 stellte Verdi fest, daß sein Freund Leopoldo Mugnone des öfteren nach Pistoria reiste, um, wie er sagte, »das Gießen der Glocken für ›Tosca‹« zu überwachen.

»Wie viele Glocken werden denn gegossen und wozu?« fragte Verdi.

»Elf«, antwortete der Dirigent. »Ihr Geläut soll im dritten Akt die hereinbrechende Dämmerung über der Ewigen Stadt darstellen.«

»Elf Glocken!« rief Verdi aus. »Per Bacco! Und wenn ich dann daran denke, daß ich bei der Komposition von ›Il Trovatore‹ kaum wagte, eine einzige Glocke im ›Miserere‹ zu benutzen, weil ich fürchtete, der Impresario würde schimpfen. Da kann man nur sagen – die Welt hat Fortschritte gemacht, jedenfalls die Opernwelt.«

Nach Giulio Gatti-Casazza, 1969

Kurze Zeit bevor die Proben zu »Otello« begannen, wurde Toscanini Cellist im Orchester der Scala. Er war von dem Erlebnis, für Verdi spielen zu dürfen, begeistert und wurde bei der Premiere am 5. Februar 1887 von der Musik einfach überwältigt. Als er wenige Tage später mitten in der Nacht nach Parma zurückkehrte, fand er bei sich zuhause seine Mutter in tiefem Schlaf. Er rüttelte sie wach und brüllte: »›Otello‹, das ist ein Meisterwerk! Knie sofort nieder, Mutter, und sage ›Viva, Verdi!‹« Die völlig benommene Mutter tat, wie ihr geheißen.

Nach Howard Taubman, 1951

RICHARD WAGNER
1813–1883

Über Wagner gibt es mehr Biographien als über irgendeine andere Gestalt der Geschichte – ausgenommen vielleicht Jesus oder Napoleon. Wagner nahm an revolutionären Umtrieben im Jahr 1849 teil, begann ein Verhältnis mit Cosima, der Tochter Franz Liszts und der Frau von Hans von

Bülow, die er später heiratete, strebte nach der Idee des Gesamtkunstwerks, komponierte Mammutopern und baute in Bayreuth ein Theater, in denen diese aufgeführt werden sollten.

Wir kamen am 5. Juni 1852 nach Zürich. Am nächsten Morgen machte ich mich, mit dem Brief bewaffnet, auf den Weg zu seinem Landhaus, das weiter draußen an einem Hügel vor der Stadt lag. Es war zehn Uhr am Morgen.

Ich fragte das Mädchen, das mir öffnete, ob Herr Wagner zu Hause sei und empfange. Sie aber sagte – was ich befürchtet hatte – er sei bei der Arbeit und dürfe nicht gestört werden...

Als ich mich zum Gehen anschickte, hörte ich eine Stimme im Treppenhaus rufen: »Wer ist da?« Ich bat das Mädchen, meinen Brief sogleich zu überbringen. Sobald Wagner einen Blick darauf geworfen hatte, rief er: »Kommen Sie herauf! Kommen Sie herauf!«

Von Wagner kannte man damals – und das nur in kleinem Kreis – nur seine Opern »Rienzi«, »Der fliegende Holländer«, »Tannhäuser« und »Lohengrin«. Ich hatte nur den »Holländer« gehört, fand das Werk schön und hatte den Wunsch gehabt, den Komponisten kennenzulernen. Als ich Wagner an der Treppe traf, waren seine ersten Worte: »Wie bin ich froh, daß Sie gekommen sind. Ich war in der Arbeit, habe mich festgerannt und kann nicht weiter. Ich bin ganz nervös. Ich bin so froh, daß Sie da sind.«

Ich kann mich noch sehr gut an meinen ersten Eindruck von diesem Mann erinnern. Für mich sah er eher wie ein Amerikaner aus als wie ein Deutscher. Wir kamen im Gespräch auf Beethoven; danach wurde unsere Unterhaltung allerdings zu einem Monolog, bei dem ich der Zuhörer war. Wagner redete so fließend und wortgewandt über Beethoven, daß ich ganz zufrieden ruhig blieb und seine Erzählung mit keinem Einwurf unterbrach.

Er sagte: »Mendelssohn war ein Mann von hoher Bildung und großen Qualitäten; ein Mann mit Kultur und guter Erziehung, ein Hofmann, der sich im Abendanzug wohl fühlte. Wie der Mann – so seine Musik: voller Eleganz, Grazie, Glanz und Feinheit, aber ohne Widersprüche, so daß man manchmal nach Saft und Kraft schreien möchte. Es ist aber eine Musik, die immer exquisit ist, märchenhaft und zart. In Beethoven haben wir den Mann mit Saft und Kraft. Er war zu inspiriert, um sich lange bei Konventionellem aufzuhalten. Er stieß sofort zum Kern dessen vor, was er zu sagen hatte, und er sagte es in robuster, entschiedener, männlicher, aber zarter Weise, und dabei warf er Methode und Konvention über Bord, um direkt an die Substanz dessen zu kommen, was er ausdrücken wollte. Und doch kann seine Musik – bei aller Kraft – häufig unbeschreiblich zart sein, es ist eine mannhafte Zartheit, die geprägt ist von Mut und Stärke. Als ich vor ein paar Jahren Kapellmeister in Dresden war, hatte ich ein eigenartiges Erlebnis, das die belebende und erfrischende Macht von Beethovens Musik zeigt.

Es war an einem der Nachmittagskonzerte, die regelmäßig im Theater stattfanden. Der Tag war heiß und schwül. Jedermann fühlte sich schlapp und war jeglicher geistigen und körperlichen Anstrengung abhold. Ich schaute auf das Programm und mußte feststellen, daß ich per Zufall nur Moll-Stücke ausgewählt hatte – zuerst Mendelssohns herrliche a-Moll-Symphonie, eine Musik für Abendanzug und weiße Glacéhandschuhe, ohne jede Scharte, ganz comme il faut. Danach stand eine Ouvertüre von Cherubini auf dem Programm und schließlich Beethovens 5. Symphonie in c-Moll.«

Als Wagner bis hierher mit seiner Rede gekommen war, erhob er sich und begann, im Zimmer auf- und abzuschreiten. Er fuhr dabei fort: »Alle Leute waren lustlos und träge, die Atmosphäre drückend und geistlos. Mühsam arbeitete sich das Orchester durch Mendelssohns Symphonie, dann durch die Ouvertüre, bei der das Publikum mehr und mehr in Apathie verfiel. Es schien mir unmöglich, Musiker und Zuhörer in Schwung zu bekommen. Ich dachte ernsthaft daran, die einen wie die anderen nach Hause zu entlassen. Es widerstrebte mir außerordentlich, Beethovens wunderbare Musik einer so fürchterlichen Prüfung zu unterziehen. Doch plötzlich kam mir, daß dies ja eine willkommene Gelegenheit sein könnte, Kraft und Feuer dieser Musik unter Beweis zu stellen. Und ich sagte mir: ›Ich will allen Mut zusammennehmen und an meinem Programm festhalten.‹«

Wagner blieb einen Augenblick stehen und sah sich im Zimmer um, als ob er etwas suche. Er eilte in eine Ecke des Zimmers, ergriff einen Spazierstock und erhob ihn wie einen Dirigentenstab. »Hier steht Beethoven, der Arbeiter in Hemdsärmeln, um mit seiner breiten Herkulesbrust den Elementen zu trotzen.« Er richtete sich auf, machte mit dem Stock einen Schwung, schlug ihn abrupt nieder: »Ta ta ta – tum« – der erste Takt von Beethovens c-Moll-Symphonie! Das Ganze machte er mir vor, dann warf er sich in einen Stuhl und sagte: »Die Wirkung war für das Orchester und für das Publikum elektrisierend; alle Müdigkeit war verschwunden. Die Luft war klar wie nach einem Gewitterregen. Was ich beweisen wollte, war eingetreten.«
William Mason, 1901

[Ich blieb] eine Zeitlang um so verlegener, als Bakunin... sich als wirklich liebenswürdiger, zartfühlender Mensch mir kundtat. Keine meiner tief verzweifelten Besorgnisse für die ewige Gefährdung meiner idealen Wünsche für die Kunst schien ihm unverständlich zu bleiben. Zwar wies er es zurück, über meine Kunstpläne näher unterrichtet zu werden. Meine »Nibelungen«-Arbeiten wollte er nicht kennenlernen. Ich hatte damals, von der Lektüre der Evangelien angezogen, einen für die ideale Bühne der Zukunft entworfenen Plan zu einer Tragödie »Jesus von Nazareth« verfaßt; Bakunin bat mich, ihn mit der Bekanntmachung damit zu verschonen; da ich ihn durch einige mündliche Andeutungen meines Planes dafür zu gewinnen schien, wünschte er mir Glück, bat mich aber völlig inständig, Jesus jedenfalls als schwach erscheinen zu lassen. Im Betreff der Musik riet er mir in allen Variationen die Komposition nur eines Textes an: der Tenor solle singen: »Köpfet ihn!«, der Sopran: »Hängt ihn!«, und der Basso continuo: »Feuer, Feuer!« Nun wurde ich mir doch wieder eines seltsam behaglichen Gefühles über diesen ungeheuerlichen Menschen bewußt, als ich ihn eines Tages dazu brachte, die ersten Szenen meines »Fliegenden Holländers« von mir sich vorspielen und vorsingen zu lassen. Als ich eine Pause machte, rief er, nachdem er mir aufmerksamer als irgendein andrer zugehört, mir zu: »Das ist ungeheuer schön!« und wollte immer mehr davon hören.

Richard Wagner, 1870

Wie Beethoven war auch Wagner von untersetzter Gestalt und gut gebaut. Er bewegte sich rasch, redete schnell, bediente sich einer spontanen Gestik. Immer erschien er größer, als er es in Wirklichkeit war. Nach den politischen Unruhen von 1849 wurde er von der sächsischen Polizei steckbrieflich gesucht. In diesem Dokument waren folgende Angaben zu lesen: Wagner ist 37 bis 38 Jahre alt, von mittlerer Statur, hat braunes Haar und trägt eine Brille. Hohe Stirn, braune Augenbrauen, graublaue Augen, Nase und Mund von mittlerer Größe, rundes Kinn. Besondere Kennzeichen: Hastig in Bewegung und Sprache. Kleidung: Grüner Buckskin-Surtout, schwarze Hose, seidenes Halstuch, [meist] Filzhut und Stiefel.

Eduard Dannreuther in Grove's Dictionary, 1879/89

Rossini hatte für Wagner nicht mehr übrig als andere Menschen in Paris. Ein Freund besuchte Rossini in seinem Studierzimmer und fand ihn über der Partitur von »Tristan und Isolde«. Er fragte, was er von der Musik halte.

»Ach«, sagte Rossini, »es ist ein schönes Werk. Ich hätte nicht gedacht, daß in der Musik des Mannes, der all die alten Opern von Mozart, Gluck, Cimarosa, Weber, Mercadante, Meyerbeer und von mir selbst reformieren möchte, so viel Ausdruck und Erfindungsreichtum steckt.«

Der Besucher trat näher und war sprachlos: Rossini hielt nämlich die Wagnerpartitur falsch herum.

Als Rossini die Noten umdrehte, meinte er allerdings: »Leider verstehe ich nun gar nichts mehr!«

Leopold Auer, 1924

»Wissen Sie, wie Wagners Musik klingt?« fragte mich [Rossini] eines Tages.

Er schlug den Klavierdeckel hoch und setzte sich mit Nachdruck auf die Tastatur. »Das ist die Zukunftsmusik!«

Louise Hériette-Viardot, 1913

Hinter dem Haus stand auf dem Hof, der einen Teil des Gartens einnahm und von dem aus die Kutschen abfuhren, eine hohe Schaukel. Den Kindern war es erlaubt, sie mit äußerster Vorsicht zu benutzen, aber auch die Erwachsenen vergnügten sich gelegentlich darauf. Eines Tages saß Frau Cosima auf dem schmalen Brett. Wagner bot sich an, die Schaukel anzustoßen, um ihr einen Flug durch die Lüfte zu ermöglichen.

Eine Zeitlang ging alles gut. Doch nach und nach wurden die Bewegungen schneller; höher und immer höher flog die Schaukel. Frau Cosima bat um Gnade – umsonst. Wie von einer Wahnvorstellung geleitet, schien der Meister überhaupt nicht auf ihr Flehen zu hören. Das Ganze nahm beängstigende Züge an.

Cosima wurde bleich. Sie konnte sich kaum noch halten, sie drohte zu stürzen.

»Sehen Sie nicht, daß sie fast ohnmächtig wird?« schrie ich und stürzte mich auf Wagner.

Nun war er es, der blaß wurde, und damit war die Gefahr gebannt. Als aber die arme Frau noch längere Zeit zitternd und benommen blieb, entschloß sich der Meister zu einem Ablenkungsmanöver. Er rannte zum Haus, kletterte behende über Fensterläden, Gesimse und Mauervorsprünge die Hauswand hinauf und schwang sich über das Balkongitter in den ersten Stock.

Er hatte erreicht, was er wünschte, hatte einen Schrecken durch einen anderen ersetzt. Denn nun zitterte Cosima vor Angst um den Meister und sagte atemlos:

»Um Gottes willen, beachten Sie ihn nicht. Zeigen Sie keine Bewunderung, kein Erstaunen. Niemand kann sonst wissen, wo das Ganze endet!«

Judith Gauthier, 1910

15. Juli [1876]

Gestern morgen brachte ich Brahms die Orchesterpartitur von Wagners »Götterdämmerung«. Nachmittags fragte er: »Weshalb haben Sie mir die Partitur gebracht?« (Er hatte mich ausdrücklich darum gebeten!) »Das Werk interessiert und fasziniert – aber ehrlich gesagt, es ist nicht immer erfreulich! Mit der ›Tristan‹-Partitur ist es anders. Wenn ich die am Morgen ansehe, bin ich den Rest des Tages schlechter Laune.«

... Heute las ich ihm aus einer Berliner Zeitung vor, daß in Bayreuth ein Mitglied des Wagner-Orchesters gestorben sei. Brahms bemerkte: »Die erste Leiche!«

George Henschel, 1918

Zwei Fenster des kleinen Zimmers, in dem wir uns aufhielten, gingen gegen den [Vierwaldstätter] See, ein drittes – seitlich – war offen und hatte Aussicht auf den Hof, wo ein Schmied am Werk war. Wagner horchte auf den hellen Klang, mit dem der Hammer den Amboß traf. Plötzlich öffnete er seinen Flügel und spielte Siegfrieds Motiv beim Schmieden des Schwertes. Bei der Stelle, wo er die Klinge mit dem Hammer schlägt, hielt Wagner inne. Aber der Schmied, der sein Eisen mit erstaunlichem Gleichmaß schlug, setzte, ohne es zu wissen, das Thema Wagners fort.

»Sie sehen, wie gut ich die Zeit berechnet habe, und wie exakt der Schlag fällt.«

Judith Gauthier, 1910

Der unsterbliche Richard Wagner kommt auf dem Höhepunkt seines Ruhmes nach London. Ein großes Orchester wird für zehn Konzerte engagiert.

An einem bestimmten Tag wird die erste Probe in einem der unteren Räume (sie sind heute zerstört) von St. James' Hall abgehalten. Sie ist für 10 Uhr angesetzt, und man denkt, sie wird bis gegen 15 Uhr dauern. Auf dem Programm steht »Das Rheingold«, und Herr Wagner soll dirigieren, obgleich Hans Richter als Dirigent für das Festival vorgesehen ist. Das Orchester besteht aus fast 200 Musikern, darunter wohl 50 erste und 50 zweite Geigen. Die lautmalerische Musik für das Fließen des Rheines, mit dem das Werk beginnt, gibt den zweiten Geigen allerlei zu tun, zumal sie nicht leicht zu spielen ist. Alle Orchestermitglieder haben ihre Plätze eingenommen – nun erscheint Herr Wagner; er steigt die Stufen hinab, die Herren Richter und Franke hinter ihm. Aus Versehen stößt Wagner gegen einen Mauervorsprung, so daß sein Hut eine Delle bekommt. Er sah sehr wenig würdig, ja komisch aus, wie er so vor das Orchester trat und noch dazu eine recht hochmütige Haltung einnahm. Wer in seiner unmittelbaren Nähe saß, hatte zu viel Respekt, als daß er ihm hätte vorschlagen können, er solle doch seinen Hut abnehmen, um ihm wieder eine ordentliche Form zu geben. Unter den Engländern im Orchester rief dieser kleine Zwischenfall unmißverständliche Zeichen von Heiterkeit hervor, und einer machte den anderen auf die Form des Hutes aufmerksam. Die deutschen Musiker aber machten da nicht mit; sie fanden, die Engländer benähmen sich respektlos und schlecht. Herr Wagner bemerkt natürlich die Heiterkeit; da er aber den Grund dafür nicht ahnt, starrt er die Schuldigen verständnislos und böse an. Dann – ein Schlag mit dem Dirigentenstab, die Probe beginnt.

In langen, rollenden Arpeggien schaffen die zweiten Geigen eine stark feuchte Rheinwasser-Atmosphäre, was noch dadurch unterstrichen wird, daß nach der Ouvertüre ein paar Musiker so tun, als wrängen sie ihre Frackschöße aus. Weit ist man in der Probe noch nicht gekommen, als der Dirigent auf sein Pult schlägt und »Zurück!« ruft. Man beginnt neu, bald aber gibt es erneut Meinungsverschiedenheiten. Dieses Mal aber ist es Schuld des Dirigenten, der nämlich, fortgetragen von seiner Musik, glaubt, auf den Taktstock verzichten zu können, und meint, daß das ganze große Orchester einen Einsatz mitbekommen kann, den er nur mit dem kleinen Finger auf seinen Manschettenknopf schlägt. Blaß vor nur schwer unterdrücktem Zorn dreht sich der Komponist zu Richter um, rennt aufgeregt hin und her und sagt immer wieder: »Schlecht!« Diese Szene geht nicht unbemerkt an den englischen Orchestermitgliedern vorüber, die offensichtlich nicht länger an sich halten können.

Sie brechen in schallendes Gelächter aus – entrüstet von ihren deutschen und anderen ausländischen Kollegen betrachtet.

Nun springt Herr Deichmann, der Stimmführer der zweiten Geigen, auf, klopft mit dem Bogen an seinen Notenständer und sagt in schlechtem Englisch: »Es gibt hier nichts zu lachen!« Er hat aber seinen Notenständer so heftig geschlagen, daß das kleine Stück Elfenbein an der Spitze seines Bogens abspringt und in hohem Bogen durch den Raum fliegt, Herrn Wilhelmj direkt ins Gesicht. Das ruft erneute Lachstürme hervor, in die auch einige Ausländer einstimmen. Zu diesem Zeitpunkt ist Wagner außer sich vor Zorn. Das aber ist die Gelegenheit für den großen Schweiger, Herrn Richter. Er nimmt den berühmten Komponisten am Arm, führt ihn beiseite und spricht begütigend und beruhigend auf ihn ein, während sich das Orchester ungezwungenem Jubel hingibt. Wenige Augenblicke später kommt der Dirigent ohne den Komponisten zurück. Er hat den Stab in der Hand und sagt nur zwei Worte: »Now, boys!« Jeder Musiker des Orchesters erwidert seinen Blick, der jedem bis in die innerste Seele zu dringen scheint, und angefeuert durch Richters mitreißende Persönlichkeit rückt jeder seinen Stuhl noch näher an den Notenständer; eine Klangfülle, wie wenn das Orchester ein einziges Instrument wäre, gibt dem Ohr den wunderbaren Effekt der einzigartigen Komposition eines der größten musikalischen und dramatischen Genies unseres Jahrhunderts.

Nun wissen wir, daß wir »Das Rheingold« spielen, denn wir fühlen uns von Wagners Seele beflügelt.

William M. Quirke, 1914. Der Autor war Geiger und hatte an der Probe im Mai 1877 teilgenommen.

Felix Mottl begann seine Karriere, wie so mancher andere später berühmt gewordene Dirigent, in der sogenannten Bayreuther »Bühnenassistenz« und zwar im Jahre 1876, als Richard Wagner den Nibelungenring zur Uraufführung brachte. Mottl hatte damals gerade seine Jugendoper »Agnes Bernauer« vollendet. Sein sehnlichster Wunsch war, daß der Meister diese Oper begutachte, allein es fehlte ihm der Mut an Wagner direkt heranzutreten, es besorgten dies einige Freunde. In der Walküre hatte Mottl die Aufgabe, darauf zu achten, daß, nachdem die »Winterstürme dem Wonnemond gewichen« waren, die Tür im richtigen Augenblick aufspringe, womit bekanntlich der Frühling in Hundings Hütte einbricht. Als nun nach mehreren mißlungenen Versuchen das große Tor präzis aufsprang, fragte Wagner in seinem sächsischen Dialekt: »Wer war denn bei der Tür?«

»Ich war's Meister«, kam es schüchtern von den Lippen Mottls. Wagner, gut gelaunt, sprach nun zum ersten Mal über des jungen Mannes Oper »Agnes Bernauer«.

»Sie haben eine Oper geschrieben?«

»Jawohl, Meister.«

»Nu, lassen Se mich sie sehen.«

»Ich werde mir erlauben, die Partitur in die Villa zu bringen.«

»Nee, zuerst das Textbuch.«

Dieses hatte Mottl bei sich und er übergab es Wagner, der das Manuskript in eine seiner breiten Taschen verschwinden ließ. Am nächsten Tag war wieder eine Probe der »Walküre«. Das Tor öffnete sich wieder genau nach dem Stichwort. Wagner, höchst befriedigt, fragte: »Wer war denn an der Tür?«

»Ich war's, Meister«, erwiderte Mottl.

»Hab Ihr Textbuch gelesen. Scheißlich! Da haben Sie's wieder.«

»Darf ich aber vielleicht die Partitur bringen?«

»Nee, von Musik versteh ich nichts – da müssen Sie zu Liszt gehen.«

Ludwig Karpath, 1929

In einem Punkt hatte Oper in Bayreuth zu Lebzeiten des Komponisten einen großen Vorzug, der seit seinem Tod immer mehr in Vergessenheit geraten ist: Der Komponist hat nämlich seinen Dirigenten nie erlaubt, das Tempo zu verschleppen. Das war besonders deutlich, als Hermann Levi 1883 (ein Jahr nach Wagners Tod) »Parsifal« dirigierte. Dannreuther, der 1882 während der Proben in »Wahnfried« weilte, erzählte mir, daß Wagner aus seiner Loge immer wieder gerufen hätte: »Schneller, schneller! Die Leute werden sich langweilen!«

Charles Villiers Stanford, 1914

Eine merkwürdige Wahrnehmung machte ich gleich während einer der ersten Aufführungen [des »Ring des Nibelungen«]. Während eines Zwischenaktes wollte mein Freund Michálovich mit irgendeinem Mitgliede der Familie Wagner in Berührung treten und suchte deswegen die ihr im Festspielhause vorbehaltenen Räumlichkeiten auf. Da trat er zufällig in ein Zimmer ein, in dem er den Meister allein vor einem Schreibtische sitzend und grübelnd fand. Beim Anblicke eines ihm befreundeten Menschen fuhr der Meister auf und sprach fast im Tone der Entmutigung: »Nein, das ist nicht das, was ich mir vorgestellt habe, das bleibt weit hinter dem zurück, was ich wollte.« Michálovich, in dem Glauben, die Worte des Meisters enthielten Unzufriedenheit mit der Aufführung, nahm diese in Schutz. Worauf Wagner erwiderte: »Ach nein, darum handelt es sich nicht, ich weiß, die Leute tun ihr Bestes; aber was ich selbst gemacht habe, ist nicht das, was eigentlich in mir gelebt hat.«

Graf Albert Apponyi, 1933

Als Massenet sich einmal mit einigen Leuten unterhielt, die Wagners Musik nachahmten, wandte er sich an einen der Umstehenden und sagte: »Sie sind doch gerade aus Bayreuth zurückgekehrt. Da werden Sie verstehen, wie überwältigend Wagners Musik ist. Wenn man eines seiner Werke gehört hat, schwört man, selbst niemals wieder etwas zu komponieren.« Und mit einem Seufzer fügte er hinzu: »Nach einiger Zeit aber vergißt man das und fängt doch wieder etwas an.«

Henry Theophilus Finck, 1910

Meist... war er sehr gemütlich und scherzte viel mit den Kindern, von denen die ältesten Töchter eben aus der Pension gekommen waren. Sobald eine oder die andere auf der Bildfläche erschien, frug er sie ein bißchen sarkastisch, wie die Lampe, die Tasse, das Buch usw. auf französisch heiße, und neckte sie, weil ihm das Französisch-parlieren im eigenen Hause absolut unangenehm war. Die Antipathie dafür ging so weit, daß er [18]76 im eigenen Hause ein förmliches Verbot darüber erließ und seinen

Gästen gegenüber den Wunsch aussprach, es möge nur deutsch in Wahnfried gesprochen werden. Im ersten Probejahr ließ es sich auch noch umgehen, obwohl Frau Cosima das Französische als Muttersprache, Liszt als Umgangssprache, zu sprechen gewöhnt waren und sich nicht gerne deutsch unterhielten.

Lilli Lehmann, 1913

Was die allbekannten Eigenheiten und Exzentrizitäten Wagner's betrifft, erklärte uns Liszt dieselben mit den wenigen Worten: »In Bezug auf die vielgepriesene ›Gloire‹ hat Wagner beinahe ununterbrochen dreißig Jahre hindurch gedarbt. Bekanntlich schwächt aber das Fasten und als der Ruhm ihm endlich zu Theil wurde und ihm nicht wie andern Sterblichen tropfenweise, sondern in Strömen zufloß, hatte er nicht mehr die Kraft, ihm mit kaltem Blute Stand zu halten.«

Janka Wohl, um 1887

Ich schlenderte einmal mit Seidl den Broadway hinunter. Wir trafen Steinberg vom »New York Herald«. Er sagte zu Seidl: »Ich glaube, Herr Kapellmeister, Sie haben vergessen, aus welch traurigem Anlaß wir vor ein paar Jahren zusammengetroffen sind.«

»Wann war das?« fragte Seidl.

»Es war ein stürmischer Morgen, an dem Wagners Leichnam in Bayreuth eintraf.«

»Ja«, meinte Seidl, »das war traurig.« Und beide schüttelten ernst ihre Köpfe.

Plötzlich sagte Steinberg laut und spöttisch: »Aber, sagen Sie, was halten Sie von dem Trauermarsch, der von der Stadtkapelle gespielt wurde?«

Seidl brach in schallendes Gelächter aus. Man hatte nämlich für die Stadtkapelle Bayreuth den Trauermarsch aus »Siegfried« arrangiert. Da man keinen festen Notenkarton gehabt hatte, der in die Vorrichtungen an den Instrumenten hätte eingeklemmt werden können, hatte man gewöhnliches Notenpapier gewählt. Als sich nun der Trauerzug formierte und sich die Kapelle vom

Bahnhof aus auf den Weg machte, nahm ein Windstoß alle Notenblätter und blies sie in den Himmel. Sogleich suchten alle Musiker ihre Noten zu greifen und jagten ihnen nach.

Francis Neilson, 1952. Anton Seidl (1850–1898) war ein ungarischer, Neilson ein amerikanischer Dirigent.

Ich erinnere mich an einen Besuch am Grab, als Madame Wagner noch nicht die edle Mission übernommen hatte, die ihrem Leben Sinn und Inhalt gibt. Es war 1883. Der plötzliche Tod ihres geliebten Gatten hatte ihr fast den Verstand geraubt. Sie hatte ihre schönen langen Haare (weil Wagner sie bewundert hatte) abgeschnitten und ihm in den Sarg gelegt. Liszt war nach Bayreuth gekommen. Sie aber lehnte es ab, ihn zu sehen. Nur ihr Sohn, Siegfried, der der Liebling seines Vaters gewesen war, durfte sich ihr nähern. Täglich saß sie, bei Regen und Sonne, mindestens zwei Stunden an dem einsamen Grab. Sie verbot allen, sich diesem Ort zu nähern, und ich konnte nur durch stillschweigende Duldung eines Dienstboten endlich einen Blick auf die Ruhestätte eines der größten Komponisten unserer Epoche werfen.

Louis Charles Elson, 1892

CHARLES GOUNOD
1818–1893

Schrieb eine der meistgespielten Opern des 19. Jahrhunderts: »Margarethe«, eine Vertonung des »Faust«-Stoffes.

Ich habe ihn einmal auf der Rue de la Chaussée d'Antin getroffen. Es war kurz nachdem Gounods »Margarethe« im Théâtre Lyrique aufgeführt worden war, und zwar – zu meiner Verwunderung – mit recht zweifelhaftem Erfolg. Der Soldatenchor und besonders der Walzer hatten großen Beifall erhalten; sie wurden gelobt, und die Noten dafür wurden in großer Zahl gekauft. Was aber wirklich grandios an dieser Oper ist, das schienen die Leute nur sehr langsam zu begreifen. So sagte ich zu Gounod: »Ist es nicht eigenartig, daß die Menschen so begeistert vom Soldatenchor sind? Der ist doch nun – wie Sie zugeben müssen – wahrhaftig nicht die bedeutendste Nummer Ihrer Oper.«

»Ach, mein lieber E.«, sagte er, »Sie müssen wissen, daß Opern nicht wie Menschen geboren werden. Diese kommen mit dem Kopf zuerst auf die Welt, Opern aber mit den Füßen!«

Louis Engel, 1886

Kaum hatte mein Mann uns verlassen, als Gounod wie eine Furie in aller Heftigkeit losfuhr. Vergebens versuchte ich ihn zu trösten. Ich wollte ihn zärtlich in meine Arme nehmen. Brutal stieß er mich von sich, es war fast wie ein Schlag: »Rühr mich nicht an«, schrie er, »niemand anderes als du hat deinen Mann dazu veranlaßt, mich zu beleidigen, mich zu verletzen, mich herauszufordern. Ich will sterben, und alles soll mit mir untergehen!« Ich war entsetzt. Mir kam der Gedanke, daß er möglicherweise das Haus in Brand stecken wollte. Ich folgte ihm mit den Augen und hoffte, daß ich ihn mit meinen Blicken bändigen könnte.

Er rannte wie ein Verrückter zum Schrank, wo die Partitur von »Polyeucte« sorgfältig verstaut war. Er riß sie heraus und brüllte: »›Polyeucte‹ kommt zuerst dran! ›Polyeucte‹ soll brennen!« Es war seine Gewohnheit, bei der kleinsten Mißstimmung das Manuskript, an dem er gerade arbeitete, ins Feuer zu werfen. Wenn er sich so aufführte, konnte er bei mir alles erreichen. Es machte mich ganz elend, wenn ich sah, daß er seine Werke vernichtete. Mit einer Kraft, die mir der Schrecken der Verzweiflung eingab, stürzte ich mich auf Gounod. Ich warf ihn nieder, ich rollte über ihn, wir rauften heftig um den Schatz. Ich entriß ihm endlich die Partitur, warf sie aufs Sofa, raffte mich vom Boden auf, setzte mich auf das Manuskript und kreischte: »Töte mich, aber ›Polyeucte‹ wird nicht verbrannt.« Dann war es mit meiner Kraft vorbei. Ich brach in Schluchzen aus, ich streckte meine Arme nach ihm aus: »Ach, my old man, mein alter

Schatz, warum behandelst du mich so schlecht. Siehst du nicht, daß du mich umbringst? Ich leide! Ich kann es nicht länger ertragen. Ich tue alles, um dir unnötige Mühe, unnötige Arbeit zu ersparen – doch es ist umsonst!«

Gounod, dem das Handgemenge gut getan hatte, war beruhigt. Gott sei gedankt – die Partitur von »Polyeucte« war gerettet!

Georgina Weldon, in: Edward Grierson, 1959. Georgina Weldon hatte Gounod nach seiner Flucht aus Frankreich (wegen des deutsch-französischen Krieges) in ihrem Haus in London aufgenommen.

JACQUES OFFENBACH
1819–1880

Der als Jacob Eberst geborene Sohn eines Kantors an einer Synagoge in Köln fesselte und verspottete das Zweite Kaiserreich in mehr als hundert Operetten.

Offenbachs »Orpheus in der Unterwelt« unter Leitung des Komponisten wurde im Gaiété gegeben – vielleicht ist es kesse Musik, jedenfalls ist sie faszinierend. Offenbach scheint in seinem Werk immer über die freche Antwort nachzudenken, die er gab, als man ihn fragte, ob er wohl in Bonn geboren sei. »In Bonn? Nein. In Bonn ist Beethoven geboren. Ich kam in Köln zur Welt.« [Manchmal signierte er seine Briefe mit »O.de Cologne«.]

Charles Villiers Stanford, 1914

Ein älterer Schauspieler meldete sich am Morgen des 5. Oktober 1880 in Offenbachs Pariser Wohnung in der Nähe der Oper. »Wie geht es ihm?« fragte er den Diener.

»Monsieur Offenbach ist tot; er starb friedlich, ohne etwas davon zu wissen«, war die Antwort.

»Ah«, seufzte der Schauspieler, »er wird erstaunt sein, wenn er es merkt!«
Nach Alexander Faris, 1980

[Am 8. Dezember 1881 geriet das Ring-Theater in Wien während einer Vorstellung von »Hoffmanns Erzählungen« in Brand; 384 Menschen kamen ums Leben.] Was in einem solchen Theater beisammensitzt, ist das nichtsnutzigste Volk. Wenn in einer Kohlengrube Arbeiter verschüttet werden, da ergreift und empört es mich, da kommt mir das Entsetzen an über eine Gesellschaft, die sich auf solchem Wege Heizung verschafft. Wenn aber so und soviele aus dieser Gesellschaft umkommen, während sie einer Offenbachschen Operette beiwohnen, worin sich auch nicht ein einziger Zug moralischer Größe zeigt, das läßt mich gleichgültig, das berührt mich kaum.
Ausspruch Richard Wagners, in: Carl Friedrich Glasenapp, 1894/1911

CLARA SCHUMANN
1819–1896

Europas größte Pianistin, Schumanns Frau, Brahms' Freundin.

Bei einer Abendveranstaltung der Leipziger Familie Preußner... befand sich unter den Werken, die aufgeführt werden sollten, auch Schumanns Quintett; Madame Schumann spielte das Klavier. An all diesem ist soweit noch nichts Ungewöhnliches; aber der Leser wird es vielleicht bemerkenswert finden, daß der Komponist, um seine Frau, eine große Pianistin, daran zu hindern, die Tempi zu übereilen, ihr den Takt auf die Schultern klopfte.
Friedrich Niecks, 1884

Eine große Anzahl Freunde war eingeladen worden, um Mendelssohn zu hören, darunter auch Clara Schumann. Er spielte Beethovens große f-Moll-Sonate (»Appassionata«); am Ende des Andante ließ er den verminderten Sept-Schlußakkord lange Zeit liegen, als wolle er ihn besonders stark auf die Anwesenden wirken lassen. Dann stand er ruhig auf, wandte sich zu Madame Schumann und sagte: »Sie müssen das Finale spielen.« Sie protestierte mit aller Entschiedenheit. Inzwischen wartete alles mit übergroßer Spannung auf die Auflösung des Akkords, dessen verminderte Septim wie ein Damoklesschwert über unseren Häuptern schwebte. Ich glaube, es war vor allem das nervöse, ungemütliche Gefühl der unaufgelösten Dissonanz, das Madame Schumann schließlich dazu bewog, Mendelssohns Bitten nachzugeben.

Clara Louise Kellogg, 1913

JENNY LIND
1820–1887

Schwedische Sopranistin, die ganz Europa begeisterte. 1849 zog sie sich aus religiösen Gründen von der Oper zurück und trat nur noch als Oratorien- und Konzertsängerin auf; in den USA reiste sie dagegen mit einem Zirkusdirektor, Phineas Taylor Barnum.

Der alte Wellington war vom Jenny-Lind-Fieber so schwer gepackt wie jeder Schuljunge im Publikum: In den vier Monaten nach ihrer Ankunft in London war der alte Kriegsherr ein Gefangener dieser Zauberin geworden. Er machte der Dame so offen den Hof, daß es den Neid der italienischen Partei heraufbeschwor; seine Begeisterung war derjenigen, der sie galt, zeitweise auch ziemlich lästig. Sie selbst hat mir berichtet, daß der Herzog stets sehr früh erschien und sich in der Loge auf gleicher Höhe mit der Bühne setzte; sobald er Jenny Lind erblickte, eröffnete er das Feuer: »Guten Abend, Miß Lind, wie geht es Ihnen heute abend? Gut, hoffe ich!« Diese gutgemeinten Äußerungen waren, so nebensächlich sie waren, in dem besonderen Fall fehl am Platze, denn die Lucia, Amina oder Regimentstochter war jeweils derart auf ihren Part konzentriert, daß sie keine Reaktion auf äußere Einflüsse zeigen konnte.

Arthur Duke Coleridge, 1921

Der Londoner Henker ging eines Abends ins Parkett des königlichen Theaters, um Jenny Lind zu hören, und als er die »schwedische Nachtigall« erblickte, rief er atemlos vor Bewunderung und Begeisterung aus: »Was für ein Hals zum Erdrosseln!«

H. Sutherland Edwards, 1862

Nach jenem Concert [Jenny Linds in Leipzig] war es auch, wo Mendelssohn als öffentlicher Redner auftrat, laut dem Tagebuche eines Augenzeugen, dem wir diese interessante Notiz verdanken.

Man brachte nämlich der Gefeierten, die bei der ihr befreundeten Familie Brockhaus wohnte und dort den Dank einer Deputation der Direction des Gewandhausconcerts empfangen hatte, ein Fackelständchen, an welchem sich das Publikum so zahlreich betheiligt hatte, daß der große Hof des Brockhaus'schen Grundstücks überfüllt schien. Weber's »Jubelouverture« wurde aufgeführt und hierauf folgten verschiedene Gesänge. Ueber diese Ovation ganz verwirrt, fragte Jenny Lind Mendelssohn: was sie thun, »was sie mit den Leuten anfangen solle?« Mendelssohn erklärte ihr, daß sie hinuntergehen und ihnen mit ein paar Worten danken müsse, wenn sie den Musikern eine rechte Freude machen wolle.

»Gut!« sagte die Gefeierte nach kurzem Besinnen – »ich will zu ihnen gehen, aber Sie müssen mich begleiten und statt meiner sprechen!«

Mendelssohn reichte ihr sofort den Arm, geleitete sie in den Künstlerkreis, der das gemeinsame Erscheinen der beiden Lieblinge mit Jubel begrüßte, und sprach etwa Folgendes:

»Meine Herren! Sie müssen nicht denken, daß ich Mendelssohn bin, sondern ich bin jetzt Fräulein Jenny Lind und danke Ihnen als solche herzlich für Ihre prächtige Ueberraschung! Nachdem ich aber diesen ehrenvollen Auftrag erfüllt, verwandle ich mich wieder in den leipziger Musikdirector und rufe als solcher: Fräulein Lind lebe hoch!!«

Ein tausendstimmiges Echo folgte diesem Rufe, und die liebenswürdige geistvolle Weise, in der er eben gesprochen, erregte den lebhaftesten Enthusiasmus, so sehr auch Fräulein Jenny Lind gegen eine solche Ausführung ihres Auftrags protestirte. Unter den Klängen des Mendelssohn'schen »Waldliedes« verließen die Sänger den Platz. Es war eine unvergeßliche Scene.

Elise Polko, 1868

In einem der Konzerte, die ich während der Deutschlandreise von Queen Victoria durch Deutschland dirigierte, sangen die Lind und die Viardot. Ohne mir als dem Dirigenten schmeicheln zu wollen, beschlossen sie, miteinander mein Duett »La Mère Grand« zu singen. Bei den Proben war aber nichts über die Solokadenz vereinbart worden, geschweige denn daß eine solche geprobt worden wäre. Ich dachte, die Damen machen das untereinander aus. Im Laufe des Abends fragte ich bei ihnen an, was sie dort zu singen beabsichtigten, und sie antworteten, sie hätten sich noch nicht entschieden.

Der Augenblick, wo das Duett aufgeführt werden sollte, kam, und sie hatten offensichtlich noch immer nichts vorbereitet. Wir betraten den Orchesterraum, und das Duett wurde mit einer solchen Wirkung aufgeführt, daß es andauernd von Beifall unterbrochen wurde. In der Pause für die Solokadenz hob ich meinen Stab und war gespannt zu hören, was die schönen Sängerinnen tun würden. Die Viardot begann mit einer Reihe von so vertrackten Läufen und Fioritüren, wie ich sie kaum je gehört hatte – ihre Kadenz war eine Komposition für sich.

Ich hatte etwas Sorge, womit die Lind nun fortfahren wollte; nun aber wurde von ihr zu meiner Begeisterung jede Note, die die Viardot gesungen hatte, wiederholt, ohne jeden Fehler und ohne Zögern. Das war meines Erachtens ein besonders schönes Beispiel für die vollendete Kunst des gewandten Gesangs, zu der es die beiden Sängerinnen gebracht hatten. Ich kann daher nicht sagen, wer für mich der größte Sänger unserer Zeit ist.

Giacomo Meyerbeer, in: William Maynard, 1867

HENRI VIEUXTEMPS
1820−1881

Belgischer Komponist und Violinvirtuose. Seine sechs Violinkonzerte sind als Bravourstücke nach wie vor beliebt.

Von Vieuxtemps wurden wir sehr freundlich empfangen, von seiner Frau, die ihn bei seinen Konzertauftritten zu begleiten pflegte, dagegen sehr kühl. Nachdem ein paar freundliche Worte über meine Studien gewechselt worden waren, durfte ich meine Geige auspacken – ein nur bescheidenes Instrument – und spielen. Mme. Vieuxtemps setzte sich ans Klavier und blickte entschieden gelangweilt drein. Ich für meinen Teil, von Natur aus nervös und vor Aufregung zitternd, begann »Fantaisie Caprice« zu spielen. Ich erinnere mich nicht daran, wie ich spielte, aber mir ist, als hätte ich meine ganze Seele in jeden Ton gelegt, wenn auch darin von meiner ungenügend ausgebildeten Technik nur wenig unterstützt. Vieuxtemps ermutigte mich mit freundlichem Lächeln. Dann, genau in dem Augenblick, wo ich mitten in einer Cantabile-Phrase steckte, die ich viel zu gefühlvoll spielte, sprang Mme. Vieuxtemps vom Klavier auf und begann im Zimmer ziellos hin- und herzulaufen. Sie beugte sich zum Boden, sah hierhin und dorthin, unter die Möbel, unter den Schreibtisch und das Klavier, als ob sie nach etwas jagte, das sie verloren hatte und trotz aller Mühe, die sie sich gab, nicht finden konnte. Von ihrem eigenartigen Tun so brüsk unterbrochen, stand ich mit offenem Mund da und konnte mir nicht erklären, was das alles bedeuten solle. Ich fühlte mich wie von einer heftigen Explosion des Höllenfeuers aus hellerleuchteten Höhen heruntergestoßen. Vieuxtemps, ebenfalls erstaunt, folgte dem Weg seiner Frau mit überraschten Blicken und fragte sie, wonach sie so aufgeregt unter den Möbeln suche. »Mindestens eine unserer Katzen muß sich im Zimmer versteckt haben«, sagte sie, »und sie miaut in allen Tonarten.« Damit spielte sie auf mein allzu sentimentales Glissando in der Cantabile-Phrase an. Ich war von dem Schrecken so überwältigt, daß ich das Bewußtsein verlor, und mein Vater mußte mich in seinen Armen halten, um mich am Umfallen zu hindern. Vieuxtemps versuchte der Situation eine heitere Seite abzugewinnen, streichelte mir die Wange und tröstete mich damit, daß später alles besser gehen werde. Ich war damals erst vierzehn Jahre alt.

Leopold Auer, 1924. Auer (1845–1930) war einer der berühmtesten Geiger und erfolgreichsten Violinpädagogen seiner Zeit.

César Franck
1822–1890

Komponist und Organist, in Lüttich als Sohn eines Bankiers geboren. Seine häufig gespielten Werke, die d-Moll-Symphonie, die Violinsonate und das Streichquartett, erschienen alle in seinen vier letzten Lebensjahren.

Félicité Franck wandte sich eines Tages an die Schüler ihres Mannes und beschimpfte sie – nicht zu Unrecht – wegen der Feindseligkeit, die ihm entgegenschlug, und wegen des fortgeschrittenen Stils seiner späten Werke. »Sie brauchen mir nicht zu sagen, daß Franck früher einige schöne Werke geschrieben hat«, rief sie aus. »Ich bin selbst Musikerin. Aber das Quintett – puh!«
Nach Leon Vallas, 1951

Wenn sich am Pariser Conservatoire keiner für seine Klasse einschrieb, öffnete er die Tür zu Massenets Zimmer und fragte höflich: »Ist denn hier gar keiner für mich?« Oder: »Vielleicht möchte einer von Ihnen, meine Herren, für ein oder zwei Minuten zu mir herüberkommen, um mir Gesellschaft zu leisten?«

Nach Leon Vallas, 1951

Nach einer Aufführung des Franck-Quartetts im November 1916 im Concert Rouge in der Rue de Tournon trat ein bleicher, schwarzbärtiger Fremder in einem Pelzmantel auf den Bratschisten Amable Massis zu und fragte ihn, ob die vier Musiker bereit seien, ihm Francks Quartett in seiner Wohnung vorzuspielen. Massis sagte zu, und ein paar Tage später erschien [Marcel] Proust zu mitternächtlich-mephistophelischer Stunde per Taxi, um den jungen Mann zur Einlösung seines Versprechens aus dem Bett zu jagen, obwohl dessen Mutter sich mit allen Kräften dagegen sträubte. Der Taxichauffeur versuchte den erschreckten Massis durch freundliches Augenzwinkern zu beruhigen, als er vor einer Terrine mit Kartoffelbrei und einer großen Daunendecke zusammenzuckte, unter die Proust sich sogleich verkroch. Weiter ging es zu dem ersten Violinisten, dem zwanzigjährigen Gaston Poulet, dem zweiten Violinisten Victor Gentil und schließlich zu dem Cellisten Louis Ruyssen, der sich am schwersten von allen bewegen ließ. Céleste, in Schwarz, mit weißer Schürze und gestärkten Manschetten, empfing sie in aller Form im Boulevard Haussmann; »es würde ihr keine große Mühe machen, ihn k. o. zu schlagen«, bemerkte Massis respektloserweise. Proust legte sich auf sein Bett, vor dem sich auf dem Fußboden das Manuskript der »Recherche« anhäufte und teils lose herumlag; die Spieler stellten ihre Noten auf die Möbel, und um ein Uhr nachts spielten sie in der tiefen Stille der Nacht und der – wie Poulet zugab – ausgezeichneten Akustik des mit Kork ausgeschlagenen Schlafzimmers Francks Quartett in d-moll. »Würden Sie mir die große Freundlichkeit erweisen, das ganze Werk noch einmal zu spielen?« bat Proust. Die müden Spieler erfüllten seinen Wunsch, nachdem sie sich mit Champagner und Pommes frites gestärkt hatten, die Céleste servierte; und Proust zahlte sie unter Ausrufen des Entzückens und Beglückwünschens auf der Stelle aus einem chinesischen Kästchen aus, das mit Fünfzig-

francs-Scheinen vollgestopft war. Vier Taxis erwarteten sie unten auf der verdunkelten Straße, und am nächsten Tag schickten
sie ihm, bezaubert von einem so höflichen, dankbaren und groß-
zügigen Hörer, ein gemeinsames Dankschreiben. An anderen
Abenden spielten sie Faurés Klavier-Quartett in g-Moll, Quartette von Mozart, Ravel und Schumann, die späten Streichquartette von Beethoven und die Violinsonate von César Franck, deren dritten Satz Proust sich wieder und wieder vorspielen ließ...
Mit Hilfe von Dr. Pozzi bewahrte er [im darauffolgenden Jahr]
Massis, der nach einer schweren Verwundung auf Erholungsur-
laub war, vor einer Rückkehr an die Front. Er hatte den Plan, das
ganze Quartett mit nach Venedig zu nehmen und dort in einem
Palast zu wohnen und der Musik zu lauschen, wenn der Morgen
über dem Canale Grande graute; aber die Katastrophe von Ca-
poretto und das Nachlassen seiner Begeisterung machte diesen
fantastischen Plan zunichte.

George D. Painter, 1968

ANTON BRUCKNER
1824–1896

Österreichischer Symphoniker; wegen seiner
Herkunft vom Lande, seines überzeugten Katholizismus und seiner Bewunderung für Wagner
wurde er in Wiener Bildungskreisen verspottet.

Bruckner, der krank gewesen, mußte auf Verordnung des Arztes
täglich ein Sitzbad nehmen. Um sich dabei die Zeit zu vertrei-
ben, nahm er sein Notenblatt und komponierte. Darein ganz
vertieft, ward er eines Tages von Frau Krzyzanowsky überrascht. Sie pochte an die Türe, und da ihr ein freundliches »Herein!« von drinnen entgegenklang, trat sie ein und erblickte zu ihrem größten Schrecken Bruckners umfangreiche Gestalt, wie sie
Gott der Herr erschaffen, in der Sitzwanne. Und nicht genug:
während sie wie angewurzelt dasteht, erhebt sich Bruckner mit

einem verbindlichen Gruß und Lächeln und geht triefend und aller Hülle ledig – auf die entsetzte Dame zu, die mit einem Schrei
aus dem Zimmer stürzt und damit den armen Bruckner erst zu
sich und zum Bewußtsein seiner Lage bringt.

Und das mußte ihm geschehen, der sich vor Demut und Verlegenheit gegenüber dem weiblichen Geschlecht gar nicht zu fassen wußte und wie ein Schuljunge errötete, wenn er ein
Frauenzimmer ansah und sprach.

Gustav Mahler, in: Natalie Bauer-Lechner, 1923

Bruckner besaß einen wohlgerundeten, feisten Hund, einen
Mops, der auch »Nockerl« gerufen wurde. Er pflegte den Mops
in unserer Obhut zu lassen [im Konservatorium], während wir
unsere belegten Brote verzehrten und er selbst zum Gabelfrühstück eilte. Wir beschlossen, einen Schabernack zu verüben, der
unserem Lehrer schmeicheln sollte. Wir spielten also, wenn der
Meister fort war, ein Motiv von Wagner, verabfolgten dabei
dem Hund einen Klaps und jagten ihn umher. Dann aber into-
nierten wir Bruckners Tedeum, und sobald diese Musik erklang,
bekam »Mops« von uns etwas Gutes zu fressen. Er zeigte in kurzem eine offenkundige Vorliebe für das Tedeum! Als wir ihn
hinlänglich dressiert hatten, so daß er automatisch davonrannte,
wenn Wagner gespielt wurde und sich bei den Tönen von
Bruckners Weise freudig näherte, war unseres Erachtens der ge-
eignete Zeitpunkt für den Schelmenstreich gekommen.

»Meister Bruckner«, sagten wir eines Tages, als dieser vom
Gabelfrühstück zurückkehrte, »wir wissen wohl, daß Sie für
Wagner schwärmen, doch der kann sich, nach unserer Überzeu-
gung, nicht mit Ihnen messen! Wahrhaftig – sogar ein Hund
würde erkennen, daß Sie ein größerer Komponist sind als
Wagner!«

Unser argloser Lehrer errötete. Er glaubte an den Ernst unserer Worte. Er tadelte uns, rühmte Wagner als den unbestreitbar
größten Zeitgenossen, aber er war dennoch von genügender
Neugier erfüllt, um zu fragen, wie wir das meinten, wenn wir
behaupteten, daß selbst ein Hund den Unterschied merken
müsse.

Das war der Moment, auf den wir gewartet hatten. Wir spielten das Wagner-Motiv. Heulend und in wilder Panik floh der Mops aus dem Raum. Wir setzten nun mit Bruckners Tedeum ein. Beglückt mit dem Schwänzchen wedelnd, kam der Hund wieder herein und kratzte mit den Pfoten zuversichtlich an unseren Ärmeln. Bruckner war gerührt.

Fritz Kreisler, in: Louis P. Lochner, 1957

Als Kaiser Franz Joseph dem Komponisten eine Auszeichnung zuteil werden ließ und ihn fragte, ob er ihm noch irgendeinen anderen Gefallen tun könne, antwortete Bruckner: »Vielleicht wären Eure Majestät so gnädig, Herrn Hanslick zu sagen, daß er nicht mehr so schlechte Kritiken über meine Symphonien schreiben solle.«

Nach Walter Damrosch, 1916. Zu Eduard Hanslicks schärfsten Äußerungen über Bruckners Symphonik gehörte die Bezeichnung »traumverwirrter Katzenjammerstil«.

Von Hans Richter eingeladen, die Wiener Philharmoniker in einer seiner Symphonien zu dirigieren, stand Bruckner bei der Probe strahlend, aber regungslos auf dem Dirigentenpodest. Als er nach ein paar Minuten noch immer nicht den Stab gehoben hatte, trat der Konzertmeister, Arnold Rosé, freundlich an ihn heran und sagte: »Wir sind alle fertig, Herr Bruckner, fangen Sie an.«

»O nein«, antwortete Bruckner, »nach Ihnen, meine Herren!«

Nach Walter Damrosch, 1916. Rosé (1863–1946), der Schwager Gustav Mahlers, war 57 Jahre lang Konzertmeister der Wiener Philharmoniker.

Hans Richter probt eine Symphonie Bruckners. An einer Stelle ist er im Zweifel und fragt den anwesenden Komponisten, ob C oder Cis zu spielen sei. »Ganz, wie Sie befehlen, Herr Hofkapellmeister«, ist die Antwort.

Alfred Orel, 1953. Die Geschichte erscheint dort im Kapitel mit der vielsagenden Überschrift »Wahrheit und Dichtung«.

Es war das Jahr 1891 und Bruckner war gerade von Berlin gekommen, wo Siegfried Ochs sein »Tedeum« mit triumphalem
Erfolg aufgeführt hatte – das Werk eines »narrischen Komponisten«, den man in Wien auslachte und über den man spottete.
Bruckner hörte nicht auf, von dem »wunderbaren Direktor« der
»hochgenialen Aufführung« und von dem »herzallerliebsten
Chor« zu erzählen. Er vergaß auch nicht die Tatsache zu berichten, daß er nach der Aufführung ein Chormädchen nach dem andern unter dem Applaus der Zuhörer abgeküßt hatte. Mit sicht-
licher Ergriffenheit erwähnte er, daß es in Berlin keine Zeitung
gegeben hätte, die das Werk schlecht kritisierte. Ängstlich sah er
um sich und sagte zu uns: »Jessas, meine Herren, da hat ein Kritiker geschrieben, ich bin a zweiter Beethoven, Jessas Maria und
Josef, so was sagt ma do net!« Und er schlug das Kreuzzeichen
vor Gesicht und Brust, als gelte es die Sünde abzuwehren.
Max Graf, 1949

»Ist es wahr«, fragte eins von uns, »daß er seine letzte Symphonie dem lieben Gott widmen wollte?«

»Das ist sehr gut möglich«, entgegnete Mahler, »und er
meinte das jedenfalls ernst und gläubig, wie es bei seiner Einfalt
nur sein konnte.« Dabei erinnerte sich Mahler, wie Bruckner
ihm bei seinem vorletzten Besuch, wo er ihn schon sehr leidend
fand, sagte: »Ja, Lieber, jetzt heißt's halt fleißig sein, daß wenigstens die Zehnte noch fertig wird, sonst werd' ich bei dem lieben
Gott schlecht bestehen, vor den ich bald kommen werde! Und er
wird mir sagen: Wozu, Bürscherl, hab' ich dir denn so ein Talent
gegeben, als daß du mir zum Lob und Preis singen sollst? Du
hast aber noch viel zu wenig gemacht!«
Natalie Bauer-Lechner, 1923

Eduard Hanslick
1825–1904

Mächtiger und gefürchteter Musikkritiker, 1864–95 an der Wiener »Neuen Freien Presse«. Hanslick geißelte Wagner – dieser karikierte ihn in der Rolle des Beckmesser in »Die Meistersinger von Nürnberg« – und verehrte Brahms.

Ich hatte der Familie Standhartner, wie dies jetzt überall geschehen war, meine »Meistersinger« vorzulesen: da Herr Hanslick jetzt als mir befreundet galt, glaubte man gut zu tun, auch diesen dazu einzuladen; hier bemerkten wie im Verlaufe der Vorlesung, daß der gefährliche Rezensent immer verstimmter und blässer wurde, und auffallend war es, daß er nach dem Beschlusse derselben zu keinem längeren Verweilen zu bewegen war, sondern alsbald in einem unverkennbar gereizten Tone Abschied nahm. Meine Freunde wurden darüber einig, daß Hanslick diese ganze Dichtung als ein gegen ihn gerichtetes Pasquill ansähe und unsere Einladung zur Vorlesung derselben von ihm als Beleidigung empfunden worden war. Wirklich veränderte sich seit diesem Abend das Verhalten des Rezensenten gegen mich sehr auffällig und schlug zu einer verschärften Feindschaft aus, davon wir die Folgen alsbald zu ersehen hatten.
Richard Wagner, 1870

Johann Strauss (Sohn)
1825–1899

Der »Walzerkönig«. Mit 19 Jahren bildete er ein Konkurrenzunternehmen zum Orchester seines Vaters, übernahm dieses nach dessen Tod und beschäftigte seine Brüder Josef und Eduard als weitere Dirigenten.

An seinem 63. Geburtstag läßt Wagner sich von einem Liebha-ber-Orchester, das Anton Seidl dirigiert, Straußische Walzer vorspielen und dirigiert darauf selbst »Wein, Weib und Gesang« ... Und ebenso schätzte ihn die »Gegenseite«, Johannes Brahms; eines der wenigen Geschmacksurteile, worin er sich mit Wagner traf. Dabei ist das Verhältnis, in dem Strauß zu Brahms stand, von köstlich naiver Einseitigkeit. Johannes Brahms schrieb ein-mal den Anfang des Donau-Walzers auf den Holzfächer der Frau Adele Strauß und darunter: »Leider nicht von Johannes Brahms!«, eine halb verbindliche, halb selbstironische Geste, hinter der doch echtes Bedauern steckt.
Ernst Decsey, 1948

Als er noch ein Bürschchen von neunzehn Jahren war, plante er einmal mit einem Ad-hoc-Orchester, das sich aus jungen Instru-mentalisten zusammensetzte, eine Konzertreise; sie brachen von Wien aus auf und wollten nach Transsilvanien und Rumänien kommen. Bald waren die geringen Mittel, mit denen die fröh-liche Gesellschaft ihre verwegene Expedition angetreten hatte, er-schöpft, und in Pancsova, einer keinen Stadt im unteren Banat, stellten Strauß und seine jungen Reisegefährten eines Morgens fest, daß keiner von ihnen mehr einen Kreuzer in der Tasche hatte. Was tun? Das Orchester spielte unter dem Schlafzimmer-fenster des Bürgermeisters ein Ständchen, und dem Orchester-chef gelang es, von dieser städtischen Persönlichkeit soviel Geld zu borgen, um die Kosten für das im Augenblick Nötigste be-streiten zu können – aber nur unter der Bedingung, daß das Geld mit den Einnahmen aus Konzerten direkt in Pancsova zurückbe-zahlt werde. Doch das Publikum in Pancsova weigerte sich so standhaft, in diese Konzerte zu gehen, daß die Mitglieder des Strauß-Orchesters in tiefe Verzweiflung gerieten, was sich da-durch noch steigerte, daß eines Abends während eines Konzerts im Rathaus die Instrumente im Auftrag der hartherzigen Gläubi-ger beschlagnahmt wurden. Zwischen Strauß und den Stadträ-ten entspannen sich nun langwierige und hitzige Verhandlungen, die schließlich zur Rückgabe der Instrumente und zu der Erlaub-nis führten, die Tournee fortzusetzen – allerdings unter der Bedingung, daß der kommandierende Stadtpolizist von Pancsova auf Kosten der Musiker mitreiste, bis deren Schulden bei der Stadt auf Heller und Pfennig beglichen wären.

Seinen Platz erhielt der Beamte in dem Wagen, in dem die Instrumente, Notenständer etc. untergebracht waren; er klebte wochenlang an der Reisegesellschaft, entwickelte grenzenlosen Appetit und trank wie ein Faß ohne Boden. Mit ihnen bereisten sie auf dem Weg nach Bukarest die Städte Semlin, Arad, Temesvar, Großwardein, Hermannstadt und Kronstadt, wo sie überall konzertierten, und immer wenn sie Einnahmen hatten, die ihre Ausgaben überstiegen, führten sie jene an den Polizisten ab. Als sie schließlich in der transsilvanischen Hauptstadt angekommen waren, ließ dieser die Musiker wissen, daß ihre Verpflichtungen, die Panscova betrafen, nunmehr abgelöst seien, und er nahm unter der Versicherung von ihnen Abschied, daß ihm die Reise außerordentlich gut gefallen habe.

Mittlerweile waren die Mitglieder des Strauß-Orchesters beunruhigend weit heruntergekommen: Sie waren zerlumpt, schmutzig, unrasiert und verstaubt, boten also auf den ersten Blick den Eindruck unverbesserlicher »Spitzbuben und Vagabunden«. Kein Gastwirt in Kronstadt wollte ihnen Kost und Logis bieten oder ihnen gestatten, in seinem Lokal aufzuspielen, weil es schien, als seien sie Straßenräuber, die sich als Musiker verkleidet hatten. Daher wurden sie mitsamt ihren Instrumenten, obwohl es tiefer Winter war, in einen offenen Heuwagen verfrachtet und unter strenger militärischer Bewachung durch die Karpathen an die Grenze zur Walachei transportiert. Als dieser bemerkenswerte Abschnitt der Tournee hinter ihnen lag, meuterten die Orchestermusiker gegen ihren Chef und schworen, sie wollten ihm nicht weiter folgen. Darauf wandte sich Strauß mit folgenden Worten an sie: »Kameraden! Wir müssen diese Geschichte irgendwie zu Ende bringen. Jeder Mensch ist so gut wie jeder andere, wenn nicht besser. Laßt unsere Parole sein: ›Einer für alle und alle für einen!‹ Wir werden in der nächsten Stadt ein Abschiedskonzert geben, die Einkünfte aufteilen und dann auf dem ersten besten Weg, der sich uns bietet, nach Wien zurückzukommen versuchen. « Dem stimmten alle zu, doch nun ergaben sich neue Probleme: Die Musiker (vor allem Strauß) begannen sich davor zu fürchten, daß sie von Räuberbanden aufgegriffen werden könnten, wenn sie sich den Weg von den Karpathen nach Rumänien hinein suchten, denn jene Abhänge waren von Wegelagererhorden, die für ihre Blutrünstigkeit bekannt waren, wie verseucht. Man kam überein, zwei Geigen zu opfern und statt ihrer sich Waffen zu beschaffen; sie bekamen dafür ein paar rostige Pistolen, allerdings ohne Munition. Sie wurden von Strauß verteilt, der freilich gleich drei für sich behielt und in seinen Gürtel steckte, wodurch der Eindruck, daß er der Räuberhauptmann sei, noch entscheidend gehoben wurde. Sein Posaunist, ein gewisser Seidl, ein außerordentlich starker Mann, wies die Pistole, die ihm angeboten wurde, zurück und erklärte, er verlasse sich darauf, immer zehn Banditen aus der gesamten Gegend mit seiner Posaune niederschlagen zu können. Der Anblick der Straußischen Kohorte, die sich aus 34 wild wirkenden Musikern zusammensetzte, war so furchteinflößend, daß die Bauern in den Dörfern, die an der Straße lagen, flohen oder sich versteckten, wenn die Bande heranrückte, weil sie sie für Gauner schwersten Kalibers hielten, und zwischen Kympena und Ploesti wurden die Angehörigen einer echten Räuberbande ihrer ansichtig und machten sich eiligst und wie in Panik aus dem Staube, weil sie davon überzeugt waren, daß eine Gruppe ihrer Rivalen in überwältigender Stärke von den Bergen herabgekommen sei, um ihren örtlichen Unternehmungen ein Ende zu setzen.

Schließlich hatten Strauß und seine fürchterliche Horde Bukarest erreicht, wo sie es sich eine Weile – in finanzieller Hinsicht – außerordentlich wohl sein ließen. Die Neigungen des Dirigenten zu Liebeleien brachte die Tournee dann aber zu einem plötzlichen und in gewisser Hinsicht auch tragischen Ende. Eine walachische Dame von Stand, die sich zu dem hübschen, jungen Wiener unwiderstehlich hingezogen fühlte, verabredete sich mit ihm im Haus ihrer Wäscherin, wohin ihnen auch ihr Ehemann, ein energischer und rachsüchtiger Bojar, folgte. Diese Person, dort durchaus unerwünscht, wurde von einem halben Dutzend Diener begleitet, deren gnadenlosen Händen er den unglücklichen Musiker überantwortete, während er selbst mit einer schweren Hundepeitsche seine Frau fast zu Tode schlug.

William Beatty-Kingston, 1887. Die Geschichte ist dokumentarisch nicht zu belegen.

Als Massenet gefragt wurde, was der Unterschied zwischen Strauß und Brahms sei, sagte er: »Brahms est l'âme [der Geist] de Vienne, Strauß est le parfum.«

Ferdinand Scherchen, in: Karl Goldmark, 1927

LOUIS MOREAU GOTTSCHALK
1829–1869

Erster weltberühmter amerikanischer Musiker. Geboren in New Orleans als Kind anglo-jüdischer und franko-kreolischer Eltern, reiste Gottschalk als Pianist und Komponist durch Europa sowie durch Nord- und Südamerika.

California, 1865

Ich suche einen Pianisten. Ich hatte den Marsch aus »Tannhäuser« für vierzehn Klaviere bearbeitet und aufgeführt. Der Erfolg war so riesenhaft, daß ich ein weiteres Konzert mit vierzehn Klavieren ansetzen mußte. Am Abend des Konzerts wurde einer meiner Pianisten krank. Was konnte ich tun? Das Konzert absagen? Nie!...

Nur von dreizehn Klavieren sprechen? Auch falsch, noch gefährlicher. Das Publikum will vierzehn Klaviere hören, und wenn man ihm eines weniger vorsetzt, fühlt es sich betrogen...

Die Probleme wuchsen ins Unermeßliche. In San Francisco, obgleich voll von Korruption und von den Krankheiten, die die Zivilisation hervorruft, gab es damals ausgerechnet nur dreizehn erstklassige Pianisten. Der Besitzer des Konzertsaals, der meine Not erkannte, erbot sich, mit seinem Sohn zu sprechen, einem – wie er sagte – erstklassigen Amateurpianisten, der ohne Mühe Thalberg, Liszt und Gottschalk spiele und für den es ein Kinderspiel sei, den Part zu übernehmen, der in »Tannhäuser« noch frei sei...

Das Konzert sollte noch am selben Abend über die Bühne gehen. Ich meinte, daß wohl noch eine Probe nötig sei. Der Sohn, der mir in der Pause vorgestellt wurde, zeigte sich überrascht und sagte, eine Probe sei überflüssig. Der Part sei sehr leicht; er spiele Liszts Fantasien...

Dann setzte er sich ans Klavier, und nachdem er wie alle Amateure einiges geräuschvolles Figurenwerk hingelegt hatte, begann er mit unschuldiger Kühnheit den »Tannhäuser«. Nach zwei Takten wußte ich Bescheid...

Ich erwog ernsthaft, das Konzert abzusagen, weil ein Spieler krank sei, als mein Klavierstimmer, ein Mann mit Einfällen, zu mir sagte: »Sir, wenn dieser junge Mann spielt, bringt er todsicher alle anderen Pianisten durcheinander; man muß unbedingt dafür sorgen, daß man ihn nicht spielen hört, und das ist nur so möglich« – er steckte einen Schlüssel in das Klavier, auf dem der Amateur spielen sollte, ein aufrechtes Klavier, nahm die gesamte Mechanik heraus und sagte unter triumphierenden Blicken: »Das Klavier kann nun dableiben, aber ich versichere Ihnen, daß man keine einzige falsche Note mehr hören wird.« Die Lösung schien auf fabelhafte Weise gefunden.

Der Abend kam. Der Saal war voll besetzt. Mein Amateur, in weißer Krawatte und Abendanzug, kam in den Saal. Seine Freunde erwarteten seinen Auftritt voller Ungeduld. Er bat mich, ihm ein Klavier zuzuweisen, das man vom Saal aus bestens sehen könne, gleich vorn an den Lichttrögen am Bühnenrand (denn, das sei hinzugefügt, Amateure haben, obwohl sie dem Publikum eigentlich nicht allzu offen präsentiert werden sollten, eine Dickfelligkeit und Kaltschnäuzigkeit, die wir nie erlangen können – wieder ein Beispiel dafür, welch unbeschriebenes Blatt er war).

Ich stellte ihm sein stummes Klavier mitten auf die Bühne, dicht neben den Souffleurskasten.

Bevor wir die Bühne betraten, hatte ich meinen Genossen eingeschärft, darauf zu achten, daß – um die Wirkung zu erhöhen – keiner sich auf offener Bühne einspielen dürfe, damit die Überraschung beim Publikum größer sei, wenn sich alle vierzehn Klaviere der Trompetenklänge bemächtigten, mit denen der »Tannhäuser«-Marsch beginnt.

Eins, zwei, drei – wir fangen an. Alles läuft prächtig. In der Mitte des Stücks sah ich zu meinem Amateur hinüber; der

Schweiß rann ihm in dicken Perlen über das Gesicht, er blickte sorglos ins Publikum und spielte die Passagen, die als die schwierigsten gelten konnten, mit staunenswerter Leichtigkeit. Seine Freunde waren außer sich vor Begeisterung. Sie applaudierten ekstatisch. Einige besonders Aufgerüttelte schrien sogar »Hurra für –« meinen Amateur. »Encore! Encore!!« Wir mußten das Stück noch einmal spielen. Doch in dem Augenblick, wo wir gerade beginnen wollten, vergaß der Amateur meine Anweisung, nicht zu präludieren, und konnte der Versuchung nicht widerstehen, eine kleine chromatische Leiter zu spielen. Ich schaue ihn an. Der Schreck, der sich in seinen Zügen malte, war unbeschreiblich. Noch einmal setzte er seine Tonleiter an. Nichts...

»Pst! Psst!!« sagte er mit wilder Miene, doch ich erkannte die Gefahr und gab, ohne Zeit zu verlieren, das Zeichen zum Einsatz. Der junge Mann, der sich vor dem Publikum um Haltung bemühte, bewegte sich pantomimisch zu seinen Läufen, doch seine Gesamtverfassung, wie ich sie von unten sah, war eine Mischung aus Entmutigtsein und Hoffnung; man hätte ihn malen müssen. Wie er das arme Instrument traktierte, war sehr lustig.

»Gut war's, meine Herren«, sagte ich, als ich in das Künstlerzimmer trat, »doch die Wirkung war nicht mehr dieselbe wie beim ersten Mal.«

Louis Moreau Gottschalk, 1881

ANTON RUBINSTEIN
1829–1894

Russischer Komponist und Pianist, Lehrer Tschaikowskys, Gründer des Petersburger Konservatoriums (1862); sein Bruder Nikolaj gründete eine entsprechende Institution in Moskau.

Bei der letzten Probe [einer seiner Opern in Hamburg] war Rubinstein mit der Arbeit, die das Orchester leistete, derart zufrie-

den, daß er sich ihm zuwandte und sagte: »Meine Herren, wenn
meine Oper Erfolg hat, müssen Sie nach der Vorstellung alle auf
einen Champagner zu mir ins Hotel kommen.« Leider wurde
die Oper mit entschiedener Kälte aufgenommen, und das Publikum gab sich so unbeteiligt, daß Rubinstein nach dem zweiten
Akt voller Verachtung den Stab aus der Hand legte, den orts-
ansässigen Dirigenten bat, die Oper zu Ende zu leiten, niedergeschlagen ins Hotel ging und sich zu Bett legte. Um elf Uhr
klopfte es bei ihm an der Tür. »Wer ist dort?« fragte er verwirrt.
– »Ich, Herr Rubinstein, der Kontrabassist vom Opernorche-
ster.« – »Was wollen Sie?« – »Ich komme wegen des Champagners.« – »Unsinn!« rief Rubinstein wütend. »Die Oper war ein
schauderhafter Reinfall.« – »Aber, Herr Rubinstein«, entgegnete
der durstige und unerschrockene Kontrabassist, »mir gefiel sie.«
Walter Damrosch, 1916

Edinburgh, [10.] Dec. 1906
... Sarasate ist ein gehirnloser und dabei temperamentloser
Mann. Aber er hat ungeheuer viel durch Andere erlebt und war
mit den größten Künstlern auf vertrautem Fuße. Das gibt ihm
einen gewissen historischen Firnis.
Er erzählte wie er und Rubinstein an dem Abend eines Ge-
wandhaus-Concertes im Hôtel, in Leipzig, beim »Whist« saßen.
Es sollte eine neue Symphonie zum ersten Male gespielt werden
– von wem, ist vergessen – die Rubinstein sich nicht anhören
wollte. Gegen 10 Uhr kamen Leute vom Concert in's Hotel.
»Nun, wie war die Symphonie?« schrie Rubinstein dem ersten
Besucher entgegen. – »Oh, sehr musikalisch.« – »C'est jugé«,
polterte Rubinstein und schlug mit der Faust auf den Tisch.
»Quand les allemands disent ›musikalisch‹, c'est sûr que c'est
embêtant.« [Wenn die Deutschen ›musikalisch‹ sagen, kann man
sicher sein, daß es langweilig ist.]
Ferruccio Busoni an seine Frau, in: Ferruccio Busoni, 1935

Anton trank nie etwas. Er ging anderen Leidenschaften nach, die
sich im Lauf der Jahre zum regelrechten Laster auswuchsen: Er
hatte eine Schwäche für das schöne Geschlecht...

Einmal sagte er mir im Vertrauen: »Wenn ich alle meine Kinder erziehen und ernähren müßte, reichten die Schätze von zwei Rothschilds noch nicht dafür aus.«

Louise Hériette-Viardot, 1913

Wenige Monate vor seinem Tode begegneten wir uns auf dem Nordwestbahnhof in Wien; wir waren, ohne es zu wissen, im selben Zuge gewesen. Aus Furcht, ihn zu molestieren, wollte ich unerkannt an ihm vorbei, brachte es aber nicht übers Herz. Mutig an ihn herantretend, begrüßte ich ihn herzlich. Es dauerte eine ganze Weile, bis er mich erkannte, seine Augen waren getrübt, er sah nur mehr sehr schlecht. Dann aber erhellte sich sein Gesicht; er strich mir liebreich übers Haar und sagte mit seiner lieben verschleierten Stimme fast wehmütig, langsam und weich, als wollte er mir nicht wehe tun: »Lilli, aber Sie sind ja ganz weiß geworden?« – »Das bin ich doch seit lange! Wir haben uns so lange nicht gesehen! Aber auch Sie, Lieber!« – »Ja, ich! aber Sie, meine Noëmi!«

Lilli Lehmann, 1913

HANS VON BÜLOW
1830–1894

Dirigent, Pianist, Wagnerianer, später Vorkämpfer Brahms'. Cosima Wagner war in erster Ehe mit ihm verheiratet.

Bülows berühmteste Heldentat handelt von seinem Pauker und spielt in einer Probe zu Beethovens Neunter Symphonie. Dem unglücklichen Musiker gelang der Rhythmus in seinem Solo im Scherzo nicht. Nach mehreren Scheltworten –
Bülow: »Wie heißt Ihr Instrument?«
Pauker: »Timpani.«
Bülow: »Sehen Sie! Tímpaní! Tímpaní!«

Der Pauker hatte mit einem Schlag den Rhythmus begriffen und schlug seine Pauken, so laut er konnte.

Bülow: »Forte!«

Der Pauker schlägt mit noch mehr Kraft drein.

Bülow: »Forte!!«

Der Pauker zerschlägt schier das Paukenfell.

Bülow: »FORTE!!! Nicht fortissimo!«

Charles Villiers Stanford, 1914

Der gelungenste von [Bülows] Rutenstreichen sauste [in Hamburg] bei einer Aufführung von Beethovens Neunter Symphonie nieder. Wie stets, war das Konzert von Bülow mit großer Sorgfalt vorbereitet worden, und als die letzten Akkorde verhallt waren, nahmen die Hervorrufe kein Ende. Bülow und alle Mitwirkenden mußten sich immer wieder verneigen. Der Applaus und der Jubel hielten an. Da winkte der Dirigent mit der Hand, und in den verstummten Saal erklangen seine Worte:

»Ich bin hingerissen wie Sie alle. Und ergriffen von Ihrer Freude über die Musik des Genius. Gewiß spreche ich Ihnen aus der Seele, wenn ich Ihnen mitteile, daß wir Ihnen die Symphonie noch einmal vortragen werden, gleich jetzt auf der Stelle.«

Ein Teil der Zuhörer antwortete mit neuerlichem Applaus, aber ein Teil erhob sich von den Sitzen und nahm Richtung auf die Ausgänge zu. Bülow vernahm die Schritte, wandte sich um und äußerte höflich: »Ich bitte, sich nicht zu den Ausgängen zu bemühen, ich habe sämtliche Türen absperren lassen.«

Josef Bohuslav Förster, 1955

Auch passierte es, daß zwei Damen sich gerade in dem Augenblick einen Weg zu ihren Plätzen bahnten, da er die Einleitung zum ersten Satz von Beethovens »Pathétique« beendete. Dies irritierte ihn dermaßen, daß er das Allegro absichtlich so unsinnig langsam begann, als ob er die Viertel im Baß exakt nach dem Schritt der beiden Damen einrichten wolle. Wie man sich denken kann, erschraken sie, und sie eilten, so schnell sie konnten, weiter; Hans von Bülow beschleunigte das Tempo im gleichen Maße wie jene ihre Schritte. Erst als sie ihre Plätze erreicht hatten, nahm er das echte Allegro-Tempo auf.

John Francis Barnett, 1906

Sir Alexander Mackenzie begleitete eines Tages Hans von Bülow, um sich ein bestimmtes Stück anzuhören, dessen Komponist seinem glühenden Verlangen Ausdruck gegeben hatte, es dem Pianisten vorzuspielen. Bülow lauschte, wurde erst blaß, dann grün im Gesicht – die Musik war nur eine Aneinanderreihung von Gemeinplätzen – und rannte schließlich auf die Straße, um sich zu übergeben.

H. Sutherland Edwards, 1900

Mein musikalisches Glaubensbekenntnis steht in Es dur, mit drei B-en in der Vorzeichnung: Bach, Beethoven, Brahms!

Hans von Bülow, nach: Nicolas Slonimsky, 1948

[Leschetizky] berichtete von einer jungen Dame, die [den Pianisten Moritz] Moszkowski gebeten hatte, ihr etwas ins Stammbuch zu schreiben. Er hatte die Seiten durchgeblättert und schließlich eine gefunden, auf die Hans von Bülow geschrieben hatte: »Bach, Beethoven, Brahms, et tous les autres sont des crétins« [Bach, Beethoven, Brahms, und alle anderen sind Kretins]. Moszkowski schrieb darunter: »Mendelssohn, Meyerbeer, Moszkowski, et tous les autres sont des Chrétiens« [Mendelssohn, Meyerbeer, Moszkowski, und alle anderen sind Christen].

Wilhelm Ganz, 1913

Eine Dame bat ihren Gastgeber, sie jenem großen Manne vorzustellen, und begann die Konversation mit folgenden Worten: »Oh! Monsieur von Bülow, vous connaissez Monsieur Wagner, n'est ce pas?« [..., Sie kennen Herrn Wagner, nicht wahr?]

Bülow verneigte sich tief und antwortete, ohne eine Miene zu

verziehen: »Mais oui, Madame, c'est le mari de ma femme.«
[Aber ja, gnädige Frau, er ist der Gatte meiner Frau.]
Charles Villiers Stanford, 1914

THEODOR LESCHETIZKY
1830–1915

Berühmter Klavierlehrer in Wien; Paderewski,
Schnabel, Ossip Gabrilowitsch und Mark Hambourg gehörten zu seinen Schülern.

Als er eines Morgens die Tür zum Musiksalon öffnete, sah er
dort zwei Damen sitzen, tiefschwarz gekleidet und höchst feierlich. Auch als er vollends eingetreten war, war noch keine der
beiden aufgestanden oder hatte ein Wort gesagt. Leschetizky
wartete. Als von ihnen weiterhin weder Wort noch Geste zu ihm
drang, winkte er mit der Hand und rief: »Auf!« Sie stellten sich
hin, aber sie fanden noch immer keinen Weg, sich zu artikulie-
ren. Leschetizky wies auf das Klavier. »Spiel!« befahl er. Eine der
Damen spielte, worauf Leschetizky auf die Tür zeigte. »Weg!«
sagte er. So hatte er die Besucherinnen also mit nur drei Wörtern
empfangen, angehört und entlassen. Daß sie sich nicht wieder
zeigten, braucht nicht erwähnt zu werden.
Ethel C. Newcomb, 1921

Im Laufe der Jahre sagte er mehrfach zu mir: »Du wirst nie Pianist. Du bist Musiker.«
Artur Schnabel, 1971

Er ließ mich nie für eine Unterrichtsstunde bezahlen – nie. Aber
vom ersten Augenblick an sagte er mir, daß aus mir ein großer
Pianist geworden wäre, wenn ich früher mit der Vorbereitung
dafür begonnen hätte. Das zerbrach mir schier das Herz.
Ignaz J. Paderewski / Mary Lawton, 1939

251

Der Professor spielte mir bei Gelegenheit die »Sonnambula«-Fantasie von Thalberg auswendig vor, die er, wie er mir sagte, fünfzig Jahre lang nicht mehr gespielt hatte. Als er fertig war, wandte er sich an mich und fragte: »Was meinst du dazu?«

»Glänzend!« sagte ich, aber kindlich, wie man eben ist, konnte ich mir nicht hinzuzufügen verkneifen: »Aber Sie machten auch ein paar Fehler.«

Zu meinem Entsetzen fiel er wütend über mich her und rief: »Unverschämter Bengel, sagtest du ›Fehler‹? Merke dir, solange du mein Schüler bist, für dich habe ich immer recht und mache keine Fehler!«

Mark Hambourg, 1931

Joseph Joachim
1831–1907

Bedeutender Geiger ungarisch-jüdischer Abstammung, wurde von Mendelssohn protegiert, war mit Liszt und den Schumanns befreundet; mit diesen machte er Johannes Brahms bekannt, den er entdeckt hatte.

Joachim war so freundlich gewesen, von sich aus etwas vorspielen zu wollen, und da stellte sich heraus, daß keine Violinwerke greifbar waren außer einer Sammlung Beethoven-Sonaten für Klavier und Violine (diejenigen, die er Salieri gewidmet hatte); diese Noten brachte unsere Gastgeberin dem großen Virtuosen und bat ihn (da sie selbst sich dessen nicht getraute), Brahms zu fragen, ob er nicht den Klavierpart übernehmen wolle. Zu Brahms gewandt, fragte Joachim lächelnd: »Verehrter Meister, wollen Sie geruhen, dies hier mit mir zu spielen, um unsere Freunde zu erfreuen?«

»Ich bin kein Begleiter«, knurrte Brahms, kehrte Joachim schnell den Rücken zu und ging in ein anderes Zimmer. Der ungarische Geiger zuckte nur mit den Schultern und sah sich nach

einem anderen Pianisten um, der diese Aufgabe freiwillig über-
nähme... Ich konnte nicht umhin, irgendwie fragend dreinzu-
blicken, worauf Joachim bemerkte: »Das ist seine Art, wenn er
sich ärgert; er denkt sich aber nichts dabei.«

William Beatty-Kingston, 1887

Zweifellos war seine lange Konzertlaufbahn die Ursache für den
schlimmen Fehler, der einem Holländer unterlief; dieser sagte zu
ihm: »Mein Herr, lassen Sie mich Ihnen zu Ihrem Spiel gratulieren, ich finde es sehr gut; aber ich möchte Ihnen doch auch sagen, daß ich vor vielen Jahren das Glück hatte, Ihren Vater zu
hören, den großen Joachim.« Joachim antwortete, er müsse es
wohl selbst sein, an den jener sich erinnere, denn sein Vater sei
Wollhändler gewesen und habe nie eine Geige in der Hand gehabt. Diese Mitteilung verfehlte allerdings ihr Ziel, denn der Bewunderer des älteren Joachim verließ den Raum und murmelte
vor sich hin: »Das kann alles nicht sein; es war doch sein Vater,
den ich gehört hatte.«

Edward Speyer, 1937

ALEXANDER BORODIN
1833–1887

Nationalrussischer Komponist, Arzt, Chemie-
professor.

Zum Arzt eignete er sich überhaupt nicht.
   Einmal... wurde der Kutscher eines hohen Beamten in das
Hospital eingeliefert, und Borodin sollte ihm einen Knochen,
der ihm im Schlund steckengeblieben war, herausoperieren. Als
er nun mit dem rostigen Instrument herumhantierte, brach ihm
dies im Halse des Patienten ab. Doch der junge Arzt wahrte die
Fassung, und nach einigen mißglückten Versuchen hatte er sowohl das abgebrochene Metallstückchen als auch den Knochen

zutage gefördert. Borodin erzählte: »Der Kutscher sank vor mir auf die Knie, und ich konnte mich gerade noch beherrschen, seinem Beispiel zu folgen. Denken Sie sich nur, was geschehen wäre, wenn ihm das Stück von der Zange im Hals geblieben wäre. Ich möchte wetten, ich wäre vor ein Kriegsgericht gestellt worden und hätte mein Leben in Sibirien beschließen können.«
Serge Dianin, 1963

Turgenjew wurde im Mai 1874 eingeladen, Borodin, Cui, Mussorgsky und Rimsky-Korsakow eigene Werke spielen zu hören. Zuvor trug Rubinstein Kompositionen von Beethoven, Chopin und Schumann vor und zog sich zurück, bevor die russische Musik begann. Als dafür die Zeit gekommen war, ereilte Turgenjew ein schwerer Arthritis-Anfall. Borodin, der einzige anwesende Arzt, untersuchte ihn und mußte ihn auf der Stelle nach Hause bringen lassen. So bekam der große russische Romancier die neue russisch-nationale Musik nie zu hören.
Nach Serge Dianin, 1963

Als ich Liszt darlegte, ich sei nur ein Sonntagsmusiker, antwortete er mir schlagfertig: »Aber Sonntag ist ja stets ein Feiertag, und Sie haben allen Grund zum Feiern.«
Alexander Borodin an seine Frau, in: Alfred Habets, 1896

Nach dem Tee führte uns unsere Gastgeberin an den Flügel im Wohnzimmer, reichte Liszt die Noten einer seiner Rhapsodien und bat ihn, uns vorzuspielen, wie eine bestimmte Passage interpretiert werden solle.

Es war eine weibliche List, aber keine bösartige Täuschung; Liszt lachte. »Sie möchten, daß ich das Stück spiele? Nun gut, vorher aber möchte ich mit Herrn Borodin seine Symphonie spielen; wollen Sie Oberstimmen oder Bässe?«

Ich lehnte entschieden ab.

Schließlich konnte ich die Baroneß [Olga von Meyendorff] dazu überreden, sich mit an den Flügel zu setzen; sie aber wollte nur das Andante spielen. Liszt übernahm den Baß. Wie interessant war dieses Musizieren für mich als einzigen Zuhörer.

Liszt aber war noch nicht zufrieden.

»Es ist sehr liebenswürdig von der Baroneß gewesen, mit mir zu spielen. Ich wünsche mir aber, es mit Ihnen zu tun. Es ist doch nicht möglich, daß Sie Ihre eigene Symphonie nicht spielen können. Sie haben sie so geschickt für Klavier arrangiert, daß ich das einfach nicht glauben kann. Nehmen Sie Platz.«

Ohne weitere Worte nahm er mich bei der Hand, wies mir den Baß zu, dieses Mal übernahm er die Oberstimmen. Ich wollte protestieren. Aber die Baroneß flüsterte mir zu: »Spielen Sie, oder Liszt wird Ihnen ernstlich böse sein. Ich kenne ihn.«

Ich wollte mit dem Andante, das noch aufgeschlagen war, beginnen. Aber Liszt blätterte um, und wir nahmen uns das Finale vor, dann das Scherzo und schließlich den ersten Satz. Auf diese Weise spielten wir die ganze Symphonie mit allen Wiederholungen. Liszt ließ mich nicht zur Ruhe kommen. Nach jedem Satz wendete er die Noten um und sagte: »Weiter!« Wenn ich einen Fehler machte oder etwas wegließ, meinte Liszt: »Warum haben Sie das nicht gespielt. Es ist so gut.« Als wir am Ende waren, wiederholte er noch verschiedene Passagen. Er unterzog meine Symphonie einer scharfsinnigen Kritik. Nach seiner Ansicht ist das Andante ein vollkommenes Meisterwerk. »Was die Form angeht«, sagte er, »so ist nichts überflüssig. Alles ist gut.«

Alexander Borodin in: Alfred Habets, 1896

Am Tag bevor Borodin starb, war sein Schwiegersohn und Kollege A. P. Dianin im Laboratorium und hörte, wie er in seiner Wohnung Musik in ganz neuer Art spielte. Als Borodin in das Laboratorium kam, hatte er Tränen in den Augen.

»Saschenka«, sagte er, »ich weiß, daß manches, was ich komponiert habe, nicht schlecht ist. Aber dieses Finale..., dieses Finale...« – Wie traurig, daß er nicht eine einzige Note davon aufgeschrieben hat.

Serge Dianin, 1963

Borodin starb unter tragischen Umständen. Es war der letzte
Tag des Karnevals 1887. Er hatte eine Reihe Freunde zu sich eingeladen, und er unterhielt sie in der ihm eigenen liebenswürdigen Weise. Da er bestens aufgelegt war, fragte er nicht lange,
sondern gesellte sich zu den Tanzenden. Auch sang er und spielte
den Gästen Teile aus seiner Dritten Symphonie am Flügel vor. In
dem Augenblick, als er sich in eine lebhafte Unterhaltung eingelassen hatte, wurde er plötzlich blaß, taumelte und fiel, ohne daß
einer der Umstehenden zugreifen konnte. Man beugte sich zu
ihm, hob ihn auf – er aber war tot.

Arthur Pougin, 1915

JOHANNES BRAHMS
1833–1897

Machte, wie Beethoven, Wien zu seiner Wahlhei-
mat. Erste musikalische Betätigung als Klavierspieler in schmutzigen Lokalen in Hamburg, bis
Joseph Joachim und Schumann seine Fähigkeiten
erkannten.

Eines Abends Anfang Juni 1853 ließ Liszt uns bitten, am kommenden Morgen in Altenberg einzutreffen. Er erwartet einen
jungen Mann, dem der Ruf vorausgehe, ein großes pianistisches
Talent und ein begabter Komponist zu sein. Sein Name sei Johannes Brahms.

Wir trafen Brahms und [Eduard] Reményi im Empfangszim-
mer. Ich schlenderte zum Tisch, auf dem einige Musikmanu-
skripte lagen. Sie waren von Brahms, aber noch nicht veröffentlicht, und ich blätterte im obersten Heft des Stapels. Es war das
Klavierstück op. 4, ein Scherzo in es-Moll, und ich erinnere
mich, daß ich die Handschrift derart unleserlich fand und bei mir
dachte, ich müßte mir die Noten erst abschreiben, wenn ich das
Stück je studieren sollte. Endlich erschien auch Liszt, und nach
ein paar allgemeinen Worten wandte er sich an Brahms: »Wir

möchten gern etwas von Ihnen hören. Wenn Sie mögen und können, so spielen Sie doch bitte etwas.« Brahms war offensichtlich sehr nervös und wehrte ab. Er könne in einem solchen Zustand nicht musizieren.

Da Liszt spürte, daß mit Brahms nichts zu machen war, ging er zum Tisch, nahm das oberste Heft – eben das erwähnte unleserliche Scherzo – und meinte: »Dann muß ich wohl selber in die Tasten greifen«, und stellte die Noten auf den Flügel. Er spielte bewundernswert vom Blatt – gleichzeitig fügte er mit einem Lauf in der Begleitung hörbare Kritik ein, so daß Brahms erstaunt und begeistert war.

Wenig später bat man Liszt, eine seiner neuesten Sonaten vorzutragen, die er selber besonders schätzte. Ohne Zögern setzte er sich an den Flügel. Er kam zu einer sehr expressiven Passage, in die er immer viel Gefühl und Pathos legte, und sah sich beifallheischend im Kreis seiner Zuhörer um. Er erblickte Brahms. Dieser war auf seinem Sessel eingeschlafen.

William Mason, 1901

Kurze Zeit später öffnete sich wieder die Tür, der Wintersturm blies Schnee und noch drei Gäste in den Raum. Zum Unterschied von den früheren Gästen waren die neuen mehr der Umgebung angepaßt. Das weibliche Mitglied des Trios war eine wohlbekannte Straßenwandlerin, die in einer dieser alten, engen und dunklen Gassen der [Wiener] Inneren Stadt wohnte. Ihre Begleiter waren Zuhälter und alle drei waren recht betrunken. Sie setzten sich lärmend neben den Tisch nieder, wo Brahms und seine Freunde saßen, und bestellten Schnäpse und Liköre, als ob sie nicht alle schon genug getrunken gehabt hätten. Plötzlich schrie die »Dame« mitten in dem Lärm zu Brahms hinüber: »Professor, spiel uns etwas auf, wir möchten gern tanzen!« Ich hatte den Eindruck, daß sie Brahms kannte, was gewiß nicht unwahrscheinlich war, da Brahms wie Beethoven seine Neigungen zwischen himmlischer und irdischer, allzu irdischer Liebe teilte. Wie es auch sein mochte, Brahms erhob sich jedenfalls vom Tische, ging mit langsamen und gravitätischen Schritten zu dem alten verstimmten Pianino, das an der schmutzigen Wand lehnte, und fing an, Walzer und Quadrillen zu spielen. Die Melodien, die er dem Kasten entlockte, waren größtenteils sehr altmodisch und datierten viele Jahre zurück. Die »Dame«, die so auffallend Erfolg gehabt hatte, Brahms zum Spielen zu bringen, tanzte mit ihren Freunden, auch andere Gäste schlossen sich dem Tanzen an. Brahms spielte ununterbrochen. Erst nach einer Stunde kehrte er zu seinem Tisch zurück. Bald darauf zahlte er seine Rechnung und verließ mit seinen Freunden das »Beisel«. Später dachte ich oft daran, die Eigentümerin dieses kleinen Restaurants hätte neben dem Tor eine Tafel anbringen sollen zur Erinnerung an diesen Abend, mit dem Text: »Brahms hat in diesem Tschecherl Tanzmusik gespielt.«

Am folgenden Tage, als ich in mein Stammcafé am Ring ging, begegnete ich dort einem ältlichen Herrn, den ich in der Nacht zuvor mit Brahms im »Tschecherl« gesehen hatte. Es war Herr Béla Haas, eine in der Wiener Gesellschaft sehr bekannte Persönlichkeit, die durch ihren Witz berühmt war... Diesen schonungslosen Witzbold fragte ich nun: »Bitte können Sie mir nicht erklären, warum gestern abend Brahms für solche Leute Tanzmusik spielte?« und Haas antwortete: »Ich war selbst überrascht, und habe darum an Brahms die gleiche Frage gerichtet. Er erzählte mir: ›Als ich in Hamburg ein Bub war, mußte ich jede Nacht in solchen Lokalen spielen. Betrunkene Matrosen und deren Mädchen wollten Tanzmusik hören. Das Gasthaus, in dem wir gestern waren, erinnerte mich an diese Knabenzeit und die Stücke, die ich spielte, waren jene Stücke, die ich damals Nacht für Nacht in den Hamburger Kneipen hatte spielen müssen.‹«
Max Graf, 1949

Es war in einem jener Thuner Sommer. Wir gingen frühmorgens auf der dem See entlang führenden Straße von der Beatenbucht zu dem Dörfchen Merligen und waren, ich weiß nicht wie, auf Frauen und auf Familienleben zu sprechen gekommen. Da sagte Brahms: »Ich hab's versäumt. Als ich wohl Lust dazu gehabt hätte, konnte ich es einer Frau nicht so bieten, wie es recht gewesen wäre.« Als ich darauf fragte, ob er damit sagen wolle, es hätte ihm die Zuversicht gefehlt, Frau und Kinder durch seine Kunst zu ernähren, antwortete er: »So mein' ich's nicht. Aber in der Zeit, in der ich am liebsten geheiratet hätte, wurden meine Sachen in den Konzertsälen ausgepfiffen oder wenigstens mit eisiger Kälte aufgenommen. Das konnte ich nun sehr gut ertragen, denn ich wußte genau, was sie wert waren und wie sich das Blatt schon noch wenden würde. Und wenn ich nach solchen Mißerfolgen in meine einsame Kammer trat, war mir nicht schlimm zumute. Im Gegenteil! Aber wenn ich in solchen Momenten vor die Frau hätte hintreten, ihre fragenden Augen ängstlich auf die meinen gerichtet sehen und ihr hätte sagen müssen: ›Es war wieder nichts‹ – das hätte ich nicht ertragen! Denn mag eine Frau den Künstler, den sie zum Manne hat, noch so sehr lieben und auch, was man so nennt: an ihren Mann glauben – die volle Gewißheit eines endlichen Sieges, wie sie in seiner Brust liegt, kann sie nicht haben. Und wenn sie mich nun gar hätte trösten wollen... Mitleid der eignen Frau bei Mißerfolgen des Mannes... puh! ich mag nicht daran denken, was das, so wie ich wenigstens fühle, für eine Hölle gewesen wäre.«

In kurzen, abgerissenen Sätzen stieß Brahms diese Worte heftig hervor und blickte dazu so trotzig, so ingrimmig, daß ich keine Gegenbemerkung wagte und nur im stillen erwog, einerseits, welche feurige und zarte, jauchzende und klagende Lieder der Liebe der Mann gesungen, der, neben mir herschreitend, in diesem Augenblick seiner Ehelosigkeit bitter gedachte, anderseits, welche seelischen Leiden durch Unverstand und Herzenshärtigkeit der Welt gerade den edelsten und stolzesten Geistern zugefügt werden. »Es ist aber auch so gut gewesen!« setzte Brahms plötzlich hinzu, fuhr sich mit einer energischen Handbewegung durch den Bart und zeigte im nächsten Augenblick wieder sein ruhiges, zuversichtliches Antlitz.

Josef Viktor Widmann, 1898. Widmann (1842-1911), Schweizer Journalist, war mit Brahms befreundet.

Einen Tag vor dem Konzert fand die Generalprobe statt, zu der ja in vielen deutschen Städten die Öffentlichkeit zugelassen ist. Brahms hatte Schumanns a-Moll-Konzert gespielt und eine

ganze Reihe Töne dabei weggelassen. So ging er am Morgen vor dem Konzert noch einmal in den Saal, um zu üben. Er bat mich, etwas später dorthin nachzukommen, damit wir die Lieder – seine natürlich! – bei denen er mich am Abend begleiten sollte, noch einmal durchgingen. Als ich den Saal betrat, fand ich ihn ganz allein vor dem Flügel, wo er wie ein Wilder Beethovens Chorphantasie und Schumanns Konzert übte. Er war ganz rot im Gesicht, und als er mich neben sich stehen sah, machte er eine kurze Pause und sagte mit seinem kindlich vertrauensvollen Blick: »Wirklich, es ist zu schlecht. Heute abend wollen die Leute etwas besonders Gutes von mir hören, und ich kann ihnen nur solch ein Gestümper bieten. Ich schwöre Ihnen, ich könnte heute mit Leichtigkeit viel schwierigere Dinge spielen, mit großen Griffen, zum Beispiel mein eigenes Konzert. Aber diese einfachen diatonischen Läufe sind fürchterlich. Ich rede mir immerfort zu: ›Johannes, reiß dich zusammen! Spiel anständig!‹ Aber es nützt nicht viel. Schrecklich!«
George Henschel, 1918

Bei einer Probe der Philharmoniker, bei der eine seiner Serenaden auf dem Programm stand, wurde das Orchester offensichtlich unruhig; das Stück gefiel nicht. Brahms trat an das Dirigentenpult und erklärte:
   »Meine Herren, es ist mir klar, daß ich nicht Beethoven bin – aber ich bin Johannes Brahms.«
Karl Goldmark, 1927

Mit einigen wohlgesetzten Worten bat Joachim uns, die Gelegenheit wahrzunehmen, um auf das Wohl des größten Komponisten zu trinken. Bevor er seinen Satz noch beendet hatte, sprang Brahms auf die Füße und rief: »Richtig! Auf Mozarts Gesundheit!« und stieß mit der ganzen Runde an.
Charles Villiers Stanford, 1908

Er war ein energischer Fußgänger und hatte für die Natur eine leidenschaftliche Liebe. Es war seine Gewohnheit, im Frühling und Sommer um vier oder fünf Uhr des Morgens aufzustehen, und, nachdem er sich eine Tasse Kaffee bereitet hatte, in den Wald zu gehen, die köstliche Frische des Morgens zu genießen und dem Gesang der Vögel zu lauschen. Bei schlechtem Wetter fand er immer noch etwas zu bewundern.

»Mir ist nie langweilig«, sagte er eines Tags auf irgend eine Bemerkung über die deprimierende Wirkung des ununterbrochenen Regens, »meine Aussicht ist so schön. Selbst bei Regenwetter sehe ich nur eine andere Art von Schönheit.«

Florence May, 1911. Sie war eine englische Pianistin (1845-1923).

Professor Mandyczewski [österreichischer Musikforscher, 1857-1929], dessen Wissen und Gediegenheit Brahms besonders geschätzt hat, erzählte mir eine heitere Geschichte über einen der Spaziergänge, die Brahms in den Wäldern von Baden unternommen hatte. Nach vielen Stunden Wanderung waren die Freunde zu einem Bauerngasthof gekommen und fragten nach schwarzem Kaffee. Kaffee wurde damals in Wien und der Umgebung Wiens meist mit Zichorie zubereitet, deren Geschmack Brahms aber nicht mochte. So rief er die alte Wirtin an seinen Tisch und fragte sie im freundschaftlichsten Ton, dessen er fähig war: »Mutter, haben Sie vielleicht etwas Zichorie?« Als sie die Frage bejahte, setzte er in ebenso schmeichelndem Ton fort: »Nicht möglich! Könnte ich sie sehen?« Die alte Frau ging in die Küche, kehrte mit zwei Paketen Zichorie zurück und zeigte sie Brahms. Dieser schaute die Pakete lange an, dann fragte er: »Ist das alles, was Sie haben?« Als die Frau dies gleichfalls bejahte, steckte Brahms vergnügt die zwei Pakete in die Tasche und rief ihr zu: »So, Mutter, und jetzt gehen Sie, bitte, in die Küche und machen Sie uns etwas schwarzen Kaffee.«

Dieser Kaffee wird Brahms besonders gut geschmeckt haben.

Max Graf, 1949

Wir zogen uns in Zimmer 11 zurück, und ich hatte den dringenden, inständigen Wunsch, vor Brahms einzuschlafen, weil ich aus Erfahrung wußte, daß sein impertinent gesundes Schnarchen den Tod für meinen Schlaf bedeuten werde. Mein Frohlocken, als ich ihn im Bett ein Buch nehmen sah, wurde alsbald getötet, denn er blies die Kerze aus. Wenige Minuten später tönte der Raum wider von überirdischen Geräuschen, die seine Nase und Lunge hergaben. Was sollte ich tun? Ich war der Verzweiflung nahe. Ich brauchte meinen Schlaf und mußte am Morgen in aller Frühe nach Berlin reisen. Eine plötzliche Eingebung ließ mich an Zimmer 42 denken. Ich stand auf, ging die Treppe hinunter zum Portier, den ich mit einiger Mühe wach bekam, und erklärte ihm die Situation; ich konnte ihn dazu bewegen, mir Zimmer 42 aufzuschließen. Nach einer angenehmen Nachtruhe kehrte ich am frühen Morgen in das Zimmer zurück, in dem ich Brahms verlassen hatte.

Er war wach, sah mich freundschaftlich mit seinem mir wohlbekannten Augenzwinkern an und sagte mit spöttisch-ernster Stimme, wohl wissend, weshalb ich ihn verlassen hatte: »Oh, Henschel, als ich aufwachte und dein Bett leer fand, glaubte ich bereits, du habest dich aufgehängt. Warum hat du nicht deinen Stiefel nach mir geworfen?«

Man denke, nach Brahms mit einem Stiefel zu werfen!

George Henschel, 1918

Brahms, Goldmark und ich hatten mit Ignaz Brülls Vater, Siegmund Brüll, gespeist; nach dem Essen zogen wir uns in den Rauchsalon zurück. Ein paar kürzlich erschienene Kompositionen von Ignaz lagen auf dem Klavier. Brahms blätterte darin und rief plötzlich: »Wie schön! Wie wunderschön!« (Zweifellos war der bescheidene Ignaz sehr erfreut.) Brahms aber fuhr fort: »Es ist wirklich das schönste Titelblatt, das ich kenne!«

Felix Semon, 1926

Dvořák hatte ihm eine Komposition geschickt, deren Äußeres wenig ansprechend und nicht ohne Flecken war. Brahms ant-

wortete ihm: »Zwar können wir nicht mehr so schöne Musik schreiben wie Mozart; aber wir wollen uns doch bemühen, sauber zu schreiben.«
Charles Villiers Stanford, 1914

Ich weiß noch, wie Hans von Bülow Brahms Vorwürfe machte, weil der das Manuskript seiner Vierten Symphonie als gewöhnliches Postpaket und nicht einmal eingeschrieben verschickt hatte. »Was hätten wir tun sollen, wenn das Paket verlorengegangen wäre?«
»Da hätte ich sie eben neu schreiben müssen.«
Frederic Lamond, 1949

An einem Sonntag nachmittag, dem 11. Oktober 1896, schloß Anton Bruckner im Kustodenstöckl des Belvedere die Augen für immer. Drei Tage danach war das Requiem in der Karlskirche, und viele wohnten bei, um dem großen Symphoniker die letzte Ehre zu erweisen. Nur zwei fehlten: Johannes Brahms und Hugo Wolf. Wolf wurde der Eintritt verweigert, weil er sich nicht als Mitglied des Singvereins legitimieren konnte. Brahms kam zu spät. Als man ihn in die Kirche einlud, schüttelte er nur sein Haupt und murmelte so etwas wie »Greift an! . . . bald mein Sarg. . .«, und wirklich verging auch nur ein halbes Jahr, bis er Bruckner in die Ewigkeit folgte.
Hans Hubert Schönzeler, 1974

CAMILLE SAINT-SAËNS
1835–1921

Französischer Komponist. Zu seinen Werken, die bekannt geblieben sind, zählen die Oper »Samson und Dalila« und »Der Karneval der Tiere«.

Irgend jemandem kam die Idee, mich ein Orchester hören zu lassen. Zu dieser Zeit wurden in der »Passage du Saumon« Konzerte veranstaltet. Man führte mich also mit dorthin, an der Ein-
gangstür nahm mich meine Mutter auf den Arm. Bis dahin hatte
ich immer nur einzelne Violinen gehört, und ihr Ton war mir
nicht angenehm erschienen. Einen ganz anderen Eindruck übte
der Orchesterklang auf mich aus, und mit Wohlgefallen lauschte
ich einer gesanglichen Phrase der Streicher. Da plötzlich brachen
die Blechbläser los, Trompeten und Posaunen, dazu die Becken.
Ich begann durchdringend zu brüllen. »Macht, daß sie still
sind«, schrie ich, »sie lassen einen ja nicht die Musik hören!«
Man mußte mich wegbringen.

Camille Saint-Saëns, 1913 (deutsch 1978)

Im November 1875 kam Camille Saint-Saëns nach Moskau, wo
er einige seiner Werke spielen und dirigieren sollte. Tschaikowsky fand den kleinen lebhaften Mann mit den jüdischen Ge-
sichtszügen höchst interessant. Er faszinierte ihn nicht nur mit
seinem Witz und seinen originellen Ideen, sondern vor allem
durch die meisterhafte Beherrschung seiner Kunst.

Eines Tages stellten die Freunde fest, daß sie so manche Neigung (aber auch Abneigung) teilten. In ihrer Jugend waren sie
beide vom Ballett begeistert gewesen und hatten beide versucht,
die Kunst der Tänzer nachzuahmen. So kamen sie auf die Idee,
zusammen zu tanzen, und brachten ein kleines Ballett auf der
Bühne des Konservatoriums heraus, »Pygmalion und Galathea«. Der vierzigjährige Saint-Saëns stellte die Galathea höchst
gewissenhaft dar, der fünfunddreißigjährige Tschaikowsky erschien als Pygmalion. Nikolaj Rubinstein spielte das Orchester.
Leider war außer den drei Mitwirkenden niemand Zeuge dieses
singulären Ereignisses.

Nach Modeste Tschaikowsky, 1906

THEODORE THOMAS
1835–1905

Gebürtiger Deutscher, leitete zwölf Jahre lang das
New York Philharmonic Orchestra und gründete
das Chicago Symphony Orchestra.

Er gab nicht nach, dem amerikanischen Publikum, wenn er es
belehren wollte, zuzusetzen mit dem, was er durchzusetzen vor-
hatte. So brachte er den Mephisto-Walzer von Liszt zum ersten
Male in New York. Das Publikum, nur an italienische oder klassische Musik gewöhnt, pfiff und zischte das Orchester nieder
und zwang Thomas, aufzuhören. Mehrere Versuche der Wieder-
aufnahme mißglückten vollständig. Da nahm Thomas seine Ta-
schenuhr zur Hand, erzwang sich Ruhe und wandte sich mit folgenden Worten ans Publikum: »Ich gebe Ihnen fünf Minuten,
den Saal zu verlassen; dann werden wir den Walzer von Anfang
bis zu Ende spielen. Wer ohne zu demonstrieren zuhören will,
mag bleiben; die andern bitte ich, sich zu entfernen. Ich werde es
durchsetzen, auch wenn ich bis 2 Uhr nachts hier stehen bleiben
sollte; ich habe Zeit.« – Das Publikum blieb, hörte den Walzer
bis zu Ende, und Thomas hatte gesiegt.
Lilli Lehmann, 1913

Als ich einmal mit ihm durch Chicago ging, kamen uns vier
Straßenbengel entgegen, die die ganze Breite des Bürgersteiges
in Anspruch nahmen. Um an ihnen vorbeizukommen, war es
also nötig, auf den schmutzigen Fahrdamm zu treten. Theodore
Thomas hatte nicht die Absicht, klein beizugeben. Er winkelte
die Arme an und schritt schnurstracks auf die unangenehmen
Patrone los, dabei trennte er sie derart, daß zwei an das Gebäude
auf der rechten Seite flogen, die beiden anderen sich in der Gosse
wiederfanden. Er ging weiter, als hätte er vier Strohhalme aus
dem Weg gefegt.
George P. Upton, in: Theodore Thomas, 1905

Henri Wieniawski
1835–1880

Polnischer Geiger. Komponierte virtuose
Bravourstücke.

Als [Wieniawski] mit Anton Rubinstein 1872 in den USA auf
Tournee war, bekam offensichtlich einer eine höhere Gage als
der andere. Die Konsequenz? Sie spielten die »Kreutzer-Sonate«
mehr als siebzigmal zusammen, ohne je ein Wort miteinander zu
wechseln!

Nach Percy Scholes, 1938

Léo Delibes
1836–1891

Französischer Komponist; beliebt wurden seine
Ballette »Coppélia« und »Sylvia«.

Delibes war ein lustiger Geselle! Er war ziemlich leichtsinnig
und nicht allzu gewissenhaft. Wenn wir mitten in einer Kompo-
sitionslektion steckten, kam oft irgendein hübsches junges Mädchen daher und versicherte, daß es höchste Zeit zum Dejeuner
oder etwa zu einem Bummel sei. »Gehen wir tanzen!« lautete
eine andere beliebte Aufforderung von Delibes' Freundinnen.
Delibes konnte einer solchen Lockung nie widerstehen. Er
pflegte mir dann den Anfang der Komposition zu übergeben, an
der er eben gearbeitet hatte, verlangte, ich solle trachten, mich in
ihren Charakter einzufühlen, und beauftragte mich, sie fortzusetzen.

Fritz Kreisler, in: Louis P. Lochner, 1957. Kreisler war Delibes-Schüler und soll
den Walzer in »Coppélia« komponiert haben.

MILY BALAKIREW
1837–1910

Russischer Komponist, Schüler von Glinka. Er
versuchte, einen typisch russischen Musikstil zu
schaffen und bei anderen anzuregen.

Bei dieser Gelegenheit möchte ich bemerken, daß in den sechziger Jahren Balakirew und Cui, obwohl sie Mussorgski sehr nahe
standen und ihn aufrichtig liebten, ihn doch etwas von oben
herab behandelten und, ungeachtet seines unzweifelhaften Talentes, wenig Hoffnung in ihn setzten. Ihnen schien, daß ihm irgend etwas mangelte, er bedurfte in ihren Augen ganz besonders
der Leitung und der Kritik. Balakirew äußerte oft, daß Mussorgski »keinen Verstand habe«, oder daß »sein Gehirn schwach
sei«.
Nikolaj Rimsky-Korsakow, 1909

Wenn er ihn [seinen großen Hofhund, den er »Freundchen«
nannte] spazierenführte, hatte er nur immerzu aufzupassen, daß
sein »Freundchen« sich ordentlich benahm und nicht etwa schönen Hündinnen nachstellte, und es kam mitunter sogar vor, daß
er den Koloß auf den Armen nach Hause trug. Dann waren die
Hausmeister zu belehren, wenn sie es gewagt hatten, den überall
herumschnüffelnden Hund wegzujagen. Seine Tierliebe ging
so weit, daß er selbst jedes häßliche Insekt, etwa eine Wanze,
die sich in sein Zimmer verirrt hatte, behutsam durch die
Luftklappe entließ mit den Worten: »Da geh mit Gott, mein
Kleines!«
Nikolaj Rimsky-Korsakow, 1909

Georges Bizet
1838–1875

Komponist der Oper »Carmen«. Er starb jung,
kurz nach ihrer zurückhaltend aufgenommenen
Uraufführung.

Rom, 25. Juni 1858

Die Tugend einer Frau ist hier nicht mehr wert als ein Franc.
Und die meisten Männer sind schon für wenige Sous bereit zu
dem, was Frauen von ihnen wünschen. In der besseren Gesellschaft ist es genauso. Hier ist unter Hunderten keine Frau, die es
nicht mit einem Kardinal, einem Bischof oder einem Priester
treibt – je nach ihrem gesellschaftlichen Rang. Als ich Paris verließ, hoffte ich, leichtherzigen Frauen zu entrinnen. Das aber ist
mir nicht gelungen. Ich bin sicher, daß Du traurig sein wirst,
aber was soll ich tun? Ihr, die wenigen tugendreichen Frauen, die
Ihr Eure Pflicht tut, Euch Euren Familien widmet und diese
liebt, Ihr seid tausendmal mehr zu verehren als alle Märtyrer.
Mag sein, Du glaubst mir nicht – ich aber bin davon überzeugt.
Bizet an seine Mutter, in: Georges Bizet, 1907

Einige Jahre später... [war uns] der Zugang zu den Konzerten... nicht mehr verschlossen. Dafür trat das Opernschaffen in
eine Krise ein, die noch immer andauert, obwohl die Situation
sich zu bessern scheint.

»Auf der Bühne will man uns nicht«, meinte ich öfters gegenüber Georges Bizet, »also nehmen wir eben Zuflucht zum Konzert!« – »Du hast gut reden«, erwiderte mir jener, »ich bin einfach nicht gemacht für die Sinfonie. Ich brauche die Bühne, ohne
sie kann ich überhaupt nichts.«
Camille Saint-Saëns, 1913 (deutsch 1978)

Nach dem Reinfall der »Perlenfischer« erzählte ein Freund Bizet, daß er die Partitur der Oper erworben habe.

»Wozu um alles in der Welt?« fragte der Komponist. »Ich hätte dir meine geben können, aber du wirst sie ohnehin niemals brauchen!«

Nach Edmond Galabert, 1877

Am Ende des ersten Aktes von »Carmen« sammelte sich eine Schar junger Musiker um Bizet (unter ihnen Vincent d'Indy), die die Oper in höchsten Tönen lobten. »Ihr seid die ersten, die so etwas sagen, und wie ich mir denke, seid ihr auch die letzten«, wehrte er ab.

Nach D. C. Parker, 1926

MAX BRUCH
1838–1920

Deutscher Komponist. Vor allem berühmt für sein Violinkonzert Nr. 1.

Ein ziemlich gefeierter Komponist bat Brahms, ob er ihm sein neuestes Werk – ein Violinkonzert – aus dem Manuskript vorspielen dürfe. Brahms war bereit und setzte sich in die Nähe des Klaviers. Herr... spielte das Stück mit großem Enthusiasmus und viel Kraft. Es war ein warmer Tag. Der Schweiß lief ihm in Strömen über das Gesicht.

Als er geendet hatte, stand Brahms auf, ging zum Klavier und nahm eines der Notenblätter zwischen zwei Finger, rieb es ein wenig und fragte: »Wo kaufen Sie Ihr Notenpapier? Ich muß schon sagen, es ist erstklassig!«

George Henschel, 1918. Bei dem Komponisten soll es sich um Max Bruch gehandelt haben.

Modest Mussorgsky
1839–1881

Sein Meisterwerk, die Oper »Boris Godunow«,
wurde von der zaristischen Zensur und von einigen seiner Komponistenkollegen abgelehnt.
»Bilder einer Ausstellung«, eine Klaviersuite,
wurde berühmt in einer Orchesterfassung von
Ravel.

Als man dazu überging, bei Aufführungen des »Boris Godunow« den letzten Akt zu streichen, stimmte Mussorgsky dem
nicht nur zu, sondern unterstützte diese Streichung. Ich bin zwar
mit ihm der Meinung, daß der letzte Akt für den Fortgang des
Dramas eigentlich überflüssig ist und daß er wie ein Anhängsel
wirkt (er war auch wirklich noch eilig hinzukomponiert worden), und doch bedauerte ich die Streichung, weil vieles darin
musikalisch so gut ist.

Mussorgsky erklärte mir: »In diesem Akt habe ich das einzige
Mal in meinem Leben das russische Volk belogen. Daß das russische Volk den Bojaren verspottet – das ist absolut unrussisch, es
stimmt einfach nicht. Eine aufgepeitschte Menge tötet, aber sie
spottet nicht.

Arseni Golenischew-Katuzow, 1935, in: Jay Leyda und Sergei Bertensson, 1947

In einem Winter hatte ich den Auftrag, ein Konzert zugunsten
der Medizinstudenten zu arrangieren...

Es gelang mir, außer Künstlern von der Russischen Oper auch
Ravelli, den glänzenden Tenor von der Italienischen Oper, der
damals am Bolschoitheater sang, zu verpflichten, was eine besondere Auszeichnung war.

Am Tag vor dem Konzert erzählte mir Ravelli, daß er gern
seinen Klavierbegleiter kennenlernen würde, und bat mich, ihn
zu einer frühen Probe zu ihm zu bringen. Nun hatte sich am
Tage zuvor Mussorgsky dazu bereit erklärt; ich hatte ihn glücklicherweise in ansprechbarer Verfassung vorgefunden. So ging

ich noch einmal zu ihm, um ihm Ravellis Wunsch vorzutragen. Zu meinem Entsetzen fand ich ihn vollständig betrunken. Er sprach aus mir unverständlichen Gründen nur französisch, murmelte, daß es gar keinen Sinn habe, zu dem Italiener zu gehen. Man solle ihn nur machen lassen...

Keine Überredungskunst meinerseits, kein Bitten und Flehen half. Mit der Hartnäckigkeit Betrunkener wiederholte er immer wieder: »Non, monsieur, non; maintenant c'est impossible. Ce soir je serai exacte.« [Nein, mein Herr, nein. Im Augenblick ist es ganz unmöglich. Heute abend werde ich in Ordnung sein.]

In jener Zeit lebte Mussorgsky in einem kleinen, unordentlichen Zimmer. Auf dem Tisch stand Wodka neben Resten unansehnlicher Nahrungsmittel. Als ich mich verabschiedete, konnte er nur mühsam aufstehen, geleitete mich dann aber an die Tür und verbeugte sich. Wenn es auch keine Verbeugung war, mit der man einen Ludwig XIV. hätte verabschieden können, so war sie doch für einen dermaßen betrunkenen Menschen noch einigermaßen formvollendet. Er sagte: »Donc à ce soir!« [Also, auf heute abend!] Ich ging also zu meinem Tenor und erklärte ihm, daß ich Mussorgsky zu Hause nicht angetroffen hätte. Nun machte ich einen meiner Kollegen aus, der bereit war, auf Mussorgsky zu achten und ihn so gut wie möglich ins Konzert zu bringen.

Modest Petrowitsch erschien auch wirklich um 7 Uhr in Kononows Saal, wo das Konzert stattfinden sollte. Unseligerweise hielt Mussorgsky sich lange im Konferenzzimmer auf, um alle dort herumstehenden Gläser zu leeren, wovon er noch betrunkener wurde. Nachdem mein italienischer Tenor ein paar Gesangsläufe probiert hatte, erklärte er, er sei heute nicht recht bei Stimme und müsse deshalb sein Programm einen halben Ton tiefer singen.

Das hatte uns gerade noch gefehlt!

Ich eilte zu Mussorgsky und erkundigte mich, ob er das für Ravelli tun wolle. Mit einer gewissen Förmlichkeit stand er von seinem Sessel auf, beruhigte mich mit den Worten: »Pourquoi pas?« [Warum nicht?] (Offensichtlich sprach Mussorgsky mit gebildeten Menschen nur französisch, auch wenn er betrunken war!) Um seine Worte zu unterstreichen, schlug er vor, das

ganze Programm mit Ravelli mezza voce noch einmal durchzugehen. Mussorgsky vernahm all die italienischen Arien und Gesänge Ravellis damals sicher zum ersten Mal. Der Italiener aber
war von Mussorgskys einfühlsamer Begleitung und seiner Fä-
higkeit, in jede gewünschte Tonart zu transponieren, derart begeistert, daß er ihn in die Arme schloß und immer wieder rief:
»Che artista!« [Welch ein Künstler!]

Jay Leyda und Sergei Bertensson, 1947

Peter Iljitsch Tschaikowsky
1840–1893

Der erste russische Komponist, der weltweit populär wurde. Tschaikowsky unterrichtete Harmonielehre am Moskauer Konservatorium, bis
Nadeshda von Meck, unaufgefordert, ihn finan-
ziell so unterstützte, daß er sich ganz der Komposition widmen konnte. Ständige Angst und
Schwierigkeiten wegen seiner Homosexualität
ließen ihn eine ungewollte Ehe eingehen, brachten einen Nervenzusammenbruch, einen Selbst-
mordversuch und endlich die Selbstzerstörung.

»Tschaikowsky hatte eine eigenartige Arbeitsweise«, sagte Nikolaj Rubinstein, wenn er in späteren Jahren von seinem Schüler
sprach. »Ich stellte ihm in der Kompositionsklasse einmal die
Aufgabe, kontrapunktische Variationen über ein gegebenes
Thema auszuarbeiten. Und bei der Aufgabenstellung erwähnte
ich, daß es in diesem Fall nicht nur auf Qualität, sondern auch
auf Quantität ankomme. Nun dachte ich, er würde vielleicht
etwa zwölf Variationen schreiben. Weit gefehlt! Im folgenden
Semester gab er die Arbeit ab – er hatte mehr als 200 Variationen
erfunden.« Rubinstein lachte und sagte: »Wenn ich die alle hätte
korrigieren müssen, hätte mich das mehr Zeit gekostet als ihn,
sie zu schreiben.«

Nikolaj Kaschkin in: Rosa Newmarch, 1908

Im Dezember 1874 hatte ich ein Klavierkonzert fertiggestellt. Da ich kein Pianist bin, mußte ich einen Kollegen fragen, was wirkungsvoll, was unpraktisch und technisch undankbar sei. Eine innere Stimme warnte mich vor Nikolaj Rubinstein; weil er aber der beste Pianist in Moskau war und auch der hervorragendste Allround-Musiker und weil ich wußte, daß er zutiefst beleidigt gewesen wäre, wenn er erfahren hätte, daß ich mit meinem Konzert zu einem anderen gegangen wäre, entschied ich mich doch dafür, zu ihm zu gehen. Es war am Weihnachtsabend 1874. Wir waren bei Albrechts eingeladen, und Nikolaj schlug vor, daß wir uns davor in einem Raum des Konservatoriums treffen sollten, um das Konzert durchzugehen. Ich spielte den ersten Satz. Kein Wort, keine Bemerkung. Kennen Sie das eigenartige Gefühl, daß Sie einem Gast ein Essen servieren, das Sie eigens für ihn gekocht haben, er ißt es, sagt aber kein Wort darüber? Oh, ein Wort, ein freundlicher Tadel! Irgendwas, das das Schweigen bricht! So sag doch um Himmels willen etwas! – Rubinstein aber öffnete seinen Mund nicht. Er bereitete ein Donnerwetter vor, und [Tschaikowskys Freund Nikolaj] Hubert, der auch dabei war, war ebenfalls gespannt, wann und wie er lospoltern würde. Rubinsteins Schweigen sagte viel. »Lieber Freund«, schien er zu sagen, »wie soll ich mich über Einzelheiten äußern, wenn das Ganze gegen den Strich läuft?« Ich spielte das Konzert durch. Stille. »Nun?« fragte ich und erhob mich vom Flügel. Und dann kam ein Sturm von Rubinsteins Lippen. Zunächst noch sanft, er schwoll aber an und steigerte sich zum Donner eines Jupiter. Mein Konzert sei wertlos, absolut unspielbar, die Passagen derart gebrochen, so unkonzentriert, so wenig sorgfältig komponiert, daß auch gar nichts daran zu verbessern sei. Das Stück sei schlecht, trivial und gewöhnlich. Hier und da hätte ich von anderen gestohlen, nur ein oder zwei Stellen seien etwas wert. Der Rest könne vernichtet werden. Ich verließ den Raum ohne ein Wort. Sofort kam Rubinstein mir nach, und als er merkte, wie aufgebracht ich war, wiederholte er, daß mein Konzert unmöglich sei, sagte aber auch, daß er es in einem Konzert spielen würde, wenn ich mich ganz seinen Wünschen unterordnete.

»Nicht eine Note wird geändert!« war meine Antwort.

Tschaikowsky, Brief an Nadeshda von Meck, 21. Januar 1878, in: Modeste Tschaikowsky, 1906

Als wir uns über Kritik im allgemeinen unterhielten, meinte er: »Vergessen und Nachlässigkeit sind das schlimmste, was einer Komposition angetan werden kann – besonders wenn sie neu ist. Es ist nicht so wichtig, was Kritiker schreiben; wenn sie nur überhaupt schreiben – das ist wichtig.«
Anna Brodsky, 1904

Es war gerade die Telefonleitung zwischen Berlin und Leipzig verlegt worden, und Tschaikowsky und [der Geiger Adolf] Brodsky verabredeten miteinander, sich telefonisch zu unterhalten, wenn der eine in Berlin, der andere in Leipzig sei. Zur verabredeten Zeit ging Brodsky zum Telefonamt und hoffte, ein nettes Gespräch mit dem Freund zu führen. Er hatte aber erst wenige Worte gesagt, als er Tschaikowskys zitternde Stimme vernahm: »Lieber Freund, bitte laß mich; ich bin zu nervös.«

»Ich halte dich doch nicht am Schlafittchen«, sagte A. B. »Du kannst auflegen, wann immer du magst!«

Tschaikowsky erklärte mir später, daß er im Augenblick, da er die Stimme des Freundes vernahm und doch wußte, daß er weit von ihm entfernt sei, solches Herzklopfen bekommen habe, daß er es kaum ertragen konnte.
Anna Brodsky, 1904

Manchmal schickte uns Tschaikowsky aus Berlin (oder wo er sonst war) ein Telegramm: »Ich komme zu Besuch. Bitte geheimhalten.« Wir wußten genau, was das zu bedeuten hatte: daß er müde war, Heimweh hatte und die Nähe von Freunden suchte. Einmal kam Tschaikowsky nach einem derartigen Telegramm an, als es Zeit zum Abendessen war. Zunächst waren wir unter uns, aber nach dem Essen, als er im Musiksalon saß, den Kopf in die Hand gestützt, wie er es stets tat, kamen heimlich die Mitglieder des Brodsky-Quartetts in das Zimmer, sie hatten ihre Instrumente dabei, wie es vorab festgelegt worden war. Ohne ein Wort zu sagen, nahmen sie Platz und spielten Tschaikowskys drittes Streichquartett, das sie gerade für ein Konzert einstudiert hatten. Wie freute Tschaikowsky sich! Ich sah, wie die Tränen ihm über die Wangen rannen, und nachher ging er von einem Spieler zum anderen, dankte immer wieder für die schöne Stunde, die sie ihn verleben ließen; dann sagte er in seiner naiven Art: »Ich wußte gar nicht, daß ich ein so schönes Quartett komponiert hatte. Das Finale mochte ich nie, aber nun sehe ich ein, daß es wirklich gut ist.«

Anna Brodsky, 1904. Anna Brodsky war die Frau des Geigers Adolf Brodsky (1851-1929), der Tschaikowskys Violinkonzert uraufführte.

Als der Zug losfuhr, hätte ich schreien können, so schwer fiel es mir, mein Schluchzen zu unterdrücken. Ich mußte meine Frau noch bis Klin unterhalten, um mir damit einzuhandeln, mich, wenn es dunkel wäre, in meinem Lehnstuhl zurücklehnen zu dürfen und mit mir selbst allein zu sein. Am zweiten Bahnhof nach Chinok kam plötzlich Meschtschersky [ein alter Freund Tschaikowskys aus der Zeit an der Petersburger Rechtsschule] in den Wagen. Als ich ihn sah, hatte ich das Gefühl, er müsse mich mit sich irgendwohin nehmen. Das tat er dann auch. Bevor wir eine Unterhaltung anfangen konnten, mußte ich erst einmal einer wahren Flut von Tränen freien Lauf lassen. Meschtschersky zeigte viel freundliche Zuneigung und half mir, mein völlig darniederliegendes Gemüt wieder aufzurichten. Als ich hinter Klin zu meiner Frau zurückkehrte, war ich viel ruhiger. Meschtschersky sorgte dafür, daß wir in einem Schlafwagenabteil untergebracht wurden, und dort schlief ich den Schlaf eines Toten...

Was mich am meisten tröstet, ist, daß meine Frau die Qualen, die ich kaum verheimlichen kann, nicht bemerkt oder nicht versteht. Jetzt und immer scheint sie völlig glücklich und zufrieden zu sein. Elle n'est pas difficile. Sie ist mit allem einverstanden, mit allem zufrieden...

Wir hatten ein Gespräch, daß unser Verhältnis weiter klärte. Sie ist wirklich mit allem einverstanden. Alles, was sie braucht, ist, mich verehren und für mich sorgen zu können. Ich habe mir dagegen völlige Handlungsfreiheit ausbedungen.

Tschaikowskys Bericht über seine Hochzeitsnacht (18.7.1877), in: David Brown, 1982

Einmal, so erzählte er Kaschkin, brachte er einen Abend mehr oder weniger allein in seinem Landhaus zu. Als sein Auge auf die Bände seines Tagebuches fiel, packte ihn plötzlich die Furcht, er könne sterben, ohne Freunde um sich zu haben, und Fremde könnten in diesen Geheimnissen seines Lebens herumstöbern. Unter dem Eindruck dieses Gefühls ließ er sogleich ein Feuer anzünden und verbrannte einen Band nach dem andern, bevor er zu Bett ging. Es hatte manches in ihnen gestanden, dessen Verlust er bedauerte, aber im großen ganzen meinte er, klug gehandelt zu haben.

Nikolaj Kaschkin, 1897, in: Rosa Newmarch, 1908

Im Herbst 1893 starb Tschaikowsky, nachdem er einige Tage vorher zum erstenmal seine 6. Sinfonie dirigiert hatte. Ich entsinne mich, daß ich ihn in der Pause gleich nach der Sinfonie fragte, ob er nicht ein Programm zu diesem Werk habe. Er antwortete mir, daß dem Werk natürlich ein Programm zugrunde läge, daß er es jedoch niemals bekanntgeben würde. Es war das letztemal, daß ich ihn sah. Nach wenigen Tagen verbreitete sich die Nachricht von seiner schweren Erkrankung. Alle Welt erkundigte sich mehrmals täglich in seiner Wohnung nach seinem Befinden. Sein unerwarteter Tod rief große Bestürzung hervor...

Merkwürdig, daß der Zugang zur Totenmesse frei war, obwohl Tschaikowsky an Cholera gestorben war. Ich erinnere mich, daß Werschibilowitsch den Leichnam an Kopf und Füßen küßte.

Nikolaj Rimsky-Korsakow, 1909, aus der deutschen Ausgabe von 1928 und Edward Garden, Tschaikowsky, Stuttgart 1986. Wegen der Ansteckungsgefahr wurden Cholera-Opfer streng von der Öffentlichkeit ferngehalten; dasselbe galt auch für die Leichen. Rimsky-Korsakow stand mit seiner Ratlosigkeit nicht allein; die Wahrheit kam erst knapp achtzig Jahre später ans Tageslicht (Vgl. den folgenden Text).

Im Herbst 1893 drohte Tschaikowsky ein fürchterliches Unglück. Herzog Stenbok-Fermor, verärgert wegen der Beachtung, die Tschaikowsky seinem Neffen schenkte, schrieb einen Klagebrief an den Zaren und übergab ihn Jacobi, einem der früheren Mitschüler Tschaikowskys an der Rechtsschule, zur Weiterleitung an Alexander III. Wenn bekannt geworden wäre, daß Tschaikowsky homosexuell veranlagt war, hätte er deswegen alle seine Rechte verlieren und nach Sibirien verbannt werden können, und außerdem wären die Rechtsschule und alle ihre früheren Schüler in schiefes Licht geraten. Um die Öffentlichkeit herauszuhalten, lud Jacobi die früheren Schulkameraden nach St. Petersburg ein und bildete aus ihnen ein Ehrengericht, an dem er sich selbst beteiligte. Es dauerte lange, fast fünf Stunden lang wurde getagt. Dann kam Tschaikowsky plötzlich, ohne ein Wort zu sagen, eilig aus Jacobis Arbeitszimmer heraus. Er war bleich und erregt. Die anderen blieben noch längere Zeit in jenem Zimmer und sprachen ruhig miteinander. Als auch sie fortgegangen waren, berichtete Jacobi seiner Frau, sie hätten einen Weg gefunden, den Tschaikowsky zu gehen versprochen habe: Man verlangte von ihm, Selbstmord zu begehen. Ein oder zwei Tage darauf kursierte in St. Petersburg das Gerücht, Tschaikowsky sei sterbenskrank.

Alexandra Orlova, 1981, nach einem Bericht des Petersburger Rechtsschul-Absolventen Alexander Woitow, der sich auf Elisaweta Karlowna Jacobi beruft, die Frau von Tschaikowskys »Richter«.

»Ich habe gerade eine sehr traurige Nachricht erhalten«, sagte er [= Tolstoi]. »Tschaikowsky ist heute nacht gestorben.« Ich sah hinüber zu meinem Vater. Er senkte das Haupt, und Tränen glänzten auf seinen Wangen. Nie hatte ich ihn weinen gesehen. Er drückte mir so sehr die Hand, daß es mir weh tat. Seine Tränen mündeten in einen Strom, der über seinen weißen, über meinem Kopf schwebenden Bart hinabrann... Dann nahm Tolstoi mit seiner gewaltigen Hand wieder das Telegramm, das er meinem Vater gegeben hatte; dadurch wurde mein Blickfeld begrenzt, es war, als verdecke eine kleine, gelbe Platte den Himmel, der sich so sehr verdunkelt hatte.

Marie Scheikewitsch, in: Gerald Norris, 1980

»Der arme Peter Iljitsch Tschaikowsky war dem Selbstmord stets nahe, weil er so sehr Sorge davor hatte, man könne ihn als

Homosexuellen entlarven [sagte Diaghilew]; wenn man dagegen heutzutage Komponist sein will und nicht homosexuell ist, tut man am besten, wenn man sich eine Kugel durch den Kopf jagt. «

Als ich protestierte und drei äußerst erfolgreiche zeitgenössische Komponisten alten Schlages (also Heterosexuelle) nannte, gab Diaghilew zurück: »Unsinn! Zwei von ihnen sind ›des tantes ratées‹ (verhinderte Homosexuelle), und der dritte ist impotent. «

Vernon Duke, 1955. Vernon Duke, eigentlich »Wladimir Dukelsky« (1903-1969), war ein Komponist russischer Abstammung, der sich in Amerika sein Pseudonym zulegte.

Antonín Dvořák
1841–1904

Tschechischer Komponist. Seine bis in alle Winkel der Erde berühmte Symphonie Nr. 9 »Aus der Neuen Welt« entstand in den drei Jahren, die er in New York und in der tschechischen Siedlung Spillville/Iowa verbrachte (1892-95).

Old Borax, wie man Dvořák freundschaftlich nannte, wurde mir von Madame Thurber anvertraut, als er [in New York] ankam. Er war ein glühender Katholik, und mir gelang es, eine böhmische Kirche ausfindig zu machen, wo er seinen Tagesablauf mit der Frühmesse beginnen konnte. Etwas forsch lud ich ihn ein, den amerikanischen Drink »Whisky Cocktail« zu probieren. Er nickte mit dem Kopf, dem Kopf einer bärtigen, böse dreinblickenden Bulldogge. Er musterte sein Gegenüber stets zunächst mit seinen wilden Slawenaugen, war aber ein ebenso milde gestimmter Mensch, wie es viele Schüler mit Kontrapunktübungen erfuhren. Ich nannte ihn stets einen entgräteten Piraten. Aber ich lag falsch, wenn ich annahm, daß scharfe amerikanische Drinks seinen tschechischen Nerven zusetzen könnten. Wir gingen zunächst nach Goerwitz, beschrieben dann einen großen Bogen, mitten durch die gewaltige New Yorker Durst-Meile hindurch. An jeder Ecke nahm Doktor Borax einen Cocktail zu sich. Nun, ich für meinen Teil verabscheue Alkohol und blieb lieber bei meinem Leisten, der üblichen dreistimmigen Invention aus Hopfen, Malz und Quellwasser. Wir parlierten deutsch miteinander, und ich war froh, einem Menschen begegnet zu sein, dessen Akzent und Grammatikkenntnisse noch schlechter waren als die meinen. Doch wir kamen schwimmend ans Ziel – was auch deshalb das passende Bild ist, weil das Wetter naß war, wenn auch nicht stürmisch...

Er durfte gerade seinen neunzehnten Cocktail schlürfen, als ich ihn etwas schwerfällig fragte: »Master, meinen Sie nicht, daß es Zeit wäre, etwas zu essen?« Er starrte mich aus seinem schrecklichen Bart, in den seine Haarpracht etwa auf halber Kopfhöhe mündet, an und meinte: »Essen. Nein. Ich nicht essen. Wir gehen in Restaurant in Houston Street. Sie gehen mit? Wir trinken Slivovitz. Er wärmt Sie nach soviel Bier.« Ich ging an jenem Abend nicht mit Dr. Antonín Dvořák in das böhmische Kaffeehaus an der East Houston Street; nie begleitete ich ihn dorthin. Ein solcher Mensch ist für einen maßvollen Trinker so gefährlich wie ein falsches Leuchtfeuer für einen schiffbrüchigen Seemann. Und er konnte so viele Spirituosen verkraften wie ich Bier. Nein, ich versicherte Mrs. Thurber, daß ich ihn nun genug durch New York begleitet hatte. Als ich »Old Borax« in der Sokel Hall, dem böhmischen Zentrum drüben am Ostende, wiedertraf, ging ich ihm mit allem Fleiß aus dem Weg.

James Huneker, 1921. Huneker (1860-1921) war ein prominenter New Yorker Musikkritiker; Jeanette M. Thurber, die Frau eines reichen Kaufmanns, gründete das National Conservatory of Music und berief Dvořák zu dessen Direktor.

Was der Meister in Amerika vermißte, waren – Tauben und Lokomotiven. Nach diesen zwei »Steckenpferden« war ihm bange, aber auch da fand er endlich einen bescheidenen Ersatz. Eines Tages unternahmen wir mit dem Meister einen Spaziergang in den Central Park, wo es einen kleinen zoologischen Garten gibt und auch ein Gebäude mit verschiedenen Vögeln, und dort kamen wir zu einem riesigen Käfig mit etwa zweihundert Tauben.

Das war für den Meister eine wirkliche Überraschung und die Freude über die Tauben war groß und obzwar keine von ihnen seinen Hohl- oder Ringeltauben gleichkam, pflegten wir doch einmal, manchmal sogar zweimal wöchentlich in den Central Park zu fahren.

Mit den Lokomotiven war es ärger. In New York war damals nur ein Bahnhof – die übrigen lagen jenseits des Flusses (die Stadt New York liegt nämlich auf der Insel Manhattan). Im Hauptbahnhof ließ man außer den Reisenden niemanden zum Zug und alle unsere Bitten an die Pförtner, uns einen Blick auf die »amerikanische Lokomotive« zu erlauben, nützten nichts. So fuhren wir also mit der Hochbahn bis in die 155. Straße, eine gute Stunde von der Wohnung des Meisters, und dort auf dem Hügel warteten wir, bis ein Schnellzug nach Chicago oder Boston vorbeifuhr. Aber das nahm viel Zeit in Anspruch, beinahe den ganzen Nachmittag, da wir immer auf mehrere Züge warteten, damit es die Mühe lohne, und so fand sich der Meister ein neues Steckenpferd in – den Dampfschiffen! Einerseits war der Weg zum Hafen viel kürzer und außerdem war am Tag der Abfahrt das Betreten des Schiffes erlaubt, welche Gelegenheit wir mit dem Meister gehörig ausnützten.

Es gab dann kein einziges Schiff, das wir nicht kreuz und quer durchstöbert hätten. Der Meister kam immer mit dem Kapitän des Schiffes ins Gespräch, dann mit seinen Assistenten und bald kannten wir jedes Schiff und alle Herren Kapitäne und Unteroffiziere beim Namen. Und wenn das Schiff die Anker lichten sollte, zogen wir ab und warteten, bis es verschwand.

Josef J. Kovařík, Erinnerungen, in: Otakar Šourek, 1954

Brahms überredete Dvořák, er möge nach Wien übersiedeln, und da er wußte, daß Dvořák eine zahlreiche Familie besitzt, sagte er: »Sehen Sie, Dvořák, Sie haben viel Kinder und ich habe fast niemand mehr. Wenn Sie etwas brauchen, mein Vermögen steht Ihnen zur Verfügung.« Frau Dvořák standen die Tränen in den Augen und Dvořák faßte den Meister gerührt bei der Hand. Es wurde dann über Glauben und Religion gesprochen. Dvořák war bekanntlich von einem aufrichtigen, fast kindlichen Glauben erfüllt, während Brahms' Ansichten ganz entgegengesetzt waren. »Ich habe zu viel Schopenhauer gelesen und schaue mir die Sachen anders an«, meinte er... Während des Rückweges zum Hotel war Dvořák sehr schweigsam. Endlich sagte er nach einer geraumen Weile: »Solch ein Mensch, solch eine Seele – und er glaubt an nichts, er glaubt an nichts!«

Josef Suk, in: Otakar Šourek, 1954. Suk (1874-1935) war Dvořák-Schüler gewesen.

ARRIGO BOITO
1842–1918

Italienischer Komponist und Dichter, Verdis Librettist in »Otello« und »Falstaff«. Seine erste Oper, »Mefistofele«, kam 1868 auf die Bühne; seine zweite, »Nerone«, hatte er bereits 1862 begonnen, doch als er 56 Jahre später starb, war sie noch immer nicht vollendet.

Als die Vorstellung [von »Mefistofele«] vorüber war, sagte man mir, daß er mich baldmöglichst bei sich zu Hause zu sprechen wünsche. Ich ging los, sobald ich konnte. Auf dem Tisch in seinem Arbeitszimmer brannte Weihrauch. Er war Junggeselle, und nach den Möbeln seines Hauses zu urteilen, war er ein großer Liebhaber diverser schöner Dinge. Allmählich bemerkte ich, daß er ein fröhlicher, vergnügter Mensch ist. Ich wußte, daß er gerade an einer Oper »Nerone« arbeitete und erkundigte mich danach. Seine Antwort war wunderlich: Er schnitt ein fürchterliches Gesicht, nahm eine gewaltige Pistole aus seiner Schreibtischschublade, legte sie mir auf die Knie und sagte in halb komischem, halb trübem Tonfall: »Erschießen Sie mich. Ja, wirklich. Bitte, weil ich mich mit derartigem Unsinn beschäftige.« Da wurde mir klar, wie tief er seine Arbeit durchfühlte.

Feodor Schaljapin, 1967

JULES MASSENET
1842–1912

Französischer Komponist, schrieb 27 Opern, von
denen »Manon« und »Werther« die bekanntesten
sind.

Als »Esclarmonde« uraufgeführt wurde, sprachen die spitzen
Kritikerzungen von ihm nur als »Mlle. Wagner«, und die Zeitungen brachten wohlgefällig eine Anekdote über ihn in Umlauf. Massenet sollte gesagt haben: »Wagner, ein ungeheures Genie! Ich schätzte mich glücklich, wenn ich ihm bis an die Knöchel reichte.« Als der Komponist Reyer das hörte, habe er ernsthaft gekontert: »Aber er reicht bis dahin!«
Henry Theophilus Finck, 1910

Eines Abends pries Massenet Reyer bei einem Festessen in
höchsten Tönen. Als die Gastgeberin das hörte, bemerkte sie, es
sei sehr großzügig von Massenet, so zu sprechen, und fügte
hinzu: »Reyer spricht immer nur verächtlich von Ihnen.«
»Madame«, antwortete Massenet, »Sie wissen doch aber,
welch unverbesserliche Lügner wir beide sind.«
Isidore de Lara, 1928

Ein paar Wochen vor der »Werther«-Premiere in Paris wurde
Massenet Mitglied der »Union Vélocipédique de France«. Ihm
zu Ehren wurde ein großer Empfang veranstaltet, auf dessen
Programm unter anderem auch vorgesehen war, daß das neue
Mitglied seine Geschicklichkeit unter Beweis stellte und einmal
die Tafel mit dem Fahrrad umrundete. Ein boshafter Kritiker bemerkte hierzu, Massenet habe dies nur als Werbemaßnahme getan – doch 1893 war Massenet bereits ein berühmter Mann.
Henry Theophilus Finck, 1910

Nach einer Vorstellung von »Manon«, in der der Tenor permanent zu tief gesungen hatte, traf Massenet, als er hinter die Bühne ging, den Sänger, als dieser gerade Glückwünsche entgegennehmen wollte... »Hoffentlich gefiel Ihnen alles, cher Maître?« fragte der tadelnswerte Tenor.

»Herrlich, herrlich«, antwortete der Komponist, »aber wie können Sie nur mit diesem schrecklichen Orchester musizieren; es begleitete Sie den ganzen Abend über einen Halbton zu hoch?«

Isidore de Lara, 1928

SIR ARTHUR SULLIVAN
1842–1900

Englischer Operettenkomponist, der zusammen mit dem Librettisten William Schwenck Gilbert zahlreiche beliebte Werke schrieb – darunter aber auch den Hymnus »Onward Christian Soldiers«.

Eines Abends stand er hinten im ersten Rang und begann ganz versonnen eine Melodie mitzusummen, die von der Bühne hinaufdrang. »Hören Sie einmal«, erklärte darauf ein empfindsamer alter Herr, der sich unvermittelt dem Komponisten zuwandte, »ich habe meinen Eintritt bezahlt, um Sullivans Musik zu hören, nicht die Ihre!«

Sir Arthur Sullivan über sich selbst, in: Henry A. Lytton, 1921

EDVARD GRIEG
1843–1907

Norwegischer Komponist. Bereits seine frühen Erfolge gaben dem norwegischen Nationalbewußtsein derartigen Auftrieb, daß die Regierung ihm 1874 eine staatliche Pension zuerkannte – als er 29 Jahre alt war.

[Die englische Komponistin] Ethel Smyth lobte ein bestimmtes Werk Griegs, meinte aber, die Coda falle gegenüber den übrigen Teilen ab. »Ach ja«, sagte Grieg und zuckte die Schultern, »an dieser Stelle verließ mich die Inspiration, und so mußte ich das Stück ohne sie vollenden.«

Nach Ethel Smyth, 1923

Mitten in der Probe [mit Brahms] hörte ich es an der Haustür klingeln, und weil ich wußte, daß es Tschaikowsky sein müsse, beeilte ich mich, ihm aufzumachen. Die Musik, die ihm entgegenschlug, verwunderte ihn, und er fragte, wer da sei und was gespielt werde. Ich nahm ihn ins Nebenzimmer und versuchte ihm vorsichtig beizubringen, daß Brahms da sei. Als wir dort miteinander sprachen, trat nebenan eine Pause ein, und ich bat ihn einzutreten, aber er fühlte sich dazu zu nervös; ich öffnete also die Tür und rief meinen Mann. Er nahm Tschaikowsky mit hinein, und ich folgte.

Tschaikowsky und Brahms waren einander noch nie begegnet. Es wäre schwierig gewesen, zwei unterschiedlichere Naturen zu finden. Tschaikowsky war ein geborener Aristokrat, hatte etwas Elegantes und Vornehmes in seinem ganzen Auftreten und war in seinem Wesen überaus zuvorkommend. Brahms mit seiner kurzgeratenen, kantigen Figur und dem gewaltigen Kopf war ein Inbegriff von Kraft und Energie und erklärter Gegner von allem, was sich mit »gute Sitten« umschreiben läßt. Häufig drückte er sich in Sarkasmen aus. Als A. B. [= Adolf Brodsky, russischer Geiger, 1851–1929] sie einander vorstellte, fragte Tschaikowsky mit seiner weichen, klangvollen Stimme: »Ich störe Sie doch hoffentlich nicht?«

»Keineswegs«, gab Brahms zurück – in seinem eigenartig rauhen Tonfall. »Aber warum wollen Sie zuhören? Es ist nicht im geringsten interessant.«

Tschaikowsky setzte sich und lauschte aufmerksam. Brahms als Mensch machte auf ihn, wie er mir später sagte, einen sehr sympathischen Eindruck, aber die Musik gefiel ihm nicht. Als das Trio zuende war, erschien mir Tschaikowsky sehr unruhig. Natürlich hätte er nun etwas sagen müssen, aber er war nicht der

Mensch, der geheuchelte Komplimente verteilen konnte. Die Situation wäre also vielleicht brenzlig geworden, doch in dem Augenblick flog die Tür auf, und unsere guten Freunde traten ein – Grieg und seine Frau, und sie brachten (wie immer) eine Portion Sonnenschein mit sich. Brahms kannten sie, aber Tschaikowsky erlebten sie zum ersten Mal; dieser liebte Griegs Musik und fühlte sich sofort zu diesen bezaubernden Menschen hingezogen, die so voll von Leben, Begeisterung und Ungezwungenheit und doch so umgänglich waren, daß man sich in ihrer Nähe sofort wohl fühlte. Tschaikowsky mit seinem nervösen, sensiblen Wesen verstand sich gleich mit ihnen. Nach dem Vorstellen und den Begrüßungen gingen wir ins Eßzimmer. Nina Grieg wurde zwischen Brahms und Tschaikowsky plaziert, aber wir saßen kaum, da stand sie wieder auf und sagte: »Ich kann zwischen diesen beiden nicht sitzen. Es macht mich ganz kribbelig.«

Grieg sprang auf und sagte: »Aber ich fürchte mich nicht«, und er tauschte mit ihr den Platz. So saßen nun also die drei Komponisten nebeneinander und waren alle bester Laune. Noch heute sehe ich Brahms dasitzen, wie er eine Schale mit Erdbeermarmelade in der Hand hält und erklärt, er wolle sie für sich allein haben und keinem etwas abgeben. Eher war es ein Kinderfest als ein Treffen großer Komponisten. Mein Mann spürte das so deutlich, daß er, als wir fertig gegessen hatten und unsere Gäste noch zum Zigarrerauchen und Kaffeetrinken bei Tisch blieben, sich einen Zauberkasten holte – ein Weihnachtsgeschenk für meinen kleinen Neffen – und ein Kunststück nach dem andern vorführte. Unsere Gäste waren allesamt sehr amüsiert, besonders Brahms, der sich jedes Kunststück, nachdem es vorgeführt war, von A. B. erklären ließ.

Anna Brodsky, 1904

Eines Tages ging Grieg mit seinem Freund Frants Beyer in Bergen zum Angeln. Nach einiger Zeit fiel ihm ein musikalisches Motiv ein; er nahm ein Stück Papier aus der Tasche, schrieb das Motiv in aller Ruhe auf und legte den Zettel neben sich auf die Bank. Im nächsten Augenblick erhob sich eine Windbö und wehte den Zettel auf den Boden. Grieg hatte es nicht bemerkt, wohl aber Beyer, der den Zettel aufhob. Wenig später begann er, die Melodie vor sich hin zu pfeifen.

»Was war das?« fragte Grieg.

»Nur eine Idee, die mir gerade kam«, sagte Beyer mit Nonchalance.

»Zum Teufel! Dieselbe hatte ich gerade eben auch.«

Christian Schott, in: Henry Theophilus Finck, 1924

Adelina Patti
1843–1919

Aus Madrid gebürtig, Sopranistin, deren Gagen damals unübertroffen waren. Bereits als Kind debütierte sie in New York.

John H. Haverly, berühmt als Showmanager, wollte einmal unbedingt als Impresario tätig werden. Hierbei wurde er von seiner Frau angetrieben, die dann auch eines Tages zu ihm sagte: »John, warum nimmst du nicht die Patti?«

»Richtig«, sagte dieser und bemühte sich sofort um ein Gespräch mit der Diva; dabei fragte er sie auch, welche Bedingungen sie stelle.

»Für Oper oder Konzert?« fragte Adelina.

»Für Konzert«, sagte Haverly.

»Viertausend Dollar pro Abend; zweihunderttausend für fünfzig Konzerte«, antwortete die Patti.

Für den Augenblick war der unermüdliche Haverly geschlagen. »Warum, Madame – das ist ja viermal so viel, wie uns der Präsident der Vereinigten Staaten in einem Jahr kostet!« bemerkte er.

»Na schön«, sagte die Patti, »warum lassen Sie dann nicht den Präsidenten für sich singen?«

Robert Grau, 1909

Das Publikum war überaus begierig, Mme. Patti und Mme. Scalchi in ein und derselben Oper auftreten zu sehen. Um fünf Uhr war die Menge der vor der Academy Wartenden bereits riesengroß, und erst um sieben Uhr wurden die Türen geöffnet. Das Publikum drängte hinein, und da ereignete sich etwas Schlimmes. Eine Dame in der Menge, die sich ihre Eintrittskarte im Vorverkauf besorgt hatte, wurde treppauf mitgeschleift, obwohl sie bereits auf dem ersten Treppenabsatz einem Herzanfall erlegen war, der sie in ihrer Aufregung ereilt hatte. Von der dichten Menge mit nach oben gedrängt, sank sie erst auf der Galerie nieder. Aus Furcht vor der Aufregung, die daraus entstehen konnte, und um mir den Vorfall zunächst zu verheimlichen, brachten die Diener die Dame in den Vorraum einer kleinen Privatloge, wo sie die gesamte Vorstellung über blieb; erst am nächsten Morgen wurde der Leichnam der Dame von deren Freunden abgeholt.
James Henry Mapleson, 1888

In der Schlußszene von »Aida« sollten sie und der Tenor eingemauert werden. Am Schluß des Duetts legte sich die Patti, die den Bühnenbildner angewiesen hatte, es ihr bequem zu machen, ihr Sofakissen zurecht, das in greifbarer Nähe untergebracht war, schleuderte ihren Pariser Schuh mit den hohen Absätzen so durch die Gegend, daß die Schleppe hinter sie fiel, und legte sich mit der Hilfe ihres Tenorpartners bequem nieder – um den Bühnentod zu sterben.
David Bispham, 1920

Ich fragte sie, warum sie nie Wagner gesungen habe. Sie blickte mich mit ihren schönen Augen an und fragte nur: »Habe ich Ihnen jemals etwas angetan?«
Sir Felix Semon, 1926. Semon (1849–1921) war ein britischer Kehlkopfspezialist.

Die Patti war vielleicht die letzte große Sängerin, die der schmeichelhaften Versuchung widerstand, für das Grammophon zu singen. 1903 ließ sie sich endlich erweichen und ein Aufnahmeteam mit den schwerfälligen Aufnahmegeräten in ihr Schloß Craig-y-Nos kommen.

Nach einigen Tagen erklärte sie sich bereit, Mozarts »Voi che sapete« [aus »Figaros Hochzeit«] zu singen, verlangte aber, daß sie die Aufnahme sofort zu hören bekomme, obgleich diese damit zerstört wurde. »Ich werde die Szene nie vergessen«, schrieb Landon Ronald, der Aufnahmeleiter. »Sie hatte sich zuvor nie selbst singen gehört, und als der kleine Schalltrichter nun die herrlichen Töne von sich gab, brach sie in Begeisterung aus. Sie warf Kußhände in ihn hinein und sagte immer wieder: ›Ah, mon Dieu! Maintenant je comprends pourquoi je suis Patti! Oh oui! Quelle voix! Quelle artiste! Je comprends tout!‹ [»Oh, mein Gott! Jetzt weiß ich, warum ich ›die Patti‹ bin! Oh ja! was für eine Stimme! Was für eine Künstlerin! Ich verstehe alles!«] Ihre Faszination war so echt und ungekünstelt, daß es uns allen ganz richtig und natürlich erschien, wenn sie ihre eigene Stimme nun so lobte.«

Nach Sir Landon Ronald, 1922

Nikolaj Rimsky-Korsakow
1844–1908

Komponist der »Schéhérazade«, Lehrer von Glasunow und Strawinsky.

Wir vereinbarten [1871] mit Mussorgski, einen gemeinsamen Hausstand zu begründen, und mieteten eine Wohnung, richtiger ein möbliertes Zimmer im Hause Zaremba auf der Panteleimonskaja. Unser Zusammenwohnen mit Modest war vermutlich das einzige Beispiel dieser Art. Wie brachten wir zwei Komponisten es fertig, einander nicht zu stören? Ganz einfach. Morgens bis 12 Uhr benützte Mussorgski den Flügel, während ich abschrieb oder irgend etwas schon vollkommen Durchdachtes instrumentierte. Um 12 Uhr ging er in sein Ministerium, und ich setzte mich an den Flügel. Abends handelten wir nach gütlicher Übereinkunft.

Nikolaj Rimsky-Korsakow, 1909

Der Musikkritiker Michel D. Calvocoressi traf Rimsky-Korsakow 1907 in Paris und war so ungeschickt, von seiner Vorliebe für »Boris Godunow« in Mussorgskys Originalfassung zu sprechen. Der Bearbeiter des Werks dagegen war nicht im geringsten betroffen. Er lächelte nur, schüttelte ihm die Hand und sagte: »Ihr jungen Franzosen greift euch aus Mussorgskys Musik die Dreckklumpen heraus; dann legt ihr sie auf einen Altar und betet sie an.«

Nach Michel Dimitri Calvocoressi, 1933

[Der russische Komponist] Alexander Gretschaninow kam zu ihm mit einem Frühwerk, mit dem er, wie er sagte, nicht völlig zufrieden war.

»Warum nicht?« fragte Rimsky-Korsakow.

»Weil es etwas zu sehr wie Borodin klingt.«

»Haben Sie keine Sorge davor, daß Ihre Werke wie andere Musik klingen«, erklärte Rimsky-Korsakow, »aber hüten Sie sich davor, daß sie nach nichts klingen!«

Nach Alexander Gretschaninow, 1952

PABLO DE SARASATE
1844–1908

Spanischer Violinvirtuose.

Abgesehen von seinem herrlichen Spiel habe ich ihm zeitlebens für seine großartige Antwort zu danken, die er einer Dame gab, als sie ihn »avec votre violon« zum Essen einlud.

»Chère Madame«, antwortete er, »je viendrai avec plaisir, mais mon violon ne dine pas.« [Ich komme gerne, aber meine Geige ißt nie etwas.]

Helen Henschel, 1944. Ihr Vater war der Dirigent und Bariton Sir George Henschel. Die Geschichte hat allerdings einen Vorläufer, der sich bereits bei William T. Parke (1830) findet: »Als der gefeierte Oboenvirtuose Johann Fischer [1733–1800], der für sein sonderbares Wesen besonders bekannt war, Konzerte in der Rotunde in Dublin gab, wie sie vor fünfzig Jahren üblich waren, kam ein vornehmer Herr, der von Fischers großem Talent hingerissen war, zu ihm, machte ihm Komplimente, lud ihn dann dringend für den folgenden Abend zum Essen ein und fügte hinzu: ›Aber Sie bringen doch Ihre Oboe mit!‹ Fischer ärgerte sich ein bißchen über diese Einladung und antwortete hastig: ›Mylord, meine Oboe ißt nie zu Abend!‹«

GABRIEL FAURÉ
1845–1924

Französischer Komponist, führte am Pariser Conservatoire als dessen Direktor Reformen durch und unterrichtete unter anderem Maurice Ravel, George Enescu und Nadia Boulanger.

Fauré wurde zum Chef des Conservatoire ernannt, nachdem das Institut einen Aufschrei damit hervorgerufen hatte, daß man Ravel vom Wettbewerb um den Rompreis disqualifizierte. Der scheidende Direktor schärfte seinem Nachfolger feierlich dessen Aufgaben ein: »Monsieur, le Conservatoire, comme son nom l'indique, est fait pour conserver la tradition.« [Mein Herr, das Conservatoire besteht, wie der Name sagt, zu dem Zweck, die Tradition zu konservieren.] Faurés Ernennung selbst führte dazu, daß dermaßen viele Posten geräumt wurden, daß man von dem bescheidenen Musiker als »Robespierre« sprach und die Pariser Bevölkerung von seinen »täglichen Fuhren mit Opfern« tuschelte.
Nach Philippe Fauré-Fremiet, 1929

Er war sich der Würde seines Amtes bewußt. Jeden Tag kam er mit einer Kutsche am Conservatoire an, war aber hierfür erst eine Station vorher aus der Metro ausgestiegen.
Henriette Canter im Gespräch mit Margaret Campbell, 1984

Thomas Alva Edison
1847–1931

Der Erfinder des Phonographen, der die Wiedergabe von Musik nur als eine Möglichkeit unter mehreren ansah, diesen zu verwenden.

Als die »redende Maschine« noch ein etwas zweifelhaftes Produkt war, wurde mir häufig eine Liste mit neuen Aufnahmen zur Begutachtung vorgelegt. Wenn ich die Aufnahmen angehört hatte, fügte ich, um sie für die Produktion einzustufen, die Prädikate »gut«, »ordentlich« oder »saumäßig« hinzu. Die »saumäßigen« Aufnahmen waren stets die Publikumslieblinge. Daher habe ich nichts anderes zu tun, als ein Musikstück zu verurteilen, und die Fabrik wird Überstunden machen müssen, um die Nachfrage befriedigen zu können.

Thomas Alva Edison, in: Henry Theophilus Finck, 1924

Jean de Reszke
1850–1925

Polnischer Sänger, der herausragende Tenor im »goldenen Zeitalter der Oper«.

Die Unterschiede zwischen Chicago einerseits und New York und Boston andererseits waren damals noch viel größer als heute. So kommt es, daß meine frühen Eindrücke aus Chicago ziemlich aufregend sind. Nie werde ich den Abend vergessen, an dem ich mit Jean de Reszke in [Gounods] »Roméo et Juliette« auftrat. Ich hatte, je weiter die Aufführung voranschritt, den Eindruck, daß wir das Publikum nicht so unmittelbar in der Hand hatten wie anderswo und daß es irgendwo hinten im Saal brodelte. Dann gab es plötzlich Aufregung, einen allgemeinen Aufruhr, ein paar erschrockene Schreie, Verwirrung im Orchester, und bevor ich wußte, wie mir geschah, sah ich über die Lichttröge am Bühnenrand einen Mann mit starrem Blick und dem Gesichtsausdruck eines Irren auf mich zukommen.

Tatsächlich war es ein Geistesgestörter, ein Mann, der irgendwie aus einer Anstalt ausgebrochen und in den Saal gelangt war. Einen Augenblick lang war alles wie gelähmt. Dann kam mir Jean zu Hilfe. Er rannte nach vorn, zog seinen Bühnendegen aus der Scheide und fuchtelte mit diesem vor dem Gesicht des Mannes wild herum. Der Mann blickte drein, als wolle er tatsächlich den Kampf aufnehmen – wenn er es wirklich getan hätte, weiß ich nicht, was geschehen wäre, denn er war stark, und ein Bühnendegen ist keine gute Waffe, wenn man sich gegen die Kräfte eines Rasenden zur Wehr setzen will.

Nellie Melba, 1925

ENGELBERT HUMPERDINCK
1854–1921

Komponist von »Hänsel und Gretel«, der unübertroffenen Kinderoper.

Als Augustus Harris selbst nach Amerika fuhr, wollte er dort Humperdincks »Hänsel und Gretel« mit dem berühmten Arthur Seidl am Pult auf die Bühne bringen; doch die Oper wurde dort nur kühl aufgenommen, und das Mißgeschick, das ein letzter Nagel zum Sarg der Oper in der Premiere war, ergab sich aus Harris' Rede, in der er die Hoffnung aussprach, daß die Amerikaner genügend künstlerisches Einfühlungsvermögen besäßen,

um »das herrliche Werk dieses großen Komponisten, Pumper-
nickel, würdigen zu können«.

Nach J. M. Glover, 1911

Leoš Janáček
1854–1928

Tschechischer Komponist; erst mit 50 Jahren
hatte er einen ersten Erfolg (»Jenufa«), auf den er
eine Reihe meisterhafter Opern folgen ließ.

Er war der erste Komponist, der dem musikalischen Gehalt der
Umgangssprache nachspürte und stets ein offenes Ohr für das
musikalische Element hatte, das sich ihm rein akustisch im Laufe
eines Gesprächs bot. So traf er einmal Smetanas Tochter beim
Einkaufen und notierte das, was sie ihm sagte, sofort auf einem
Notensystem, das er dafür in sein Notizbuch zog.

Nach Vilem und Margaret Tausky, 1982

Noch während der Generalprobe zu »Die Sache Makropulos«
nahm er in der Partitur Änderungen vor, bis dem Dirigenten der
Geduldsfaden riß und er ausrief: »Keine Korrekturen mehr!«
    Janáček nahm dies hin und ging in aller Ruhe fort. Während
der Premiere, etwa in der Mitte der Aufführung, wechselten der
Dirigent und der Stimmführer der Celli erstaunte Blicke, denn
die Töne, die dieser gerade spielte, hatten sie beide nie zuvor zu
hören bekommen. Offensichtlich war Janáček nach der letzten
Probe in die Notenbibliothek gegangen und hatte vorsichtig ein
neues Cello-Solo eingefügt.

Nach Margaret Tausky, 1979

ARTHUR NIKISCH
1855–1922

Dirigent ungarischer Abstammung, leitete die
Berliner Philharmoniker und das Leipziger Ge-
wandhausorchester. Die Musiker nannten ihn
»Magier«, weil er mit gewissen übernatürlichen
Kräften ausgestattet zu sein schien.

Man sagte Nikisch nach, mit neuen Werken weniger gewissenhaft zu sein als mit älteren, und Max Reger beschloß, Nickischs
Vorbereitungsarbeiten auf die Probe zu stellen. Während der
letzten Probe vor der Uraufführung eines seiner Werke bat der
Komponist, die Schlußfuge einmal zusammenhängend zu spielen. Nikisch, am Pult, blätterte die Partitur mehrfach von vorn
bis hinten und anschließend nochmals rückwärts durch und
stellte dann entrüstet fest, daß er die Fuge nicht finden könne.
»Ist auch keine drin«, brummte Reger.
Nach Artur Schnabel, 1945

SIR EDWARD ELGAR
1857–1934

Englischer Komponist, lenkte mit seinen
»Enigma Variations«, einer Folge persönlicher
Skizzen, die auf ungelöste Rätsel anspielen, das
internationale Interesse wieder auch auf die englische Musik. »Land of Hope and Glory«, einer
seiner Märsche in »Pomp and Circumstance«,
wurde zu einer Art nationaler Hymne im späten
»English Empire«.

Ich mochte »Enigma« sehr gern und war jugendlich unver-
schämt. Eines Abends, als ich Elgar und meinen Vater über die
Variationen sinnieren hörte, fragte ich ihn auf den Kopf zu: »Was
ist das ›Enigma‹?«

Elgar antwortete: »Das solltest du nicht mich fragen; frag es Troyte Griffith.«

Ich kannte Griffith, um den es in der siebten Variation geht; er war Architekt und alles andere als ein Musiker. Daher sagte ich: »Wie kann Troyte mir das erklären?«

Elgar lachte und erzählte folgende Geschichte: »Eines Tages wußte ich, daß Troyte zu mir kommen würde; ich legte Papierschnipselchen auf bestimmte Klaviertasten und schrieb auf sie Zahlen, um damit die Reihenfolge anzuzeigen, in der diese angeschlagen werden sollten. Ich bat Troyte dann, die Töne in der angegebenen Reihenfolge zu spielen. Als er fertig war, nahm ich die Papierstückchen fort und sagte: ›Troyte, nun kennen Sie das Enigma!‹ Ich wußte, daß ich sicher sein konnte, weil er sich an die Reihenfolge der Töne, die er gespielt hatte, nicht erinnern würde.«

Führte mich Elgar wieder einmal an der Nase herum, wie er es so oft tat? Offen gesagt, ich glaube kein Wort von der Geschichte.

E. Wulstan Atkins im Gespräch mit Norman Lebrecht

Eines Abends – . . . Elgar hatte fast den ganzen Tag über gearbeitet, und wir sprachen miteinander Details der musikalischen Form und der dann folgenden instrumentatorischen Ausarbeitungsmöglichkeiten durch; da sagte er plötzlich: »Weißt du, Billy« – ich wurde damals allgemein Billy genannt – »meine Frau ist ein wunderbarer Mensch. Ich spiele ihr Phrasen und Melodien vor, weil sie stets wissen will, welche Fortschritte ich mache. Nun, sie nickt mit dem Kopf und sagt nichts – oder gerade eben: ›Oh, Edward!‹ – aber ich weiß, was sie gutheißt und was nicht, und dann spüre ich auch immer, was jeweils noch fehlt. Sie sagt nie, daß ihr etwas mißfällt, denn sie meint, nicht genügend Kompetenz zu haben, um musikalische Schöpfungen beurteilen zu können. Aber einige Tage, bevor du kamst, waren wir in Plas Gwyn, Hereford. Ich spielte etwas von dem, was ich den Tag über komponiert hatte, und sie nickte stets zustimmend – außer an einer Stelle: Sie stand auf, und zwar, wie ich spürte, ziemlich verstimmt. Ich aber ging zu Bett und ließ alles, wie es war. Aber als der Morgen graute, stand ich wieder auf, um mir nochmals anzuschauen, was ich geschrieben hatte. Ich fand alles, wie ich es am Abend hinterlassen hatte, nur war ein Stückchen Papier über den Takten angebracht, über die es am Abend Differenzen gegeben hatte, mit der Aufschrift: ›Alles ist herrlich und genau richtig, nur nicht dieser Schluß. Meinst Du nicht, lieber Edward, daß dieser Schluß ein bißchen... ist?‹ Ja, Billy, ich warf den Schluß fort. Wir sprachen nicht wieder darüber, aber ich schrieb den Schluß um, und weil ich nie wieder etwas darüber hörte, weiß ich, daß ich Zustimmung gefunden habe.«

William H. Reed, 1938. Reed (1876–1942) war Geiger und Konzertmeister des London Symphony Orchestra.

Wir schlenderten, um die Zeit hinzubringen, um den Langham Place zum Konzertsaal. Als wir uns dem Künstlereingang näherten, kamen wir an einem Straßenmusikanten vorbei, der ziemlich gut »Salut d'Amour« geigte. Der Komponist war begeistert, bleib stehen und fingerte eine halbe Krone aus seiner Tasche. Als er sie dem frappierten Musiker reichte, fragte er ihn, ob er wisse, was für ein Stück er da spiele.

»Selbstverständlich«, antwortete jener. »›Salut d'Amour‹ von Elgar.«

»Sie haben dieses Geld verdient, denn Sie machen mehr aus dem Stück, als Elgar je hineinlegte.«

Fred Gaisberg, 1946

Ruggiero Leoncavallo
1857–1919

Komponist der Oper »Der Bajazzo«, die meistens an einem Abend zusammen mit Mascagnis »Cavalleria Rusticana« gegeben wird.

Leoncavallo war ein dicker, gutmütiger Mensch, ein begeisterter Esser und für einen Italiener reichlich plump und unbeweglich.

Ich lernte ihn in den neunziger Jahren kennen, als er mit seiner Oper »Der Bajazzo« riesigen Erfolg hatte. Viele Jahre später traf ich ihn wieder, und da erzählte er mir von einem Erlebnis, das er in der kleinen italienischen Stadt Forli, bekannt für Seidenherstellung, gehabt habe. Dort war man, obgleich die Stadt nur 40 000 Einwohner hatte, ungeheuer stolz auf das eigene Opernhaus. Als Leoncavallo einmal dort war, stellte er fest, daß gerade an jenem Abend der »Bajazzo« gegeben wurde. Niemand wußte, daß er in der Stadt war, und er beschloß, der Aufführung inkognito beizuwohnen. Er hatte seinen Platz neben einer enthusiastischen jungen Dame, die sich wunderte, daß er nicht applaudierte, sondern Langeweile zu empfinden schien. »Warum klatschen Sie nicht? Finden Sie das Stück so schrecklich?« fragte sie.

Amüsiert antwortete Leoncavallo mit brummigem Ton: »Ich finde es ziemlich unmöglich und wenig originell. Es ist das Werk eines Dilettanten!«

»Dann verstehen Sie wohl nichts von Musik!« war die indignierte Antwort.

»Im Gegenteil«, sagte der Komponist, »weil ich weiß, wovon ich spreche, ist meine Ansicht zutreffend.« Und dann versuchte er zu erklären, daß eine bestimmte Arie von Bizet gestohlen sei, ein anderes Motiv von Wagner, daß jene Takte von Verdi stammten und so weiter und so fort. Sie sah ihn mitleidig an und schwieg bis zum Schluß der Aufführung. Bevor sie sich anschickte, das Theater zu verlassen, wandte sie sich nochmals an Leoncavallo: »Und Sie bleiben bei dem, was Sie mir über den ›Bajazzo‹ gesagt haben? Es ist Ihr voller Ernst?«

»Jedes Wort«, entgegnete der Komponist.

»Nun gut«, antwortete die junge Dame, »es wird Ihnen noch einmal leid tun.« Er verneigte sich tief, und sie gingen ihrer Wege.

Als Leoncavallo am nächsten Morgen die einflußreichste Morgenzeitung las, fiel sein Blick auf die Überschrift eines Artikels. Dort stand in großen Buchstaben: »Leoncavallo über seine Oper ›Der Bajazzo‹.«

Er schwor mir, daß er nach dieser Erfahrung nie wieder etwas Abfälliges über seine eigene Musik gesagt habe.

Landon Ronald, 1922

LILLIAN NORDICA
1857–1914

Sie war die erste amerikanische Sängerin, die in
Bayreuth auftrat.

Madame Nordica heiratete einen ungarischen Sänger. Als sie im Jahr vor ihrer Eheschließung nach Amerika reiste, betrachtete er sich bereits als Verlobten der Primadonna. Man sagt, daß ihre Zofe ihn über alles, was sie in Amerika tat, auf dem laufenden hielt, und so informierte sie ihn auch bald darüber, daß ein anderer der Sängerin nachstellte.

Sogleich machte sich der Ungar auf nach New York und begab sich ins Hotel der Nordica. Er ließ sich bei der schönen Künstlerin melden, wurde empfangen und zog, wie man sagt, eine Pistole. Er werde sie ohne weiteres erschießen, wenn sie nicht sofort seine Frau werden wolle. Und die schöne Lillian folgte ihm – voller Angst und doch geschmeichelt von so großer und stürmischer Liebe – zu einem Geistlichen, der sie sogleich zusammengab, wobei die Frau des Pfarrers als Trauzeuge fungierte. Diese behauptete später, daß die Sopranistin Tränenströme vergossen habe, so daß sie nicht einmal in der Lage war, während der Trauungszeremonie dem Pfarrer Antwort auf seine Frage zu geben. Der Bräutigam aber – mit blitzenden Augen und gezwirbeltem Schnurrbart – befahl dem Pfarrer fortzufahren: »Machen Sie weiter, Primadonnen benehmen sich immer so, wenn sie heiraten!«
David Bispham, 1920

GIACOMO PUCCINI
1858–1924

Opernkomponist, der seinen Werken realistische
Stoffe zugrunde legte, die sich manchmal nicht
mehr als »distinguiert« bezeichnen lassen.

Er wohnte dort [= in Wien] in einem der vornehmsten Hotels, wurde von Verehrern, Frauen und Reportern belagert und wußte sich immer auf Indianerschleichwegen diesen ermüdenden Begegnungen zu entziehen, glückselig, sich in der wohligen Stille seines schönen Zimmers im bequemen Pyjama dem ungestörten Genuß der geliebten Zigarette hinzugeben. Das Haustelefon: eine Dame wünsche ihn dringend zu sprechen. »Wie sieht sie aus?« Jung und reizend, behauptet der Portier. »Herauf mit ihr.« Ein schüchternes Klopfen; in der Türe erscheint ein Geschwisterpaar, ein wirklich schönes Mädchen und ihr jüngerer Bruder – aber, entsetzlicher Anblick, der Bursch hat ja eine Notenrolle in der Hand! Das Mädchen beruhigt den erschrockenen Meister: der Junge muß zur Musikstunde, und wenn es ihr erlaubt würde, könnte sie indessen hierbleiben und sich dann abholen lassen. Puccini, gutgelaunt und einem angenehmen Gespräch mit dem anziehenden Geschöpf nicht abgeneigt, hat nichts dagegen und ersucht nur, während der Bruder abzieht, seinen Schlafanzug mit einem gesellschaftsmäßigeren vertauschen zu dürfen – sie möge ihn indessen in der Hotelhalle erwarten. Wird gleichfalls gestattet. Aber als er nach wenigen Minuten im eleganten Besuchskleide aus seinem Toilettezimmer tritt, erstarrt er: die junge Dame steht splitternackt vor ihm. »Eine arme Geistesgestörte«, durchzuckt es ihn, una povera pazza –, und im ersten Augenblick schwankt er, ob er nicht läuten und die Bedauernswerte dem Hausdiener übergeben solle; dann aber überlegt er, daß es doch nicht ungefährlich sei, dem Willen einer Wahnsinnigen zu widersprechen – und er beschließt, lieber nicht zu widersprechen.

Richard Specht, 1931

Ein Bühnenunfall bei einer Probe zu »Tosca« verhalf Puccini zu einem seiner dramatisch wirksamsten Einfälle. Als Maria Jeritza auf das Sofa zuging, wo sie ihre Arie »Vissi d'arte« vor dem unbarmherzigen Polizeichef singen wollte, glitt sie aus und fiel der Länge nach auf die Bühne. Daraufhin sang sie ihre Arie auf dem Boden kauernd.

»So muß das gesungen werden«, triumphierte Puccini. »Erst

ringt Tosca mit Scarpia, dann fällt sie und richtet sich mit ihrer Arie nicht an den Tyrannen, sondern singt zum Himmel.«

Nach Maria Jeritza, 1924

Während Puccini in Torre del Lago hingegeben wie noch nie an seinem Werk arbeitete, verband sich die allabendlich in die Villa des Meisters befohlene Liga der Freunde zu einem Klub, der den Namen der neuen Oper trug und der Ausdruck einer echten Verehrung war, die sich angenehmerweise nicht in schwulstigen Worten oder feierlichem Weihrauchschwingen, sondern in der Maske lustigen Unsinns äußerte...

In diesem Bohèmeklub hat es einen Abend gegeben, der wie alle vorhergehenden begann, aber anders endete...

November 1895. Es ist spät in der Nacht. Die Freunde spielen Karten; der Maestro sitzt an seinem Försterpianino und schlägt einen Akkord nach dem andern an; keines der Klubmitglieder kümmert sich um ihn und er nicht um sie. Von Zeit zu Zeit ein halblauter Ausruf: »Karo!« – »Ich steche!« – »F-e-f-g-... nein, das geht nicht; b-Moll... so ist's richtig«, murmelt es vom Klavier her. »Cecco, gib acht – Pagno, mehr Ernst!« – »Aber natürlich cis-Moll!« – »Ich steche!« – »Was hat der Arzt gesagt? – Er wird kommen«, summt der tief in sein Werk versenkte Meister. Und plötzlich wendet er sich um: »Ruhe, ihr Kerls! Ich bin fertig!« Alle werfen die Karten hin und umringen ihn; und er singt ihnen die Schlußszene der Oper vor, Mimis sanftes Sterben, diese Musik des leisen Vergehens, der verhaltenen Tränen, der Wehmut junger Herzen. Alle weinen und Puccini weint auch. Sie umarmen ihn schweigend; dann sagt einer: »Diese Blätter werden dich unsterblich machen.« – Für das nächste Dritteljahrhundert hat er rechtbehalten. Wahrscheinlich für länger.

Richard Specht, 1931

Caruso pflegte seine Arien im Tempo zu verschleppen. Langsam sang er: »Chi son? Chi son?« [Wer bin ich?] Zur allgemeinen Erheiterung antwortete Puccini: »Sei un imbecile!« [Du bist ein Idiot!]

Nach Henry Russell, 1926

Die Oper »Turandot« kam siebzehn Monate nach Puccinis Tod zur Uraufführung. Zwar hatte Franco Alfano dem Werk eine Schlußszene angefügt, Toscanini aber wollte die Oper mit Lius Tod, den letzten Noten, die Puccini geschrieben hatte, beenden. An dieser Stelle legte er seinen Taktstock aufs Pult, wehrte den Applaus ab und wendete sich mit der einzigen Ansprache seines Lebens an das Publikum: »Hier siegte der Tod über die Kunst!« Damit verließ er den Orchestergraben. Das Licht ging an, und das Publikum entfernte sich schweigend.

Nach Mosco Carner, 1974, und Howard Taubman, 1951

EUGÈNE YSAYE
1858–1931

Belgischer Komponist, Geiger und Dirigent; verhalf vielen Werken anderer Meister zur Bekanntheit, so der César-Franck-Sonate.

Eugène und seine Frau hatten unweit von Brüssel, in Godines an der Maas, einen Sommersitz. Als wir einmal in Belgien weilten, beschlossen wir, die Ysayes zu besuchen und kündigten ihnen telegraphisch unsere Ankunft an.

Doch niemand war auf dem kleinen Bahnhof, um uns abzuholen; unsere Depesche war offenbar nicht rechtzeitig eingetroffen. Wir marschierten also mit unserem geringen Handgepäck die staubige Landstraße dahin. In Ysayes Haus angelangt, hörten wir, daß Eugène fischen gegangen sei; man sagte uns, wo wir ihn vermutlich finden würden.

Und wahrhaftig – an der bezeichneten Stelle saß er in der glühenden Sonne, hatte einen mächtigen Sombrero auf dem Kopf und schien im Halbschlaf zu dösen. Wir beobachteten ihn eine hübsche Weile. Er fing in dieser Zeit nicht einen einzigen Fisch. Er zog bloß ab und zu an einer seiner Angelleinen; was er dabei aus dem Wasser beförderte, war jedoch kein Fisch – er hatte

Bierflaschen an diese Leine befestigt, um sie auf dem Boden des Flusses zu kühlen.

Harriet Kreisler, die Frau des Geigers Fritz Kreisler, in: Louis P. Lochner, 1957

Als wir in seinen Räumen eintrafen, stellten wir fest, daß er nicht nur aufgewacht war, sondern in seinem weiten Hemd, die Pfeife im Mund, dasaß und geigte, was das Zeug hielt. Er ermahnte uns, ihn ja nicht weiter zu stören, er müsse am kommenden Abend in Glasgow (er sagte Glozgov) auftreten und ein Konzert spielen, das er lange nicht unter den Fingern gehabt habe. Zu meiner unaussprechlichen Freude handelte es sich um das selten zu hörende Konzert in F-Dur von Lalo, das ich zwar kannte, aber noch nie hatte spielen hören.

Ich lehnte mich gegen ein Möbelstück und hörte ihm zu: Mit geschlossenen Augen, die lange Pfeife im rechten Mundwinkel, umhüllte er uns mit seinem herrlichen Ton und frappierte mich mit seiner meisterlichen Bogenführung und der Leichtigkeit seiner linken Hand. Und noch etwas setzte mich in Erstaunen. Im Laufwerk des Stückes spielte er kaum zwei aufeinander folgende Takte, in denen wirklich die Töne vorkamen, die komponiert waren. Vielleicht hatte der Komponist, zweifellos ein guter Freund von Ysaye, für ihn das Werk umgeschrieben? Jedenfalls waren seine Passagen anders als die gedruckten Noten. Als er beim Üben an eine Stelle des Werkes gelangt war, an der das Orchester mit lauten Akkorden einsetzt, entspannte Ysaye sich einen Augenblick, setzte die Geige ab und öffnete die Augen. Er blinzelte mir zu und meinte mit hoher, eine Katze imitierender Stimme, während er seine Pfeife wieder anzündete: »Miau – eh bien, cochon, ça va, hein?« [Na, du Schwein, ganz gut, was?] Er sah, daß ich ganz starr vor Begeisterung war, und weil ich nicht sogleich eine Antwort parat hatte, brüllte er laut lachend: »Sagen Sie was, Mann, es ging doch gut, oder? Was meinen Sie?« Ich war so durcheinander, daß ich gar keine Worte fand, und widersprechen wollte ich ihm ja auch nicht. Und so platzte ich mit Worten heraus, die eine schreckliche Wirkung hatten: »Oh – es ist herrlich, aber es ist nicht ganz richtig; es ist nicht akkurat, wissen Sie?«

»Was?« brüllte er wie ein Stier, der gerade abgestochen werden soll. Er legte Geige und Bogen beiseite, nahm in jede Faust etwas von seinen langen Haaren und bellte: »René, René, hast du das gehört? René, dieses Schwein hat die Stirn, mir zu sagen, ich hätte falsch gespielt!« Er stand vor mir – in jeder Faust eine Handvoll Haare, und ich bat seinen Freund René Ortmans, zu versuchen, dem Meister klarzumachen, daß es ja alles herrlich, genial, überwältigend und frappierend sei, daß er aber nicht die Noten gespielt habe, die wirklich in den von Lalo veröffentlichten Noten stünden. Es war alles vergebens. Ich versuchte ihm zu erklären, daß ich mich mit dieser Bemerkung schlecht benommen hätte, daß ich auch die französische Sprache nicht genügend beherrsche, um so rasch die richtigen Worte und Wendungen zu finden, in denen ich – mit allem gebührenden Respekt – mein Erstaunen auszudrücken vermocht hätte, daß ein Abschnitt, der so künstlerisch und charakteristisch für Lalo komponiert sei, so ähnlich und doch so ungleich klänge, mich einfach verwirrt hätte, usw., usf...

Ysaye aber war so aufgebracht und erregt, daß er Ortmans' und meine Bemühungen gar nicht aufnahm. Während er immer noch an seinen Haaren zog und zerrte, stand er drohend vor mir und wiederholte ein ums andere Mal: »Sie kennen also das Werk? Sie kennen es? René, hör zu, dieses Schwein hier kennt den Lalo! Und ich hab es gespielt, da war der Kerl noch gar nicht geboren!«

Plötzlich aber hatte er sich beruhigt. Mit absoluter Befriedigung, daß ich so völlig erniedrigt und zerknirscht vor ihm saß, schrie er: »René, jetzt wirst du etwas erleben! Dieser Kerl wird jetzt das F-Dur-Konzert von Lalo für mich spielen!« Er verdrehte die Augen, klatschte sich auf die Schenkel, nahm Geige und Bogen, drückte sie mir, entsetzliche Verwünschungen ausstoßend, in die Hand und befahl mir, die Seiten des Lalo-Konzertes zu spielen, auf denen die in Frage stehenden Passagen gedruckt sind.

Das nun hatte ich nicht erwartet! Dieser rasende Goliath hatte mir einen derartigen Schrecken eingejagt, daß ich – fast gelähmt – bat, ja, tatsächlich bat, man möge mir verzeihen und mir erlauben, das Zimmer sofort zu verlassen. Auch das nützte nichts; er drängte mir weiterhin sein Instrument auf und befahl mir mit drohenden Flüchen, anzufangen. Rittlings setzte er sich auf einen Stuhl, den er so gestellt hatte, daß er seine Arme über der Rücken- lehne verschränken konnte; dabei gab er den Blick auf seine nack- ten kolossalen Beine und Oberschenkel frei und rauchte heftig. Unvorbereitet wie ich war, begann ich das Konzert zu spielen. Er beobachtete mich scharf, und als ich zu der fraglichen Passage kam, schloß er die Augen. Er kniff die Lider zusammen, als wenn er sich auf diese Weise etwas einprägen wollte. Plötzlich hob er die Hand und bat mich, aufzuhören. Er öffnete die Augen und sagte in ganz normalem Tonfall: »Spielen Sie das noch mal, etwas lang- samer bitte!« Wieder schloß er fest die Augen, nickte mit dem Kopf: »Nun weiter!« Und so wiederholte es sich ein paar Mal. Nach dem ersten Satz wendete er sich an Ortmans und sagte, als ob es das Selbstverständlichste von der Welt sei: »Eh bien, er hat recht! Ich werde mir die Partitur nach dem Essen noch einmal anschauen.« Dann trat er zu mir, schlug mir auf den Rücken und meinte: »... c'est un brave! Er hat Talent. Du Kerl, kommst du mit mir zum Essen?« Er zog sein Nachthemd über den Kopf, befahl mir, den zweiten und dritten Satz des Konzerts auch noch zu spielen, und zog sich dabei an. Seine Kleidungsstücke waren über das ganze Zimmer verstreut, und ich sehe ihn noch vor mir, wie er mitten im Strumpfziehen oder mit einem Bein in der Hose in der Bewegung innehielt, die Augen zukniff und die Mu- sik seinem Gehirn einzuprägen suchte.

Ich habe dieses Erlebnis nicht erzählt, um mich selber heraus- zustreichen. Ich wollte nicht sagen, daß ich – unvorbereitet und selbst völlig am Ende – das Konzert spielen konnte, immer den kritischen Blick des großen Geigers auf meinen Händen, auf dem Instrument, auf meiner Bogenführung – nein, ich wollte nur deutlich machen, daß Ysaye nur einen Tag vor seinem Auf- tritt, bei dem er dieses Konzert mit Orchester vor Publikum spielen sollte, das Werk noch einmal als Ganzes in sich aufnahm und Dinge in die Musik wob – kaum weniger genial als Lalo selbst – Harmonien, die er im Hintergrund des Werkes spürte, wie er ja auch aus Gewohnheit immer Harmonien in die solisti- schen Abschnitte und in die melodischen Phrasen hineinnahm.

Arthur Hartmann, Ysaye

GUSTAV MAHLER
1860–1911

Sohn eines jüdischen Kaufmanns, Komponist be-
kenntnishafter Symphonien, reformfreudiger Direktor der Wiener Staatsoper: Mit all diesem be-
schwor er heftigen Widerspruch bei Zeitgenossen
herauf.

Ich wollte zu Mahlers Ungeduld nichts Geringeres wissen, als
wie man komponiert. »Gott, wie kann man so etwas fragen,
Natalie! Weißt du, wie man eine Trompete macht? Man nimmt
ein Loch und schlägt Blech drum herum; so ungefähr ist es mit
dem Komponieren.«
Natalie Bauer-Lechner, 1923. Sie, Bratscherin, war mit Mahler eng befreundet, bis
dieser 1902 heiratete.

Als man ihn als Kind fragte, was er werden wolle, antwortete er
sofort: »Märtyrer.«
Alma Mahler-Werfel, 1960

Mein Vater... hatte bereits alle möglichen Erwerbsphasen hinter
sich... Endlich heiratete er auf das Gütchen in Kalischt hin
meine Mutter..., die ihn nicht liebte, vor der Hochzeit ihn
kaum kannte und lieber einen andern, dem ihre Neigung gehörte, geheiratet hätte. Aber ihre Eltern und mein Vater wußten
ihren Willen zu beugen und den seinen durchzusetzen. Sie paß-
ten so wenig zueinander wie Feuer und Wasser. Er war der Starr-
sinn, sie die Sanftmut selbst. Und ohne diese Verbindung,
würde weder ich noch meine Dritte existieren – es ist mir immer
merkwürdig, das zu denken.
Gustav Mahler, in: Natalie Bauer-Lechner, 1923

Im Laufe des Gesprächs sagte Mahler plötzlich, daß er jetzt verstünde, warum seine Musik bei den edelsten Stellen, gerade bei denen, die von den tiefsten Gefühlen inspiriert seien, nie die angestrebte Vollkommenheit erreichen könne, weil irgendeine vulgäre Melodie dazwischentrete und alles verderbe. Sein Vater, anscheinend ein brutaler Mensch, hatte seine Frau sehr schlecht behandelt, und als Mahler noch ein kleiner Junge war, hatte sich zwischen ihnen einmal eine besonders peinliche Szene abgespielt. Dem Kleinen war es unerträglich geworden, und er rannte von zu Hause fort. Doch in demselben Augenblick ertönte gerade aus einem Leierkasten das bekannte Wiener Lied »Ach [= O] du lieber Augustin«. Mahler meinte nun, von dem Moment an hätten sich in seiner Seele tiefe Tragik und oberflächliche Unterhaltung unlösbar verknüpft, und die eine Stimmung zöge unweigerlich die andere mit sich.

Nach einer persönlichen Mitteilung von Sigmund Freud an Marie Bonaparte, 1925, in: Ernest Jones, 1978. Das Treffen zwischen Mahler und Freud hatte 1910 stattgefunden.

Er erwachte aus seiner Kinderträumerei, als er in dem berühmten Musikerhaus Grünfeld zu Prag, wohin er von seinem Vater zum Zwecke des Studiums in Pension gebracht wurde, mit der Häßlichkeit des Lebens in erste Berührung kam. Nicht nur daß man seine Kleider, seine Schuhe dort trug, während er hungerte und bloßfüßig gehen mußte; dies bemerkte er kaum, und als er es mir erzählte, fügte er hinzu: »Ich meinte, es müsse so sein.« Aber daß er einst, in einem finstern Zimmer sitzend, ungewollter Zeuge einer brutalen Liebesszene zwischen dem Stubenmädchen und dem Sohn des Hauses wurde, blieb ihm in unangenehmster Erinnerung. Der kleine Gustav machte sich bemerkbar, indem er dem Mädchen beisprang, um ihm zu helfen. Aber er wurde sowohl von dem Jüngling Alfred als auch von dem Mädchen, dem er hatte helfen wollen, gleicherweise beschimpft und zu schweigen verpflichtet.

Diese kleine Episode hatte einen merkwürdig starken Eindruck auf Mahler gemacht. Wie man oft auf Menschen den ganzen Tag böse sein kann, die einen im Traum gekränkt haben, so verzieh Gustav diesen Choc dem jungen Pianisten nie.

Alma Mahler-Werfel, 1949. Die Grünfeld-Söhne Alfred und Heinrich wurden berühmte Musiker.

Zuletzt erinnerten sich Mahler und [seine Schwester] Justi noch
eines Abenteuers aus dem [Buda-]Pester Stadtwäldchen. Da
baut sich in zwei prächtigen Terrassen um den Kursalon herum
das Gartenkaffee auf, an schönen Tagen der Sammelplatz der
ganzen Budapester eleganten Welt. Mahler und Justi fuhren auch
zur Jause hin und saßen plaudernd an der Balustrade auf der obe-
ren Plattform. In seiner alten Gasthausgewohnheit, die Mahler
jeden Teller, jedes Besteck vor dem Gebrauche mit aller Energie
abwischen läßt, schwenkte er eben auch ein Glas, ehe er trank,
mit Wasser aus und goß seinen Inhalt in Gedanken rückwärts –
auf die untere Terrasse, wo er ein paar hochfein gekleidete Damen traf, die kreischend aufführen. »O p-a-r-d-o-n!« rief
Mahler, der sich, da ihm der Strahl entflogen war, erinnerte, was
er anstellte, und entsetzt seinem Wassergeschoß hinunter nach-
sah. Da er aber der Direktor der Oper, eine stadtbekannte Persönlichkeit, und seine Zerstreutheit sprichwörtlich war, vergab
man dem Missetäter und beruhigte sich bald. Es waren noch
keine fünf Minuten vergangen – Mahler wollte Justi, die danach
verlangte, Wasser einschenken –, als er, ehe sie sich dessen versah, um auch ihr Glas zu säubern, sich wieder zur unglückseli-
gen unteren Terrasse niederbeugte und von neuem eine Dusche
aus dem zweiten Glas über sie ergoß! Jetzt war aber das Hallo ein
so allgemeines, daß alles lachend und schreiend aufsprang; ein
Kellner, der eben mit beladenem Tragbrett herbeikam, mußte es
schleunigst niederstellen, um es vor Lachen nicht fallen zu lassen. – Mahler und Justi aber wollten sich im Stadtwäldchen so
bald nicht wieder zeigen.

*Natalie Bauer-Lechner, 1923. Mahler war von 1888 bis 1891 Direktor der königlich-
ungarischen Oper in Budapest.*

An dem Vorabend eines [Budapester] Konzerts, zu dem Brahms
gekommen war, ging in der Oper »Don Juan« [Mozarts »Don
Giovanni«] in Szene. Die Freunde, die Mahler in der Elite der
musikalischen und sonstigen Welt besaß, hatten in der Loge
freien Zutritt. Hans Kössler und Victor Herzfeld, zwei Professo-
ren der Musikakademie, hatten Brahms auf den »Don Juan«
Mahlers aufmerksam gemacht und ihm vorgeschlagen, die Vor-

stellung zu besuchen. »Fällt mir nicht ein«, schnauzte sie der Meister an. »Den ›Don Juan‹ macht mir keiner recht, den genieße ich viel besser aus der Partitur. Habe überhaupt noch keine gute ›Don Juan‹-Aufführung gehört. Wir gehen lieber in die Pilsener [Bierstube].« Ein Widerspruch war ausgeschlossen. Abends wußten es die beiden Herren so einzurichten, daß man gegen 7 Uhr an der Oper vorbeikam. »Meister, es wird wohl zu früh sein. Das Bier läuft noch nicht lang. Kommen Sie doch herauf auf ein halbes Stündlein.« – »Meinetwegen«, brummte Meister Johannes. »Ist ein Sofa in der Loge?« – »Gewiß.« – »Na, dann ist es recht. Ich schlafe dabei.« – Man nahm die Plätze ein, die Freunde an der Logenbrüstung, Brahms auf dem Sofa. Nach der Ouvertüre hörte man aus dem Hintergrund der Loge ein sonderbares Brummen. Der unartikulierten Zustimmungsäußerung folgten viele andere in einer Klimax der Bewunderung, die das Herz der Herren an der Logenbrüstung höher schlagen ließ. »Ganz vortrefflich, großartig – aber das ist ja ein Teufelskerl!« Und Brahms sprang von seinem Pfühl, und als der Akt zu Ende war, eilte er mit den Freunden auf die Bühne und umarmte den kleinen, schmächtigen Mann, dem er die schönste »Don Juan«-Aufführung seines Lebens verdanken mußte.

Neues Wiener Journal, 19.5.1911, in: Kurt Blaukopf, 1976

Nach einer Weile sagte Mahler mit leiser Stimme, als erwachte er aus einem Traum: »Sie kennen [Hans von] Bülow...« Ich bejahte und fügte hinzu, mir sei bekannt, wie außerordentlich der strenge und kritische Bülow Mahler schätze, wie hoch er seine Wirksamkeit stelle.

»Bülow also«, fuhr Mahler fort, »habe ich neulich aufgesucht und habe ihn gebeten, die Komposition [»Totenfeier«] durchzugehen, die ich Ihnen soeben gespielt habe. Als Bülow die Kompliziertheit der Partitur sah, forderte er mich auf, sie ihm lieber vorzuspielen: ›Wenigstens höre ich sie in authentischer Auffassung...‹

Ich spielte. Es fiel mir ein, Bülow anzusehen, und da sehe ich, wie er sich mit beiden Händen die Ohren zuhält. Ich halte im Spiel inne. Der am Fenster stehende Bülow bemerkt es sofort und fordert mich auf, fortzufahren. Ich spiele. Nach einiger Zeit wende ich mich wieder um. Bülow sitzt mit zugestopften Ohren am Tisch, und die Szene wiederholt sich: ich höre auf, neuerliche Aufforderung. Ich fahre fort, und die verschiedensten Vermutungen gehen mir durch den Kopf. Ich nehme an, daß dem Klaviervirtuosen Bülow vielleicht die Art meines Spiels, mein Anschlag nicht gefällt, vielleicht ist ihm mein Forte zu leidenschaftlich und grob; ich bringe mir auch in Erinnerung, daß Bülow sehr nervös ist und oft über Kopfschmerzen klagt. Aber ich spiele ohne Unterbrechung weiter, ohne meine Aufmerksamkeit nach einer andern Richtung zu wenden, vielleicht vergaß ich auch, daß Bülow anwesend war.

Als ich zu Ende war, wartete ich schweigend das Urteil ab. Aber mein einziger Zuhörer verharrte an seinem Tisch lange schweigend und regungslos. Plötzlich deutete er eine energische Ablehnung an und sagte: ›Wenn das noch Musik ist, dann verstehe ich überhaupt nichts von Musik.‹«

Josef Bohuslav Förster, 1955

Mahler war es müde geworden, als Komponist »unentdeckt zu bleiben wie der Südpol«. So entschloß er sich, aus eigenen Mitteln das Berliner philharmonische Orchester für die Aufführung seiner Symphonie und eine der Neuheit und Schwierigkeit des Werkes entsprechende Zahl von Proben zu engagieren, gewann die Mitwirkung des Chores der Berliner Singakademie und am 13ten Dezember [1895] gelangte der symphonisch gefügte, tragische Klangtraum von des Menschen Schicksal und gläubiger Zuversicht [Zweite Symphonie] in der Berliner Philharmonie zu tönendem Leben. Das Werk, von Mahler trotz einer fast unerträglichen Migräne meisterhaft dirigiert, wirkte mit der Wucht eines Elementarereignisses – ich werde nie meine eigene Erschütterung oder die Ekstase der Zuhörer und der Ausführenden vergessen.

Hier in Berlin nun hatte er im Grunde sein künftiges Schicksal als Komponist unter schweren Opfern auf eine Karte gesetzt... Noch sehe ich ihn danach vor mir auf der viel zu hoch aufgebauten unsicheren Dirigentenplattform, totenbleich, mit übermenschlichem Willensaufwand sein Leiden, Mitwirkende und Hörer bezwingend.

Der Erfolg wuchs noch mit jedem Satze. Eine solche Art von Begeisterung kann man kaum wieder erleben. Ich sah, daß Männer weinten und Jünglinge zum Schluß einander um den Hals fielen. Und bei der Stelle, da der Totenvogel auf den Gräbern seine letzten langgezogenen Töne schwirrt – Mahler sagte, er habe selbst einen Augenblick Angst gehabt, daß die lange, lautlose Stille bei einem großen Publikum nicht in dem Grade, gleichsam mit verhaltenem Atem aller, möglich sei –, da herrschte eine solche Totenstille, daß keine Wimper zu zucken schien. Als nachher der Chor einfiel, drang ein schauderndes Aufatmen aus jeder Brust. Der Eindruck war unbeschreiblich!

Bruno Walter, 1957; Bruno Walter, 1967; Mahlers Schwester Justi in: Natalie Bauer-Lechner, 1923

Einmal fragte ich Mahler, warum er, abgesehen von Liedern, welche Vorstufen zu seinen Symphonien sind, nur Symphonien komponiere und nicht, wie die meisten anderen Komponisten, auch Kammermusik und selbständige Chormusik. Darauf antwortete Mahler: »Ich habe für mein Komponieren nur im Sommer Zeit. Während dieser kurzen Ferien muß ich große Werke komponieren, wenn ich auf die Nachwelt kommen will.« Ich glaube nicht, daß das vollständig erklärt, warum Mahler sich nur in Symphonien, und noch dazu in Kolossalschöpfungen von Symphonien, künstlerisch ausgedrückt hat. Für mich ist kein Zweifel, daß Gustav Mahler von seinen philosophischen Neigungen zur Symphonie getrieben wurde. Er wollte in seiner Musik die Rätsel von Leben und Tod, von Natur und Menschheit, von Schicksal und Einzelpersönlichkeit lösen. Er hatte die Natur eines Faust, der den Weltgeist ergreifen wollte. Daher kam die große Form seiner Symphonien, die der Ausdruck seiner unerlösten ahasverischen Persönlichkeit war. In jedem Jahr war er zehn Monate gezwungen, als Operndirektor die innere Erregung zu unterdrücken, nur während der zwei Ferienmonate konnte er sich ihrer in symphonischen Explosionen befreiend entladen.

Max Graf, 1949

Im Jahr 1893 mietete er sich in dem abgelegenen, häufig von Regen heimgesuchten Dorf Steinbach am Attersee ein. Friedlich war es dort und absolut ruhig, wie er es gewünscht hatte. Seine Begleiter bestachen Kinder und Bauern mit Geld, damit sie nicht zu nahe kämen, und sie hängten ihre unförmige Badebekleidung auf den Feldern auf, um die Vögel zu verscheuchen. Doch alle diese Maßnahmen erwiesen sich immer noch als nicht ausreichend. Deshalb ließ Mahler sich in den folgenden Jahren ein kleines Komponier-Haus am See bauen. »Der See hat seine eigene Sprache«, soll er gesagt haben, wie sich der Architekt Franz Lösch erinnert. »Er sagte, der See spreche zu ihm. Vom Gasthof habe er den See nicht hören können; so mußte er in seine Nähe ziehen, um leichter komponieren zu können.«

Nach Nachrichten, die Norman Lebrecht in Steinbach ermitteln konnte, und Natalie Bauer-Lechner, 1923

Voller Spannung und Vorfreude sah ich den Wochen entgegen, die ich mit Mahler in Steinbach verbringen sollte. An einem herrlichen Julitage [1896] kam ich mit dem Dampfer an; Mahler erwartete mich am Landungssteg und schleppte trotz meinem Protest meinen Koffer eigenhändig den Steg hinunter, bis er ihm von einem dienstbaren Geist abgenommen wurde. Als mein Blick auf unserem Wege nach seinem Haus auf das Höllengebirge fiel, dessen starre Felswände den Hintergrund der sonst so anmutigen Landschaft bilden, sagte Mahler: »Sie brauchen gar nicht mehr hinzusehen – das habe ich schon alles wegkomponiert«; und er sprach sofort vom Aufbau des ersten Satzes [der Dritten Symphonie], dessen Einleitung in der Skizze den Titel trug »Was mir das Felsgebirg erzählt«.

Bruno Walter, 1957

Am Tage der »Rheingold«-Aufführung konnte es Mahler nicht erwarten, bis es 7 Uhr wurde. Er war erregt und freute sich – wie ein Kind vor der Weihnacht – auf den Abend... Dazu mußte ihm folgender Vorfall begegnen, der ein Streiflicht auf die Bummelzustände in der Oper warf. Im letzten Akt kommt ein Paukenwirbel größter Bedeutung. Mahler gibt das Zeichen – der Wirbel bleibt aus, und wie er hinschaut, ist der Paukist fort und ein unfähiger Substitut an seinem Platz, der den Einsatz verfehlt hat. Als Mahler nach der Vorstellung um die Ursache fragt, sagt man ihm, der Paukist wohne in Brunn (eine Bahnstation bei Wien) und habe, um den letzten Zug nicht zu versäumen, wie immer die Oper vor dem Ende verlassen und einem anderen seinen Paukenwirbel überlassen. Mahler war darüber so wütend, daß er befahl, noch um 12 Uhr nachts dem Schuldigen zu telegraphieren (damit er eine schlaflose Nacht habe und sich's für die Zukunft merke): er habe sich morgens mit dem ersten Zug in der Kanzlei bei ihm zu melden. Da las er ihm gehörig den Text. Freilich erfuhr er bei dieser Gelegenheit auch, daß so ein Orchestermitglied monatlich 63 Gulden Gehalt habe, wovon einer allein, geschweige denn mit Weib und Kind, in Wien nicht leben konnte. Das bestärkte Mahler in seinem Vorhaben, sobald er irgend könne, beim Orchester eine Gehaltsaufbesserung vorzunehmen und dafür lieber an Maschinerien, Kostümen und dergleichen zu sparen.

Natalie Bauer-Lechner, 1923

Sein Dirigieren war in den ersten Jahren seiner Wiener Tätigkeit auffallend genug. Er ließ seinen Taktstock plötzlich nach vorwärts schießen, daß er wie die Zunge einer Giftschlange zu stechen schien. Mit seiner rechten Hand schien Mahler sich tief bückend aus dem Orchester herauszuholen, wie aus der tiefsten Schublade eines Kastens. Sein scharfer Blick blitzte bis zum entferntest sitzenden Musiker. Wenn er einen Einsatz gab, konnte er gleichzeitig nach einer Seite schauen und mit seinem Taktstock nach einer anderen Seite deuten. Das Orchester dämpfend oder antreibend, blickte er zur Bühne und machte beschwörende Gesten zu den Sängern. Mit einem Mal sprang er von seinem Dirigentenstuhl in die Höhe, als ob er gestochen worden wäre. So war Gustav Mahler immer in voller Bewegung, wie eine Flamme, die vom Wind hin und her geblasen wird. Später wurde er ruhiger. Er hielt sichtlich immer mehr an sich, was seine innere Spannung nur noch vergrößerte.

Max Graf, 1949

[General] Picquart erzählt uns: Als er im Gefängnis saß, entehrt, gemartert, habe er stets an eines gedacht: Sollte er je wieder ins Leben zurückkehren dürfen, so würde er eine Art Wallfahrt zu den Stätten machen, wo der von ihm vergötterte Beethoven geatmet hatte. Und sein zweiter heißester Wunsch war: den »Tristan« von Gustav Mahler dirigieren zu hören.

Der erste Wunsch war in Erfüllung gegangen, und noch an demselben Abend sollte auch der zweite Wunsch erfüllt werden, denn Gustav Mahler hatte für seine Freunde den »Tristan« angesetzt, den er dirigierte. Picquart freute sich wie ein Kind und war so ungeduldig, daß er schon eine Stunde vorher in die Oper eilte. Da ich nicht gleich mitfuhr, gaben wir uns auf der großen Treppe Rendezvous. Kaum aber waren meine Schwester, L'Allemand, Painlevé und Picquart fort, als man mir ein Telegramm brachte. Es war von Georges Clemenceau, damals Ministerpräsident, unterzeichnet und lautete: »Ich bitte Dich, General Picquart mitzuteilen, daß ich ihn zum Kriegsminister ernannt habe. Muß noch heute abreisen.«

Unbeschreibliche Szene auf der Operntreppe, wo mich Picquart erwartete. Als er das Telegramm las, erblaßte er, aber nicht freudig, sondern vor Wut. Und jede Beherrschung verlierend, nur in Verzweiflung, daß ihm der »Tristan« geraubt würde, fuhr er mich zornig an: »Sie hätten die Pflicht, mir dieses Telegramm vorzuenthalten. Morgen früh wäre es Zeit genug gewesen.«
Berta Szeps-Zuckerkandl, 1939, in: Kurt Blaukopf, 1976

Wenn er über die Straße ging, den Hut in der Hand, an der Lippe oder inneren Wange nagend, drehten sich selbst die Fiaker nach ihm um und flüsterten sich gespannt und scheu zu: »Der Mahler!« Aber Popularität ist nicht gleichbedeutend mit Beliebtheit, und beliebt, ein »Wiener Liebling« etwa, war er gewiß nicht; dazu war er den Gemütlichen zu ungemütlich.
Bruno Walter, 1957

In den philharmonischen Konzerten gab es zu jener Zeit wenig Solisten, nur die allerwertvollsten durften erscheinen. So war

Busoni von Mahler engagiert worden, das Es-Dur-Konzert von Beethoven zu spielen. Er kam von Berlin mit dem Nachtschnellzug und erreichte Wien kurz nach neun Uhr morgens. Im Hotel fand er eine Botschaft vor, er möchte sofort in die Oper kommen, Herr Direktor Mahler hätte ihm Wichtiges mitzuteilen. Er stürzte also ohne Frühstück, unrasiert und ungewaschen in die Oper, was für ihn eine große Pein war. Mahler ließ ihn zunächst eine Stunde warten. Dann stürzte er aus dem Direktionszimmer, gab ihm die Hand und sagte: »Nicht wahr, Herr Busoni, den letzten Satz nicht zu rasch!« Dabei pfiff er das Hauptthema. »Auf Wiedersehen!« und war verschwunden.

Otto Klemperer, 1960

Jahrelang ging er auch als junger Mensch mit einem wuchernden, struppigen schwarzen Vollbart; so lernte ich ihn vor etwa 17 Jahren kennen. Erst in Prag [1885] ließ er ihn sich abnehmen…

Als ich Mahler anfangs drängte, er solle sich den Bart doch in irgend einer Form wieder stehen lassen, verweigerte er es aufs ernstlichste: »Was fällt dir ein? Glaubst du vielleicht, es sei Marotte oder gar Eitelkeit von mir, rasiert zu gehen? Das hat seinen guten Grund darin, daß ich beim Dirigieren nicht nur mit Fingerzeig und Blick, sondern mit Mund und Lippen, in jeder Miene und leisesten Bewegung mich den Sängern und dem Orchester mitteile und jeden Ton ihnen vermittle. Dazu kann ich kein bartverwachsenes Gesicht brauchen, sondern muß es ganz und gar frei haben. «

Natalie Bauer-Lechner, 1923

Irre ich nicht, so war es im letzten Sommer, der Mahler vergönnt war, daß ein sonderbar schreckhafter Vorfall verdüsternd auf sein Gemüt einwirkte. Er erzählte mir, daß er bei der Arbeit in seinem Toblacher Komponierhäuschen plötzlich durch ein undefinierbares Geräusch aufgeschreckt wurde; gleich darauf stürzte etwas »fürchterliches Dunkles« zum Fenster herein, und entsetzt aufspringend, sah er sich einem Adler gegenüber, der

den kleinen Raum mit seinem Ungestüm erfüllte. Die erschrek-
kende Begegnung nahm ein schnelles Ende, der Adler verschwand stürmisch, wie er gekommen war. Als Mahler sich, erschöpft von dem Schrecken, hinsetzte, flatterte eine Krähe unter
dem Sofa hervor und flog hinaus; die stille Stätte musikalischer
Versenkung war also Kriegsschauplatz gewesen, auf dem sich
einer der zahllosen Kämpfe »aller gegen alle« abgespielt hatte.
Bruno Walter, 1957

Beim Anblick des Niagara rief Mahler aus: »Endlich fortissimo!«
Kurt Blaukopf, 1969. Mahlers Besuch dort fand 1910 statt.

[Ein Verleger] fragte mich über Mahler, und als ich mich begeistert aussprach, fragte er, ob er nicht die Platte [= Stichplatten,
hier: zur Achten Symphonie] einschmelzen lassen solle. Entsetzlich!! Das ist ja unerhört. Es ist höchste Zeit, daß ich etwas über
Mahler schreibe! Das ist wirklich ein furchtbares Schicksal. Ich
antwortete ihm: »Um Gottes willen, nur das nicht! Die heutige
Jugend betet Mahler an wie einen Gott. Seine Zeit wird in läng-
stens fünf bis zehn Jahren kommen!«
Arnold Schönberg in seinem Tagebuch, 30. Januar 1912

IGNACY JAN PADEREWSKI
1860–1941

Der erste Premierminister des unabhängigen Polen war international berühmt als Pianist und
Komponist.

Als Paderewski im Januar 1919, unmittelbar vor der Versailler
Konferenz, in Paris eintraf, wurde ihm mitgeteilt, daß die Alli-
ierten beabsichtigten, Danzig sowie Teile von Schlesien und
Ostpreußen in den neuen polnischen Staat einzubeziehen. Er
eilte zum Quai d'Orsay und bat um ein sofortiges Zusammen-

treffen mit Präsident Clemenceau. Der französische Außenminister Stephen Pichon bat ihn, zu warten. Eine Viertelstunde später öffnete sich die Tür, und Clemenceau trat ein.

»Sie wollen mich sprechen? Hier bin ich. Sind Sie ein Vetter des berühmten Pianisten?«

»Dieser Pianist bin ich selbst«, antwortete Paderewski.

Mit spöttischer Überraschung schüttelte Clemenceau mitleidig den Kopf: »Und Sie, als gefeierter Künstler, sind Premierminister von Polen? Welch ein Abstieg!«

Nach Rom Landau, 1934

Es mag 1937 gewesen sein, daß ich eines Tages in dem langen Korridor des Denham-Film-Studios einen kleinen, alten Mann mit langem, weißem Haar auf mich zukommen sah. Ich erkannte in ihm den berühmten Pianisten und ehemaligen polnischen Ministerpräsidenten Paderewski, der zu jener Zeit die Musik für den Film »Moonlight-Sonata« aufnahm. Plötzlich kam ein stämmiger Herr aus einem Seitengang, und Paderewski rief erregt: »Churchill!« Sie schüttelten sich die Hände und lachten. Winston Churchill war in Denham, um das Drehbuch über einen seiner Vorfahren, den Duke of Marlborough, zu schreiben.

Paderewski und Churchill hatten sich wohl seit den Tagen von Versailles nicht mehr gesehen. Als sie sich trafen, spielten beide keine Rolle in der Politik.

Miklós Rósza im Gespräch mit Norman Lebrecht

HUGO WOLF
1860–1903

Österreichischer Liederkomponist und Kritiker,
Wagnerianer.

Nun zur Hauptsache. Ich war nämlich – raten Sie bei wem??? beim – Meister Richard Wagner. Ich werde Ihnen jetzt alles erzählen, wie das kam. Ich schreibe Ihnen die gleichen Worte, wie ich sie in mein Tagebuch geschrieben habe:

»Samstag den 11. Dezember [1875] um halb 11 Uhr sah ich zum zweitenmal Richard Wagner, und zwar im Hotel Impérial, wo ich eine halbe Stunde auf der Stiege stand und auf seine Ankunft wartete. (Ich wusste nämlich, dass er an diesem Tage die letzte Probe seines ›Lohengrin‹ leiten werde.) Endlich kam der Meister Richard vom zweiten Stocke herab, und ich grüsste ihn ganz ehrfurchtsvoll, als er noch ziemlich weit von mir entfernt war. Er dankte sehr freundlich. Als er nun zur Tür kam, sprang ich schnell hinzu und öffnete ihm dieselbe, worauf er mich einige Sekunden lang starr anschaute und dann in die Oper zur Probe fuhr. Ich lief so schnell ich laufen konnte dem Meister vor und kam bei der Oper früher noch an als Richard Wagner im Fiaker. Ich grüsste ihn dort wieder und wollte ihm die Tür öffnen, da ich sie aber nicht aufbrachte, sprang schnell der Kutscher hinzu und öffnete ihm dieselbe. Hierauf sagte er dem Kutscher etwas, ich glaube es war von mir die Rede. Ich folgt ihm dann noch auf die Bühne, wurde aber diesmal nicht vorgelassen. (Ich war nämlich schon bei der Probe des ›Tannhäuser‹ auf der Bühne, wo Wagner zugegen war.) Da ich schon öfters im Hotel Impérial auf den Meister wartete, so machte ich bei dieser Gelegenheit die Bekanntschaft des Direktors vom Hotel, der mir versprach, mich bei Wagner zu protegieren. Wer war erfreuter als ich, da er mir sagte, ich sollte am nächsten Tag, Samstag, den 11. Dezember, nachmittags, zu ihm kommen, damit er mich der Kammerzofe der Frau Cosima (Gemahlin Richard Wagners, Tochter des grossen Liszt) und dem Kammerherrn Richard Wagners vorstellte. Ich kam um die besagte Zeit hin; meine Aufwartung bei der Kammerzofe war sehr kurz. Ich erhielt den Bescheid, morgen, Sonntag den 12. Dezember, um 2 Uhr hinzukommen. Ich ging um die bestimmte Stunde hin, fand aber die Kammerzofe, den Kammerherrn und den Direktor des Hotels noch beim Speisen und ich trank beim Schlusse noch einen Kapuziner mit. Dann ging ich mit der Zofe zur Wohnung des Meisters, wo ich etwa eine Viertelstunde wartete, bis der Meister kam. Endlich erschien Wagner in Begleitung Cosimas und [Karl] Goldmarks etc. (Er war eben vom philharmonischen

Konzert gekommen.) Die Cosima grüsste ich ganz ehrfurchts-voll; sie hielt es aber gar nicht der Mühe wert, mich nur eines Blickes zu würdigen, sie ist ja auf der ganzen Welt bekannt als eine äusserst stolze und eingebildete Dame. Wagner ging ohne mich zu beachten in sein Zimmer, als die Kammerzofe zu ihm in einem bittenden Ton sagte: ›Ach, Herr Wagner, ein junger Künstler, der schon so oft auf Sie wartete, um mit Ihnen zusammen zu kommen, wünscht mit Sie zu sprechen.‹ Er kam heraus, blickte mich an und sagte: ›Ich habe Sie schon einmal gesehen, ich glaube, Sie sind –––––.‹ (Wahrscheinlich wollte er sagen, Sie sind ein Narr.) Hierauf ging er hinein und öffnete mir die Tür zum Empfangssalon, wo eine wahrhaft königliche Pracht herrscht. In der Mitte stand ein Ruhebett, ganz aus Samt und Seide. Wagner selbst war in einen langen Samtmantel mit Pelzverbrämung eingehüllt. Als ich hineintrat, fragte er nach meinem Begehren.

Als ich mit Wagner allein war, sprach ich: ›Hochverehrter Meister! Schon lange hegte ich den Wunsch, über meine Kompositionen ein Urteil zu hören und mir würde –‹ hier unterbrach mich der Meister und sagte: ›Mein liebes Kind, ich kann gar kein Urteil über Ihre Kompositionen abgeben und habe jetzt viel zu wenig Zeit und kann nicht einmal meine Briefe schreiben. Ich verstehe gar nichts von der Musik.‹ Da ich den Meister bat, mir zu sagen, ob ich es zu etwas bringen könnte, sagte er: ›Als ich noch so jung war, wie Sie jetzt und komponierte, konnte man auch nicht sagen, ob ich es weit in der Musik bringen könnte. Sie müssen mir höchstens Ihre Kompositionen am Klavier vorspielen, aber ich habe jetzt keine Zeit. Wenn Sie einmal reifer sind und grössere Werke komponiert haben und ich einmal nach Wien komme, können Sie mir Ihre Kompositionen zeigen. Das geht nicht, ich kann gar kein Urteil abgeben.‹ Da ich dem Meister sagte, dass ich die Klassiker mir zum Vorbild nähme, sagte er: ›Nun ja, das ist ja recht, man kann nicht gleich Original sein.‹ (Dabei lachte er.) Zum Schlusse sagte er: ›Ich wünsche Ihnen, lieber Freund, viel Glück zu Ihrer Laufbahn. Fahren Sie nur recht fleissig fort, und wenn ich wieder nach Wien komme, zeigen Sie mir Ihre Kompositionen.‹ Hierauf schied ich tief bewegt und ergriffen vom Meister.«

In: Ernst von Decsey, 1904/06

Unter den unzähligen Kaffeehäusern Wiens nahm das Café Griensteidl einen besonderen Platz ein; dort hatte eine exzeptionelle Gruppe von geistig Schaffenden ihren Stammtisch. In dieser ungewöhnlichen Runde wurden die Meinungen mit solcher Selbstsicherheit ausgedrückt, daß dieses Kaffeehaus bald den Spitznamen »Café Größenwahn« erhielt... Die ständigen Griensteidl-Habitués entstammten eher den Reihen der Schriftsteller. Da war Hugo von Hofmannsthal..., Detlev von Liliencron pflegte seinen Vertrauten seine neuesten Gedichte vorzulesen. Arthur Schnitzler, damals erst in den Dreißigern, konzipierte einzelne Szenen seines Dramas »Liebelei«, während er am Stammtisch auf die anderen wartete. Auch Frank Wedekind und Hermann Bahr gehörten zu dieser Runde, ebenso wie Oskar Blumenthal, der Autor zahlreicher Komödien.

Von den Vertretern der jüngeren Generation war, nach [Fritz] Kreislers Ansicht, Hugo Wolf die fesselndste Persönlichkeit. Er war sehr blaß und hatte unstete Augen, die gleich glühender Kohle zu brennen schienen. Bevor sich dieser fanatische Anhänger Wagners und Bruckners niedersetzte, vergewisserte er sich stets, daß Brahms nicht anwesend war. Er trug eine braune Samtjacke, eine breite, schwarze Künstlerkrawatte und war oft die Zielscheibe von Scherzen, die seine Freunde (besonders Schnitzler) mit ihm trieben.

»Wir nahmen Hugo Wolf nicht sehr ernst!« erinnert sich Kreisler... »Eines Tages kam er zu unserem Stammtisch und behauptete, er habe noch schönere Lieder geschrieben als Schubert und Schumann. Wir Versammelten brüllten vor Lachen und einer rief herausfordernd: ›Spiele uns die Lieder doch vor, wenn sie wirklich so gut sind!‹

Hugo Wolf setzte sich ans Klavier und spielte. Wir waren einfach bezaubert und hingerissen. Welch eine Musik! Mit einem Schlag wurde uns klar, daß wir einen weiteren Genius in unserer Mitte hatten.

›Warum hast du diese Lieder nicht Meister Brahms gezeigt?‹ fragte jemand.

›Ich habe ihm vor fünf Jahren eines meiner Lieder gesandt‹, erwiderte Wolf betrübt, ›und habe ihn gebeten, überall dort ein Kreuz einzuzeichnen, wo er meine Musik für unvollkommen

halte. Aber Brahms würdigte das Lied keines Blickes. Er gab es mir zurück – mit der kaustischen Bemerkung: Ich will aus Ihrer Komposition keinen Friedhof machen!‹«
Louis P. Lochner, 1957

Sein Schulkamerad Mahler trat im Sommer 1880 einen Dirigentenposten an der Oper des oberösterreichischen Kurorts Hall an. Wolf aber war entschlossen, keine derartige Stellung anzunehmen. »Ich werde warten, bis sie mich zum Gott der südlichen Hemisphäre machen«, sagte er.
Nach Alma Mahler, 1949, und Henry Louis de la Grange, 1973

Er lebte in dem Wahn, daß er und nicht Gustav Mahler der Direktor des Opernhauses sei. Er wandelte unter dem Säulengang vor dem Hause und verkündete laut, daß nun er das Amt des Operndirektors bekleide. Auch läutete er an der Haustür von Mahlers Wohnung in der Auenbruggergasse 2 und forderte, daß der Diener ihn, den Herrn dieses Hauses, einlasse. Nach heftigen Szenen in den Wohnungen verschiedener Freunde konnte man ihn dazu bringen, in eine Kutsche zu steigen, die ihn zum Fürsten Liechtenstein bringen sollte, der ihm seine Ernennung am Opernhaus bestätigen könne. Aber die Fahrt ging in das Privatsanatorium von Dr. Svetlin, wo Pfleger ihn in Empfang nahmen.
Nach Frank Walker, 1968, und Alma Mahler, 1949

Im fortgeschrittenen Stadium seiner Krankheit seufzte er einmal: »Wenn ich doch Hugo Wolf wäre!«
Nach Frank Walker, 1949

Dame Nellie Melba
1861–1931

Australische Sopranistin, die ihren Künstlernamen nach ihrem Geburtsort Melbourne wählte.
Ihr Künstlername wurde später verschiedenen
Produkten beigegeben, so einer Eis-Speise und
einem Toast-Gericht.

Sie pflegte vor Konzerten oder Opernauftritten ein Kaugummi
oder noch lieber Akazienharz zu kauen, um Hals und Mund
feucht zu halten. Bei einem Auftritt in Covent Garden nahm sie
ihr Gummi aus dem Mund und legte es in ein kleines Glasfach,
das für diesen Zweck in den Kulissen angebracht war. Als sie
wieder von der Bühne kam, nahm sie ihr Kaugummi – wie sie
meinte – wieder aus dem Bord und schob es in den Mund. Sogleich aber spie sie es, von einigen Kraftausdrücken begleitet,
wieder aus. Einer der Bühnenarbeiter hatte statt des Kaugummis
ein Stück Kautabak in das Regal gelegt. Die Melba verlangte,
daß alle Bühnenarbeiter entlassen würden. Doch war ihr Zorn
auf diese sicher geringer als auf Caruso, der diesen Vorfall für
den besten Covent-Garden-Witz jener Saison hielt.

John Hetherington, 1967

Mit welchem Genuß erzählte sie uns die oft geschriebene Geschichte von der Geburt der »Pêche Melba«, während ihr Hof-
staat mit pflichtgetreuer Aufmerksamkeit der Schilderung des
historischen Ereignisses aus dem Munde von dessen Hauptak-
teur lauschte. Die Geschichte war etwa die folgende: Der große
Escoffier, damals Küchenchef des Hotels Savoy in London, wo
die Melba während der Saison der Coventgarden-Oper resi-
dierte, gab seine Untröstlichkeit darüber kund, daß er für eine
total ausverkaufte Galavorstellung der »australischen Nachtigall« keine Karten mehr bekommen konnte. Die Sängerin setzte
jene Hebel in Bewegung, die irgendwie stets noch zwei zusätz-
liche Karten für eine total ausverkaufte Gala ans Tageslicht för-

dern. Am nächsten Tag fand sie beim Lunch auf ihrem Tisch einen Silberbecher mit dem seither berühmten köstlichen Inhalt, begleitet von einer Karte des Maître, in der er ihr seinen Dank mit der Ankündigung abstattete, seine création werde fortan ihren Namen tragen.

Joseph Szigeti, 1962

Obgleich ich nichts gegen »Pêche Melba« habe, habe ich doch durchaus etwas dagegen, daß man in aller Seelenruhe meinen Namen zur Bezeichnung irgendeiner Ware wählt – wo auch immer deren Inhaber es passend findet – vom Parfüm bis zur Haarnadel. Amerika ist für diese Art der Piraterie besonders anfällig. Eines Tages ging ich eine Straße in New York hinunter und blieb dann plötzlich vor einer riesigen Drogerie stehen, über deren Schaufenster quer eine grelle Werbung geklebt war, die auf das Melba-Parfüm aufmerksam machte. »Ah«, sagte ich mir, »ich glaube, ich habe ein Fläschchen davon verdient.« Und so betrat ich den Laden.

Ich sagte: »Darf ich einmal das Melba-Parfüm probieren?«

»Sicher«, sagte der Verkäufer und träufelte mir ein bißchen davon auf den Handrücken. Eine Nasevoll genügte; das Zeug war scheußlich. Dann fragte ich höflich, wer erlaubt habe, diese »Création« mit dem Namen Melba zu versehen.

»Oh, das geht alles in Ordnung«, sagte der Verkäufer gedehnt. »Wir haben erfahren, daß sie eigentlich Mrs. Armstrong heißt, und wir haben ebensoviel Recht wie sie darauf, das Zeug Melba zu nennen.«

Nellie Melba, 1925

Claude Debussy
1862–1918

Französischer Komponist, dessen Stil man nach den Bildern und Farben, die er wiedergab, als impressionistisch bezeichnete. Nachdem seine Frau

und seine Geliebte Selbstmord begangen hatten,
gehörte er zu den berüchtigten Figuren im Pariser
Leben.

Bei der Probe zu Debussys »Pelléas et Mélisande«, bei der die
Presse zugelassen war, hörte ich in der Pause einen bekannten
Professor des Conservatoire zu einer Gruppe von Schülern in
wütendem Tonfall sagen: »Le premier qui apporte cette cochon-
nerie de partition dans ma classe, le premier qui s'en autorise
pour faire des fautes d'harmonie, je le f— à la porte de ma classe,
et je le fais f— à la porte du conservatoire.« [Der erste von Ihnen,
der mir diese Sudelei von einer Partitur in den Unterricht mit-
bringt, der erste, der es gutheißt, solche Fehler in der Harmonik
zu machen, den schmeiße ich aus meiner Klasse und aus dem
Conservatoire hinaus!] Vermutlich ließ er aber nur ein wenig
Dampf ab, denn später entwickelte er wohl eine echt empfun-
dene Vorliebe für »Pelléas«. Aber sein Verhalten an jenem Tag
zeigt genau, wie es damals offiziell um das Conservatoire stand.
Wenig später flog tatsächlich ein Schüler, Émile Vuillermoz (er
hat später großen Ruhm als Musikkritiker errungen), auf
Wunsch eines anderen Lehrers vom Conservatoire, weil er jene
verbotene Partitur im Unterricht bei sich hatte.
Michel Dimitri Calvocoressi, 1933

Das Orchestre Colonne weigerte sich dagegen, »La Mer« ernst
zu nehmen, und der Dirigent, Camille Chevillard, mußte sich an
die Orchestermusiker wenden, damit sie nicht über jeden Takt
diskutierten. Pierre Monteux, erste Viola, sagt, die Musiker
seien von den Klängen, die sie erzeugten, so irritiert gewesen,
daß sie sich ablenken mußten. »Ein witziger Kollege faltete aus
einer Notenseite ein kleines Schiff. Mit vorsichtigen Fußtritten
segelte es über ein Meer aus Holz, von den Kontrabässen an den
Celli und Bratschen vorbei, quer über das gesamte Podium.
Dieser kindische Einfall war so erfolgreich, daß es bald eine
stattliche Flotte aus vielerlei Papier gab, während Neptun in der
Person Debussys voranschritt.
Nach Doris Monteux, 1965

Fauré, der dem Orchester zuhörte, als es den Satz »De l'aube à midi sur la mer« [Von der Morgendämmerung bis zum Mittag auf dem Meer] probte, wurde gefragt, ob ihm die Musik gefalle. »Ja«, sagte er, »besonders die Stelle um dreizehn Minuten vor zwölf.«

Nach Harriet Cohen, 1969

Ich hatte mit dem Orchester [der Queen's Hall] so lange geprobt, daß für Debussy praktisch nichts mehr zu tun übrigblieb. Die Probe ging anständig vorüber, doch in der Aufführung passierte ein entscheidendes Mißgeschick. Ich kann mich nicht erinnern, jemals Zeuge eines vergleichbaren Geschehnisses geworden zu sein. Im zweiten Satz der Nocturnes (einem Satz mit der Überschrift »Fêtes«) ändert sich häufig das Tempo. Debussy (der – ehrlich gesagt – nicht einmal in eigenen Werken ein guter Dirigent war) verlor plötzlich zu unser aller Überraschung den Faden und verschlug sich. Als er bemerkte, was geschehen war, fühlte er offensichtlich, daß es am besten wäre, abzuklopfen und den Satz von vorn zu beginnen. Er schlug aufs Pult, immer wieder.

Da passierte das, was man am wenigsten erwarten konnte. Das Orchester weigerte sich aufzuhören. Wirklich, es war eine faszinierende Situation: Ein berühmter Dirigent dirigierte ein eigenes Werk, verlangte, weil er selbst in Schwierigkeiten gekommen war, vom Orchester, mit dem Spielen aufzuhören, und lief damit auf. Die Orchestermusiker machten auch überhaupt keine Anstalten zum Einhalten; sie wußten, daß das Publikum annehmen müsse, sie selbst hätten etwas falsch gemacht. Obendrein ging die Interpretation des Stücks (das sie überaus gern mochten) sehr gut, und sie meinten, daß sie eine erstklassige Aufführung hinlegten; und damit fuhren sie auch fort und kamen gut bis zum Schluß. Ich habe sie nie geschlossener miteinander gehen erlebt.

Dem Publikum war keineswegs entgangen, daß etwas schiefgelaufen war, denn daß Debussy versucht hatte, das Orchester zum Schweigen zu bringen, war offensichtlich. Am Ende – typisch englisch – trieben die Zuhörer ihre Begeisterung so weit, daß er den Satz wiederholen mußte. Diesmal gab es keine Fehler, und die Ovationen waren noch größer als beim ersten Mal. Debussy fühlte sich geschlagen und verstand sicherlich nicht, was die Engländer hierzu dachten, aber ich war an jenem Nachmittag stolz auf mein Orchester.

Sir Henry Wood, 1938. Wood (1869 – 1944) war ein britischer Dirigent.

Unsere Begegnung war ziemlich förmlich. Ich spielte die Stücke, und er zeigte sich zufrieden. Nur in einem Moment lockerte sich die Steifheit der Situation; nachdem ich das letzte Stück [aus »Children's Corner«], »Golliwog's Cake-Walk«, gespielt hatte, bemerkte er: »Sie scheinen gegen die Art und Weise, wie ich Wagner behandle, nichts einzuwenden zu haben.«

Ich hatte nicht den leisesten Schimmer, was er damit meinte, und bat ihn, mir das näher zu erklären. Dann erläuterte er mir seine mitleidslose Karikatur der ersten Takte von »Tristan und Isolde«, die er in der Mitte des »Cake-Walk« eingefügt hatte; sie war mir völlig entgangen. Ich lachte aus vollem Herzen und gratulierte ihm zu diesem Witz.

Die Stunde des Konzerts war gekommen. Der Saal war voll besetzt; zu meinem Ärger war Debussy nicht anwesend. Ich spielte die Suite und trat danach in den Hof des alten Hauses, dessen Ballsaal zum Konzertsaal verwandelt worden war. Dort fand ich den Komponisten; er ging auf und ab und blickte betrübt drein, trat dann auf mich zu und fragte: »Eh bien, wie nahmen sie es auf?«

Mich überkam mit einem Mal überaus großes Mitleid mit ihm: Mir wurde klar, daß diese große Persönlichkeit, die so lange um die Anerkennung des neuen Idioms, das er in unsere Kunst hineintrug, gerungen hatte, nervös, zu Tode erschrocken war bei dem Gedanken, er könne seinen Ruf damit kompromittiert haben, daß er etwas Humorvolles geschrieben hatte. Ich sah ihm gerade ins Gesicht. »Sie lachten«, sagte ich kurz. Deutlich sichtbar entspannten sich seine Züge. Er brach in lautes Gelächter aus und schüttelte mir innig die Hand. »Vous savez? Je vous remercie bien!« [Meinen Sie? Ich danke Ihnen sehr!] sagte er.

Harold Bauer, 1948. Bauer war ein angloamerikanischer Pianist (1873 – 1951).

Ein Pianist, der seine Stücke spielte, bestand darauf, daß das Tempo in einer bestimmten Passage »frei« sein müsse.

Debussy sagte später: »Es gibt Leute, die Musik schreiben, andere, die sie herausgeben, und schließlich diesen Herrn, der alles tut, wie es ihm paßt.« Auf die Frage, was er zu dem Pianisten gesagt habe, antwortete Debussy: »Nichts. Ich sah nur den Teppich an – er wird ihn nie wieder betreten.«

Ravel ließ sich diese Geschichte von Marguerite Long immer wieder erzählen.

Nach Marguerite Long, 1960

FREDERICK DELIUS
1862–1934

Englischer Komponist, verbrachte den größten Teil seines Lebens in Florida, Norwegen und Frankreich. Seit 1922 blind und gelähmt, »diktierte« er seine späten Werke einem Helfer, Eric Fenby.

[Strindbergs] spiritualistische Interessen verleiteten [den französischen Dichter Julien] Leclerq und mich dazu, ihm einen Streich zu spielen. Ich bat sie beide eines Abends in meine Wohnung, und nach dem Essen spielten wir eine Runde Tischrücken. Die Lichter wurden gelöscht, und wir gaben uns, um einen kleinen Tisch sitzend, die Hand. Nach zehn Minuten ominöser Stille begann der Tisch zu rücken, und Leclerq erkundigte sich danach, was die Geister uns übermittelten. Der erste Buchstabe, der dabei herauspolterte, war ein M, und mit jedem weiteren Buchstaben wuchsen Strindbergs Interesse und Begeisterung offensichtlich noch, bis das bedeutungsvolle Wort »MERDE« völlig herausbuchstabiert war. Ich glaube, er hat uns dies nie verziehen.

Frederick Delius, in: Philip Heseltine, 1923

Delius kam 1918 mit einem neuen Orchesterwerk aus Frankreich nach England zurück, das er für Sir Henry Woods »Prom.«-Konzerte geschrieben hatte. Wood war, als er Delius wiedersah, tief erschüttert von der müden und tragischen Erscheinung, die dieser bot, und als sie miteinander bei Wood zu Hause angekommen waren, bestand Mrs. Delius darauf, daß ihrem Mann eine Pause gegönnt werden müsse. »Delius«, so erinnerte sich Wood, »knöpfte sich nun Weste, Hemd und Hose auf und zog zu meinem Erstaunen eine Manuskriptseite nach der anderen ans Licht, bis seine gesamte neue Komposition, ›Once Upon a Time‹ (›Eventyr‹), vor uns lag. ›Was für eine Erlösung, sie heil nach London gebracht zu haben‹, murmelte er und ließ sich in einen Lehnstuhl fallen. ›Auch ich bin erleichtert‹, hauchte Mrs. Delius, ›ich hatte so große Sorge, daß sie ihn durchsuchen und das Stück beschlagnahmen könnten.‹« Sie hatten befürchtet, gefangengenommen zu werden, weil das Gerücht umging, ein amerikanischer Dirigent habe verschlüsselte militärische Geheimnisse, als Musikstück getarnt, an Deutschland verraten.

Nach Sir Henry Wood, 1938

PIETRO MASCAGNI
1863–1945

Komponist der ewig populären »Cavalleria rusticana« – ansonsten sind nur wenige seiner Werke bemerkenswert.

Mascagni war damals voller Übermut wegen des Erfolges, den »Cavalleria« hatte, und bedrückt von dem Fehlschlag, den er sich mit »L'amico Fritz« eingehandelt hatte – einigen späteren Werken sollte es nicht besser gehen. Mascagnis Wut steigerte sich noch, weil ihm beständig erklärt wurde, man hoffe doch sehr, daß er noch einmal etwas wie »Cavalleria« schreibe. Für mich ist dies ein Musterbeispiel für Musikkritik und Zeitungsschreiberei. Überall schlug ihm dieser Satz nun entgegen, im

Theater, im Club, in der Presse, in der gesamten Gesellschaft. »Weit von ›Cavalleria‹ entfernt«, »nicht wie ›Cavalleria‹«, »nicht so populär« etc. etc.

Mascagni war davon tief getroffen – so tief, daß er sich bei einem Besuch im Haus des Sir Augustus Harris der Aufforderung, ein paar Stücke aus dem beliebten Werk... zu dirigieren, auf der Stelle widersetzte und erst nach einer letzten freundlichen Überredung der Lady Harris nachgab...

Als Gegenleistung und zur Entschädigung rief Sir Augustus den Komponisten ein paar Tage später nach Windsor, um diesen dort seine Oper »L'amico Fritz« dirigieren zu lassen; aber auch dort war Mascagni vor den »Cavalleria«-Sticheleien nicht sicher...

Er wurde den Königlichen Hoheiten vorgestellt, die üblichen Förmlichkeiten wurden ausgetauscht, Gratulationen ausgesprochen, und dann kam das abschließende königliche Wort; die Königin sagte zum Komponisten: »Signor Mascagni, hoffentlich schreiben Sie noch einmal eine ›Cavalleria‹!«

J. M. Glover, 1911

In »Isabeau« vertonte er die Geschichte der Lady Godiva und war überrascht, daß sich Sopranistinnen mit der Rolle (es war eine Reitszene – unbekleidet zu Pferde – vorgesehen) nicht anfreunden wollten, weil man sich dabei erkälten könne. In Buenos Aires dagegen, wo die Oper 1911 uraufgeführt wurde, stieß das Werk auf große Begeisterung. 50000 Argentinier standen zu Mascagnis Begrüßung am Pier bereit, und 75 Bankette wurden ihm zu Ehren veranstaltet. »Wenn meine ›Isabeau‹ ein Erfolg ist«, klagte Mascagni, »dann sterbe ich an ihr: den Tod durch Magenverstimmung.«

Nach Nicolas Slonimsky, 1971

EUGEN D'ALBERT
1864–1932

Komponist und Pianist, aus Schottland gebürtig; bekannt wurde er sowohl wegen seiner Virtuosität als auch wegen seiner zahlreichen Ehen.

Die berühmteste seiner Frauen war die venezolanische Pianistin
Teresa Carreño. Kurz nach ihrer Hochzeit wurde eines ihrer
Konzerte so angekündigt, daß die wesentlichen Angaben in nu-
merisch richtiger Reihenfolge erschienen: »Eugen d'Alberts erstes Konzert wird am zweiten März von seiner dritten Frau gespielt.«
Nach Marta Milinowski, 1940

[Eugen d'Albert sagte:] »Meine Musik ist zwar noch am Leben,
aber sie wird jung sterben.«
　　»Nimm das nicht zu ernst«, sagte [der Cellist] Eli [Kochanski]
später zu mir. »D'Albert war schon unzählige Male verheiratet
und wieder geschieden. Wer weiß – vielleicht ist er gerade dabei,
sich scheiden zu lassen und wieder zu heiraten. In solchen Zwi-
schenperioden ist er immer trüber Stimmung.«
Gregor Piatigorsky, 1968

RICHARD STRAUSS
1864–1949

In seinen Tondichtungen und Opern ging Strauss
zunächst an anstößigen Sujets nicht vorbei; er
bediente sich bei Nietzsche (»Also sprach Zara-
thustra«) und Oscar Wilde (»Salome«). »Der Rosenkavalier« war später sein größter Erfolg.

Da kam er [= Hans von Bülow] 1884 zu drei Konzerten nach München und überraschte mich mit der Mitteilung, daß er nach dem dritten Konzert eine Matinee einschieben werde, in der... auch meine Suite aufgeführt werden sollte, ich solle sie selbst dirigieren...

Nach der Suite kam mein Vater zu ihm, um sich zu bedanken, da brach der Sturm los: »Sie brauchen sich gar nicht zu bedanken, ich habe nicht vergessen, was Sie mir seinerzeit alles angetan haben, was ich für Ihren Sohn tue, tue ich, weil er Talent hat, nicht für Sie!«

Richard Strauss, 1949. Strauss' Vater war Hornist und als Anti-Wagnerianer mit Hans von Bülow 1865 und 1868 zusammengestoßen.

Ich dirigierte auf seine Einladung 1892 in Berlin meinen »Macbeth«, und Bülow wohnte der Probe bei. Ich hatte das Stück selbst lange nicht mehr gesehen und (in diesem Punkte immer etwas nachlässig, mich auf meine leidliche Gewandtheit im Partiturlesen verlassend) auch vor der Probe mich nicht mit der Partitur beschäftigt, so daß ich den braven Philharmonikern das Schauspiel eines fest an den Noten klebenden Komponisten bot. Das ärgerte den gewissenhaften Bülow und er machte mir nachher die größten Vorwürfe: »Die Partitur im Kopf und nicht den Kopf in der Partitur, so gehört sich's« (meinen Einwand abschneidend), »auch wenn man die Sache selbst komponiert hat.«

Richard Strauss, 1949

Strauss, fürchterlich gestört [von der Sängerin Pauline de Ahna, die dem Dirigenten die Noten vor die Füße geworfen hatte], legte seinen Stab aufs Pult, unterbrach die Probe, auf die solch ein Schatten gefallen war, und trat, ohne anzuklopfen, in Paulines Künstlerzimmer. Diejenigen, die draußen warteten, hörten durch die geschlossene Tür wildes, wütendes Schreien und Fetzen von Vorwürfen – dann war alles still. Blaß schauten die Wartenden einander an: Wer hatte wen umgebracht? Strauss öffnete die Tür und blieb unter dem Türrahmen stehen; er strahlte. Der Orchestervorstand stammelte: »Das Orchester ist so entsetzt über das unglaubliche Benehmen von Fräulein Pauline de Ahna, daß wir es für unsere Pflicht gegenüber unserem verehrten Herrn Kapellmeister halten, in Zukunft nie wieder in einer Oper zu spielen, in der sie mitwirkt...« Strauss blickte lächelnd von einem Musiker zum anderen; dann sagte er: »Das schmerzt mich sehr, denn ich habe mich soeben mit Fräulein de Ahna verlobt.«

Lotte Lehmann, 1948

Nach einem Essen, das Strauss zu Ehren vom Lotos Club in seinem alten Quartier in der Fifth Avenue in der Nähe der 46. Straße gegeben wurde, saß ich noch neben ihm, und er schrieb für mich einige Takte aus einer seiner kompliziertesten Kompositionen auf, trotz des Stimmengewirrs und trotz der lärmenden Pseudo-Volksmusik um uns herum. Im Gespräch darüber, wie man musikalische Klänge erfindet, so daß sie alles bedeuten könnten, sagte er: »Ich kann alles in Klang übertragen; ich kann Sie über Musik verstehen lassen, daß ich mit der Hand Gabel und Löffel neben meinem Teller aufhebe und auf der anderen Seite wieder hinlege.«

David Bispham, 1920

Mit den Erinnerungen an meine Aufführungen von Strauss' »Don Quixote« hängt ein Detail zusammen, das sich in 46 Grosvenor Street ereignete. Er wußte, daß ich bald jene epische Charakterstudie zu dirigieren hätte, und erbot sich, mir nach dem Essen das gesamte Werk nach der Partitur auf dem Klavier vorzuspielen. Ich werde nie vergessen, wie er jede Stimmungsfacette, die in den Variationen enthalten ist, auf dem Klavier wiedergab, mimisch darstellte und sang. Dort, wo die Solobratsche eine wörtliche Rede wiedergibt, setzte Strauss die Worte ein: »Give me more money, money, more money!« Es paßte exakt auf jene Phrase.

Sir Henry Wood, 1938

Vor der Streicher-Eröffnungsphrase seiner Symphonischen Dichtung »Don Juan« herrschte er die Orchestermusiker an: »Meine Herren, diejenigen unter Ihnen, die verheiratet sind, sollen bitte so spielen, als seien sie verlobt.«

Gustav Samazeuilh, 1964

Das Präsidentenamt [der Reichsmusikkammer im Dritten Reich] sollte ihn von der kompositorischen Arbeit nicht abhalten: Strauss war fest entschlossen, sich in keinem Papierkrieg zu verzetteln. Humorvoll nimmt es der Komponist des »Rosenkavaliers« hin, daß die Bürokratie seine künstlerische Existenz nicht ohne ein Beweisstück hinzunehmen gewillt ist: auch der Herr Präsident muß einen Fragebogen ausfüllen und zwei Bürgen benennen, die seine kompositorischen Fähigkeiten bezeugen können. Till Eulenspiegel schreibt in die entsprechende Rubrik fein säuberlich die Namen: Mozart und Richard Wagner.

Als Richard Strauss am 11. Juni 1934 seinen siebzigsten Geburtstag beging, gab es in der »Reichsmusikkammer« eine kleine Feier. Das Geschenk seiner offensichtlich ebenso humorbegabten wie undoktrinären Mitarbeiter: ein Mozartbrief und ein Brief Richard Wagners an – Mendelssohn (!). Die Sache mit den beiden »Bürgen« hatte sich längst herumgesprochen...

Walter Panofsky, 1965

Einmal saß ich mit ihm allein bei einer geschlossenen Probe seiner »Ägyptischen Helena« im Salzburger Festspielhaus. Niemand anderer war im Raum, es war vollkommen dunkel um uns. Er hörte zu. Auf einmal merkte ich, daß er leise und ungeduldig mit den Fingern auf der Stuhllehne trommelte. Dann flüsterte er mir zu: »Schlecht! Ganz schlecht! Da ist mir gar nichts eingefallen.« Und nach einigen Minuten wieder: »Wenn ich das nur streichen könnte! O Gott, o Gott, das ist ganz leer und zu lang, viel zu lang!« und wieder nach ein paar Minuten: »Sehen S', das ist gut!« Er beurteilte sein eigenes Werk so sachlich und unbeteiligt, als ob er diese Musik zum ersten Male höre und als ob sie von einem ganz wildfremden Komponisten geschrieben sei, und dieses erstaunliche Gefühl für sein eigenes Maß verließ ihn niemals.

Stefan Zweig, 1944. Stefan Zweig schrieb das Textbuch für Strauss' Oper »Die schweigsame Frau« (1935).

Merkwürdig, Alice, das mit dem Sterben ist genauso, wie ich's in »Tod und Verklärung« komponiert hab. Merkwürdig ist das...

Richard Strauss, kurz vor seinem Tod zu seiner Schwiegertochter, in: Walter Panofsky, 1965. »Tod und Verklärung« war 1889 entstanden.

ALEXANDER GLASUNOW
1865–1936

Russischer Komponist, Direktor des Petersburger Konservatoriums, Schostakowitschs Lehrer.

1922 gab man in Moskau ein Jubiläumskonzert Glasunow zu Ehren. Er fuhr hin. Ein Galakonzert. Anschließend richtete der Volkskommissar für Volksbildung Lunatscharskij eine Glückwunschadresse an Glasunow. Er führte aus, daß die Regierung beschlossen habe, Glasunow Lebensbedingungen zu gewähren, die es ihm ermöglichten, seine Schaffenskraft zu erhalten, und die seinen großen Verdiensten entsprächen.

Was hätte jeder andere Jubilar in diesem Fall getan? Er hätte sich glückselig und untertänigst bedankt. Schließlich lebten wir in harten, hungrigen Zeiten. Glasunow, ehedem eine voluminöse, statiöse Erscheinung, war erschreckend abgemagert. Sein alter Anzug umschlotterte ihn wie ein leerer Sack. Sein Gesicht war ausgemergelt und erschöpft. Wir wußten, daß er nicht einmal Notenpapier besaß, um seine Einfälle zu notieren. Doch Glasunow, im souveränen Bewußtsein seiner Würde und seiner Ehre, erwiderte schlicht, ihm mangele es an nichts und er bäte darum, ihm keine anderen Lebensbedingungen als jedem Nor-

malbürger zu verschaffen. Doch wenn die Regierung geneigt
sei, ihre Aufmerksamkeit dem Musikleben zuzuwenden, dann
bäte er darum, sie auf die Konservatorien zu richten. Sie seien
am Ende. Es wäre kein Holz da, um die Räume zu heizen. Es
gab einen kleinen Skandal, aber das Konservatorium erhielt
Holz.

Dimitri Schostakowitsch, 1979

JEAN SIBELIUS
1865–1957

Finnischer Symphoniker. In den 1890er Jahren errang sich Sibelius nationale Anerkennung mit
einer Reihe von Orchesterwerken, in denen er patriotische Themen behandelte; »Finlandia« (1899)
wurde dabei fast zu einer Art Nationalhymne.

Im November 1907 machte Mahler als Dirigent eine Finnland-
tournee. In diesem Zusammenhang kam es zu einem definitiv
klärenden Gespräch mit Sibelius über das Wesen der Symphonie.
»Mahlers größte Sorge brachte ihn dazu, ein asketisches Leben
zu führen, und er schätzte weder Diners noch Bankette. Wir kamen auf Spaziergängen miteinander ins Gespräch«, erinnerte
sich Sibelius. »Als unsere Unterhaltung das Wesen der Symphonie berührte, sagte ich, ich bewunderte in ihr das Ernste, den Stil
und die tiefe Logik, mit der ein innerer Zusammenhang zwischen allen Motiven zustande komme…

Mahler war exakt entgegengesetzter Meinung: »Nein, die
Symphonie muß sein wie die Welt. Sie muß alles umfassen.«

Nach Karl Ekman, 1935

»Gib nie etwas darauf, was die Kritiker sagen«, warnte er einen
Schüler. »Denk daran, daß noch nie einem Kritiker zum Gedächtnis eine Statue aufgerichtet wurde!«

Nach Bengt de Törne, 1937

Als er 1890 erstmals nach Wien kam, wandte er sich mit einem Empfehlungsschreiben Ferruccio Busonis an Brahms. Dieser jedoch weigerte sich, ihn zu empfangen. Sibelius erfuhr später, daß jener auf die Bitte nach dem Gespräch mit Schuberts Grundsatzfrage geantwortet habe: »Kann er was?« Keiner habe ihm darauf eine befriedigende Antwort geben können.

Nach Karl Ekman, 1935

Der Dirigent Kajanus, einer von Sibelius' engsten Freunden, wollte sich [nach einem Essen] entschuldigen und davonfahren, weil er am anderen Tag in Petrograd ein Konzert dirigieren sollte. Die Anwesenden aber protestierten und wiesen darauf hin, daß diese Zusammenkunft nicht einfach derart trockenen, materiellen Überlegungen zum Opfer fallen dürfe, und drangen in Kajanus, nach Petrograd zu telefonieren und seine Verpflichtungen abzusagen. Kajanus tat so, als füge er sich diesem Rat, und ließ die am Tisch Sitzenden zurück, ging aber zum Bahnhof, fuhr nach Petrograd, dirigierte das Konzert und kehrte dann nach Helsinki zurück. Als er dort das Restaurant wieder betrat, saß die Gesellschaft so am Tisch, wie er sie verlassen hatte, und war wie zuvor in angeregte Gespräche vertieft. Als Sibelius Kajanus erblickte, meinte er süffisant: »Das war aber ein überaus langes Telefongespräch, Kajanus!«

Cecil Gray, 1948

Kajanus probte einmal die Zweite Symphonie – mit nur zwei Trompeten, weil der dritte Trompeter Grippe hatte. Sibelius unterbrach: »Ich höre immer nur die eine Trompete, die nicht da ist, und kann das nicht länger ertragen«, erklärte er und verließ auf der Stelle den Saal.

Nach Bengt de Törne, 1937

Seine engsten Vertrauten hielten ihn für einen Seelenmenschen – »er arbeitet nicht nur mit fünf Sinnen«, drückte sein Sekretär die Lage aus. Seine Frau behauptete, daß er genau spüre, wann auf

der Welt irgendwo eines seiner Werke im Rundfunk gesendet
werde. »Er sitzt ruhig da, liest in einem Buch oder blättert in der
Zeitung. Plötzlich wird er unruhig, geht zum Radio, dreht an
den Knöpfen herum, und dann kommt aus dem Äther eine seiner Symphonien oder Tondichtungen.«

Nach Santeri Levas, 1972

Nur selten lud er Musiker zu sich nach Hause ein. »Sie sprechen
nur von Geld und Arbeit. Laß mich Geschäftsleute um mich haben«, sagte er. »Sie sind an Musik und Kunst wirklich interessiert.«

Nach Harriet Cohen, 1969

FERRUCCIO BUSONI
1866–1924

Italienischer Komponist, Pianist und Musiktheoretiker.

Mahler und Busoni hatten sich begeistert und mit besonderer
Hingabe darum bemüht, Beethovens Es-Dur-Klavierkonzert so
wiederzugeben, daß es keinen Beigeschmack fader Tradition
mehr habe. Nach eifriger Vorbereitung und in einer gewissen
Anspannung hofften diese beiden Diener der höchsten Kunst
nun, den wahren Geist Beethovens wiederzubeleben.

Die Einleitung war gerade vorbei, da erhob sich eine wohlbe-
leibte Dame, eine Brille mit Schildpattrand auf ihrer Millionärs-
und Mopsnase, in der ersten Sperrsitzreihe, brüllte »Das gibt's
doch nicht« und bewegte ihren kostbaren Leib in Richtung Ausgang.

Bernard van Dieren, 1935

In Bologna war damals eine polnische Sängerin, die ihn unabläs-
sig plagte; eines Tages, als sie sich ihm gerade beim Frühstück

widmete, … erschien plötzlich [einer seiner Freunde] auf der Bildfläche. Busoni sah sofort, welche Gelegenheit sich ihm eröffnete, und sprang auf, um ihm die Hand zu schütteln.

»O mein lieber Doktor! Hier haben Sie eine Flasche exzellenten Wein, hier eine exzellente Zigarre, hier eine exzellente Frauensperson! Viel Vergnügen! Wiedersehen!«

Edward J. Dent, 1933

ERIK SATIE
1866–1925

Französischer Komponist; Satiriker, Exzentriker.

Satie war ein Mensch, dessen Hauptlebenszweck offensichtlich war, sich Späße auszudenken und sie auszuführen; er unterhielt damit eher sich selbst als andere.

»Eines Tages«, sagte Satie [zum Beispiel], »hatte ich einen Kochtopf mit Wasser auf den Gasherd gestellt. Als das Wasser gerade zu kochen anfangen wollte, wurde ich plötzlich weggerufen. Als ich zwanzig Minuten später wieder hinkam, war der Topf fast leer. Na schön, ich hatte die Tür zugezogen gehabt, das Fenster war geschlossen, und niemand war im Zimmer gewesen außer meiner Katze. Es war also klar, daß sie das Wasser ausgetrunken haben mußte.«

Michel Dimitri Calvocoressi, 1933

Er meinte, es müsse lustig sein, einmal Musik zu schreiben, der man nicht zuhören solle, »musique d'ameublement«. Milhaud spielte einige dieser Stücke eines Konzertes mit Werken von »Les Six« und Strawinsky. Kaum erklangen die ersten Töne von Saties Musik, da beeilte sich das Publikum, zu den Plätzen zurückzukommen. Satie wandte sich an die Konzertbesucher: »Reden Sie weiter! Gehen Sie herum! Hören Sie nicht zu!« Doch niemand beachtete ihn.

Nach Darius Milhaud, 1953

Enrique Granados
1867 – 1916

Spanischer Komponist und Pianist; zu seinem
Bekanntwerden trug wesentlich die von Goya
inspirierte Oper »Goyescas« bei.

Ignacio Tabuyo, einst Opernstar und nun führender Gesangs-
professor am Konservatorium Madrid, befreundet mit den meisten spanischen Musikern wie Arbós, Albéniz, Granados und
Sarasate, konnte stundenlang von der Zeit erzählen, wo sie alle
jung waren, und Granados war zweifellos derjenige gewesen,
der die meisten ihrer Streiche ausgeheckt hatte. Er, Tabuyo,
zeigte mir einmal ein vergilbtes, knitteriges Foto, auf dem Albéniz und Granados, eingehüllt in komische, völlig übertriebene
Gebirgstouristenkleidung (einschließlich der Feder am Hut und
der Knickerbocker), inmitten unterschiedlichster Musikinstru-
mente zu sehen waren: Flöten, Trompeten, Gitarren, Geigen,
Trommeln etc. Dies Foto war eines Sommers in San Sebastian
aufgenommen worden, als eine Gruppe auserwählter, berühmter Komponisten sich gelegentlich in einer Musikalienhandlung
trafen, um miteinander zu schwatzen und ohne alle Förmlichkeit
zu musizieren. Granados hatte dabei die großartige Idee, ein Orchester zu gründen, in dem jeder von ihnen ein Instrument zu
spielen habe, von dem er nichts verstehe. Tabuyo zum Beispiel
kratzte wild auf dem Instrument eines berühmten Geigers, Albéniz spuckte und pustete mit großem Aufwand in irgendein Blas-
instrument, während Granados auf einem Kamm spielte oder dirigierte, wie er gerade Lust hatte. Proben fanden in dem offenen
Hof hinter dem Laden statt, und trotz aller Vorsichtsmaßnah-
men verbreitete sich die Kunde von dem eigenartigen Orchester
und drang sogar zum Ohr des Königs, so daß dieser sich nach
den Fortschritten erkundigte, die das Ensemble machte.

Doch die Köche und Hausdiener, die rund um den Innenhof
wohnten, hatten andere Sorgen, und eines Tages, als Granados
gerade seine Kollegen durch die Partitur einer klassischen Symphonie hindurchboxte, gab es plötzlich aus heiterem Himmel

eine Art Wolkenbruch, es regnete gammelige Früchte, Eier, Gemüseabfälle und anderes übles Zeug. Das Orchester aber ging tapfer auf seinem mühevollen Weg weiter, trotz immer zahlreicherer Schreie und Pfiffe, unter herabfliegenden Tabletts und anderen Küchenutensilien, doch erst als Granados seinen Schlußschlenker gemacht hatte, hörten die Musiker zu spielen auf; Granados drehte sich um und verneigte sich ernst und gemessen nach rechts und links, und zwar ziemlich ungerührt, obgleich seine Kleider verschmiert und völlig verdorben waren.
A. L. Mason, 1933

Der arme Granados! Er freute sich, daß seine Oper »Goyescas« an der Metropolitan Opera in New York gespielt wurde – allerdings wurde sie so schlecht dargeboten, daß er sich darüber eher zu ärgern als zu freuen hatte.

Für seine Kinder freute er sich, soviel Geld bekommen zu haben. Wegen des Krieges wollte er es nicht in Form von Schecks oder Banknoten mitnehmen, sondern nahm alle seine Einkünfte in Gold mit, das er in einem Gürtel unter seinen Kleidern trug. Als sein Schiff vor der englischen Kanalküste unterging, wurden einige Reisende gerettet, doch Granados riß es mit auf den Grund des Meeres, weil das Gold so schwer wog.
Henry Theophilus Finck, 1926

Arturo Toscanini
1867–1957

Italienischer Dirigent, leitete die Mailänder Scala, die New Yorker »Met« und das New York Philharmonic Orchestra. 1937 gründete die amerikanische Rundfunkgesellschaft NBC ein eigenes Orchester für Toscanini, mit dem er siebzehn Jahre lang für Konzert, Rundfunk und Schallplatte arbeitete.

In seinem Appartement im Hotel Astor am Times Square (es stand unter italienischer Leitung, sicher gab es dort gute Spaghetti) waren wir gerade beim zweiten Satz [des Beethoven-Violinkonzerts] an der Stelle, wo nach dem zweiten Tutti ein Ton als perdendosi, verhauchend, bezeichnet ist, da läutete das Telefon. Ich kümmerte mich natürlich nicht darum, ebensowenig Aba [Menuhins Vater], der bescheiden in einer Ecke saß. Toscanini, der sich jede Störung verbeten hatte, klimperte weiter am Klavier (er war kein guter Pianist). Das Telefon schrillte wieder. Wir spielten weiter, doch es braute sich etwas zusammen – jeden Moment konnte es zur Explosion kommen. Beim dritten Klingeln erhob sich Toscanini von seinem Klaviersessel und riß die komplette Telefonanlage aus der Wand. Holz splitterte, Gipsstaub wirbelte, Kabel baumelten. Dann nahm er wortlos und gleichmütig wieder Platz, und wir spielten weiter. Nach Beendigung des dritten Satzes klopfte es schüchtern. Freundlich und unbefangen rief Toscanini: »Avanti!« In der Tür stand ein sehr niedergeschlagenes Trio: Frau Toscanini, der Hotelmanager und ein Telefonarbeiter. Sie versprachen hoch und heilig, so etwas solle nicht mehr vorkommen.
Yehudi Menuhin, 1976

Nervosität kann ansteckend sein. Maestro Toscanini ging eines Tages im Künstlerzimmer, in dem ich übte, um mich für unser Konzert einzuspielen, auf und ab. Seine raschen Schritte, sein Brummen und Vor-sich-hin-Fluchen trugen wenig zur Stärkung meiner inneren Haltung bei. Ich gab mir Mühe, ihm keine Aufmerksamkeit zu schenken und mich auf meine Finger und mein Cello zu konzentrieren, aber wer konnte den Maestro übersehen? Für einen Augenblick hörte ich zu spielen auf. Toscanini blieb auch stehen. Er sah mich an und sagte: »Sie sind nichts wert; ich bin nichts wert«, holte tief Atem und begann von neuem auf und ab zu gehen. Ich übte weiter, wiederholte wie rasend Passagen und wünschte, ich wäre als kleines Kind gestorben. Nach einer Weile hörte ich wieder das schreckliche Urteil.

»Bitte, Maestro«, flehte ich ihn an. »Ich werde ein völliges Wrack sein.« Er wurde gerufen, das Konzert zu beginnen, und nach der kurzen Ouvertüre sagte er in den Kulissen zu mir: »Wir sind nichts wert, aber die andern sind schlechter. Kommen Sie, caro, gehen wir.«

Gregor Piatigorsky, 1968

HANS PFITZNER
1869–1949

Deutscher Spätromantiker, entschiedener Gegner des Modernistischen. Zwei von Mahler in Wien produzierte Pfitzner-Opern blieben nahezu unbeachtet; »Palestrina« (1917) wurde dagegen zum Triumph (das Libretto hatte Pfitzner selbst verfaßt).

Im Jahre 1905 brachte Mahler »Die Rose vom Liebesgarten« heraus... Alma, glühende Verehrerin und persönliche Freundin Pfitzners, hatte dazu beigetragen, indem sie jeden Morgen den Klavierauszug der »Rose« geöffnet auf das Klavier legte. Mahler, der die Hartnäckigkeit eines solchen »Zufalls« gar nicht bemerkte, hatte anfangs nur zerstreut und verwundert in den Noten geblättert, es konnte aber dann nicht fehlen, daß daraus ein wachsendes Interesse und ein ernstes Studium entstand. Außerdem hörte er jedesmal bei mittägiger Rückkehr aus der Hofoper in seine Wohnung die Musik der »Rose« erklingen, in deren melodischen Reizen Alma am Klavier gerade zu jener Stunde zu schwelgen pflegte und so kam es schließlich zur Annahme des Werkes...

So kam das große Ereignis der Premiere heran. Pfitzner war in Wien eingetroffen... Aber die Konstellation schien sich zu verschlechtern, denn Pfitzners Stimmung sank. Die Hauptsängerin seines Werkes erkrankte einige Tage vor der Premiere, und wo sollten wir eine andere »Minneleide« auftreiben?... [Da] zeigte der Stand am Firmament eine leichte Besserung, indem sich herausstellte, daß in Graz, fünf Eisenbahnstunden von Wien, eine Sängerin engagiert war, die die Partie der Minneleide gesungen hatte, aber zugleich erfuhren wir, sie habe am Tage unserer Premiere in der Grazer Oper aufzutreten. Daraufhin beschloß Mahler, einen Vertreter nach Graz zu schicken, um durch persönliche Einwirkung auf den dortigen Direktor eine Repertoireänderung und die Beurlaubung der Sängerin zu erwirken. »Wird der Direktor zu einem solchen Opfer zu bewegen sein?« das war die Schicksalsfrage, die uns alle mit banger Erwartung und Pfitzner mit einer nur bei ihm denkbaren Mischung von Hoffnungslosigkeit und Spannung erfüllte... Wir saßen im Hotelzimmer um den Deprimierten, und ich begann, Lipiners »Hippolytos« vorzulesen. Anfangs unaufmerksam und gleichgültig, begann Pfitzner bald zuzuhören, und allmählich wuchs seine Spannung und Teilnahme, bis er an meinen Lippen hing. Die Stunden vergingen unbemerkt und plötzlich klopfte es, die Türe öffnete sich und herein stürzte ein Beamter der Hofoper und rief: »Meine Herren, soeben ist aus Graz...« aber Pfitzner unterbrach ihn ärgerlich mit den Worten: »Bitte um Ruhe – nicht stören«, wandte sich dann an mich und sagte: »Bitte lies weiter.«

Bruno Walter, 1967

Sie fragen mich: »Wie denken Sie über die zeitgemäße Weiterentwicklung der Oper?« – Ich antworte: Ich denke, daß eine Weiterentwicklung der Oper unmöglich ist, wenn sie »zeitgemäß« sein soll.

Hans Pfitzner, Antwort auf eine Anfrage der Berliner Städtischen Oper, in: Hermann Unger, 1928

LEOPOLD GODOWSKY
1870–1938

Polnisch-amerikanischer Pianist, beneidet wegen seiner Virtuosität, gefürchtet wegen seiner Klavierarrangements.

Busoni fragte einmal: »Was ist der Unterschied zwischen Godowsky und einem Pianola?« Antwort: »Godowsky kann zehnmal so schnell wie das Pianola spielen, doch dieses hat zehnmal so viel Gefühl wie er.«
Nach Carl Flesch, 1957

FRANZ LEHÁR
1870–1948

Österreichisch-ungarischer Komponist; sein Operettenwerk krönte er mit »Die lustige Witwe«.

Einmal... waren wir in der Operette »Die lustige Witwe«, die uns vergnügt machte. Mahler und ich haben nachher zu Hause getanzt und uns den Walzer von Lehar gleichsam nach dem Gedächtnis rekonstruiert. Ja es geschah etwas Komisches. Eine Wendung konnten wir nicht finden, wie wir uns auch bemühten. Wir waren aber beide damals so »verschmockt«, daß wir es nicht über uns brachten, den Walzer zu kaufen. So gingen wir beide zur Musikalienhandlung Doblinger. Mahler begann ein Gespräch mit dem Geschäftsführer über den Verkauf seiner Werke, und ich blätterte scheinbar achtlos in den vielen Klavierauszügen und Potpourris der »Lustigen Witwe«, bis ich den Walzer und die Wendung hatte. Dann trat ich zu ihm. Er verabschiedete sich schnell, und auf der Straße sang ich ihm die Wendung vor, damit sie mir nicht wieder entfalle.
Alma Mahler-Werfel, 1949

ALEXANDER SKRJABIN
1872–1915

Russischer Komponist, der in seinen Kompositionen nach einem kultischen »Mysterium« strebte – so in »Poème divin«, »Poème de l'extase« oder seiner Symphonie »Prométhée«.

Ich erinnere mich an ein Gespräch zwischen Rimsky-Korsakow, Skrjabin und mir; wir saßen an einem der kleinen Tische im Café de la Paix. Eine von Skrjabins neuen Entdeckungen betraf das Verhältnis von musikalischen Klängen, also bestimmten harmonischen und tonartlichen Konstellationen, und dem Sonnenspektrum. Wenn ich ihn richtig verstand, plante er gerade eine große symphonische Komposition, in der er mit diesem System arbeitete und in der er – abgesehen von dem rein musikalischen Geschehen – ein Spiel mit Lichtern und Farben vorsah. Über die Umsetzung dieses Systems in die Praxis hatte er sich nie Gedanken gemacht; das interessierte ihn auch nur beiläufig. Er sagte, er wolle sich darauf beschränken, seine Partitur [es handelte sich um »Prométhée«] mit einem besonderen System von Licht- und Farbwerten zu versehen.

Zu meiner Verwunderung pflichtete Rimsky-Korsakow Skrjabin bei, was das Prinzip der Wechselwirkungen von Tönen und Farben betrifft. Ich dagegen, der ich in diesem Punkt keine Verwandtschaft erkennen kann, widersprach mit Entschiedenheit. Daß Rimsky-Korsakow und Skrjabin über die Berührungspunkte zwischen Farb- und Tonskala verschiedener Meinung waren, erschien mir als ein Argument dafür, daß ich recht hatte. Rimsky-Korsakow sah beispielsweise Es-Dur als blau, Skrjabin dagegen als purpurrot. Über andere Tonarten waren sie sich freilich einig, zum Beispiel über D-Dur (goldbraun).

»Schauen Sie«, rief Rimsky-Korsakow plötzlich aus, indem er sich an mich wandte. »Nun werde ich es Ihnen beweisen, daß wir recht haben, und zwar an einem von Ihren eigenen Werken. Nehmen Sie zum Beispiel die Passage aus ›Der geizige Ritter‹, wo der Titelheld seine Truhen öffnet und Gold und Edelsteine im Fackelschein glitzern und schimmern – nun?«

Ich mußte zugeben, daß diese Passage in D-Dur steht. »Sehen Sie«, sagte Skrjabin, »Sie folgten intuitiv und unbewußt den Gesetzen, die Sie selbst so vergeblich anzuzweifeln versuchten.«

Ich hatte eine weitaus einfachere Erklärung dafür. Als ich jenen Abschnitt komponierte, hatte ich wohl unbewußt an die Szene in Rimsky-Korsakows Oper »Sadko« gedacht, in der das Volk auf Sadkos Befehl den großen Goldfischfang aus dem Ilmensee zieht und in den Jubelruf »Gold! Gold!« ausbricht. Dieser Ausbruch ist in D-Dur-komponiert. Aber ich konnte nicht verhindern, daß meine beiden Kollegen das Café im Bewußtsein eines errungenen Sieges verließen.

Sergej Rachmaninow, 1934

Bei einem Essen in New York schwatzte der Dirigent Wassily Safonow über Wagner, der bei einer schönen, überaus reichen Dame auf ein Wochenende eingeladen gewesen sei. Am Abend flüsterte ihr Wagner so laut, daß ihr Ehemann es hören konnte, zu, er werde sie im Laufe der Nacht besuchen. Der Ehemann, nicht faul, ließ daraufhin den Hausdiener die ganze Nacht über auf dem Gang den Fußboden bohnern. Jedesmal wenn Wagner in seinem roten Seidenschlafanzug auf den Gang hinaustreten wollte, sah er also den Diener und zog sich wieder zurück. Früh am Morgen ließ der Mann ihn abreisen.

Safonow lachte laut, als er mit der Geschichte fertig war; Skrjabin aber wurde sehr blaß. »Ihre Dame war wohl verrückt!« rief er aus. »Sie hätte es sich allein schon zur Ehre anrechnen sollen, daß Wagner sie überhaupt beachtete!« Wütend zog er die Tischdecke mitsamt den Überresten des Mahles vom Tisch und warf sie auf den Fußboden. Dann rannte er aus dem Zimmer.

Nach Faubion Bowers, 1969

RALPH VAUGHAN WILLIAMS

1872–1958

Englischer Komponist und Sammler von Volksmusik. Weltweit wurde er bekannt durch seine Orchestrierung der »Greensleeves«.

Er lernte bei seiner Großmutter lesen, und zwar aus demselben Buch, mit dem sie ihren jüngeren Bruder, Charles Darwin, in die Kunst des Lesens eingeführt hatte.

Das Erscheinen von Darwins Buch »Die Entstehung der Ar-
ten durch natürliche Zuchtwahl« machte nicht nur in der Familie
großes Aufsehen, sondern wirbelte in der ganzen Welt viel Staub
auf. Als Ralph etwa sieben Jahre alt war, fragte er seine Mutter,
was es denn mit jenem Buch eigentlich auf sich habe. Die Mutter
gab eine sehr geschickte Antwort: »Die Bibel lehrt, daß die Welt
in sechs Tagen erschaffen wurde. Dein Großonkel Charles ver-
tritt die Ansicht, daß es viel, viel länger gedauert habe. Wie dem
auch sei – ein Wunder ist es und bleibt es immer.«
Ursula Vaughan Williams im Gespräch mit Norman Lebrecht.

Auf seiner ersten Wanderung, die er unternahm, um englische
Volksmusik zu sammeln – es war im Dezember 1903 – erkundigte sich Vaughan Williams bei einem einsamen Knecht, Mr.
Pottipher, woher die Melodien stammten, die er sänge. »Ach,
wissen Sie, wenn Ihnen die Worte einfallen, so schickt der All-
mächtige wohl auch eine Melodie.«
Nach Imogen Holst, 1974

Vaughan Williams hatte ein Konzert mit eigenen Werken dirigiert. Als er das Podium verließ, hörte man ihn vor sich hinmur-
meln: »Wenn das moderne Musik ist – so muß ich sagen, ich
mag sie nicht!«
Nach Bernard Shore, 1938

In seinem Haus in Surrey bemühte sich Vaughan Williams in den
dreißiger Jahren, politischen Flüchtlingen aus Deutschland zu
helfen. Er veranlaßte, daß in Dorking ein Haus gekauft wurde,
um den Heimatlosen Obdach zu geben. Auch nahm der Komponist häufig Menschen in seinem eigenen Heim auf. Während
einer Konferenz des Hilfskomitees beklagte sich ein Flüchtling,
daß es so kalt und feucht in ihrem Haus sei. Das sei in Deutschland doch viel besser gewesen, denn dort hätten die meisten
Wohnungen Zentralheizung. Als er gegangen war, unterhielten
sich andere Komiteemitglieder über die Undankbarkeit dieses

Menschen. Vaughan Williams aber sagte: »Es grenzt doch an Wunder, daß er sich an Gutes in Deutschland erinnern kann.«
Ursula Vaughan Williams im Gespräch mit Norman Lebrecht

ENRICO CARUSO
1873–1921

Italienischer Tenor; der erste Sänger, von dem es
brauchbare Schallplatten gibt.

Ein Abend in Monte Carlo wird mir unvergeßlich bleiben. Der Saal war bis auf den letzten Platz besetzt – lauter Herzöge und Prinzessinnen und Marchesen. Caruso und ich singen eine Sterbeszene. Plötzlich erschrecke ich über ein Quietschgeräusch, das von Caruso, der sich über mich gebeugt hat, auszugehen scheint. Ich lasse mich im Singen nicht stören, überlege mir aber, ob Caruso vielleicht nicht wohl ist. Doch er sah gesammelt und ernst aus, doch jedesmal, wenn er sich niederbeugte, gab es wieder dieses eigenartig quietschende Geräusch. Plötzlich entdecke ich ein kleines Gummitier in seiner Hand, das er bei den rührendsten Passagen an mein Ohr zu pressen sucht.

Jeder weiß, wie schwer es ist, das Lachen zu unterdrücken, wenn erwartet wird, daß man ernst ist. Wenn man aber sterben soll, ist es fast unmöglich.
Nellie Melba, 1925

Der Schallplattenproduzent Fred Gaisberg hörte Caruso zum ersten Mal 1902 in Mailand; es war die Premiere von Franchettis »Germania«. Alsbald erschien er hinter der Bühne und konnte mit Caruso ausmachen, daß er am folgenden Nachmittag für 100 Pfund zehn Arien auf Schallplatte singen werde. Gaisberg wollte sich aber noch die Zustimmung seiner Firma in England holen und kabelte. Die Antwort kam prompt: »Honorar exorbitant. Untersagen die Aufnahme.« Aber Gaisberg hielt sich nicht daran. Die zehn damals aufgenommenen Schallplatten brachten insgesamt 15000 Pfund ein, und Caruso nahm während der folgenden zwanzig Jahre fast eine Million Pfund aus dem Vertrieb seiner Schallplatten ein.

Nach Fred Gaisberg, 1946, und Roland Gelatt, 1977

Caruso konnte unbeschreiblich viel essen. Während der Opernsaison speiste er häufig mit Scotti und Sammarco bei Pagani. Das sprach sich allmählich herum, und viele seiner Anhänger gingen ebenfalls in das Lokal, um ihr Idol sozusagen ganz privat zu sehen. Es war kein erhebender Anblick.

Ohne Rücksicht auf die Umstehenden wickelte Caruso so lange Spaghetti auf seine Gabel, bis der Teller leer war. Dann schob er die Ladung in den Mund und schluckte sie durch den Hals, der das Gold seiner Kehle beherbergte, mit einem Male hinunter. Der Teller wurde erneut gefüllt, und das Ganze wiederholte sich.

Eines Tages aber schockierte Caruso seine Bewunderer. Während er in angeregtem Gespräch mit Sammarco war, wurde ihm ein Teller mit besonders köstlichen Pfirsichen auf den Tisch gestellt. Caruso unterbrach aber das Gespräch nicht, befühlte aber jeden Pfirsich. Zum Entsetzen der Zuschauer verschwand plötzlich ein großer Pfirsich im Mund des Sängers. Erwartungsvoll abwartende Stille trat ein. Dann plumpste der Pfirsichkern auf den Teller.

Dettmar Dressel, 1937

Caruso war ziemlich stolz auf seine Fähigkeiten als Karikaturist. Um so größer war seine Enttäuschung, als Marc Twain ihn nicht zu einer Party einlud, die er in New York für hervorragende Karikaturisten gab. »Mag sein, er kennt mich nur als Tenor!«

Henry Theophilus Finck, 1924

Sergej Rachmaninow
1873–1943

Nach anfänglichen Erfolgen fühlte Rachmaninow sich nicht mehr in der Lage zu komponieren; er suchte Hilfe in einer Hypnose-Therapie.
Das Ergebnis: sein berühmtes zweites Klavierkonzert. Der russische Komponist nahm später
seinen Wohnsitz in der Schweiz und in den Vereinigten Staaten und war ebenso berühmt für sein
Klavierspiel wie für seine Kompositionen.

Leo Tolstoi besuchte ich das erste Mal am 9. Januar 1900. Damals
lebte Tolstoi mit seiner Familie in Khamowniki, einem Moskauer Distrikt. Rachmaninow und ich waren zu ihm eingeladen.
Wir stiegen eine primitive hölzerne Treppe in den zweiten Stock
eines zum großen Teil aus Holz erbauten Hauses hinauf. Wir bekamen Tee angeboten, ich aber war derartig erregt, daß ich nicht
in der Lage war, etwas zu trinken. Bedenken Sie: Ich sah den
Mann zum ersten Mal in Fleisch und Blut, dessen Werke die
Welt erregt hatten. Bis dahin hatte ich nur Bilder von Tolstoi gesehen; nun stand er leibhaftig vor mir.

Da ich ja nun einmal ein sehr gutes Gehör habe, fiel mir sogleich auf, daß er mit leicht meckernder Stimme sprach und daß
gewisse Laute – wohl weil ihm einige Zähne fehlten – lispelnd
und leicht pfeifend klangen. Obgleich ich durch seine Nähe bis
ins Innerste bewegt war, fiel mir das doch auf. Meine Erregung
wuchs, als er mir ganz selbstverständlich die Hand reichte.

Rachmaninow war nicht so scheu wie ich. Doch war er tief
bewegt, und seine Hände waren eiskalt. Er raunte mir zu: »Was
soll ich nur tun, wenn er mich auffordert, etwas zu spielen?
Meine Finger sind ganz steif!« Im gleichen Augenblick bat Tolstoi, ob er nicht etwas spiele. Ich weiß nicht mehr, was er vortrug. Ich mußte immer nur denken, daß ich nun wohl als näch-
ster an der Reihe sei. Und meine Aufregung wurde noch größer,
als Tolstoi Rachmaninow auf den Kopf zu fragte: »Sagen Sie, interessiert solche Musik irgend jemanden?«

Nun sollte ich singen. Ich weiß, daß ich »Le Destin« wählte, ein Lied, das Rachmaninow vor einiger Zeit auf Worte von Apuchtin um ein Thema aus der Fünften Symphonie von Beethoven komponiert hatte. Rachmaninow begleitete mich. Wir gaben beide unser Bestes, konnten aber nicht beurteilen, ob es Tolstoi gefallen hatte. Er sagte zunächst nichts. Dann aber fragte er: »Welche Musik ist für die Menschheit wichtiger – klassische oder populäre?«

Feodor Schaljapin, 1932

Wie Fedja sang, ist nicht zu beschreiben. Er sang so, wie Tolstoi schreibt. Wir beide waren 26 Jahre alt, wir musizierten mein Lied »Le Destin« für ihn. Wir hatten den Eindruck, daß alle begeistert waren. Plötzlich wurde der enthusiastische Applaus unterbrochen – alles schwieg. Tolstoi saß auf einem Sessel, ein wenig im Hintergrund; er sah melancholisch und unzufrieden aus. Ich ging ihm in der folgenden Stunde aus dem Wege, plötzlich aber kam er zu mir und sagte erregt: »Ich muß mit Ihnen sprechen. Ich muß Ihnen sagen, wie ich das alles verabscheue!« Er sprach eine ganze Zeitlang. So meinte er auch: »Beethoven, das ist alles Unsinn; Puschkin und Lermontow auch.« Es war schrecklich. Sofia Andrejewna stand hinter mir. Sie tippte mir auf die Schulter und flüsterte: »Machen Sie sich nichts daraus. Bitte, widersprechen Sie ihm nicht. Ljowoschka darf sich nicht aufregen – es schadet ihm!« Nach einiger Zeit kam Tolstoi noch einmal zu mir: »Bitte verzeihen Sie mir. Ich bin ein alter Mann. Ich wollte Sie nicht verletzen.« Ich antwortete: »Wie sollte ich persönlich gekränkt sein? Ich war ja nicht einmal beleidigt, weil Sie Beethoven ablehnten!«

Ich bin aber nie wieder zu ihm gegangen. Sofia Andrejewna lud mich alljährlich nach Jasnaja Poljana ein. Aber ich bin nicht mehr gegangen. Und dabei habe ich beim ersten Besuch gedacht, ich ginge zum lieben Gott persönlich.

In Alfred und Katherine Swan, 1944. Dieser Bericht gibt als Ergänzung zu dem, was Schaljapin schreibt, die Schilderung Rachmaninows.

Tolstois ablehnende Worte trafen Rachmaninow zu einem Zeitpunkt, da er ohnehin mit den Nerven am Ende war. Er suchte Trost bei seinem Freund Tschechow. Der Dichter sagte: »Nimm Tolstois Aussprüche wie Magenschmerzen; man muß sie eben ignorieren. «

Nach Faubion Bowers, 1969

Bei einem Violinabend von Fritz Kreisler und Rachmaninow in New York verließ den Geiger plötzlich das Gedächtnis. Er trat näher an den Flügel und flüsterte hilfeflehend: »Wo sind wir?« Rachmaninow spielte ungerührt weiter und zischte zurück: »In der Carnegie Hall!«

Nach Abram Chasins, 1952

Kurz vor dem [Zweiten Welt-] Kriege hatte mich seine [= Horowitz'] Frau, die Tochter Toscaninis, einmal zum Abendessen eingeladen. Rachmaninoff und Barbirolli waren auch zugegen. Rachmaninoff sah eigenartig aus, er hatte etwas Ästhetisches und Asketisches an sich. Es war ein Essen im kleinsten Kreise – wir waren nur fünf.

Es scheint, als fände ich jedesmal, wenn von Kunst die Rede ist, eine neue Definition für sie. Warum auch nicht? An jenem Abend sagte ich, Kunst sei Arbeit, die man mit Gefühl und verhaltener, kontrollierter Erregung tut. Irgendwie kam das Gespräch dann auf Religion, und ich gestand, glaubenslos zu sein. Sofort mischte Rachmaninoff sich ein: »Aber wie können Sie ohne Religion ein Künstler sein?«

Für einen Augenblick wußte ich nicht, was ich sagen sollte. Dann antwortete ich: »Ich glaube, wir sprechen über zwei verschiedene Dinge. Für mich bedeutet Religion den Glauben an ein Dogma – und Kunst ist mehr ein Gefühl als ein Glaube. «

»Das gilt auch für die Religion«, antwortete er. Daraufhin schwieg ich still.

Charlie Chaplin, 1964

[Rachmaninow] ließ... wieder von sich hören: »Kommen Sie doch morgen mit Ihrer Frau zum Abendbrot, außer Ihnen sind nur noch Strawinskys da.«

»Was? Strawinskys?« Ich konnte es nicht fassen.

»Nun, meine Frau und Frau Strawinsky haben sich auf dem Markt angefreundet.« Hm, das war etwas anderes. Die Männer hatten einer die Werke des anderen so abfällig beurteilt, daß man sie sich unmöglich am selben Tische sitzend vorstellen konnte.

Wir kamen etwas verspätet, und es bot sich uns dieses Bild: Rachmaninoff saß zusammengekrümmt auf einem niedrigen Sessel und klagte über Leibschmerzen. Strawinsky ging im Zimmer umher, augenscheinlich ganz vertieft in die Titel der dort aufgestellten Bücher.

»Sie lesen also Hemingway?« fragte er seinen Gastgeber.

»Wir haben das Haus gemietet, mitsamt den Büchern«, grunzte Rachmaninoff. Unterdessen plauderten die beiden Damen angeregt in einer Ecke.

Nach einer Weile wurden wir ins Eßzimmer gebeten. Rachmaninoff goß uns nach guter russischer Sitte Wodka aus einer Karaffe ein. Er hob sein kleines Glas und trank uns zu. Wir entgegneten mit »zakouskis«, er wiederholte seine Geste, und alle tranken. Nach einem Weilchen leerten wir ein drittes Glas, und erst danach kam es zu einem angeregten Gespräch. Rachmaninoff schluckte etwas Kaviar und wandte sich an Strawinsky mit der sarkastischen Bemerkung: »Ihr ›Petruschka‹ und Ihr ›Feuervogel‹ haben Ihnen doch bestimmt nie einen Pfennig Tantiemen eingebracht, was?« Strawinsky lief rot an und entgegnete wütend: »Und was ist mit Ihrem Prélude in Cis und all den Konzerten, die Sie in Rußland publiziert haben, was? Sie mußten selber Konzerte geben, um sich Ihren Lebensunterhalt zu verdienen.«

Die Damen und ich fürchteten schon, es könnte zwischen den beiden Komponisten zu einer bösartigen Auseinandersetzung kommen, doch geschah wunderbarerweise das Gegenteil. Beide Meister rechneten zusammen, welche Vermögen sie hätten verdienen können, und nach dem Essen blieben sie beieinander und fuhren fort, sich diesen Tagträumen von immensen Summen hinzugeben, die sie hätten einnehmen sollen. Beim Abschied gaben sie einander kräftig die Hand und versprachen, diese Begegnung fortzusetzen.

Arthur Rubinstein, 1980

MAX REGER
1873–1916

Deutscher Komponist; erstklassiger Kontrapunktiker, gewandter Organist und Pianist.

Nach ungezählten Konzerten in ganz Europa, als Dirigent und Pianist seiner und anderer Kompositionen, verspürte der Meister anschließend im Wirtshaus einen solchen Appetit (siehe auch Händels Leistungen dieser Art!), daß er oft einfach zum Kellner sagte: »Ober, bringen S' mir jetzt zwoa Stund' lang Beefsteak!« Das geschah; und immer, wenn eine Portion vertilgt war, folgte pünktlich die nächste.

Max Martin Stein, 1969. Stein war Regers Patenkind.

Bevor Sir Henry Wood, ein überlegter Gastgeber, Reger in London zum Essen einlud, fragte er beim German Club an, um sich auf die Geschmacksvorlieben seines Gastes einstellen zu können. Ihm wurde gesagt, er solle zumindest zwei Dutzend Flaschen Bier bereitstellen.

»Obgleich der gute Reger sich nun seinem Ruf entsprechend benahm und fast alles Bier zu sich nahm, ohne auch im geringsten davon beeinträchtigt zu werden«, erinnert sich Wood, »meinte ich, mein armer Gast könne Durst haben, und bot ihm daher Whisky mit Soda an. Von dem ersten Glas war er so angetan, daß er noch drei weitere zu sich nahm. Er blieb allerdings nicht mehr zum Tee da.

Nach Sir Henry Wood, 1938

353

In Hamburg spielte Reger einmal den Klavierpart in Schuberts Forellenquintett. Am anderen Morgen überreichte der Hotelportier ihm einen gewichtigen Stoß Briefe. Darunter befand sich ein duftendes Billett, von zarter Hand geschrieben, mit der Mitteilung, daß die Unterzeichnete aus Begeisterung für das Forellenquintett sich erlaubt habe, ihm fünf lebende, dreiviertelpfündige Forellen schicken zu lassen. Reger bedankte sich artig für diese Liebenswürdigkeit und schloß mit folgenden Worten: »Ich möchte Sie darauf aufmerksam machen, daß ich in meinem nächsten Konzert in Hamburg das ›Ochsenmenuett‹ von Haydn spielen werde.«

Max Martin Stein, 1969

Max Reger schrieb dem Verfasser einer abfälligen Kritik: »Ich sitze auf dem kleinsten Orte meines Hauses und habe Ihre Kritik vor mir. Bald werde ich sie hinter mir haben!

Hochachtungsvoll!
Ihr Max Reger«

Max Martin Stein, 1969

CHARLES IVES
1874–1954

Amerikanischer Komponist und Versicherungs-
fachmann. Er komponierte atonal, bitonal, be-
faßte sich mit rhythmischen und formalen Fragen und mit der Vierteltonmusik. Sein Vater leitete eine Militärkapelle. Ives studierte Musik an
der Yale University, zog sich aber aus dem öffentlichen Musikleben zurück und gründete eine
Versicherungsgesellschaft (Ives & Myrick).

Er war zutiefst enttäuscht von den politischen Nachwehen des
Ersten Weltkrieges. Vor allem entsetzte ihn, wie der Materialis-
mus den Idealismus in der amerikanischen Gesellschaft immer
mehr ablöste. Er wollte keine New Yorker Zeitung mehr lesen,
sondern abonnierte nur die Londoner »Times«, die ihn natürlich
immer eine beträchtliche Zeit nach den Ereignissen, über die sie
berichtete, erreichte. Als sein Bruder ihn eines Tages besuchte
und »The New York Times« mitbrachte, wehrte Ives entsetzt
ab: »Um Gottes willen, nur nicht das Neueste vom Neuesten!«
Nach Brewster Ives, Chester Ives, Elliott Carter, in: Vivian Perlis, 1974

Es gelang dem Dirigenten Nicolas Slominsky beim besten Willen nicht, das Boston Chamber Orchestra vollständig zu beset-
zen, um dort »Three Places in New England« aufzuführen. Ives
aber war von der Aufführung angetan. Er gratulierte Slominsky
und meinte: »Es war wie bei einer Bürgerversammlung. Jeder
spielte für sich – es kam herrlich heraus!«
Nach Henry und Sidney Cowell, 1955

Mein Vater hatte – wie man so sagt – das absolute Gehör. Es schien ihn aber eher zu stören, ja, manchmal genierte er sich deswegen. »Es ist alles relativ«, sagte er. »Nur Narren und Steuern sind absolut.«

Einer seiner Freunde war ein Musiker reinsten Wassers. Er hatte am New-England-Konservatorium in Boston promoviert. Er fragte ihn eines Tages, weshalb er mit seinem empfindlichen Gehör so schreckliche Dissonanzen auf dem Klavier herunterhämmere. »Na ja, wenn ich vielleicht auch das absolute Gehör besitze, das Klavier jedenfalls hat es nicht!«

Eines Nachmittags gab es ein schweres Gewitter. Ives' Vater stand ohne Hut und Mantel in Sturm und Wetter im Garten, die Glocken der nahen Kirche läuteten. Immer wieder rannte Vater Ives ins Haus, schlug ein paar Tasten des Klaviers an und stürmte wieder hinaus. »Ich habe einen Akkord gehört, ich höre ihn immer wieder, ich kann aber nicht herausfinden, aus welchen Tönen er sich zusammensetzt.« Die Suche nach dem Akkord fesselte ihn fast die ganze Nacht ans Klavier. Kurz nach diesem Ereignis baute er seine Vierteltonmaschine.

Charles Ives, 1961

Als seiner Dritten Symphonie im Jahre 1947 der Pulitzerpreis zugesprochen wurde – sie war 42 Jahre vorher komponiert worden! – erklärte Ives der Jury: »Preise sind für Knaben. Ich aber bin inzwischen herangewachsen!« Und er gab die 500 Dollar weiter.

Nach Henry und Sidney Cowell, 1955

Nach dem Tode Schönbergs im Jahr 1951 sandte seine Witwe an das Ehepaar Ives eine Notiz, die sie zwischen den Papieren ihres Mannes gefunden hatte. Sie lautete:

»Es gibt einen berühmten Mann, der auf dem Lande lebt – ein Komponist.

Er hat herausgefunden, wie man sein Ich bewahren und lernen kann.

Er erwidert Nichtbeachtung mit Verachtung.

Er hat es nicht nötig, Lob oder Tadel anzunehmen.
Er heißt Ives. «
Nach Vivian Perlis, 1974

Einige Jahre arbeitete er an einer »Universe-Symphony«, die er aber nicht beenden wollte. Jeder, der Lust habe, sollte etwas dazu schreiben dürfen, sagte er dem Kopisten. Er träumte aber davon, daß diese Komposition eines Tages in folgender Form aufgeführt würde: Verschiedene Orchester sollten auf verschiedenen Hügeln musizieren, und in den Tälern sollten riesige Chöre singen.
Nach George F. Roberts, in: Vivian Perlis, 1974

ARNOLD SCHÖNBERG
1874–1951

Wiener Komponist. Sein System der Zwölftonmusik wurde richtungweisend für die Musik des weiteren 20. Jahrhunderts.

Im Programm [eines Konzerts von 1907] folgte die Kammersymphonie von Schönberg: das Konzertereignis ist in die Geschichte der modernen Musik eingegangen. Nach der Aufführung, Mahler hatte demonstrativ applaudiert, fragte ich ihn, was er von dem Werk halte (nicht geradezu, was ich davon halten sollte). Seine Antwort: Er selbst sei nicht imstande, dem jüngeren – damals zweiunddreißigjährigen – Komponisten auf seinem Weg zu folgen, doch eben, daß cs ein neuer Weg war, sei ihm ein Grund mehr, den zu fördern, der ihn beschritt und von dem – das hatte ich schon früher von Mahler gehört –, in der Richtung, die er eingeschlagen, gewiß noch Außerordentliches zu erwarten sei.
Klaus Pringsheim, 1960. Pringsheim (1883–1972) war Komponist (als Schüler Mahlers) und Thomas Manns Schwager.

Es ist nicht allgemein bekannt, daß Schönberg mehrere Jahre hindurch sehr intensiv und später noch gelegentlich gemalt hat... Die Malerei war für Schönberg mehr als ein unbeschwerter Zeitvertreib neben seiner musikalischen Arbeit: sein Ausdrucksbedürfnis war auch in diesem Medium dringlich...

Den Hauptteil der Bilder schuf Schönberg in den Jahren 1906/07 bis 1912, also... in jener entscheidenden Periode, als er seine musikalische Revolution durchsetzte... Die Porträtmalerei wollte er sogar zu einem Nebenberuf machen. Anfang Januar 1910 bat er den Direktor der Universal Edition, Emil Hertzka, ihm zu Porträtaufträgen zu verhelfen. Und in einem Brief vom 16. Juni 1910 an Carl Moll, den Maler und künstlerischen Berater der Wiener Galerie Miethke, schlug er eine Verkaufsausstellung vor. Moll war jedoch nicht einverstanden. Schönbergs erste und größte Ausstellung von über 40 Bildern fand dann im Oktober 1910 in der Wiener Buch- und Kunsthandlung Hugo Heller statt. Die Kritiker urteilten ähnlich verständnislos wie bei seinen musikalischen Aufführungen, und unter den Orchestermitgliedern zirkulierte das Diktum: »Schönbergs Musik und Schönbergs Bilder – da muß einem ja zugleich das Hören und Sehen vergehen!«

Jelena Hahl-Koch, 1980

Berlin, 22. IV. 1914

Sehr geehrter Herr,
Ihrer Aufforderung, zu Richard Strauss' 50. Geburtstag etwas zu schreiben, kann ich leider nicht entsprechen.

Herr Strauss hat in einem Brief an Frau Mahler (in Angelegenheit der Mahler-Stiftung) über mich folgendes geschrieben:

»Dem armen Schönberg kann heute nur der Irrenarzt helfen...«

»Ich glaube er täte besser Schnee zu schaufeln, als Notenpapier zu bekritzeln...«

Ich meine, die Auffassung, die nicht nur ich sondern jedermann nach solchen Äußerungen von Herrn Strauss' menschlicher (denn das ist Neid gegen einen »Konkurrenten«) und künstlerischer Persönlichkeit (denn das ist eine »gesangsthema-artige« Banalität) haben kann, ist nicht geeignet, der Welt zur Feier seines 50. Geburtstages verkündet zu werden.

Ich habe nicht die Absicht, Herrn Strauss »moralisch« zu schä-digen ... Künstlerisch interessiert er mich heute gar nicht, und was ich seinerzeit von ihm gelernt hätte, habe ich, Gottseidank, mißverstanden...

Mit vorzüglicher Hochachtung
Arnold Schönberg

Schönberg an einen unbekannten Empfänger, in: Arnold Schönberg, 1958

Beim Militär war es Schönberg immer unangenehm, um musi-kalische Dinge befragt zu werden. Er wollte nur Soldat sein, sonst nichts. Besonders heftig reagierte er auf die Frage: »Sind Sie dieser vielumstrittene Komponist?« – Als er nun einmal in eine andere Kompanie eingeteilt wurde, war beim Namensauf-ruf sofort diese Frage da.

Nach einigem Zögern antwortete Schönberg: »Ich muß schon ›ja‹ sagen; aber die Sache ist so: Einer hat's sein müssen, keiner hat's sein wollen; da hab' ich mich halt dazu hergegeben!«

Der Fragesteller fuhr aber noch weiter fort und erklärte, daß es eine große Ehre für jeden sei, mit Schönberg in derselben Kompanie zu dienen, worauf er die Antwort bekam: »Es ist nicht so arg mit dieser großen Ehre. Die Kompanie besteht aus 400 Mann, da kommt ja auf einen nicht viel.«

Hanns Eisler, 1924, in: Willi Reich, 1968. Schönberg leistete im September / Oktober 1917 Kriegsdienst.

Als Schönberg 1921 in Amsterdam dirigierte, habe man – so erinnert sich der holländische Komponist Herman Mulder – Schönberg sehr wohl angemerkt, daß er den Umsturz in Öster-reich mitgemacht hatte: »Ich kann nicht vergessen, mit welcher Geste er die Zigarette, die man ihm anbot, mit seinem Taschen-messer halbierte, damit er auch am Nachmittag etwas zu rau-chen habe. Der Toonkunst-Chor wollte ihm ein Geschenk machen, und er wünschte sich eine Hose. Er hatte wirklich kaum etwas anzuziehen.«

Herman Mulder, 1971, zitiert in: Journal of the Arnold Schoenberg Institute

Arnold Schönberg probte beim Musikfest in Venedig seine »Serenade«.

Er probte lange, und als seine Zeit längst überschritten war, kam Mr. Dent, der Vorsitzende, und sagte: »Herr Schönberg, Ihr Probe-Nachfolger, Herr Grünberg, wartet. Ich glaube, Sie müßten jetzt aufhören.«

Arnold Schönberg sagte ruhig, daß er nicht aufhören werde.

Darauf nun Mr. Dent, schon etwas gereizt: »Ja, Herr Schönberg, Sie sind nicht der einzige Komponist hier!«

Worauf Schönberg: »Ich denke doch...!«

Alma Mahler-Werfel, 1960

Ein Graphologe hatte eine Schriftprobe von ihm beurteilt und meinte abschließend: »Dieser Mann hält sich zum wenigsten für den Kaiser von China!« Als Schönberg dieser Ausspruch zu Ohren kam, erwiderte er: »Meinte er, ich sei dazu berechtigt?«

Nach Clara Steuermann, 1978

Ich war mit Artur Schnabels Sohn befreundet und war häufig zu Gast in ihrer Berliner Wohnung. Eines Tages erklärte Schnabel: »Herr Schönberg ist da. Er hat das Manuskript seines neuesten Orchesterwerkes mitgebracht und erwartet von mir, daß ich es vom Blatt spiele.«

Schnabel packte die Aufgabe tapfer an, hielt aber plötzlich ratlos inne: »Ich kann es nicht genau lesen, ist das ein A oder ein B?« Schönberg trat an den Flügel und schaute seine Handschrift an. Er nahm die Brille ab, setzte sie wieder auf und mußte endlich einräumen, daß er es auch nicht wisse. »Warten Sie eine Minute«, sagte er und eilte aus dem Zimmer, um seine abgewetzte Aktenmappe aus dem Treppenhaus zu holen. Er zog ein kleines Notizbuch, wie man es auch zum Notieren von Haushaltsausgaben benutzt, heraus. Er blätterte, bis er zu der Seite kam, auf der die berühmte Zwölftonreihe notiert war. Er studierte einen Augenblick und meinte dann: »Es muß B heißen!«

Peter Diamand im Gespräch mit Norman Lebrecht

Nach der Uraufführung seiner einaktigen Oper »Von Heute auf Morgen« sagte Schönberg zum Orchester: »Meine Herren, aus dem, was übrigbleibt, wenn man von dem, was Sie gespielt haben das, was ich komponiert habe, abzieht, könnte man eine weitere Oper schreiben.«

Nicolas Slonimsky, 1971

In Berlin war ihm und meiner Mutter für »Von Heute auf Morgen« – sie hatte den Text geschrieben – eine große Summe geboten worden. Sie hatten damals wenig Geld und auch keine ordentliche Wohnung. Ihr Verleger bot so ungefähr 100000 Reichsmark, eine unglaublich große Summe. So etwas war ihnen noch nie geschehen. Er stellte allerdings eine Bedingung: »Sie müssen sich in den nächsten Minuten entscheiden; ich reise morgen ab.« Meine Eltern gingen in ein Nebenzimmer, um sich ungestört zu besprechen. Meine Mutter sagte: »Ich mag den Druck nicht, den dieser Mann auf uns auszuüben sucht. Laß uns ablehnen. Jedermann kann für 100000 Reichsmark ›ja‹ sagen, wie wenige aber können sich leisten, ›nein‹ zu sagen?« Sie lehnten die Summe ab. Später pflegte meine Mutter zu sagen, daß diese Entscheidung ihr Leben gerettet habe. »Hätten wir das Geld genommen, hätten wir uns ein schönes Haus gebaut, hätten uns mit schönen Dingen eingerichtet und hätten es – wie so viele andere – nicht übers Herz gebracht, Deutschland unmittelbar nach Hitlers Machtergreifung zu verlassen.

Nuria Schoenberg-Nono im Gespräch mit Norman Lebrecht

Als Schönberg nach Kalifornien kam, war es der Wunsch seiner Freunde, daß er beim Film beschäftigt und dafür gut bezahlt werde. Er wurde zu einer wichtigen Premiere geladen, nach der ihn der Produzent beiseite nahm, um ihn zu fragen, wie ihm die Musik gefallen habe. Schönberg antwortete, er habe sie gar nicht wahrgenommen. Damit unterstützte er die Ansicht des Produzenten über eine gute Filmmusik, nur im für ihn nicht vorteilhaften Sinn.

Trotzdem setzten Schönbergs Freunde ihre Bemühungen für ihn und seine Musik fort...

Der Zufall wollte es, daß das Columbia Broadcasting System eine Sendung zu Ehren Schönbergs veranstaltete, in der als eines der Hauptwerke seine »Verklärte Nacht« gespielt wurde. Der romantische Zauber und poetische Charakter dieser Komposition beeindruckte [Irving] Thalberg. Er schickte zu Schönberg, wenn auch die Musik, die er gern hätte, nicht den gleichen Charakter haben könnte wie »Verklärte Nacht«. Schönberg war den Vorschlägen gegenüber unentschlossen, und deshalb erklärte Thalbergs Abgesandter ihm des langen und breiten, was in dem Film »Die gute Erde« passiere. »Stellen Sie sich vor«, so begeisterte sich der Mann, »ein wilder Sturm, das Weizenfeld wogt im Wind, die Erde fängt plötzlich an zu zittern. Und mitten in diesem Erdbeben bringt Oo-Lan ihr Kind zur Welt. Was für grandiose Möglichkeiten für Musik.«

Schönbergs Kommentar: »Was soll Musik bei so viel Handlung?«

Oscar Levant, 1940

Trotzdem lud Thalberg Schönberg ein, um mit ihm Einzelheiten zu besprechen. Der Komponist forderte 50000 Dollar und das Recht einzuschreiten, wenn Änderungen an seiner Komposition vorgenommen würden. Das allerdings wurde ihm – wenn auch höflich – abgeschlagen. Mit merklicher Erleichterung berichtete Schönberg seiner Frau von diesem Mißerfolg. Als Grund für die so enorm hohe Forderung an Thalberg gab er an: »Wenn ich schon eine Art Selbstmord begehe, dann will ich danach wenigstens gut leben können.«

Nach Salka Viertel, 1969

Um seinen Lebensunterhalt in Kalifornien bestreiten zu können, mußte Schönberg Kurse geben, an denen Studenten mit den verschiedensten Vorkenntnissen teilnahmen. Er hatte auch einen Anfängerkurs in Harmonielehre. Eines Tages stand er vor einer Klasse von Kindergarten-Musiklehrern. Erstaunt fragte er: »Sie sind Lehrer? Und Sie sind wirklich der Ansicht, daß es Menschen gibt, die noch weniger über Musik wissen als Sie?«

Nuria Schoenberg-Nono im Gespräch mit Norman Lebrecht

[Hollywood, 15. 1. 1936]
Liebster Freund, ich bin in gespanntester Erwartung eines Briefes von dir anlässlich des Todes unseres lieben, armen [Alban] Berg. Es ist zu aufregend, hier fast nichts erfahren zu können, durch mehr als drei Wochen, als das Wenige, was die Zeitungen melden, die sich ja relativ ausführlich mit ihm befasst haben. Mir hat bisher niemand aus Wien Näheres geschrieben, was ich nicht verstehen kann, wo doch jeder wissen muss, wie nahe mir das geht. Es ist zu schrecklich. Nun geht noch Einer von uns, die wir ohnedies nur drei waren und nun haben wir beide diese künstlerische Vereinsamung allein zu tragen. Und das Traurigste: derjenige von uns, der Erfolg hatte, der immerhin wenigstens das hätte geniessen können, dem wenigstens, wenn er weiter gelebt hätte, diese Bitterkeit nicht in dem Masse zuteil worden wäre, dass es ihm alle Freude an den Aufführungen seiner Werke und an seiner Wirksamkeit verdorben hätte, wie uns Beiden!

Schönberg an Anton von Webern, in: Ernst Hilmar, 1974. Berg war am 24. Dezember 1935 gestorben.

Ein scharfer öffentlicher Disput im Jahr 1948 über Thomas Manns »Dr. Faustus«, in dem Adrian Leverkühn als Hauptfigur eine Kompositionsmethode mit zwölf Tönen entwickelt, bedrückte Schönberg außerordentlich. Die beiden bedeutenden Exilanten hatten sich des öfteren in Gesellschaft getroffen, Thomas Mann hatte aber nie etwas über sein neuestes Werk zu Schönberg gesagt.

Als das Buch erschienen war, schrieb Schönberg einen wutentbrannten Brief an Thomas Manns Verleger und beschuldigte diesen des geistigen Diebstahls. In einer ausführlich begründeten Antwort behauptete Thomas Mann, sein Buch sei eine Anerkennung für Schönbergs enormen Einfluß auf die Musik. Zwei Jahre lang blieben die Beziehungen zwischen dem Komponisten und dem Schriftsteller voller Bitterkeit.

Schönberg fürchtete, wie er seiner Familie gegenüber ausführte, daß Leverkühns vielschichtiger Charakter einen Schatten auf seine eigene Musik und seine Ideen werfen könnte. »Wenn Thomas Mann mir nur erzählt hätte, daß er ein solches Buch schreibt«, beklagte er sich. »Ich hätte für ihn innerhalb einer Stunde eine ganz andere Theorie entwickeln können!«

Nicolas Slonimsky, 1971

Die Stadt Wien verlieh ihm [1949] das Bürgerrecht ehrenhalber... Die Gratulationen einzeln zu beantworten ging über Menschenkräfte. Wieder einmal löste Schönberg das Problem durch ein fotografisch vervielfältigtes Handschreiben vom 16. September mit dem Titel »Erst nach dem Tode anerkannt werden –!« Er wisse, heißt es in diesem menschlichen Dokument, daß er auf volles und liebevolles Verständnis zu Lebzeiten nicht rechnen dürfe. Er zitierte einen eigenen Aphorismus von 1912: »Die zweite Hälfte dieses Jahrhunderts wird durch Überschätzung schlecht machen, was die erste Hälfte durch Unterschätzung gutgelassen hat an mir.«

Hans Heinz Stuckenschmidt, 1974

Schönberg war herzkrank, und er war sehr abergläubisch. Er fürchtete sich geradezu vor jeder 13 und glaubte fest, daß er einmal an einem 13. sterben werde. Schließlich war er auch schon 76. An jedem 13. war er unruhig, und abends mußte sich Gertrud Schönberg zu ihm setzen und seine Hand halten, und auf der anderen Seite des Zimmers war irgendwo eine Uhr, und er sah die Uhr an und sah zu, wie der 13. verging. Am 13. Juli – ich glaube, es war 1951 – war es genau so. Sie saßen wieder da, und die Uhr tickte, endlich war es Mitternacht. Schönberg stand auf, ging hinauf, um sich schlafen zu legen, und Gertrud Schönberg ging wie immer in die Küche, um seinen Schlaftrunk zu machen. Er trank abends immer eine Tasse Bovril. Als sie ihm dann die Tasse hinaufbrachte, lag er leblos in seinem Zimmer. Gertrud Schönberg erschrak zu Tode und guckte auf die Uhr. Sie war schon auf die Uhr fixiert wie er. Da sah sie, daß es noch nicht Mitternacht war; die Uhr im Zimmer unten war einige Minuten vorgegangen; und jemand hat mir gesagt, daß sich Gertrud Schönberg seitdem mit der Idee herumgequält habe, er könne vielleicht nur über die Uhr so erschrocken gewesen sein; und daß er vielleicht nicht in diesem Moment gestorben wäre, wenn die Uhr ihm nicht gezeigt hätte, daß Mitternacht noch nicht vorbei war.

Katia Mann, 1974. Vgl. aber die folgende Geschichte.

Die Geschehnisse am 13. Juli 1951 waren in vieler Hinsicht anders, als Katia Mann erzählt. Mein Vater ging nicht »hinauf, um sich schlafen zu legen«; leider war er schon monatelang nur oben gewesen und hatte zudem meistens drei Jahre lang nicht mehr im Bett geschlafen, sondern in einem Sessel gegenüber dem Bett, weil er nachts Asthma-Anfälle hatte. In jener Nacht lag Mutter wach im Bett, die große Uhr war im Rücken meines Vaters. Mutter sagte später, sie habe nach der Uhr gesehen, und gehofft, mein Vater werde über den 13. hinaus leben; daß sie gedacht habe: nur noch fünfzehn Minuten. Dann hatte er den Anfall, der sein Leben beendete.

Einen Schlaftrunk gab es nicht; ich weiß nicht einmal, was Bovril ist. Katia Mann muß hier die Wahrheit mit irgendeinem Film verwechselt haben, den sie einmal sah. Was Mutter ihr gesagt haben könnte, wäre wohl gewesen: »Wie merkwürdig, in Europa war es schon der 14. Juli.«

Es ist richtig, daß Schönberg in bezug auf die 13 abergläubisch war. Als mein Vater 76 wurde, bekam er von einem Astrologen einen Brief, weil die Quersumme seines Alters in jenem Jahr (7 + 6 = 13) bedeuten könne, daß es ein gefährliches Jahr für ihn werden könne.

Der romantische Hollywood-Gedanke, daß Gertrud an jedem 13. neben Arnold saß und ihm die Hand hielt, ist lächerlich.

Nuria Schoenberg-Nono in einem Brief an Norman Lebrecht

MAURICE RAVEL
1875–1937

Der »Bolero« mit seinen ständigen Wiederholungen machte ihn berühmt; die Musik aber machte ihn nie zu einem wohlhabenden Mann.

Wenn man in einem Konzert ausschließlich Werke von Maurice Ravel hört, wird man an einen winzigen Zwerg erinnert, der in einem engbegrenzten Bereich winzige, aber sehr gescheite Dinge tut. Ähnliches gilt für die reptilienhafte Kaltblütigkeit, von der man annehmen muß, daß Ravel sie ganz bewußt kultiviert hat, fast abstoßend, wenn man lange zuhört. Auch die Schönheiten dieser Musik erinnern an die feinen Zeichnungen auf Schlangen und Eidechsen.

The Times, 1924

Strawinsky war körperlich klein, straff und gedrungen und – wie es oft bei kleinen Menschen zu beobachten ist – modisch etwas zu auffallend und leicht verrückt gekleidet. Ravel dagegen gab ein kleines Vermögen für einen leuchtend blauen Frack aus, führte ihn auf eine der größerer Soiréen der Prinzessin von Polignac aus und mußte zu seinem Entsetzen mit anhören, wie ein Marquis einen Grafen fragte: »Wer ist der Kleine da drüben, der es nicht einmal für nötig hält, sich passend anzuziehen?«

Vernon Duke, 1955

1920 rief er einen Skandal dadurch hervor, daß er die Ernennung zum Ritter der Ehrenlegion ablehnte. So etwas war noch nie dagewesen! Ravel aber berief sich immer wieder auf die Forderung Baudelaires, daß der Staat nicht berechtigt sei, einen seiner Bürger zu beurteilen.

»Ravel lehnt die Ehrenlegion ab«, spottete Satie, »aber seine Musik akzeptiert sie.«

Nach Roland-Manuel, 1980

Man erzählte ihm, nach der Aufführung [des »Bolero«] habe eine Dame gerufen: »Er ist verrückt!«, worauf er lächelnd antwortete, sie habe das Stück verstanden.

Hans Heinz Stuckenschmidt, 1966

Als ich [George Gershwin] fragte, ob er in Paris bleiben wolle, sagte er: »Nein. Eigentlich wollte ich bei Ravel Unterricht nehmen, aber das ist mißglückt.« Man erzählte später, daß Ravel auf Gershwins Bitte gefragt habe: »Was bringen Ihnen Ihre Sachen jährlich ein?« und als Gershwin bescheiden antwortete: »So gegen hunderttausend bis zweihunderttausend Dollar«, habe Ravel erwidert: »Dann müssen Sie mir das Komponieren beibringen.«

Arthur Rubinstein, 1980. Eine ähnliche Geschichte kursierte über Gershwin und Strawinsky. Als Robert Craft in seinen »Gesprächen mit Strawinsky« (1968) darauf zu sprechen kam, meinte Strawinsky nur, Ravel habe sie ihm schon im Jahr, bevor er Gershwin überhaupt kennenlernte, über ihn erzählt.

Einmal äußerte er gegenüber Georges Auric, daß er eine Instrumentationslehre schreiben wolle; als abschreckende Beispiele sollten die Stellen aus seinen eigenen Werken dienen, die instrumentatorisch mißglückt seien.

Nach Aaron Copland, 1961

ALBERT SCHWEITZER
1875–1965

Hervorragender Organist, Herausgeber der
Bachschen Orgelwerke, Bach-Biograph, Theo-
loge, Arzt, Helfer der Aussätzigen in Äquatorial-
afrika, Friedensnobelpreisträger des Jahres 1952.

Schweitzer organisierte seit 1896 in Straßburg und seit 1906 in
Paris Bach-Konzerte. 1905 schrieb er eine bedeutende Bach-Bio-
graphie und erarbeitete selbst auch deren deutsche Fassung.
Dann erklärte er eines Tages seinem Lehrer [Charles-Marie] Wi-
dor beim Essen, daß er nach Gabun gehen wolle, um ein Kran-
kenhaus aufzubauen. Der alte Organist drang in ihn, diese Idee
aufzugeben und zu bedenken, welchen Einschnitt dies für seine
Bach-Forschungen bedeute, doch es nützte nichts. »Was wollen
Sie tun«, seufzte Widor später, »wenn Ihnen ein Mensch sagt:
›Gott ruft mich‹?«
Nach Marcel Dupré, 1975

PABLO CASALS
1876–1973

Casals erneuerte die Cello-Spieltechnik und ver-
schaffte den Bach-Solosuiten einen Platz im
Cello-Repertoire. Der gebürtige Spanier ging auf
Lebenszeit ins Exil, um gegen das in Spanien
herrschende Franco-Regime zu protestieren.

Mein größter Wunsch war es, Pablo Casals zu hören. Eines Tages erfüllte sich meine Sehnsucht beinahe, und ich lernte ihn
kennen. Aber, Ironie des Schicksals, ich war es, der spielen
mußte... [Piatigorsky und der junge Rudolf Serkin spielten
Werke von Beethoven, Schumann und Bach.] Wir waren beide

nervös und kannten einander kaum; unser Spiel war recht mä-
ßig... »Bravo! Bravo! Wunderbar!« Casals applaudierte...

Verwirrt ging ich nach Hause. Ich wußte, wie schlecht ich gespielt hatte, aber warum mußte er, der Meister, mich loben und
umarmen? Diese offensichtliche Unaufrichtigkeit schmerzte
mich mehr als irgend etwas anderes.

Um so größer war meine Verlegenheit und mein Entzücken,
als ich Casals einige Jahre später in Paris wieder traf. Wir aßen
zusammen, spielten Duette für zwei Celli, und ich spielte ihm
bis spät in die Nacht hinein vor. Ermutigt durch seine große
Wärme und sehr glücklich, gestand ich ihm, was ich damals in
Berlin von seinem Lob gedacht hatte. Er reagierte darauf plötzlich sehr ärgerlich und ergriff sein Cello. »Hören Sie!« Er spielte
eine Phrase aus der Beethoven-Sonate. »Haben Sie nicht diesen
Fingersatz genommen? Aha, Sie nahmen ihn! Er war mir neu...
er war gut... und hier, setzten Sie nicht bei dieser Passage mit
einem Aufstrich ein, so?« er machte es mir vor. Er nahm den
Schumann und den Bach durch und betonte dabei immer, was
ich getan und was ihm gefallen hatte. »Und im übrigen«, sagte
er leidenschaftlich, »überlassen Sie es den Unwissenden und
Einfältigen, nur nach der Anzahl von Fehlern zu urteilen. Ich
kann dankbar sein für einen einzigen Ton oder eine wundervolle
Phrase, und auch Sie müssen es sein.« Ich verließ ihn mit dem
Gefühl, in Gesellschaft eines großen Künstlers und Freundes gewesen zu sein.

Gregor Piatigorsky, 1968

CARL RUGGLES
1876–1971

Amerikanischer Neutöner.

Bei den Proben zu »Men and Mountains« in Paris war ein Brat-
scher wegen der Klänge, die er erzeugte, so verstört, daß er in
seinen Noten vor das Wort »Viola« ein »Il« setzte, dahinter aber

»la musique«, so daß »Il viola la musique« zu lesen war – er tut
der Musik Gewalt an.

Nach Nicolas Slonimsky, 1971

Sir Thomas Beecham
1879–1961

Englischer Dirigent und Impresario mit Humor.
Das Geld, das sein Vater aus einer Tablettenfabrik
erwirtschaftet hatte, brachte er mit Opernprojek-
ten durch. 1932 gründete er das London Philharmonic, 1947 das Royal Philharmonic Orchestra.

Irgend etwas ging in einer Aufführung von Beethovens G-Dur-
Konzert mit dem Pianisten Alfred Cortot schief. Beecham erklärte später: »M. Cortot begann Beethoven zu spielen, und ich
dirigierte Beethoven. Dann ging er zu Schumann über, und ich
dirigierte Schumann. So ging es weiter: Er spielte alle möglichen
Konzerte an, und ich dirigierte, solange ich wußte, was er
spielte. Dann setzte er mit einem Konzert ein, das mir überhaupt
nicht gegenwärtig war, und ich mußte abbrechen.«

Nach Ivor Newton, 1966; Fred Gaisberg, 1946

Eine Sopranistin in »Don Quixote« von Massenet klagte, sie
habe den Einsatz zu einer Arie verpaßt, »weil M. Schaljapin immer zu schnell stirbt«.

»Madame, Sie irren sich gründlich«, antwortete Sir Thomas.
»Bislang ist noch nie ein Opernstar halb so schnell gestorben wie
ich es mir wünschte.«

Nach Bertha Geissmar, 1944

Béla Bartók
1881–1945

Ungarischer Komponist; seine musikalischen
Ausdrucksformen wurden wesentlich von seiner
Erforschung verschiedenster Volksmusikströ-
mungen beeinflußt. Er verließ Ungarn aus Protest gegen den wachsenden Faschismus und starb
im amerikanischen Exil.

So ging es weiter zum nächsten Lager. Unser Weg zog quer
durch große und kleine Flüsse, die Straße wurde immer steiniger
und hörte schließlich ganz auf, aber immer weiter ging es über
felsige Hügel. Diese Art zu reisen machte nicht allzuviel Vergnügen. Ohne die Sorge um unsere Instrumente, die wir auf dem
Schoß festhielten, wäre es noch angegangen. Schließlich aber
waren wir es leid, gingen zu Fuß und trugen unsere zerbrech-
lichen Schätze auf dem Rücken und in den Armen weiter. Bei
Sonnenuntergang erreichten wir endlich das Winterlager der Te-
cirli, auch ein Nomadenstamm, der den Winter über aber nicht
in Zelten, sondern in Lehmhütten haust. Unser Führer brachte
uns zu dem Haus eines ihm bekannten Mannes, der auf die Familien seines Stammes einigen Einfluß zu haben schien und der
uns äußerst liebenswürdig empfing. Gut erzogen und taktvoll,
wie er war, fragte er nicht erst nach dem Zweck unseres Besu-
ches und nach den komischen Apparaten, die wir schleppten. Er
wollte gleich ein Schaf zum Essen abstechen lassen, doch meinten wir, es genüge auch ein Huhn. Er lud uns in sein Haus ein,
eine muffige Lokalität, ohne ein einziges Fenster...
Langsam füllte sich das Haus mit Nachbarsleuten, mit denen
wir uns bis gegen sieben Uhr auf das freundschaftlichste unterhielten. Allem Anschein nach hatte unser Führer noch gar nicht
erwähnt, was uns hergeführt hatte, und ich saß wie auf Kohlen.
Schließlich hörte ich ihn etwas wie »türki, türk halk müsiki« sagen und von Volksliedern sprechen. Ich hoffte, das Eis würde
nun bald gebrochen sein, und tatsächlich sang ein Fünfzehnjäh-
riger ohne Scheu und Zögern das erste Lied. Die Melodie klang

wieder ganz ungarisch. Rasch bereitete ich meine auf dem Boden verstreuten Instrumente vor und schrieb beim Schein des Holzfeuers das Lied nieder. So, dachte ich, und jetzt der Phonograph! Das aber war nicht so einfach. Mein guter Sänger fürchtete, er verlöre die Stimme, wenn er in die Maschine sänge, die offenbar vom Teufel betrieben wurde. Er dachte, sie würde seine Stimme nicht nur auf-, sondern ganz abnehmen. Es dauerte eine ganze Weile, bis ich seine Bedenken zerstreut hatte. Dann arbeiteten wir, ununterbrochen und ungestört, bis gegen Mitternacht. Ich hielt nun die Zeit für gekommen, einige heikle Fragen zu stellen, besonders betreffs der Frauen: Ob Frauen andere Lieder als die Männer sängen. »O nein, auf keinen Fall!« Die Antwort war kurz und bündig. Sie kennen aber doch diese Lieder auch, und wir hätten sie so gerne einmal von Frauen gehört. In einiger Verwirrung teilten sie uns mit, daß Frauen in Gegenwart von Männern niemals sängen, selbst der Ehemann hätte nicht das Recht, seine Frau um ein Lied zu bitten. Also mußte ich verzichten, da ich mir nicht gut mehr Rechte anmaßen konnte als der eigene Mann. Traurigen Herzens gab ich die Hoffnung auf... Eine unmögliche Situation, Schlummerlieder, von krächzenden Männerstimmen gesungen, aufzeichnen zu sollen, wenn Männer ihre Babys offenbar weder mit noch ohne Lieder in den Schlaf lullen!

Béla Bartók, in: Bartók, 1972

Ich erinnere mich nur zu gut daran, wie ich zum ersten Mal [1921] die eben vollendete Musik zum Ballett »Der wunderbare Mandarin« hörte. Es war an einem drückend heißen Augusttag [in Budapest] in einer Straße in der Stadtmitte, wo der Verkehr unerträglich laut war; dort spielte mir Bartók auf einem miserablen Instrument, das obendrein unüberhörbar verstimmt war, den Klavierauszug vor. Sogar in einer Aufführung mit Orchester greift das Stück die Nerven stark an, vom Ästhetischen ganz zu schweigen; wieviel ich also unter diesen erschwerten Aufführungsbedingungen zu leiden hatte, läßt sich also leicht vorstellen – dazu bedarf es keiner großen Phantasie. Sogar dem Komponisten wurde es zu viel. Nachdem er mir etwa drei Viertel des

Werks vorgespielt hatte, brach er plötzlich ab und erklärte, er sei nicht in der richtigen Stimmung zum Vorspielen. Vergebens suchte ich in mir nach einem lobenden oder anerkennenden Wort, das nicht allzu unhöflich gewesen wäre; ich konnte nichts herausbringen. Als ich später mit Kodály, bei dem ich wohnte, in dessen Wohnung zurückging, eröffnete ich ihm meine bösen Ahnungen und meine Bestürzung, und es tröstete mich zu hören, daß ich mit ihnen nicht völlig allein dastand, jedenfalls aber völlig verstanden wurde. »Diese Übertreibung des Klanglichen«, sagte Kodály, »ist eine Phase, durch die Bartók hindurchgehen muß. Sie werden sehen, er wird sie schon überwinden.«

Cecil Gray, 1948

»Der wunderbare Mandarin« wurde 1926 in Köln uraufgeführt und führte zu einem fürchterlichen Aufstand. Das Publikum brüllte, Stinkbomben flogen, und die Musik wurde völlig niedergebrüllt. Der Oberbürgermeister von Köln, Konrad Adenauer, verlangte, daß der Dirigent Eugen Szenkár sich von seinen Verpflichtungen wieder löse. Nach der chaotischen Aufführung kam Bartók in das Künstlerzimmer des Dirigenten. »Eugen«, sagte er ruhig, »auf Seite 34 steht in der zweiten Klarinette ein Mezzoforte. Ich habe sie nicht hören können. Würdest du es bitte in ›Forte‹ abändern?«

Eugen Szenkárs Bericht an Miklós Rósza; Rósza im Gespräch mit Norman Lebrecht

Einen der Momente, in denen Bartók wichtige Dinge über eines seiner Werke aussprach, erlebte ich in seiner New Yorker Dienstwohnung, kurz nachdem er sein Konzert für Orchester vollendet hatte. Wir waren unter uns, und er war bester Laune. Unser Gespräch konzentrierte sich auf dieses eine Werk, und Bartók war überaus mitteilsam.

»Wissen Sie, welche Musik ich in ›Intermezzo interotto‹ (dem vierten Satz des Konzerts) zitiert habe?« fragte er. Ich meinte es zu wissen, hatte aber nicht recht.

Darauf nahm mir Bartók das feierliche Versprechen ab, die Geschichte nicht weiterzuerzählen, solange er lebe (ich hielt mich an dieses Versprechen), und bekannte dann, daß es eine Melodie Schostakowitschs sei, die er hier als ein störendes Element karikiert hatte. Mit diesem Geständnis waren die Schleusen geöffnet, denn nun packte er alles aus, was im Lauf einer offenbar langen Zeit seiner Seele aufgebürdet worden war. Nur damals sprach er von seinen Gefühlen, von seiner allgemeinen Enttäuschung über die breite Zustimmung, die einige Kompositionen – darunter auch solche Schostakowitschs – fänden, ohne sie seiner Meinung nach zu verdienen. Er sprach mit Zurückhaltung und echtem Anstand, aber es wurde deutlich, wie tief es ihn verletzte, daß seine eigenen Werke vernachlässigt wurden. Indem er auf sein »Intermezzo interotto« zurückkam, schloß er scherzend: »Nun, so habe ich eben meinem Ärger Luft gemacht.«

Antal Dorati, 1981

[Im amerikanischen Exil] sehnte er sich nach Ungarn und ungarischer Landschaft. Eines Tages erklärte er plötzlich beim Spaziergang durch Manhattan: »Ich rieche Pferde.«

»Hier, mitten in der 66. Straße?« rief seine Frau.

»Ja, Pferde«, sagte Bartók. Er sah sich um und überquerte die Straße. Seine Frau und ein Freund sahen ihn in ein äußerlich nicht näher bezeichnetes Gebäude eintreten. Sie folgten ihm und entdeckten, daß es eine Reitschule war. »Was für ein friedvoller, natürlicher Geruch«, sagte Bartók und sog den Stallduft tief in sich ein: »Schlafende Pferde.«

Nach Agatha Fassett, 1958

Es war beim ersten großen Bartók-Fest nach dem Krieg, und Zoltán Kodály saß in der ersten Reihe neben dem grausamen Diktator Mátyás Rákosi. Es wurden viele Reden gehalten, und schließlich behauptete ein Redner, daß Bartók, wenn er noch lebte, eines der herausragenden Mitglieder der Kommunistischen Partei wäre. Kodály erhob sich sofort und erklärte, ohne

die persönlichen Gefahren zu bedenken: »Im Gedenken an meinen guten Freund muß ich sagen, daß keine Partei auf der ganzen Welt Béla Bartók für sich in Anspruch nehmen darf.«
Der ungarische Schriftsteller George Mikes im Gespräch mit Norman Lebrecht

ARTUR SCHNABEL
1882–1951

Gebürtiger Österreicher. Pianist, verehrter Lehrer.

In Los Angeles probte er einmal gemeinsam mit Otto Klemperer ein Beethoven-Konzert. Vom Klavier aus gab er dem Orchester die Tempi an, die er für richtig hielt. Kaum hatte Klemperer das bemerkt, da brach er auch schon ab. »Schnabel«, sagte er rasch, »der Dirigent ist hier!«

»Ich weiß«, antwortete Schnabel, »aber der Pianist ist hier! Fragt sich nur: Wo ist Beethoven?«
Peter Diamand im Gespräch mit Norman Lebrecht

Ein... trefflicher Einfall wurde ausgeklügelt, als Schnabel, Hubermann, Hindemith und ich planten, den hundertjährigen Geburtstag von Brahms mit einem Zyklus seiner Kammermusik für Klavier und Streicher in Hamburg und Berlin zu feiern. Wir einigten uns leicht über die Programme und Daten, und auch die Frage, wie die Gagen zu teilen seien, schien zunächst einfach. Für mich gab es keinen Zweifel, daß wir zu gleichen Teilen bezahlt würden, aber Hubermann und Schnabel schwiegen. Schließlich schlug Hubermann vor, daß man die Geldangelegenheit den Agenten überlasse. (Zweifellos war er sicher, daß er auf diese Art am besten wegkäme.) Schnabel jedoch bestand ärgerlich darauf, daß gewöhnliche Agenten aus dem Spiel zu bleiben hätten. Jeder verteidigte diplomatisch, aber heftig seine Ansichten. Gerade als sie an einem toten Punkt angelangt waren, spielte Schnabel seinen Trumpf aus.

»Meine Herren, wir vergeuden unsere Zeit. Die Gage soll in fünfunddreißig gleiche Teile geteilt werden.«

»Warum fünfunddreißig!« rief Hubermann aus.

»Das ist ganz einfach«, sagte Schnabel. »Wir werden dreizehn Werke für Klavier und Streicher spielen: drei Trios, drei Quartette, drei Violinsonaten, zwei Bratschensonaten und zwei Cellosonaten, zusammen fünfunddreißig Instrumentalstimmen. Da alle dreizehn Werke mit Klavier sind, sollte ich dreizehn Fünfunddreißigstel der Gage erhalten. Dem Geiger werden die zwei Cello- und die zwei Bratschensonaten abgezogen, also bekommt er neun Fünfunddreißigstel. Das Cello erhält acht Fünfunddreißigstel und die Bratsche fünf Fünfunddreißigstel.« Vor Staunen blieb uns der Mund offen, aber wir mußten zustimmen. Zum Glück dehnte Schnabel seinen Scharfsinn nicht darauf aus, die einzelnen Noten zu zählen, in welchem Fall mein Anteil viel schlechter herausgekommen wäre.

Gregor Piatigorsky, 1968. Neben ihm als Cellisten und Schnabel als dem Pianisten versahen Bronislaw Hubermann die Violine und Paul Hindemith die Bratsche.

LEOPOLD STOKOWSKI
1882–1977

Gebürtiger Brite, Leiter des Philadelphia Orchestra (1912–38). Er machte Musik in vielerlei Form populär; besonders bekannt ist dies mit Walt Disneys »Fantasia«.

In Stokowskis Orchester gab es einen Musiker, der sich dadurch auszeichnete, in all den Jahren nie auch nur fünf Minuten zu spät gekommen zu sein oder eine Probe versäumt zu haben. Schließlich aber kam es soweit, daß alle Mitglieder des Philadelphia Orchestra fest damit rechneten, daß er seine Prinzipien durchbrechen müsse, denn seine Frau sollte ihr erstes Kind zur Welt bringen, und zwar während der morgendlichen Probe.

Wie jeder wußte, hätte seine Frau es ihm übelgenommen, wenn er dieses Ereignis nicht miterlebt hätte. Doch am Morgen trat er wie immer pünktlich zur Probe an und versäumte keine einzige Note.

Das Geheimnis wurde, wie ich hörte, später gelüftet: Das Krankenhaus, in dem die Frau lag, befindet sich dicht neben der Academy of Music, und der Musiker hatte in dem Stück, das am Morgen auf dem Probenplan stand, fünfhundert Takte Pause. Er legte daher sein Instrument weg, zählte auf dem Weg ins Krankenhaus die Takte mit, küßte das Baby (er zählte trotzdem weiter), küßte seine Frau (er zählte trotzdem weiter) und kam genau rechtzeitig wieder in die Academy, um sein Instrument wieder in die Hand zu nehmen und auf dem zweiten Schlag in Takt 501 wieder einzusetzen. – Ich fragte Stokowski, ob es sich so zugetragen habe; er bejahte es.

George Antheil, 1945. Antheil (1900–1959) war ein amerikanischer Komponist.

IGOR STRAWINSKY
1882–1971

Geboren in St. Petersburg. Der Durchbruch gelang ihm mit drei in Paris für Diaghilew komponierten Balletten, mit denen sich ein neues Zeitalter der Musik ankündigte (vor allem im dritten, »Le Sacre du Printemps«). In mittleren Lebensjahren entwickelte er einen neoklassizistischen Stil, in späteren griff er Gedanken der Reihentechnik Anton von Weberns auf.

Der junge Strawinsky brachte Rimsky-Korsakow eine seiner neuen Kompositionen. »Das ist abscheulich«, sagte sein Lehrer. »Nein, mein Herr, solchen Unfug darf man erst schreiben, wenn man sechzig ist.« Rimskys Laune war für den ganzen Tag dahin, und nach dem Abendessen sagte er zu seiner Frau: »Meine Schüler sind wirklich eine nichtswürdige Bande! Keiner kann einen solchen Unsinn schreiben, wie Igor ihn mir heute morgen brachte.«

Aus Diaghilews Memoiren, in: Richard Buckle, 1969

Am 29. Mai 1913 wurde im Théâtre Champs-Elysées »Le Sacre du Printemps« uraufgeführt, exakt am Jahrestag der Premiere von »Faune«, denn Diaghilew war abergläubisch. Ich war derart gespannt, wie das großartige, begeisterungsfähige Publikum reagieren würde. Die Musik des »Sacre« kannte ich, und in den letzten Proben hatte ich dem Ballett aus den Kulissen heraus zugeschaut. Ich vermutete, daß das Publikum vielleicht unruhig sein werde, aber keiner von uns rechnete mit dem, was wirklich passierte. In den ersten Takten der Ouvertüre gab es noch einiges Gemurmel, aber dann benahm sich das Publikum nur noch wie eine Horde unartiger, schlecht erzogener Kinder.

Einer der Augenzeugen, Carl van Vechten [amerikanischer Musik- und Ballettkritiker], schrieb über diesen denkwürdigen Abend: »Ein Teil des Publikums war erschrocken von dem, was man für einen gotteslästerlichen Versuch zur Zerstörung der Musik als Kunstform hielt, und, fortgerissen vom Zorn hierüber, erhob sich, bald nachdem der Vorhang aufgezogen war, ein Pfeifkonzert, und es wurden vernehmlich Vorschläge gemacht, wie die Vorstellung weiterzugehen habe. Nur gelegentlich konnte man das Orchester hören, wenn sich der Sturm etwas beruhigte. Der junge Herr, der hinter mir in der Loge saß, stand auf, um das Ballett besser sehen zu können. Die ungeheure Begeisterung, die sich seiner bemächtigt hatte, äußerte sich handgreiflich darin, daß er mir mit den Fäusten den Takt auf den Kopf mitklopfte. Meine Gefühlsaufwallung war so groß, daß geraume Zeit verging, bis ich es bemerkte.«

Ja, die Begeisterung und das Geschrei waren außerordentlich. Man raunte, machte den Ausführenden und dem Komponisten Vorhaltungen, schrie, lachte. [Pierre] Monteux warf Diaghilew verzweifelte Blicke zu; dieser saß in Astrucs Loge und bedeutete Monteux per Zeichensprache, weiterzudirigieren. Astruc ordnete in dem unbeschreiblichen Lärm an, daß die Lichter angezündet würden, und die Kämpfe und Kontroversen blieben nicht nur auf Verbales beschränkt, sondern arteten in Handgreiflichkeiten aus. Eine hübsch gekleidete Dame in einer der Orchesterlogen stand auf und gab einem jungen Mann in der Nachbarloge, der beständig Pfiffe hervorstieß, eine Ohrfeige. Ihr Begleiter erhob sich, und die Männer tauschten Visitenkarten aus; das Duell folgte am nächsten Tag. Die Princesse de P. verließ ihre Loge mit den Worten: »Ich bin nun sechzig Jahre alt, aber heute hat es zum ersten Mal jemand gewagt, mich als Dummkopf hinzustellen.« Genau in jenem Augenblick rief Diaghilew, wütend in seiner Loge stehend: »Je vous en prie, laissez achever le spectacle!« [Bitte lassen Sie die Vorstellung doch bis zum Ende weitergehen!]

Romola Nijinsky, 1933. Ihr Mann, Waslaw Nijinsky (1889–1950), wirkte in der Aufführung als Choreograph und Tänzer mit.

So seltsam das klingt: Ich habe das Ballett [»Le Sacre du Printemps«] nie gesehen. In der Uraufführung klebte ich an der Partitur, um exakt diejenigen Tempi anzugeben, die Igor mir gesagt hatte und die ich, das sei gestanden, nie vergessen kann. Wie Sie wissen, war die Reaktion des Publikums skandalös. Das neue Théâtre Champs-Elysées war brechend voll, und man tat seinen Unmut über das Ballett auf ungestüme Weise kund...

Endlich kam die Polizei. Nun, als ich die Krawalle hinter mir vernahm, war ich entschlossen, das Orchester um jeden Preis beieinanderzuhalten, und sei es nur als ein Summen im allgemeinen Gedröhne. Es gelang mir, und wir spielten das Stück bis zum Schluß, wie wir es im Frieden des leeren Theaters geprobt hatten. Wir spielten noch fünf weitere Vorstellungen, und das Publikum reagierte fünfmal auf gleiche Weise...

In London spielten wir »Le Sacre« vor einem sehr höflichen Publikum ein paarmal; offensichtlich wollte man sich in Sachen Musik und Ballett intellektueller geben als Paris. Dann ließ man das Werk, wie man so sagt, links liegen.

Nach einem Jahr schlug ich Strawinsky vor, »Le Sacre« als einzelnes Werk auf ein Konzertprogramm zu setzen. Ich hatte das Ballett zwar nie zu sehen bekommen, aber Freunde hatten mir davon berichtet, und ich war überzeugt, daß die Hälfte der Unmutsäußerungen der neuen Form der Choreographie gegolten hatte. Strawinsky war einverstanden, und dann wurde das Stück aufgeführt; jeder, der in Pariser musikalischen Kreisen auf sich hielt, war anwesend, der Saal war ausverkauft. Meine Mutter hatte eine Loge gemietet, und Saint-Saëns saß bei ihr. Sie erzählte mir später, der große Komponist habe nur immer wieder vor sich hingemurmelt: »Mais il est fou, il est fou!« [Er ist verrückt!] Im weiteren Verlauf der Aufführung sei Saint-Saëns immer wütender geworden, wohl gleichermaßen auf Strawinsky wie auf mich, und kochend vor Zorn ging er aus dem Saal. Die Reaktion bei den Musikern, die bereits in der Premiere mitgewirkt hatten, war dagegen ganz anders; viele sagten zu mir: »Die Musik ist schon reifer geworden.«

Doris Monteux, 1965

Als Strawinsky 1922 von seiner Mutter aus der Sowjetunion besucht wurde, wollte sie von seiner Berühmtheit in Westeuropa nichts wissen. Mutter und Sohn stritten heftig miteinander, auch vor den Ohren George Antheils, der miterlebte, wie Strawinsky fast die Tränen kamen, als seine Mutter ihm vorwarf, daß er eben nicht so wie Skrjabin komponiere. »Nur ruhig«, sagte seine Mutter, »du hast dich immer noch nicht gebessert. Du hast schon immer alle verachtet, die besser waren als du.«

Nach George Antheil, 1945

Jetzt näherte Proust sich ihm mit der unseligsten Frage, die man einem großen Komponisten nach den Ängsten der Erstaufführung stellen kann. »Lieben Sie Beethoven?« – »Ich verabscheue ihn!« – »Aber sicher doch die späten Streichquartette«, wandte Proust ein. »Das Schlechteste, das er je schrieb!« knurrte Strawinsky. Später erklärte er dann: »Ich hätte seine Beethovenbegeisterung geteilt, wenn sie nicht unter den Intellektuellen jener Zeit das übliche gewesen wäre, und wenn sie ein musikalisches Urteil, und nicht eine literarische Pose gewesen wäre.«

George D. Painter, 1968

An jenem Vormittag hielt in der Russischen Kirche auf der anderen Straßenseite der Chor laut und unermüdlich eine Probe ab. Ich saß wieder in meinem Zimmer, und die Klänge dieser Gesänge mit ihrem opernhaften Charakter erfüllten meine Ohren mit flüssigem Gorgonzola. Jedesmal, wenn der Chor auf dem Höhepunkt eines fortissimo angelangt war, wurde der Gesang unterbrochen, weil der Sopran, vielleicht wegen eines Druckfehlers in seinen Stimmen, immer wieder den gleichen Fehler machte. Sie sangen anstelle eines Ganztonschritts einen Halbtonschritt.

Strawinsky hatte mir von seinen Schwierigkeiten mit der Coda des letzten Satzes der »Psalmen-Sinfonie« geklagt: »Ich kann kein Ende für den letzten Satz finden. Wenn ich meine, es jetzt endlich gefunden zu haben, ist es doch wieder nichts, und ich muß alles pas de pitié wieder ausradieren.«

Plötzlich hörte ich ihn in mein Studio kommen,. Er ging zum Fenster und fragte: »Was ist das für ein Gesang?«

»Oh«, sagte ich, »hören Sie sich das an, Igor Fedorowitsch. Seit einer Viertelstunde schon singt der Chor die gleiche Phrase, und wenn die dritte Wiederholung kommt, macht der Sopran immer wieder den gleichen Fehler.«

»Still, still«, unterbrach mich Strawinsky und flüsterte: »Lassen Sie mich zuhören.«

»Passen Sie auf, jetzt kommt er wieder, der Fehler«, flüsterte ich zurück.

Aber Strawinsky grinste von Ohr zu Ohr und sagte, immer noch flüsternd: »Aber das ist ja schön! Das ist genau, was ich brauche.« Und er lief in sein Studio zurück.

Um halb eins erschien er wieder und rief ganz glücklich: »Nika, kommen Sie, lassen Sie uns feiern. Es gibt Wodka und Kaviar. Ich habe die Coda gefunden.«

Zwei Tage danach spielte er mir den Schluß der »Psalmen-Sinfonie« vor. Die chromatische Passage des Halleluja war aus dem Fehler des Soprans des russischen Chores geboren worden.

Nicolas Nabokov, 1975. Nabokov (1903–1978) war selbst Komponist.

Erleichtert, die Einwanderungspapiere erhalten zu haben, und bemüht, auf irgendeine Weise seinen Dank dafür abzustatten, schuf Strawinsky sein Arrangement »The Star-Spangled Banner« und widmete es dem amerikanischen Volk. Er wußte, daß der »Congress« es als öffentliches Ärgernis (Höchststrafe 100

Dollar) eingestuft hatte, die Nationalhymne zu verarbeiten oder anderweitig zu verfälschen, aber er fand die gültige Harmonisierung (von Walter Damrosch) »charakterlos«. Nach der Erstaufführung seiner Neufassung (am 13. 1. 1944 in Cambridge, Massachusetts) reichten Besucher der Aufführung beim Bostoner Polizeikommissar Thomas F. Sullivan Klage ein. An der zweiten Aufführung, die zwei Tage später stattfand, nahmen der Polizeihauptmann Thomas F. Harvey und sechs Angehörige der »Radikalen« teil und bereiteten sich darauf vor, Strawinsky einen Verstoß gegen Paragraph 264 Absatz 9 des in Massachusetts geltenden Rechts vorzuwerfen. »Wenn er mit den Verunstaltungen beginnt«, sagte der Hauptmann, »dann schnappen wir ihn uns. «

Strawinsky aber war vorgewarnt worden und dirigierte ohne jeden Fehler die konventionelle Version der Nationalhymne. Die Polizei beehrte den Schluß des Konzerts nicht mehr mit ihrem Besuch.

Nach Nicolas Slonimsky, 1948 und 1971; Vera Stravinsky und Robert Craft, 1944

In seiner ersten Zeit in Hollywood brauchte Strawinsky dringend Geld. Seine ersten Werke waren noch im zaristischen Rußland erfaßt worden, waren nicht durch Copyright geschützt und brachten ihm daher keine Einkünfte, seine Kompositionen aus der Zeit zwischen den Kriegen wurden nur selten gespielt. Schließlich ließ sich Louis B. Mayer überreden, ihm eine Arbeit anzubieten.

»Ich habe erfahren, daß Sie der größte Komponist der Welt sind«, sagte Mayer. Strawinsky verneigte sich.

»Nun, dies hier ist das größte Filmstudio der Welt. « Strawinsky verneigte sich wieder. Um dies zu beweisen, führte Mayer das Arsenal technischer Effekte vor, die er von seinem gewaltigen Pult aus erzielen konnte. »Was verlangen Sie für eine Partitur? « fragte er schließlich.

»Wie lang soll das Stück sein? « fragte Strawinsky zurück.

»Sagen wir: 45 Minuten. «

Strawinsky rechnete nach, wie lange er an »Petruschka« oder »Le Sacre du Printemps«, Kompositionen der gewünschten Länge, gearbeitet hatte, und sagte: »25 000 Dollar. «

»Das ist eine Menge Geld, Mr. Strawinsky«, sagte Mayer, »viel mehr, als wir sonst zahlen. Aber weil Sie der größte Komponist der Welt sind, sollen Sie das Geld haben. Gut; wann kann ich das Stück bekommen?«

»In ungefähr einem Jahr«, sagte Strawinsky.

Mayer starrte ihn ungläubig an. »Auf Wiedersehen, Mr. Strawinsky«, sagte er.

Der Filmmusik-Komponist Miklós Rósza (geb. 1907) im Gespräch mit Norman Lebrecht

Billy Rose gab bei Strawinsky für eine Revue in New York, die 1945 gegeben werden sollte, ein Werk in Auftrag. Nach der Premiere kabelte er dem Komponisten: »ihre musik grosser erfolg stop könnte sensationeller erfolg sein wenn auftrag an robert russell bennett zur überarbeitung der orchestrierung stop bennett orchestriert sogar cole porters werke.«

Strawinsky telegrafierte zurück: »grosser erfolg reicht.«

Nicolas Slonimsky, 1971

[Nach dem Eröffnungskonzert des Holland Festivals 1952] wurde Strawinsky Königin Juliana vorgestellt. Aus verschiedenen Gründen war er ekelhafter Laune. Die Königin verstand nur wenig von Musik, wollte aber möglichst freundlich sein und sagte, sie bewundere ihn sehr. Strawinsky antwortete: »Welches meiner Werke mögen Sie am liebsten?« Die Königin war geschlagen. Die Unterbrechung des Gesprächs dauerte unerträglich lange. Strawinsky nannte ein paar Stücke, darunter solche, von denen auch ein Strawinsky-Forscher kaum weiß, daß sie überhaupt existieren. Wenn sie also bei nur einem »Ja« gesagt hätte, hätte Strawinsky sie öffentlich für dumm verkauft. Ich stand hinter Strawinsky und schüttelte jedesmal den Kopf, wenn er wieder einen Titel genannt hatte; die Königin sagte daraufhin jedesmal: »Oh, ich glaube nicht, daß ich das Stück kenne.« – »Und wie steht es mit jenem?« fragte er und nannte ein anderes. Ich schüttelte wieder den Kopf zu ihr hinüber und hätte im Boden versinken wollen. Dann gab er nach und sagte: »Petruschka.« Ich konnte endlich zustimmend nicken. »Ja, das ist eines der Stücke«, sagte die Königin. Das Gespräch wurde nicht mehr lange fortgesetzt, und Strawinsky zog mit mir fort, hemmungslos kichernd.

Peter Diamand im Gespräch mit Norman Lebrecht

Edgar Varèse
1883–1965

Franko-amerikanischer Komponist und Dirigent, Pionier in der Verwendung von Tonbändern und Elektronik in der Musik. »Ich sträube mich dagegen, nur mit Klängen zu arbeiten, die man schon einmal gehört hat«, sagte er.

Nach seiner Ankunft 1915 in New York betrachtete er das Angebot, das Orchester eines neuen Filmtheaters zu dirigieren, nur mit Geringschätzung. Dann wurde er John Barrymore vorgestellt, der ihn, während er ihn aufmerksam musterte, fragte, wie er seinen Lebensunterhalt bestreite. »Wenn Sie Geld bekommen wollen«, schlug er ihm vor, »könnte ich Sie in einem Kino unterbringen, das ich in Chicago betreibe.« Varèse protestierte; er wies darauf hin, daß er kein Schauspieler sei. »Müssen Sie auch nicht sein«, sagte Barrymore, und Varèse willigte ein. So wurde er der erste Komponist, der sich dem Kinobetrieb zur Verfügung stellte; leider ist der Name des Films nicht überliefert.

Nach Louise Varèse, 1972

Anton von Webern
1883–1945

Schönberg-Schüler. Sein aphoristischer Stil war für die Nachkriegs-Avantgarde – beispielsweise für Boulez oder Stockhausen – bedeutungsvoll.

»Es gäbe in Wien nur zwei Ärzte, die für mich in Betracht kämen, Freud und ein gewisser Adler [= Alfred Adler, 1870–1937]«, berichtete Webern Schönberg in einem langen Brief am 5. August [1913]. »Dieser... wurde sofort angerufen, und ich konnte noch um 7 h abends gestern zu ihm. Der begann, nachdem ich ihm alles erzählt hatte, sofort mit Fragen über alles, über alles. Er meinte, er könnte mich heilen, ich müßte aber circa einen Monat lang täglich zu ihm kommen. Manches was er sagte, war ja allerdings frappierend, und es kommt mir auch so vor, als ob man durch Analogien wirklich Zusammenhänge ausfindig machen könne, die die Ursache aufdecken. Allerdings ich habe noch immer Bedenken und eine starke Antipathie... Ich will vorläufig ein paar Mal zu dem Menschen gehn; ich werde ja sehn was wird. Ich kann noch immer ausspringen...«

Am 6. August schrieb er: »Ich war also gestern zum zweiten Male bei dem ›Psychoanalytiker‹. Ich kenn' mich gar nicht aus, was er will. Gestern hat er durch tausenderlei Fragen viel Weibisches an mir feststellen wollen. Ach, was hat das alles für einen Sinn...«

Am 13. August versuchte er, Schönberg das diagnostische Vorgehen des Arztes zu schildern: »Ich laufe täglich zu Dr. Alfred Adler. Ich muß ihm alles, einfach alles erzählen, es gibt nicht mehr viel in meinem Leben, was er nicht schon wüßte. Aus allem schließt er immer das gleiche: meine Zustände seien eine Verlegung des Kampfplatzes aus der wirklichen Welt auf die der Krankheit...«

Am 21. August gab Webern Schönberg einen weiteren Bericht über seine Fortschritte: »Nach allem was ich ihm von meinen Zuständen u. aus meinem Leben von der Kindheit an erzählt habe, ist er zu folgendem Resultat gekommen: Die Ursache liege an einem zu tendenziösen Streben, ›oben‹ zu sein, in einer Sucht mich absolut nicht führen zu lassen. Ich habe mir ein hohes Ziel gesteckt auf allen Gebieten, in meiner Carriere, im Eheleben u. s. w. aber andererseits schrecke ich aus einer in der Kindheit bereits beginnenden Ängstlichkeit, ja Weichlichkeit, übergroßen Empfindlichkeit vor Entscheidungen zurück. Um diese hinauszuschieben, erzeuge mein Körper diese Krankheitserscheinungen, um gleichsam eine Legitimation zu geben für mein Zurückweichen. Da ich mich nun von niemanden führen lassen wolle, so natürlich auch von ihm nicht. Und der Höhepunkt der Kur, ihr Ziel sei, wenn ich nun auch das überwände, mich überzeuge, daß er Recht habe. Die Erkenntnis dieser Ursachen schließe bereits die Heilung in sich. Ich kann das alles höchstens theoretisch begreifen, im Gefühl habe ich's noch nicht. Ich spüre noch nicht, wie sich diese Heilung vollziehn könnte. «

Hans und Rosaleen Moldenhauer, 1980

Traunkirchen, 9. VII. 1923

Lieber verehrter Herr Boissevain,

ich habe persönlich von Ihnen schon manchen Freundschaftsbeweis empfangen und bin doch etwas zaghaft, wenn ich Sie heute um einen neuen angehen will. Noch dazu handelt es sich diesmal um eine Geldunterstützung. Und zwar für meinen ehemaligen Schüler und Freund Dr. Anton von Webern. Er befindet sich in bitterster Not. Als Vater von vier Kindern sieht er sich stets im Sommer, wo die Privatstunden aufhören, ohne jedes Einkommen, ohne jede Aussicht, etwas zu verdienen. Früher hat sich öfters Auslandshilfe gefunden. Aber jetzt, bei der immer größer werdenden Teuerung, reichen die Beträge, die er bekommt, schon lange kaum mehr für den vierten Teil dessen, was ihm fehlt. Da ich selbst sehr wenig reiche Bekannte habe, bin ich ihm selbst schon wiederholt mit größeren Beträgen (die meine Verhältnisse weit übersteigen) beigesprungen. Ich könnte zunächst kaum weiter gehen. Und meine auch, daß meine Kräfte nicht dazu reichen.

Sie kennen Webern; Sie wissen, daß er ein außerordentliches Kompositionstalent ist. Ich muß ihn Ihnen nicht erst vorstellen. Sie haben gewiß ein Gefühl für bemerkenswerte Menschen und werden längst gefühlt haben, daß auch dieser einer ist: Helfen Sie ihn zu erhalten! Vielleicht können Sie durch eine Sammlung eine Summe aufbringen, die ihn für einige Zeit aller Sorgen enthebt: ich kenne das aus eigener Erfahrung nur allzu gut, wie wohl es tut, wenn auch nur für kurze Zeit wieder freier atmen zu können. Ich weiß, daß ich an Ihr gutes Herz nicht vergebens appelliere...

Arnold Schönberg an den holländischen Mäzen Boissevain, in: Arnold Schönberg, 1958

Es war gegen 8 Uhr abends [am 15.9.1945], als Anton und Wilhelmine [von Webern] im Haus eintrafen. Das Abendessen wurde später von Amalie beschrieben (die ihrer Schilderung den Bericht ihrer Mutter zugrunde legte): »Das Nachtmahl bei den Mattels war wunderbar gewesen, und alle waren sie fröhlich und guter Laune. Der Abschluß und die Krönung des Essens war für meinen Vater eine herrliche amerikanische Zigarre. Vater war leidenschaftlicher Zigarrenraucher, und diese erste, so lange entbehrte Zigarre machte ihm besondere Freude.«

Bei ihrer offiziellen Vernehmung sagte Wilhelmine: »Mein Schwiegersohn, Benno Mattel, erzählte uns, daß er während des Abends Amerikaner erwarten würde. Sobald diese ankamen, gegen 21 Uhr, gingen mein Mann, meine Tochter und ich zum Nachbar-Zimmer, wo die Kinder schliefen... Um 21.45 Uhr (genau) sagte mein Mann, daß wir bald nach Hause gehen müßten, zum Hause 31, weil wir dort um 22.30 Uhr ankommen müßten. Er wollte eine Zigarre rauchen, die er am selben Abend von unserem Schwiegersohn erhalten hatte. Er sagte, daß er nur einige Züge rauchen wollte und außerhalb des Zimmers, damit er die Kinder nicht belästige. Das war das erste Mal, daß er das Zimmer verließ. Mein Mann war nur 2–3 Minuten außen, als wir 3 Schüsse hörten. Ich war sehr verängstigt, aber dachte nicht, daß mein Mann in irgendeiner Weise verwickelt sein könnte. Dann wurde die Türe zu unserem Zimmer von meinem Mann geöffnet, der sagte: ›Ich wurde erschossen.‹ Zusammen mit meiner Tochter legte ich ihn auf eine Matratze und öffnete seine Kleider. Mein Mann konnte noch die Worte sagen ›Es ist aus‹ und fing an, die Besinnung zu verlieren. Ich sah nur eine Wunde an der linken Seite des Bauches und im Magen. Ich bat meine Tochter, etwas zu tun, und schlug vor, einen kalten Umschlag um den Kopf zu machen; dann ging ich nach außen, um Hilfe zu holen. Ich sah die Küchen-Tür geöffnet, und mein Schwiegersohn war innen mit erhobenen Händen. Dann ging ich nach oben, um die Leute zu bitten, einen Doktor zu holen. Als ich nach unten kam, war mein Mann allein mit den Kindern; er gab Anzeichen des nahenden Todes. Meine Tochter war auch in der Küche zu dieser Zeit mit empor gehobenen Händen. Kurz darauf bat ich einen amerikanischen Soldaten um ärztliche Hilfe;

er antwortete, daß schon jemand deshalb gegangen sei. Darnach
kamen mehr Amerikaner, und ich wurde zur Küche geführt und
aufgefordert, mich hinzusetzen.«

An diesem Abend fand im gleichen Gasthaus von Mittersill,
wo auch die Küche und das Vorratslager der Stabskompanie des
Hauptquartiers untergebracht waren, ein Tanz statt. Kurz vor
22 Uhr kam Raymond Bell angerannt, um Martin U. Heiman
herauszuholen, der beim Tanz zugegen war. In seiner eidesstatt-
lichen Erklärung berichtete Heiman, daß Bell ihn bat, »ihm in
ein nahegelegenes Privathaus zu folgen, um bei der Festnahme
eines Schwarzmarkthändlers, eines Mannes namens Benno Mattel, behilflich zu sein, und um als Dolmetscher zu fungieren in
Sachen einer Erschießung, die im Zusammenhang hiermit er-
folgt war. Als ich dorthin gelangte, traf ich den Hauptfeldwebel
der Stabskompanie des Hauptquartiers vom 242. Infanterieregi-
ment, der Herrn Mattel bewachte. In demselben Haus jedoch,
im Erdgeschoß gegenüber der Küche, wo Herr Mattel eingesperrt war, lag ein Mann, tot, soeben seinen Schußverletzungen
erlegen. Es war Anton von Webern, Professor für Neue Musik
aus Wien. Seine Ehefrau, Wilhelmine von Webern, saß neben
ihm, völlig betäubt vom erlittenen Schock...«

Hans und Rosaleen Moldenhauer, 1980

ALBAN BERG
1885–1935

Schönberg-Schüler, Wiener Komponist, schrieb
zwei größere Opern (»Wozzeck« und »Lulu«).

Als Alban Berg im Jahre 1904 zu mir kam, war er ein hochaufge-
schossener und äußerst schüchterner Junge. Aber als ich seine
Kompositionen durchsah, die er mir vorlegte – Lieder in einem
zwischen Hugo Wolf und Brahms schwankenden Stil –, erkannte ich sofort, daß er eine echte Begabung hatte. Darum
nahm ich ihn als Schüler an, obwohl er damals außerstande war,

das Stundenhonorar zu zahlen. Später machte seine Mutter eine große Erbschaft und erklärte Alban, daß er – da sie nun zu Geld gekommen wären – das Konservatorium besuchen könne. Man hat mir erzählt, Alban wäre außer sich über diese Zumutung gewesen, daß er in Tränen ausbrach und sich erst beruhigen wollte, als seine Mutter ihm gestattete, seine Studien bei mir fortzusetzen.

Arnold Schönberg, 1949, in: Hans Ferdinand Redlich, 1957

Der Komponist Jacques de Menasce, ein Freund Bergs, erzählte mir... von einem... Skandal..., anläßlich der ersten Konzertaufführung von Ausschnitten aus Bergs Oper »Lulu«. Es gab ziemlich heftige Krawalle in diesem Konzert, denn die Nazis, nun schon sehr mächtig geworden, hatten einige ihrer »Schläger« geschickt, um gegen die »entartete Musik« handfest zu demonstrieren. Unter anderem schrien sie: »Lang lebe Tschaikowsky!« Berg reagierte in seiner typischen Manier philosophischer Abgeklärtheit. »Arme Kerle«, sagte er mit mildem Lächeln, wenn auch traurig. »Wenn die wüßten, daß ihre Großväter genau das gleiche getan haben, als Tschaikowskys Fünfte hier vor vierzig Jahren aufgeführt wurde. Nur brüllten sie damals »Lang lebe Schubert!«

Joseph Szigeti, 1962

Einmal sagte er mir lachend: »Beim Komponieren komm' ich mir immer wie der Beethoven vor, erst hinterher merk' ich, daß ich höchstens der Bizet bin.«

Theodor W. Adorno, 1968

Von sich selbst sagte er, er habe eigentlich das ganze Glück der Sexualität, so wie er es sich ausgemalt habe, in seinem Leben nie kennengelernt – dies trotz seiner bedeutenden Schönheit, und obwohl die Frauen, zumal seitdem er berühmt wurde, ungemein auf ihn ansprachen. – Es bereitete ihm eine gewisse Freude, Menschen erotisch aufeinander zu hetzen. Zu solchem Zweck

lud er einmal eine übrigens sehr reizende Sängerin, die erheblich
älter war als ich, mit mir zusammen ein und machte uns betrunken. Er selbst hatte zahlreiche Liebesgeschichten, die aber stets
unglücklich ausgingen, das unhappy end war gewissermaßen
mitkomponiert, und man hatte das Gefühl, daß diese Affairen
bei ihm von Anfang an ein Stück seines Produktionsapparats bildeten, daß sie, ganz im Sinn des österreichischen Witzes, verzweifelt, aber nicht ernst waren.

Theodor W. Adorno, 1955, in: Heinz-Klaus Metzger / Rainer Riehn, 1979

WILHELM FURTWÄNGLER
1886–1954

Chefdirigent der Berliner Philharmoniker seit
1922; die Zeit des Dritten Reiches über blieb er in
Deutschland und bemühte sich, seinen Musikern
Schutz vor Verfolgung zu verschaffen.

Im Anschluß an das letzte Philharmonische Konzert, das Wilhelm Furtwängler Mitte Dezember 1944 in Berlin gab, ließ er
mich in das Dirigentenzimmer bitten. Mit entwaffnender Welt-
fremdheit fragte er mich geradeheraus, ob wir noch Aussichten
hätten, den Krieg zu gewinnen. Als ich ihm entgegnete, daß das
Ende unmittelbar bevorstehe, nickte Furtwängler zustimmend;
die Antwort entsprach wohl seinen Erwartungen. Ich hielt ihn
für gefährdet, da Bormann, Goebbels und auch Himmler manche seiner freimütigen Äußerungen sowie sein Eintreten für den
verfemten Komponisten Hindemith nicht vergessen hatten. Daher riet ich Furtwängler, von einer bevorstehenden Schweizer
Konzertreise nicht mehr zurückzukehren. »Aber was soll aus
meinem Orchester werden? Ich bin dafür verantwortlich!« Ich
versprach, mich in den kommenden Monaten um die Musiker
zu kümmern...

»Wenn Bruckners Romantische Symphonie gespielt wird,
dann ist das Ende da«, sagte ich meinen Freunden. Dieses Ab-

schiedskonzert fand am Nachmittag des 12. April 1945 statt...
Für den Beginn hatte ich die letzte Arie der Brünnhilde und das
Finale der »Götterdämmerung« bestimmt; eine pathetische und
zugleich melancholische Geste auf das Ende des Reiches. Nach
Beethovens Violinkonzert beschloß die Bruckner-Symphonie
mit ihrem architektonisch aufgebauten Schlußsatz für lange Zeit
die musikalischen Erlebnisse meines Lebens.
Albert Speer, 1969

In der Zeit des Dritten Reiches hatten Goebbels und Göring dafür gesorgt, daß sich zwischen Furtwängler und Herbert von
Karajan ein erbitterter Kampf um die Vorherrschaft in Berlin
entspann. Die Fehde dauerte auch nach dem Krieg noch fort, bis
Furtwängler starb. Elisabeth Schwarzkopf kann sich daran erinnern, wie sie einmal mit ihrem Mann, Walter Legge, und Furtwängler beim Essen saß; man kam auf die Salzburger Festspiele
zu sprechen, und Legge erwähnte zufällig den Namen Karajan.
»Furtwänglers Gesicht wurde immer finsterer. Schließlich sagte
er: ›Wenn dieser Mann K.‹ – den Namen Karajan nahm er nicht
in den Mund – ›wenn dieser Mann K. dorthin kommt, werde ich
ihm ein Programm zusammenstellen, das man nur verabscheuen
wird.‹«
Die Sopranistin Elisabeth Schwarzkopf im Gespräch mit Norman Lebrecht

SERGEJ PROKOFJEW
1891–1953

1911/12 sorgte er in Petersburg mit zwei Kla-
vierkonzerten für Skandale, Diaghilew gewann
ihn dafür, drei Ballettmusiken für Paris zu schreiben. 1918 emigrierte Prokofjew aus Rußland,
kehrte aber in den 1930er Jahren zurück; 1948
wurde er im Zuge der stalinistischen Säuberung
scharf angegriffen.

Prokofjew erklärte eines Tages, es habe seit Bizet keinen erst-klassigen französischen Komponisten mehr gegeben. »Ich weiß, Sie lieben den alten, kauzigen Satie«, sagte er, als Nabokov pro-testierte. »Sie meinen, daß seine Nachfolger wichtig seien. Doch gerade das sind sie nicht; das ist nur Mist. Der einzige in Frank-reich, der weiß, was er tut, ist Ravel.«

»Aber was ist mit Debussy?« warf Nabokov ein.

»Sie wissen selbst, wie es mit ihm steht: Gelee aus Kalbskno-chen. Seine Musik hat kein Rückgrat. Nur gelegentlich« – er grinste – »ist das Gelee ein ziemlich persönliches, und der Gelee-hersteller weiß dann, was er tut.« Prokofjew hob den Zeigefin-ger, führte seine Darstellung aber nicht mehr weiter aus.

Nach Nicolas Nabokov, 1951

In Hollywood wohnten wir im gleichen Hotel und trafen uns zum Frühstück. Seit meinen Kindertagen hatte ich immer ge-glaubt, begabte, schöpferische Menschen seien anders als nor-male Menschen, sie benutzten nie ein WC, sie äßen nie. Dann sah ich Prokofjew »Bacon and eggs« zum Frühstück essen, das Fett kleckerte ihm auf die Kleider, Schaum sammelte sich in sei-nen Mundwinkeln. Er hatte so stark durchblutete Lippen, daß man das Gefühl hatte, das Blut werde aus ihnen hervorspritzen, wenn man auf sie drückte. Der Anblick war nicht sehr erbaulich. Ich sah ihn an und dachte: »Es ist nicht möglich.« Nun, es war möglich. Wahrscheinlich wäre es mir mit Beethoven ähnlich ge-gangen.

Der Geiger Nathan Milstein im Gespräch mit Norman Lebrecht

Ich habe Prokofjew wochenlang in seinem kleinen Zimmer ge-sehen, dessen einziges Mobiliar ein Klavier, ein Tisch und ein paar Stühle waren. Er komponierte täglich vierzehn Stunden lang und ging fast nie zum Essen – nur in völliger Stille. Damals verließ er sein Büro nur, um die Partiturseiten, die er mit Tinte in seiner optisch so ansprechenden Schrift vollgeschrieben hatte, seinem Sekretär zu geben oder um aus plötzlicher Nervosität heraus das flache, grüne Gerät zu nehmen, mit dem er die Notenlinien zog, oder zu dem Zimmer hinüberzugehen, in dem seine Kinder zu laut waren. Wenn er dort für Gerechtigkeit gesorgt und die Ruhe mit ein paar Schlägen auf den Hosenboden wiederhergestellt hatte, kam er zu Klavier und Schreibtisch zurück, wo er ebenso mit den Fingern auf den Tasten wie nur im Geist komponieren konnte (im letzteren Fall hörte er die Musik hundertprozentig genau in sich, ohne aber selbst zwei Töne singen zu können). Um genau zu sein, komponierte er kaum noch am Klavier; es diente nur noch dazu, bestimmte harmonische Kombinationen zu bestätigen, denn er war häufig aus seinen Wohnungen hinausgeworfen worden, weil er zuviel Lärm mache. Selbst diese reine Bestätigungsfunktion war für seinen häuslichen Frieden und den der Nachbarn nicht ungefährlich. Eines Tages saß er bei der Arbeit, da kam ein Gerichtsdiener (schon wieder einer!) mit einer Kündigung des Mietverhältnisses zu ihm. »Sie haben gerade 218 Mal hintereinander den gleichen, wilden, barbarischen Akkord gespielt!« erklärte der Justizbeamte. »Leugnen Sie nicht! Ich war in der Wohnung unter Ihnen und habe mitgezählt. Ich fordere Sie auf, diese Wohnung zu räumen.«

Serge Moreaux, Prokofiev, an Initimate Portrait

ARTHUR HONEGGER
1892–1955

Schweizer Komponist, Mitglied der Gruppe »Les Six«, in der sich in Paris junge Komponisten zusammengeschlossen hatten. Er lehnte Avantgarde-Gedanken ab und wurde Symphoniker mit Haut und Haar. Am bekanntesten ist von ihm »Pacific 231«, die musikalische Inkarnation einer Dampflokomotive.

Als junger Anfänger wurde ich in einen dieser [Pariser] Salons geladen, in denen schon so mancher Ruf geschaffen wurde, und von der Herrin des Hauses liebenswürdig aufgefordert, eine jener Sonaten für Klavier und Geige vorzutragen, deren Verfasser ich war. Leises Erstaunen in der Runde, als ich verkündete, daß ich den Geigenpart spielen und eine meiner Freundinnen mich am Klavier begleiten werde. Unser Vortrag wurde begeistert aufgenommen, und die Gastgeberin fragte mich in der natürlichsten Weise der Welt: »Aber, wer hat denn den Klavierpart komponiert?« Schüchtern gestand ich, daß auch dieser mein Werk sei. Ihre Begeisterung stieg um mehrere Grade: »Haben Sie gehört, Adhémar, er hat auch den Klavierpart geschrieben und kann doch nicht Klavier spielen, das ist einfach fabelhaft!« – »Aber liebe Freundin«, erwiderte der Gatte, »das ist immer so.« Doch blieb ein gewisses Mißtrauen zurück, das mich in die Reihen der zwar langweiligen, aber immerhin ernsthaften Musiker verwies, deren Können außer Zweifel stand.

Arthur Honegger, 1952

Lokomotiven habe ich immer leidenschaftlich geliebt. Für mich sind sie Lebewesen, die ich verehre, wie Andere Frauen oder Pferde verehren. Was ich versuchte, in meinem »Pacific« zu schildern, ist nicht etwa die Nachahmung der Geräusche der Lokomotive, wohl aber die Wiedergabe eines visuellen Eindrucks und physischen Wohlgefühls durch musikalische Mittel. Folgendes schwebte mir vor: der ruhige Atem der still stehenden Maschine, die Kraftentfaltung beim Anfahren, dann die sich steigernde Geschwindigkeit, um schließlich zu münden in einen »lyrischen Zustand«, in das Gewaltig-Pathetische eines Eisenbahnzuges, der mit seinem 300 Tonnengewicht mit einer Stundengeschwindigkeit von 120 Kilometern von der Maschine durch die Nacht gerissen wird. Als Beispiel habe ich eine Lokomotive gewählt vom Typ der »Pacific«, Modell 231 für schwere Schnellzüge.

Arthur Honegger, 1924

ALOIS HÁBA
1893–1973

Tschechischer Komponist, schrieb als erster
westlicher Musiker systematisch mit Viertel-,
Fünftel- und Sechsteltönen, wodurch seine Musik praktisch kaum spielbar ist. Am bekanntesten
ist seine Viertelton-Oper »Die Mutter«.

Ich begann als Knabe sehr zeitig Geige zu spielen. Schon damals
kam es mir seltsam vor, daß mein Ohr viele Tonabstufungen
wahrnahm, bevor die Saiten quintenrein gestimmt wurden.
Diese erste einfache Erkenntnis ließ mich nicht los. Ich versuchte
sehr bald auf Grund der Teilung des Ganztones in zwei Halbtöne
auch den Halbton in zwei Hälften zu teilen. Das war die erste
Begegnung mit den Vierteltönen schon in meinem Knabenalter.
Jahre sind vergangen. Ich war intensiv beschäftigt, die Aus-
drucksfreiheit im Halbtonsystem zu erreichen. Nur heimlich
suchte ich nach Klängen, die mein inneres Hören verlangte und
habe mich langsam in eine neue Klangwelt eingelebt. Ich erinnere mich noch lebhaft an die heftige innere Erregung, als ich
meinem damaligen Lehrer Franz Schreker vor zweieinhalb Jahren mein Viertelton-Quartett zeigte und mir dabei wie ein Sünder vorkam, der auf die Verurteilung wartet. Allmählich gewann ich auch innere Sicherheit. Ich brauchte Neues und fand es
auch. Heute ist mir die Gesetzmäßigkeit des Viertelton-Systems
kein Geheimnis mehr. Ich weiß, was zwischen den bisherigen
Halbtönen und Halbtonzusammenklängen noch verborgen liegt
und für meinen Ausdruck brauchbar erscheint.

Alois Hába, 1922

ANDRÉS SEGOVIA
1893–1987

Spanischer Virtuose, der die Gitarre wieder zum
Konzertinstrument im Rahmen der klassischen
Musikpflege machte.

Nach Konzerten in Düsseldorf, Köln, Essen, Dresden und Leipzig, alle mit Orchester, hatte ich ein paar freie Tage in Berlin. Ich verbrachte die Zeit damit, alte Freunde zu besuchen und in Konzerte zu gehen. Eines davon war der Gitarrenabend von Andrés Segovia… Gerade bevor er das letzte Stück, das mit einem Pianissimo aufhörte, beendete, ertönte ein lautes, krachendes Geräusch. Erschrocken blickte Segovia auf seine Gitarre und eilte hinaus.

Ich ging zu ihm ins Künstlerzimmer. Er wirkte schwerfälliger als auf der Bühne, und seine fleischigen Hände fühlten sich so massiv an, daß es verwunderlich war, wie sie so zarte Töne hervorbringen konnten. »Meine Gitarre, meine Gitarre«, wiederholte er dauernd, als wäre es das einzige Wort, das er kannte.

Später erzählte mir Segovia, daß sein Freund, der die Gitarre gebaut hatte, in derselben Minute in Madrid starb, in welcher die Gitarre beim Konzert in Berlin gesprungen war.
Gregor Piatigorsky, 1968

PAUL HINDEMITH
1895–1963

Deutscher Komponist, im Dritten Reich verfemt; er leitete darauf zunächst die Ankara Music School und unterrichtete später an der Yale University in den USA.

Carlo Maria Giulini war einst Zeuge einer Probe, in der Hindemith mit einem berühmten deutschen Orchester eine Komposition von Bach durcharbeitete. Das Orchester spielte permanent staccato, ohne jedes Vibrato und ohne Veränderungen in der Dynamik. Nach einigen Minuten klopfte er ab und bat um einen etwas schöneren Klang. Der Konzertmeister bat um Entschuldigung und erklärte: »Wir stehen in der Bach-Tradition, und das ist der richtige Stil, der richtige Weg.«

Hindemith entgegnete milde: »Ich kann mir gar nicht vorstellen, wie Bach ohne Vibrato so viele Söhne haben konnte.«

Nach Robert Jacobson, 1976

Paul Hindemith... wurde in Boston von einem jungen Komponisten beehrt, der ihm stundenlang Tonbandaufzeichnungen seiner Elektronenmusik-Schöpfungen vorführte. Nach einiger Zeit des Lauschens fragte Hindemith mit leicht gequältem Gesichtsausdruck: »Ist das Ihr letztes Werk?« – »Nein«, erwiderte der Neutöner. – »Schade«, meinte da Hindemith trocken.

E. Herzog und G. von Turnitz, 1981. Fraglich.

ERICH WOLFGANG KORNGOLD
1897–1957

Wiener Wunderkind, als zweiter Mozart gefeiert.
Später führender Hollywood-Komponist (»The
Sea Hawk«, »Robin Hood« etc.).

Während einer Produktion des »Sommernachtstraums« in Hollywood, für die Korngold Mendelssohns Schauspielmusik umarbeitete, wurde er James Cagney vorgestellt. Kaum waren die beiden zusammen, da trat Korngold ein paar Schritte rückwärts und sagte: »Ruhig, Mr. Cagney, bleiben Sie einen Augenblick ruhig.« Dann rieb er sich nachdenklich das Kinn und begann, vor sich hin zu summen. Er ging ein bißchen nach der anderen

Seite hin, um von dort das Inspizieren und Summen fortzusetzen, und flüsterte zufrieden etwas vor sich hin.

Endlich hatte er Cagneys Auftreten sicher in musikalische Formen gekleidet, dankte ihm und ging fort. Cagney erklärte, er habe fast Lust gehabt zu fragen, wann er kommen dürfe, um sich das Thema anzuschauen, in das Korngold ihn hineingedrängt hatte.

Oscar Levant, 1940

GEORGE SZELL
1897–1970

Ungarischer Dirigent, der das Cleveland Orchestra zu einem der weltweit besten machte.

Szell machte sich mit seinem Wesen, abweisend und selbstherrlich, wenig Freunde. Nachdem er 1954 der New Yorker »Met« den Rücken zugekehrt hatte, erklärte irgend jemand dem Manager Rudolf Bing, Szell sei sich selbst vielleicht der ärgste Feind. »Nicht solange ich lebe«, erwiderte Bing.

Nach Martin Mayer, 1983; Rudolf Bing, 1972

GEORGE GERSHWIN
1898–1937

Geboren in New York als Kind jüdischer Einwanderer. In seinen Werken klammerte er die Einflüsse von Jazz und Blues nicht aus.

Zeitlebens versuchte er bei Menschen Unterricht zu nehmen, von denen er annahm, daß er bei ihnen seine technischen Fähigkeiten noch ausbauen könnte – bei Ravel, Strawinsky, dem Geiger Joseph Achron und vielen anderen. In Hollywood wurde er

Freund und Tennispartner Arnold Schönbergs und fragte ihn daher auch gleich, ob er ihn als Schüler annehmen wolle. Schönberg lehnte ab. »Ich würde aus Ihnen nur einen schlechten Schönberg machen«, sagte er, »und Sie sind doch bereits ein so guter Gershwin.«

Nuria Schoenberg-Nono im Gespräch mit Norman Lebrecht

Der Gullah-Neger ist stolz auf das, was er »shouting« nennt, ein komplizierter Rhythmus, der mit Händen und Füßen als Begleitung zu Spirituals geschlagen wird und zweifellos ein Überbleibsel afrikanischer Traditionen ist. Ich werde den Abend nie vergessen, an dem George, bei einem Treffen von Schwarzen auf einer fernen Insel, erstmals den »shouting« versuchte. Schließlich stahl er zu ihrer grenzenlosen Begeisterung ihrem besten »shouter« die Show. Ich glaube, er ist der einzige Weiße in Amerika, der dies tun konnte.

Du Bose Heyward, in: David Ewen, 1956

ERNST KŘENEK
★ 1900

Komponierte »Johnny spielt auf«, die erste Oper,
die auf Jazzelementen aufbaut. Er wurde in Wien
geboren und emigrierte 1938 nach Amerika.

Als Ernst Křenek in die Stadt [Hollywood] kam, beschlossen Ben [Hecht] und ich, daß Sam Goldwyn ihn unbedingt für einen Film, den er gerade plante, engagieren müsse; der Film spielte in der Tschechoslowakei. Křenek war Tscheche, kam gerade aus Europa, wo er von den Nazis verfolgt worden war, war einer meiner besten Freunde und hatte obendrein keine Arbeit. So gingen Ben und ich schnurstracks zu Sam und schwärmten ihm von einem der berühmtesten Komponisten vor, der überdies gerade in der Stadt sei.

»So?« sagte Goldwyn, ohne große Begeisterung. »Wie heißt er?«

»Křenek, Ernst Křenek.«

»Ich habe nie von ihm gehört. Was hat er geschrieben?«

»Was er geschrieben hat? – hör dir das an!« wiederholte Ben stöhnend.

»Nun, was hat er denn geschrieben? Ich habe nie von dem Kerl gehört.«

»Sag es ihm, Georgie«, meinte Ben, und so fing ich an:

»Er komponierte eine weltberühmte Oper, ›Johnny spielt auf‹. Sie brachte ihm in Deutschland mehr als eine Million, bevor Hitler kam.«

»Hab ich nie gehört!«

»Hm«, sagte ich nachdenklich. »Er schrieb auch die ›Dreigroschenoper‹ (Kurt Weill hat sie geschrieben, was ich wohl wußte, aber alle Titel von Křeneks Opern, Symphonien und anderen Stücken erschienen mir im Augenblick zu schrecklich nichtssagend).

»Nie gehört!«

»Und dann schrieb er den ›Rosenkavalier‹«, unterbrach Ben.

»Ja, ja, den ›Rosenkavalier‹ – er brachte letztes Jahr in Europa zwei Millionen Dollar.«

Goldwyn schmunzelte leicht. Vom ›Rosenkavalier‹ hatte er wohl schon mal gehört.

»Und dann sein ›Faust‹; den hat Křenek auch komponiert.«

»Wirklich?« fragte Goldwyn interessiert. Und man sah, daß Křenek den Job bekommen könnte.

»Und ›La Traviata‹«, fügte Ben triumphierend hinzu.

»›La Traviata‹? Das hat er komponiert?« Goldwyns lächelndes Gesicht verdüsterte sich schlagartig. »Bring mir den Kerl her, damit ich ihn umbringe. Sein Verleger hat mich mit einem Prozeß beinahe ruiniert, weil wir ein paar Texte aus seiner lausigen Oper benutzt haben. Wegen so ein paar lächerlicher Takte mußten wir den halben Film noch einmal drehen!«

Als wir uns so rasch wie möglich seiner Wut entzogen, wußten Ben und ich, daß wir unser Produkt leider zu teuer verkauft hatten.

George Antheil, 1945

Der eben aus Europa emigrierte Křenek spielte im November 1938 in Boston bei der amerikanischen Erstaufführung seines aggressiven atonalen Zweiten Klavierkonzertes den Solopart. Er bekam höflichen Beifall. Sein Verleger hörte nach dem Konzert eine patriotisch gesinnte Dame zu einer anderen sagen: »Die Lebensbedingungen in Europa müssen wirklich schrecklich sein!«

Nach Hans W. Heinsheimer, 1947

AARON COPLAND
★ 1900

Er, der eigentlich Aaron Kaplan hieß, war Amerikaner, der bei Nadia Boulanger in Paris studierte. Copland hielt sich an Elemente des Jazz, New-England-Hymnen und Volkslieder und schuf daraus einen amerikanischen Musikstil.

Seine erste Symphonie mit einem Orgelpart, den er eigens für die erste Amerikatournee von Nadja Boulanger komponiert hatte, wurde am 11. Januar 1925 in New York uraufgeführt. Als der Dirigent Walter Damrosch am Schluß einige Pfiffe vernahm, drehte er sich spontan zum Publikum und erklärte mit lauter Stimme: »Wenn ein junger Mann mit 23 eine solche Symphonie komponieren kann, so wird er in fünf Jahren einen Mord begehen können.«

Nach Juan Orrego Salas

Als Copland 1943 in Hollywood weilte und eine tonale Musik für einen Goldwyn-Film schrieb, traf er Groucho Marx bei einem Konzert mit zeitgenössischer Musik, in dem seine dissonante Klaviersonate gespielt wurde.

»Meine Persönlichkeit ist geteilt«, erklärte Copland.

»Gut und schön – wenn du sie mit Mr. Goldwyn teilst!«

Begleittext zur Schallplatte »The Best of Aaron Copland«

JASCHA HEIFETZ
1901–1987

In Rußland geborener Geiger.

Gerüchte über Heifetz' triumphale Erfolge in Europa eilten ihm nach Amerika voraus. Und so kamen zu seinem Debüt im Oktober 1917 viele damals berühmte Solisten in die Carnegie Hall. Zwischen zwei Musikstücken wischte sich der Geiger Mischa Elman den Schweiß von der Stirn und flüsterte seinem Nachbarn, dem schlagfertigen Pianisten Leopold Godowsky, zu:
»Es ist mächtig heiß hier drinnen!«
»Für Pianisten nicht«, antwortete Godowsky.
Leopold Godowsky in: Nicolas Slonimsky, 1971

DIMITRI SCHOSTAKOWITSCH
1906–1975

Der in St. Petersburg geborene Komponist hatte schon mit dem Werk, das er zum Abschluß seiner Studie vorlegte, großen und spontanen Erfolg – mit seiner Ersten Symphonie. Sowjetische Autoren stellten ihn als linientreu dar, doch die »Prawda« attackierte 1936 seine Oper »Lady Macbeth von Mzensk« als »Chaos anstelle von Musik«. 1948 fiel er in Stalins »Säuberung« wieder in Ungnade.

Schostakowitsch war ein sehr in sich gekehrter Mensch, noch mehr als Ben (Britten), doch auf ganz andere Weise. Ben sorgte sich um sein ganz eigenes persönliches Leben. Schostakowitsch aber lag sein ganzes Volk, lagen seine drangsalierten Musikergenossen am Herzen; er sorgte sich um die Tausende von Menschen, die Hunger litten.
Nachdem ich das erste Mal in seiner Datscha in Leningrad sein

Cellokonzert für ihn gespielt hatte (1958), begleitete er mich zum Bahnhof, von wo ich den Nachtzug nach Moskau nehmen wollte. In dem riesigen Wartesaal sahen wir viele Menschen schlafend auf dem Boden liegen. Ich schaute in sein Gesicht, und das große Mitleid, das darin geschrieben stand, trieb mir Tränen in die Augen. Ich weinte nicht über die armen, weinenden Menschen, sondern über das, was in Schostakowitschs Gesicht geschrieben stand.

Das ist der Unterschied zwischen Britten und Schostakowitsch. Es ist wie Musik von Tschaikowsky und Mussorgsky: In der einen ist der Hauptinhalt der Komponistenmensch selbst, in dem anderen die Seele des ganzen Volkes.

Mstislaw Rostropowitsch im Gespräch mit Norman Lebrecht

Nach der Reise in die Türkei, über die unsere Zeitungen viel veröffentlicht hatten, wurden mir Gastspielreisen zu sehr schmeichelhaften Bedingungen angeboten. Eine dieser Reisen machte ich zusammen mit dem Cellisten Viktor Kubatzkij. Er spielte meine Cello-Sonate. Am 28. Januar 1936 gingen wir in Archangelsk auf den Bahnhof, um die neueste »Prawda« zu kaufen. Ich durchblättere sie und finde auf der dritten Seite den Artikel »Chaos statt Musik«. Diesen Tag werde ich nie vergessen. Er ist vielleicht der denkwürdigste in meinem ganzen Leben.

Der Artikel auf der dritten Prawda-Seite veränderte ein für allemal meine ganze Existenz. Er trug keine Unterschrift, war also als redaktionseigener Artikel gedruckt. Das heißt, er verkündete die Meinung der Partei. In Wirklichkeit die Stalins, und das wog bedeutend mehr...

Die Überschrift »Chaos statt Musik« stammt ebenfalls von Stalin. Am Vortag hatte die »Prawda« geniale Bemerkungen des Führers und Lehrers abgedruckt zum Thema der neuen Geschichtslehrbücher für die Schulen. Auch hier wird von Chaos gesprochen...

Schön, die Oper [»Lady Macbeth von Mzensk«] war abgesetzt worden. Gleichzeitig an allen Theatern. Versammlungen wurden anberaumt. Das Chaos mußte »durchgearbeitet« werden. Alle wandten sich von mir ab. Es gab in dem Artikel einen

Satz, aus dem zu entnehmen war, »dies alles könne sehr schlecht enden«. Und nun warteten alle auf dieses schlechte Ende...

Das Etikett »Volksfeind« blieb für immer an mir kleben. Ich brauche ja nicht zu erklären, was dieses Etikett in damaliger Zeit bedeutete. Wir wissen es alle noch sehr genau.

Laut und leise wurde ich als Volksfeind apostrophiert. Von den Rednerpodien herab und in den Zeitungen. Eine Zeitung kündigte ein Konzert von mir so an: »Es spielt der Volksfeind Schostakowitsch.«

Dimitri Schostakowitsch, 1979

Allmählich fing ich an zu erkennen, welche Schwierigkeiten das Leben in der Sowjetunion 1948 mit sich brachte. Mein Vater hatte bereits 1936, bevor ich geboren wurde, unter Stalin gelitten. 1948, wie ich ganz deutlich erinnern kann, warf man Steine in unsere Fenster. In den Zeitungen hatte gestanden, daß Schostakowitsch ein Feind des Volkes sei. Mein Vater aber konnte Rußland einfach nicht verlassen. Er hatte das Gefühl, daß er wie Achmatowa und Pasternak in der Zeit des Leidens bei seinem Volk auszuharren habe.

Maxim Schostakowitsch im Gespräch mit Norman Lebrecht

Bald nach dem Beschluß vom 10. Februar 1948, in dem das Zentralkomitee der Partei führende Komponisten und ihre Musik angriff, traf ich – wie ich mich erinnere – Chrennikow bei einem Empfang Molotows, und er zog mich in ein Gespräch über Schostakowitschs »Lady Macbeth von Mzensk«. Er tat unerhört prüde und sittenstreng: »Puh«, sagte er, »weshalb gibt er da eine musikalische Wiedergabe von – na – des Geschlechtsaktes.« Ich gab zu bedenken, daß Wagner ja das gleiche in »Tristan und Isolde« und in der »Walküre« getan habe. »Na ja – scheußlich!« sagte Chrennikow. »Schostakowitsch ist aber noch naturalistischer, und also noch scheußlicher!«

Alexander Werth, 1949

Ich besuchte ihn im Februar 1948, am Tag, nachdem das Zentralkomitee [der kommunistischen Partei der UdSSR] die Resolution gegen die Komponisten verabschiedet hatte. Schostakowitsch war sehr angestrengt, fast krank vor Anspannung. Er dankte mir viele Male, daß ich gekommen war. Ich blieb einige Stunden bei ihm. Er trank eine Flasche Rotwein und rauchte eine Zigarette nach der anderen. Er sprach nicht über die Resolution. Er sagte nur: »Wir müssen ruhig bleiben. Und Geduld haben.«
Rudolf Barschai im Gespräch mit Norman Lebrecht

Manchmal war es Schostakowitsch unmöglich, überhaupt zu sprechen. Er mochte aber gern, wenn ein ihm lieber Mensch ohne ein Wort bei ihm im Zimmer saß. Bevor wir im selben Appartementhaus (dem Haus des Komponisten in Moskau) lebten, wohnte er ein gutes Stück von mir entfernt. Damals rief er mich wohl gelegentlich an und sagte: »Komm rasch, beeile dich!«

So kam ich dann in seine Wohnung und er empfing mich: »Setz dich, und nun können wir zusammen schweigen.«

Ich saß dann wohl eine halbe Stunde, ohne ein Wort zu sagen. Es war ungeheuer entspannend, nur so zu sitzen. Dann stand Schostakowitsch oft auf und sagte: »Ich danke dir, auf Wiedersehen, Slava.«

Es war etwas Besonderes, so mit ihm zusammen zu sitzen. Wenn ich ging, war mir, als hätte ich mich einer Art Katharsis unterzogen. Die Entspannung war reinigend. Und wenn dann danach jemand zu reden anfing, war ich ganz irritiert, und wenn etwas gefragt wurde, konnte ich nur antworten: »Es ist doch alles ganz klar! Hab dich nicht so!«
Mstislaw Rostropowitsch im Gespräch mit Gillian Widdicombe, 1977

Natürlich gab Stalin keinen Pfifferling auf die Meinung des Westens im allgemeinen und der westlichen Intelligenz im besonderen. Gewöhnlich knurrte er nur: »Macht nichts, sie werden es schon fressen.« Aber der Westen existierte nun mal, irgend etwas mußte geschehen. Da dachten sie sich die Weltfriedensbewegung aus. Dazu wurden Leute gebraucht. Und Stalin erinnerte sich an mich. Das war haargenau sein Stil. Er liebte es ungemein, einen Menschen mit dem Tod zu bedrohen und ihn dann nach seiner Pfeife tanzen zu lassen.

Ich erhielt den Befehl, nach Amerika zu reisen, zu einem allamerikanischen Kongreß von Wissenschaftlern und Kulturschaffenden zur Verteidigung des Friedens. Eine gute Sache. Jedermann weiß: Frieden ist besser als Krieg. Für den Frieden zu kämpfen, ist edel.

Aber ich lehnte ab. An einem derartigen Spektakel teilzunehmen, wäre für mich erniedrigend gewesen. Schließlich war ich ja Formalist. Repräsentant der volksfeindlichen Richtung in der Musik. Meine Musik aufzuführen, war verboten. Und nun sollte ich auf Reisen gehen und so tun, als sei alles in schönster Ordnung?

Nein, sagte ich, ich fahre nicht. Ich bin krank. Ich vertrage das Fliegen nicht, werde luftkrank.

Molotow redete auf mich ein. Ich sagte trotzdem ab.

Dann rief Stalin an.

In seiner unerträglich quengeligen Art fing er an, mich auszufragen, warum ich nicht nach Amerika fahren wolle. Ich antwortete ihm, daß ich nicht fahren könne. Die Musik meiner Kollegen werde bei uns nicht gespielt, auch meine nicht. In Amerika würde man mich nach den Gründen fragen. Was sollte ich antworten?

Stalin mimte den Erstaunten: »Was soll das heißen – wird nicht gespielt? Warum wird sie nicht gespielt? Aus welchem Grund?«

Ich erwiderte ihm, es gebe schließlich das Repertoirekomitee und es gebe eine schwarze Liste. Stalin fragte: »Wer hat die Anordnung dazu erlassen?« Ich antwortete: »Wahrscheinlich einer von den leitenden Genossen.«

Und nun wurde es interessant. Stalin erklärte: »Nein. Wir haben nichts dergleichen angeordnet.« Er sprach von sich im Pluralis Majestatis. Und er wiederkäute die alte Formel aus den dreißiger Jahren vom Übereifer einiger Genossen, vom über das Ziel hinausschießen. Das Repertoirekomitee war also zu weit vorgeprescht, hatte eine falsche Initiative ergriffen. Wir haben eine derartige Anordnung nicht gegeben. Wir werden die Genossen vom Repertoirekomitee zügeln müssen. Und so weiter. Nun sah die Sache anders aus. Dies war ein konkretes Zugeständnis. Und ich überlegte, ob es nicht vielleicht doch sinnvoll sei, nach Amerika zu fahren, wenn man daraufhin erlauben würde, die Musik von Prokofjew, Schebalin, Mjaskowskij, Chatschaturjan, Popow und mir wieder zu spielen.

In diesem Augenblick hörte Stalin auf, am Repertoirekomitee herumzumäkeln, und sagte: »Wir werden uns mit dieser Sache befassen, Genosse Schostakowitsch. Und was hat es mit Ihrer Gesundheit auf sich?«

Ich sagte Stalin die schlichte Wahrheit: »Mir wird beim Fliegen übel.«

Stalin schwieg einen Augenblick nach dieser unerwarteten Erklärung und nörgelte dann: »Woher kommt das? Wovon wird Ihnen übel? Wieso? Wir werden Ihnen einen Arzt schicken. Der soll feststellen, wovon Ihnen übel wird.« Und so weiter. Ich willigte also schließlich ein und unternahm diese Reise, die mich sehr viel Kraft kostete. Ich hatte auf törichte Fragen zu antworten, ständig darauf bedacht, nur ja nichts Überflüssiges zu sagen. Auch daraus machten sie eine Sensation. Und ich hatte nur einen Gedanken: wieviel Zeit zu leben habe ich noch?

Im Madison Square Garden hatten sich 30 000 Menschen eingefunden. Ich spielte das Klavierscherzo aus der Fünften. Es war schon Abend. Und ich dachte: Dies ist das letzte Mal, daß ich vor einem Publikum dieser Größenordnung spiele.

Dimitri Schostakowitsch, 1979

Er gab mir das Manuskript seines ersten Cellokonzertes am 2. August 1958. Am 6. August spielte ich es ihm dreimal auswendig vor. Nach dem ersten Durchgang war er so erregt, daß wir natürlich ein wenig Wodka trinken mußten. Das zweite Mal spielte ich nicht so gut; danach tranken wir noch mehr Wodka. Beim dritten Mal, glaube ich, spielte ich das Saint-Saëns-Cellokonzert, er aber begleitete immer noch sein Konzert. Da waren wir ungeheuer glücklich.

Mstislaw Rostropowitsch im Gespräch mit Norman Lebrecht

Von Schostakowitsch war die Musik, die als erste im Weltall aufgeführt wurde. Am 12. April 1961 sang Juri Gagarin, der erste Kosmonaut, für die Kontrollstation das Schostakowitsch-Lied »Meine Heimat hört, meine Heimat weiß, wo ihr Sohn sich in die Himmel schwingt«.

Nach Nicolas Slonimsky, 1971

HERBERT VON KARAJAN
* 1908

Seit 1954 Leiter des Berliner Philharmonischen Orchesters, ferner u. a. Dirigent an der Wiener Staatsoper und bei den Salzburger Festspielen (dort auch als Künstlerischer Leiter).

Er hat einem deutschen Journalisten einmal auseinandergesetzt, weshalb er den Wiener Philharmonikern die Berliner vorziehe. »Wenn ich den Berliner Philharmonikern sage, sie sollen etwas mehr aus sich herausgehen, so folgen sie mir sofort. Sage ich das den Wienern, so tun sie es auch; nur sie fragen danach: ›Warum?‹«

Bryan Moynahan, 1983

OLIVIER MESSIAEN
* 1908

Französischer Komponist, dessen Musik vom Katholizismus und von der Liebe zur Natur geprägt ist.

Der Gesang der Vögel ist mein guter Trost. Wenn mir in dunklen Stunden so brutal deutlich wird, wie nutzlos all mein Tun ist und wie alle musikalischen Äußerungen nur Anstrengungen geduldigen Suchens sind, ohne daß hinter all den Noten etwas wäre, was eine derartige Mühe rechtfertigt, dann gehe ich in den Wald, in die Felder, in die Berge, ans Meer – dorthin, wo Vögel sind. Dort wohnt für mich die Musik, freie, anonyme Musik, improvisiert – und nur aus Freude.

Ich habe mehr als zwanzig Jahre lang Vogelmusik gesammelt. Ich sammelte instinktiv, nur aus Freude. Dann schämte ich mich, so planlos zu arbeiten. Ich nahm Kontakt zu Ornithologen auf und begleitete sie auf Exkursionen.

Vögel – nur sie – sind die großen Künstler!

Olivier Messiaen im Gespräch mit Bernard Gavoty

JOHN CAGE
* 1912

Amerikanischer Avantgardist, Erfinder des »präparierten Klaviers« (1938), in dem zwischen den Saiten Schrauben, Münzen und ähnliches untergebracht sind.

So hielt ich auch um 1949 meinen »Vortrag über nichts« beim Künstler-Club in der 8. Straße von New York City... Dieser »Vortrag über nichts« ist mit der gleichen rhythmischen Struktur geschrieben, die ich damals in meinen musikalischen Kompositionen anwandte (»Sonaten und Zwischenspiele«, »Drei Tänze« usw.). Eines der Strukturmerkmale ist die etwa vierzehnmalige Wiederholung der einen einzigen Seite, auf der als Refrain »Wenn jemand schläfrig ist, soll er schlafen« wiederkehrt. Ich erinnere mich, daß Jeanne Reynal plötzlich aufstand, schrie und dann, während ich weiterredete, sagte: »John, ich mag dich sehr, aber ich halte es keine Minute länger aus.« Darauf ging sie hinaus. Im Verlauf der anschließenden Diskussion gab ich jeweils eine der sechs von mir vorbereiteten Antworten, ohne auf die gestellte Frage einzugehen. Das war eine der Auswirkungen meiner Beschäftigungen mit Zen.

John Cage, 1969

Benjamin Britten
1913–1976

Benjamin Brittens Oper »Peter Grimes« war die
erste bedeutende britische Oper seit Purcells Zeiten. In seiner Musik finden sich viele Anregungen, die ihm die Landschaft seiner Heimat gab –
die Küste von Suffolk. Bedeutenden Einfluß auf
seine Musik hatte sein Lebensgefährte, der Tenor
Peter Pears.

Als sie mit dem »Raub der Lucretia« auf Tournee waren, traf
sein Librettist Ronald Duncan Britten [der damals dreiunddrei-
ßig Jahre alt war] im Flur eines Hotels in Edinburgh humpelnd
wie ein Krüppel. Britten erklärte ihm, er versuche den Flur auf
und ab zu gehen, ohne die roten Linien des Teppichs zu betreten.
Duncan fragte, was ihm das nützen könne. »Wenn ich es schaffe,
den Flur hin und her zu gehen, ohne die Linien zu betreten, heißt
das, daß ich wirklich ein Komponist bin!«
Ronald Duncan im Gespräch mit Norman Lebrecht

Ben und ich trafen uns im Krieg. Wir waren beide überzeugte
Kriegsdienstverweigerer. – Hier eine kleine Geschichte aus jenen
Tagen.
   Es ist üblich, daß man als Künstler für Gefangene Seiner Majestät Konzerte gibt. Britten und Pears hatten sich bereits dazu
gemeldet. Sie konnten es einrichten, daß sie in Warmwood
Scrubs (West-London-Gefängnis, 11. Juli 1943) ein Konzert gaben, während ich dort einsaß. Ich schäme mich, daß ich von mir
sagen muß, ich hätte mich in nicht sehr fairer Weise bei meinen
Aufsehern darum bemüht, daß das Konzert nur stattfinden
könne, wenn ich dem Pianisten die Noten umblätterte. Bis zuletzt war es spannend und unentschieden. Endlich aber stand ich
von meinem Platz auf und setzte mich auf die Bühne neben ihn.
Ein merkwürdiger Augenblick für uns beide.
Michael Tippett, 1981

Als Britten Rußland bereiste, wurden er und Schostakowitsch Freunde.

Einmal fragte Schostakowitsch Britten: »Was hältst du von Puccini?«

»Seine Opern sind schrecklich«, antwortete Britten.

»Nein, Ben, falsch! Er schrieb herrliche Opern, aber schreckliche Musik!«

Nach Lord Harewood, 1979

Wenn er sich ärgerte, war er zum Fürchten. Ein Blick von ihm war wie eine Standpauke, die ein anderer zwanzig Minuten hielt. Nach einer Probe in Holland kamen die Musiker, um mir zu sagen, daß Britten entsetzlicher Laune und wütend sei.

Ich fragte: »Was hat er denn gesagt?«

Keiner wußte es mehr genau.

Einer wußte sich zu erinnern: »Er legte den Dirigentenstab nieder und sah uns an. Und dann sagte er: ›Meine Herren, bitte!‹«

Peter Diamand im Gespräch mit Norman Lebrecht

LEONARD BERNSTEIN
⋆ 1918

Mit seinen Fernsehsendungen, Aufnahmen, Konzerten und Büchern wurde er zum ersten amerikanischen Dirigenten, der auch in Europa Erfolge erringen kann. Die bekannteste Komposition von ihm, gleichzeitig Leiter des New York Philharmonic Orchestra, ist »West Side Story«.

In Wien hatte er einmal seine liebe Not mit einem Tenor, der penetrant falsch sang und auch die zahlreichen Hinweise und Ratschläge Bernsteins nicht begriff. Bernstein schrie schließlich wutentbrannt zur Bühne hinauf: »Mein Herr, man weiß, daß es

das Vorrecht der Tenöre ist, dumm zu sein, aber Sie mißbrau-
chen Ihre Rechte.«

*Wiener Anekdote, deren Kern unbestätigt ist. E. Herzog und G. von Turnitz
(1981), nach denen der obige Text zitiert ist, verlegen den Schauplatz zudem an ein
»Provinztheater«.*

Es gibt die sechs besten Geschichten der Welt in mancherlei Ab-
wandlung. Da ist ein junger Korporal, der das Kommando
übernimmt, weil alle anderen Offiziere gefallen sind. Oder ein
Kapitän, den toten Admiral neben sich, gibt den Befehl zum Angriff. Oder eine blutjunge Schauspielerin springt erfolgreich für
einen Star ein. Es könnte auch ein junger Angestellter, allein im
Büro, eine unaufschiebbare Entscheidung treffen und damit
seine Firma vor dem Konkurs retten.

In die Reihe dieser Geschichten gehört auch die des unbekannten fünfundzwanzigjährigen Assistenten bei den Philharmonikern, Leonard Bernstein, der anläßlich eines großen Sonntag-
nachmittagkonzerts munter das Podium der Carnegie Hall
bestieg und für den erkrankten Bruno Walter das Orchester dirigierte.

New York Times, 1943

Lenny Bernstein sagte einmal (etwa 1946). »Das Dumme, Ned,
ist, daß du und ich uns wünschen, daß jeder Mensch uns persönlich liebt. Und das eben geht nicht – schon, weil wir nicht jeden
Menschen treffen!«

Ned Rorem, 1966

MARIA CALLAS
1923–1977

Berühmte Sopranistin; die letzte legendäre Diva.
Ihre »Tosca« und ihre «Norma» bleiben unver-
gessen.

Ein amerikanischer Reporter fragte sie: »Madame Callas, Sie wurden in Amerika geboren, wuchsen in Griechenland auf und leben in Italien – in welcher Sprache denken Sie?«

Die Callas erwiderte: »Ich rechne englisch!«

Rudolf Bing, 1972

»Was für eine schöne Stimme!« rief sie aus, als sie eine Aufnahme ihrer – etwas weniger exzentrischen – Rivalin Renata Tebaldi hörte. »Wen aber berührt das?«

Lanfranco Rasponi, 1984

Am 2. Januar 1958 in Rom lehnte sie es ab, nach dem ersten Akt von »Norma« noch einmal auf die Bühne zu gehen – ein Affront für den bei dieser Galaaufführung anwesenden italienischen Staatspräsidenten. Es kam zu Krawallen im Zuschauerraum, man brüllte: »Geh nach Mailand zurück!«

Meneghini, ihr Ehemann, sagte der Presse, daß sie an einer Entzündung der Stimmbänder und an Bronchitis leide. Es wurde aber schwierig, weil Augenzeugen berichteten, daß die Callas nach der Premiere an Neujahr bis in die frühen Morgenstunden hinein in einem exklusiven Nachtclub gefeiert habe.

Die Zeitungen empörten sich, Mißtrauensvoten wurden im Parlament abgegeben, und die Oper in Rom erlangte im »Interesse der öffentlichen Ordnung« eine gerichtliche Entscheidung, die der Callas untersagte, in den folgenden Aufführungen von »Norma« aufzutreten. Die Callas verklagte das Opernhaus und gewann. Ihre Gage von 2,7 Millionen Lire mußte ihr erstattet werden.

The Times, 4.1.1958; Ariana Stassinopoulos, 1980

György Ligeti
*1923

In Ungarn geborener Komponist schwieriger
Orchester- und Vokalkompositionen; er nennt
seinen Stil »Mikropolyphonie«.

Als kleines Kind hatte ich einen Traum: Ich konnte nicht in mein
Kinderbett, meinen sicheren Hafen, gelangen, weil der ganze
Raum mit einem Durcheinander und Gewirr von feinen Fasern
angefüllt war. Es sah aus wie das Gespinst von Seidenraupen,
wenn sie sich verpuppen. Ich wurde in dieses immense Gewebe
eingesponnen, zusammen mit lebendigen Wesen und verschiedenen anderen Dingen. Riesige, schmutzig-graue Kopfkissen
waren in die Masse eingehängt, ihre verrottete Füllung quoll aus
den Rissen ihres verschlissenen Inletts. Es gab Klumpen von fri-
schem Schleim und Bälle von trockenem; Überreste von Mahl-
zeiten, abgestanden und kalt, dazu anderen Unsinn. Immer wenn
sich ein Käfer oder eine Motte bewegte, fing das ganze Gespinst
an zu wanken. Eine unbeschreibliche Traurigkeit lag über diesen
ständig sich verändernden Formen und Strukturen. Es waren die
Hoffnungslosigkeit der vorbeieilenden Zeit und die Melancholie
über die Unabänderlichkeit vergangener Ereignisse.

György Ligeti in Conversation, 1983

Pierre Boulez
*1925

Französischer Komponist, Dirigent, Philosoph
und Gründer des »Institut de recherche et co-or-
dination acoustique / musique« (IRCAM), eines
einzigartigen, von der Regierung geförderten
Musikforschungsinstituts in Paris. Er hat versucht, eine neue musikalische Sprache zu finden.
In den 1970er Jahren war er gleichzeitig Chefdirigent des BBC Symphony Orchestra und des
New York Philharmonic Orchestra.

In seinen Ferien, die er bei seiner Schwester in der Provence verbrachte, wurde Boulez ans Telephon gerufen. »Es ist der Élysée-Palast«, meldete die Schwester aufgeregt. »Präsident Pompidou möchte dich sprechen!« Boulez ließ sich nicht aus der Ruhe bringen: »Es ist bestimmt Howard Hartog, der sich einen Spaß mit mir machen möchte; laß dir seine Nummer geben, ich rufe zurück.«

Er rief zurück, und er mußte feststellen, daß es kein Witz war, sondern daß er beim Präsidenten und seiner Gattin zum Mittagessen eingeladen wurde.

»Präsident Pompidou hat mich auf den Kopf zu gefragt, ob ich nach Frankreich zurückkehren würde«, sagte Boulez, der in den vergangenen zehn Jahren meist in Deutschland gelebt hatte. »Ich sagte, ich hätte nichts gegen die Franzosen. Wenn ich aber zurückkehrte, möchte ich kein Orchester leiten, weil ich in London und New York ausgezeichnete Gelegenheit dazu hätte. Für die Leitung des IRCAM allerdings würde ich alles tun.«

Er fuhr fort, seine Ideen über ein Institut zu entwickeln, in dem Komponisten, Wissenschaftler und Ingenieure Seite an Seite arbeiten könnten, um die Musik in eine neue Phase ihrer Evolution zu tragen. Fast ohne Bedingungen erfüllte Präsident Pompidou diesen Traum mit einem Betrag von 90 Millionen Francs.

Howard Hartog sowie Pierre Boulez in Gesprächen mit Norman Lebrecht

Der Titel »e. e. cummings ist der Dichter« (1973) ist aus einem Scherz von Boulez entstanden. Das Werk war für eine Aufführung in Westdeutschland vorgesehen, und die Konzertagentur drängte ihn, einen Namen für das Werk zu nennen, weil die Programme gedruckt werden sollten.

»Ich habe aber keinen Titel«, schrieb Boulez. »Ich kann Ihnen nur sagen, e. e. cummings ist der Dichter, den ich gewählt habe.«

Einige Tage später kam die Antwort: »Was Ihr Werk ›e. e. cummings ist der Dichter‹ betrifft...«

»Ich konnte keinen besseren Titel finden als diesen, der durch Zufall entstand.«

Pierre Boulez, 1975

Hans Werner Henze
★1926

Deutscher Komponist, dessen spätere Werke, besonders »Wir erreichen den Fluß«, den Zielen des Marxismus verpflichtet sind.

»Wir erreichen den Fluß«, von Covent Garden in Auftrag gegeben, war nicht die erfolgreichste Premiere des Royal Opera House. Einige Mitglieder des Ensembles waren mit der Musik nicht einverstanden, andere nicht mit dem politischen Hintergrund, andere am allerwenigsten mit Henzes Rolle als Regisseur. Kritik und Öffentlichkeit waren einigermaßen reserviert.

Eines Abends verkündete der Tenor Robert Tear hinter der Bühne, daß das Publikum heute freien Eintritt habe. Nach einer kleinen Pause, die er den Kollegen zum Denken gelassen hatte, fuhr er fort: »Die Leute müssen aber bezahlen, wenn sie wieder hinaus wollen!«

Nach Michael Langdon, 1982

Mstislaw Rostropowitsch
★1927

Russischer Cellist und Dirigent. Wegen seiner Freundschaft mit dem Dissidenten Alexander Solschenizyn mußte er seine Heimat verlassen.

Ich packte meine Sachen aus und zog eine Zeitschrift heraus, in der eine Arbeit eines bekannten Sowjetautors in Fortsetzung erschien.

»Wie kann man nur solchen Unfug lesen?« fragte mich mein Abteilgefährte. »Ich lese nur moderne Autoren, die nicht gedruckt werden...«

»Zum Beispiel?« fragte ich.

»Solschenizyn, beispielsweise. Ich schätze ihn mehr noch als Tolstoi. Aber Sie lesen ihn nicht, nehme ich an.«

Die ganze Nacht blieben wir wach, wir tranken Sekt und sprachen über Solschenizyn und über die, die ihn unterstützten. Wir diskutierten und zankten uns. [Er sagte:] »Er gehört eben nicht zu denen, die sich selbst verleugnen können wie Pasternak.«

»Wissen Sie eigentlich, daß Rostropowitsch, der ihn nur einmal nach einem Konzert in Ryasan gesehen hat, Solschenizyn nicht nur in seine Wohnung eingeladen, sondern auch alles mit ihm geteilt hat? Und zur Zeit ist er nicht nur dabei, ihm eine Aufenthaltsgenehmigung in Moskau, sondern auch noch eine Datscha in dieser Stadt zu besorgen. Er geht einfach zu den Leuten, die etwas zu sagen haben, und läßt sich nirgends abschrecken.«

So ging es eine lange Zeit. Er redete sich heiß über die Freundschaft zwischen Rostropowitsch und Solschenizyn. Wie konnte ich ahnen, daß es Rostropowitsch selbst war, der mir all das berichtete?

Olga Ivinskaja, 1978. Sie hatte Rostropowitsch im Nachtzug zwischen Leningrad und Moskau getroffen.

Quellenverzeichnis

Der Zitierweise im Hauptteil des Buches entsprechend werden Schriften eines Autors hier in ihrer chronologischen Folge genannt. Nur in historisch begründeten Ausnahmefällen sind neben den Ausgaben, denen der jeweilige Textausschnitt unmittelbar entnommen wurde, auch vorhergegangene andere erwähnt (z. B. Originalausgaben in anderen Sprachen). Im übrigen sei an dieser Stelle darauf hingewiesen, daß bereits vorliegende deutsche Übersetzungen fremdsprachiger Werke nur dann benutzt wurden, wenn es die Gestaltung des Textausschnitts in der englischen Originalausgabe des vorliegenden Buches ermöglichte (dies ist beispielsweise dann nicht der Fall, wenn bereits für die englische Ausgabe von einem exakt wörtlichen Zitat abgesehen und nur »nach« der betreffenden Quelle zitiert wurde).

Adorno, Theodor W.: Berg. Der Meister des kleinsten Übergangs. Wien 1968

Alborghetti, Federico, und Michelangelo Galli: Gaetano Donizetti. Bergamo 1875

Allen, G.: The Life of Philidor. Philadelphia 1863

Antheil, George: Bad Boy of Music. Garden City, New Jersey, 1945

Apponyi, Graf Albert: Erlebnisse und Ergebnisse. Berlin 1933

Auer, Leopold: My Long Life In Music. New York 1924

Bach-Dokumente, herausgegeben vom Bach-Archiv Leipzig. Band I: Schriftstücke von der Hand Johann Sebastian Bachs, Leipzig 1963. Band II: Fremdschriftliche und gedruckte Dokumente zur Lebensgeschichte Johann Sebastian Bachs 1685–1750, Leipzig 1969. Band III: Dokumente zum Nachwirken Johann Sebastian Bachs 1750–1800, Leipzig 1972

Baldick, Robert: Pages from the Goncourt Journal. Oxford 1962

Barnett, John Francis: Musical Reminiscences and Impressions. London 1906
Bartók, Béla: Musiksprachen. Herausgegeben von Bence Szabolcsi. Leipzig 1972
Bauer, Harold: Harold Bauer – His Book. New York 1948
Bauer-Lechner, Natalie: Erinnerungen an Gustav Mahler. Leipzig etc. 1923
Beale, Willert: The Light of Other Days. London 1890
Beatty-Kingston, William: Music and Manners. London 1887
Beethoven, Ludwig van: Konversationshefte, Band 6. Leipzig 1974
Bellasis, Edward: Luigi Cherubini. Leben und Werk in Zeugnissen seiner Zeitgenossen, übersetzt von Josef Rheinberger (1874). Regensburg 1972
Benedict, Julius: Weber. London 1881
Bennet-Bourdelot, Pierre: Histoire de la musique et de ses effets. Paris 1715
Berchtold zu Sonnenburg, Maria Anna von: Noch einige Anekdoten aus Mozarts Kinderjahren. In: Allgemeine Musikalische Zeitung, Januar 1800
Berlioz, Hector: Memoiren (1848–54). Aus dem Französischen von Elly Ellés. Königstein 1985
Bing, Rudolf: The Memoirs of Sir Rudolf Bing: 5000 Nights at the Opera. London 1972
Bispham, David: A Quaker Singer's Recollections. New York 1920
Bitter, Carl Hermann: Johann Sebastian Bach. Berlin ²1881
Bizet, Georges: Lettres de Georges Bizet. Paris 1907
Blaukopf, Kurt: Gustav Mahler oder Der Zeitgenosse der Zukunft. Wien 1969
Blaukopf, Kurt: Mahler. Sein Leben, sein Werk und seine Welt in zeitgenössischen Bildern und Texten. Wien 1976
Boulez, Pierre: Par volonté et par hasard. Entretiens avec Célestin Deliège. Paris 1975
Bowers, Faubion: Scriabin. Tokio 1969
Breuning, Gerhard von: Aus dem Schwarzspanierhause. Erinnerungen an Ludwig van Beethoven aus meiner Jugendzeit. Wien 1874
Brodsky, Anna: Recollections of a Russian Home. Manchester 1904
Brown, David: Tchaikovsky, the Crisis Years. London 1982
Buckle, Richard: Diaghilev. London 1969
Bull, Sarah: Ole Bull, der Geigerkönig. Stuttgart 1886
Burger, Ernst: Franz Liszt. Eine Lebenschronik in Bildern und Dokumenten. München 1986
Burney, Charles: A General History of Music. London 1776–89
Burney, Charles: An Account of the Musical Performance in Westminster Abbey and The Pantheon, 1784, in Commemoration of Handel, London 1785
Busby, Thomas: General History of Music. London 1819
Busby, Thomas: Concert Room and Orchestra Anecdotes of Music and Musicians. London 1825
Busoni, Ferruccio: Briefe an seine Frau. Erlenbach 1935

Cage, John: Silence. Neuwied, Berlin 1969

Calvocoressi, Michel Dimitri: Musicians Gallery. London 1933

Canter, Henriette: Interview mit Margaret Campbell, in: The Strad, Mai 1984

Carner, Mosco: Puccini. London ²1975

Catt, Henri de: Gespräche Friedrichs des Großen mit Henri de Catt. Leipzig 1933

Chaplin, Charles: Die Geschichte meines Lebens. Frankfurt am Main 1964

Chasins, Abram: Speaking of Pianists. New York 1952

Chorley, Henry F.: Music and Manners in France and Germany. London 1841

Cohen, Harriet: A Bundle of Time. London 1969

Coleridge, Arthur Duke: Musical Recollections. London 1921

Copland, Aaron: Copland on Music. London 1961

Copland, Aaron: Begleittext zur Schallplatte »The Best of Aaron Copland«, CBS 61 431

Cowell, Henry und Sidney: Charles Ives and his Music. New York 1955

Cox, J. E.: Musical Recollections of the last Half-Century. London 1872

Coxe, William: Anecdotes of G. F. Handel and J. C. Smith. London 1799

Crowest, Frederick J.: Verdi, Man and Musician, his Biography, with Especial Referende to his English Experiences. London 1897

Damrosch, Walter: My Musical Life. New York 1916

Decsey, Ernst von: Hugo Wolf. Berlin 1904–06

Decsey, Ernst (von): Johann Strauß. Stuttgart 1922

Decsey, Ernst (von): Johann Strauß. Wien 1948

Dent, Edward J.: Ferruccio Busoni. London 1933

Dessauer, Heinrich: John Field. Sein Leben und seine Werke. Leipzig 1912

Deutsch, Otto Erich: Schubert. Die Erinnerungen seiner Freunde. Leipzig 1957

Devrient, Eduard: Meine Erinnerungen an Felix Mendelssohn-Bartholdy und seine Briefe an mich. Leipzig 1869

Dianin, Serge: Borodin. Oxford 1963

Dieren, Bernard van: Down Among the Dead Men. London 1935

Dies, Albert Christoph: Biographische Nachrichten von Joseph Haydn. Wien 1810

Dietrich, Albert Hermann: Erinnerungen an Johannes Brahms. Leipzig 1899

Dorati, Antal, in: Classical Music, 7. März 1981

Douglas, R. B.: Sophie Arnauld. Paris 1898

Dressel, Dettmar: Up and Down the Scale. London 1937

Dubourg, George: The Violin. London 1852

Duke, Vernon: Passport to Paris. Boston 1955

Dupré, Marcel: My Recollections. New York 1975

Edwards, H. Sutherland: History of the Opera. London 1862
Edwards, H. Sutherland: Personal Recollections. London 1900
Ekman, Karl: Jean Sibelius, the Life and Personality of an Artist. Helsinki 1935
Ella, John: Musical Sketches. London 1878
Elson, Louis Charles: European Reminiscences. Philadelphia 1892
Engel, Louis: From Mozart to Mario. London 1886
Engel, Louis: From Handel to Hallé. London 1890
Ewen, David: A Journey to Greatness. London 1956

Faris, Alexander: Jacques Offenbach. London 1980
Fassett, Agatha: The Naked Face of Genius. Béla Bertók's American Years. London 1958
Fauré-Fremiet, Philippe: Gabriel Fauré. Paris 1929
Ferris, George Titus: The Great Italian and French Composers. New York 1882
Fétis, François-Joseph: Biographical Notice of N. Paganini. London 1852
Finck, Henry Theophilus: Edvard Grieg. Stuttgart 1908
Finck, Henry Theophilus: Massenet and his Operas. London 1910
Finck, Henry Theophilus: Musical Laughs. London 1924
Finck, Henry Theophilus: My Adventures in the Golden Age of Music. New York 1926
Flesch, Carl: Memoirs. London 1957
Förster, Josef Bohuslav: Der Pilger. Prag 1955
Forkel, Johann Nikolaus: Über Johann Sebastian Bachs Leben, Kunst und Kunstwerke. Leipzig 1802

Gaisberg, Fred: Music on Record. London 1946
Galabert, Edmond: Georges Bizet. Souvenirs et correspondance. Paris 1877
Ganz, Wilhelm: Memories of a Musician. London 1913
Garden, Edward: Tschaikowsky. Leben und Werk. Stuttgart 1986
Gardiner, William: Music and Friends. London 1838–53
Gatti-Casazza, Giulio: Memories of the Opera. New York ²1969
Gauthier, Judith: Wagner at Home. London 1910
Geissmar, Bertha: The Baton and the Jackboot. London 1944
Gelatt, Roland: The Fabulous Phonograph. London ²1977
Gerbert, Martin: Scriptores ecclesiastici de musica sacra potissimum. St. Blasien 1784
Girdlestone, Cuthbert Morton: J.-P. Rameau. London 1957
Glarean, Heinrich: Glareani Dodecachordon, Basileae 1547, übersetzt von Peter Bohn, Leipzig 1888
Glasenapp, Carl Friedrich: Das Leben Richard Wagners. München 1894–1911
Glinka, Michail: Aufzeichnungen aus meinem Leben (1854/55), herausgegeben von Heinz Alfred Brockhaus. Wilhelmshaven 1979

Glover, J. M.: Jimmy Glover – His Book. London 1911

Goethe, Johann Wolfgang von: Goethes Gespräche mit Eckermann. Leipzig o. J.

Goldmark, Karl: Notes from the Life of a Viennese Composer. New York 1927

Gottschalk, Louis Moreau: Notes of a Pianist. Philadelphia 1881

Graf, Max: Legende einer Musikstadt. Wien 1949

Grau, Robert: 40 Years Observation of Music and Drama. New York 1909

Gray, Cecil, und Philip Heseltine: Carlo Gesualdo. London 1926

Gray, Cecil: Musical Chairs. London 1948

Gretschaninow, Alexander (Alexandre Gretschaninov): My Life. New York 1952

Grierson, Edward: Storm Bird, the Strange Life of Georgina Weldon. London 1959

Griesinger, Georg August: Biographische Nachrichten von Joseph Haydn. Leipzig 1810

Grove, Sir George: Dictionary of Music and Musicians. London 1879–89

Hába, Alois: Der Vierteltonflügel. Prag 1922

Habets, Alfred: Borodin and Liszt. London 1896

Hahl-Koch, Jelena: Kandinsky und Schönberg. In: Arnold Schönberg, Wassily Kandinsky, Briefe, Bilder und Dokumente. Salzburg 1980

Hallé, Charles: Life and Letters of Sir Charles Hallé. Herausgegeben von C. E. und M. Hallé. London 1896

Hambourg, Mark: From Piano to Forte. London 1931

Harewood, Lord: The Tongs and the Bones. London 1979

Hartmann, Arthur: Ysaye, Colossus of the Violin. London o. J.

Haweis, Hugh Reginald: My Musical Life. London 1884

Hawkins, Sir John: General History of the Science and Practice of Music. London 1776, ²1853

Haydn, Joseph: Gesammelte Briefe und Aufzeichnungen. Kassel 1965

Hegermann-Lindencrone, Lillie de: In the Courts of Memory. New York 1911

Hegermann-Lindencrone, Lillie de: The Sunny Side of Diplomatic Life. New York 1913

Heine, Heinrich: Florentinische Nächte (1836/37). In: Sämtliche Schriften I, Darmstadt 1968

Heine, Heinrich: Zeitungsberichte. Frankfurt am Main 1964

Heinsheimer, Hans W.: Menagerie in F sharp. Garden City, New Jersey, 1947

Henschel, Sir George: Musings and Memories of a Musician. London 1918

Henschel, Helen: When Soft Voices Die. London 1944

Hensel, Sebastian: Die Familie Mendelssohn. Berlin 1879

Hériette-Viardot, Louise: Memories and Adventures. London 1913

Heriot, Angus: The Castrati in Opera. London 1956

Herzog, E., und G. von Turnitz: Musikeranekdoten. München 1981

Heseltine, Philip: Frederick Delius. London 1923

Hetherington, John: Melba. London 1967
Hilmar, Ernst: Arnold Schönberg, Gedenkausstellung. Wien 1974
Hoffman, Richard: Some Musical Recollections of 50 Years. New York 1910
Hogarth, George: Musical History, Biography and Criticism. London 1838 (1)
Hogarth, George: Memoirs of the Musical Drama. London 1838 (2)
Holst, Imogen: Gustav Holst. London 1974
Honegger, Arthur: Pacific 231. Einleitung zur Partitur. 1924
Honegger, Arthur: Ich bin Komponist. Zürich 1952
Houtchens, L. H. und C. W.: Leigh Hunt's Dramativ Criticism: 1808–31. New York 1949
Huneker, James: Chopin. Der Mensch, der Künstler. München, Berlin 1917
Huneker, James: Steeplejack. New York 1921

Ives, Charles: Some Quarter-tone Impressions. New York 1961
Ivinskaya, Olga: A Captive of Time. Paris 1978

Jacobson, Robert: Reverberations. London 1976
Jahn, Otto: W. A. Mozart. Leipzig 1856/59. Auch: Hermann Abert, W. A. Mozart, Neubearbeitete und erweiterte Ausgabe von Otto Jahns Mozart, Leipzig 1923/24
Jeritza, Maria: Sunlight and Songs. New York 1924
Joachim, Joseph: Briefe von und an Joseph Joachim. Berlin 1911
Jones, Ernest: Das Leben und das Werk von Sigmund Freud. Bern, Stuttgart, Wien [2]1978

Karasowski, Moritz: Friedrich Chopin. Sein Leben und seine Briefe. Dresden 1878
Karpath, Ludwig: Lachende Musiker. München 1929
Kellogg, Clara Louise: Memories of an American Prima Donna. New York, 1913
Kelly, Michael: Reminiscences. London 1826
Kennedy, C. L.: A Memoir of M. W. Balfe. London 1875
Kerst, Friedrich: Die Erinnerungen an Beethoven. Stuttgart [2]1925
Klemperer, Otto: Meine Erinnerungen an Gustav Mahler. Zürich 1960
Krehbiel, Henry E.: Music and Manners in the Classical Period. New York 1898
Kreißle von Hellborn, Heinrich: Franz Schubert. Wien 1865
Kuhe, Wilhelm: Memoirs of a Musician. London 1913

La Grange, Henry Louis de: Mahler. London 1937ff.
Lamond, Frederic: Memoirs. Edinburgh 1949
Landau, Rom: Paderewski. London 1934
Langdon, Michael, und R. Fawkes: Notes from a Low Singer. London 1982

Lara, Isidore de: Many Tales of Many Cities. London 1928
Lawrence, Arthur: Sir Arthur Sullivan. Life Story, Letters and Reminiscences. London 1899
Legouvé, Ernest: 60 Years of Recollections. London 1893
Lehmann, Lilli: Mein Weg. Leipzig 1913
Lehmann, Lotte: My Many Lives. London 1948
Levant, Oscar: A Smattering of Ignorance. New York 1940
Levarie, Siegmund: Guillaume de Machaut. New York 1954
Levas, Santeri: Sibelius, a Personal Portrait. London 1972
Leyda, Jay, und Sergei Bertensson: The Mussorgsky Reader. New York 1947
Ligeti, György: György Ligeti in Conversation. London 1983
Litzmann, Berthold: Clara Schumann. Leipzig 1905
Lochner, Louis P.: Fritz Kreisler. Wien 1957
Long, Marguerite: Au piano avec Debussy. Paris 1960
Lytton, Henry A.: The Secrets of a Savoyard. London 1921

Mahler-Werfel, Alma: Gustav Mahler, Erinnerungen und Briefe. Amsterdam ²1949
Mahler-Werfel, Alma: Mein Leben. Frankfurt am Main 1960
Mainwaring, John: Georg Friderich Händels Lebensbeschreibung. Ins Deutsche übersetzt von Johann Mattheson. Hamburg 1761
Mann, Katia: Meine ungeschriebenen Memoiren. Frankfurt am Main 1974
Mapleson, James Henry: The Mapleson Memoirs. London 1888
Marchesi, Mathilde de Castrone: Erinnerungen aus meinem Leben. Wien 1877
Maretzek, Max: Crochets and Quavers. New York 1855
Maretzek, Max: Sharps and Flats. New York 1870
Marpurg, Friedrich Wilhelm: Historisch-critische Beyträge zur Aufnahme der Musik, Band I, Berlin 1755
Mason, A. L.: Granados. In: Music and Letters, Juli 1933
Mason, William: Memories of a Musical Life. New York 1901
Mattheson, Johann: Grundlage einer Ehrenpforte. Hamburg 1740
May, Florence: Johannes Brahms. Leipzig 1911
Mayer, Martin: The Met. London 1983
Maynard, William: The Enterprising Impresario. London 1867
Melba, Dame Nellie: Melodies and Memories. London 1925
Mendelssohn Bartholdy, Felix: Eine Reise durch Deutschland, Italien und die Schweiz. Tübingen 1979
Menuhin, Yehudi: Unvollendete Reise. München 1976
Messiaen, Olivier: Interview mit Bernard Gavoty, in: Journal musical français
Metzger, Heinz-Klaus, und Rainer Riehn: Musik-Konzepte 9: Alban Berg, Kammermusik II. München 1979
Michotte, Edmond: La visite de R. Wagner à Rossini. Paris 1906
Milhaud, Darius: Notes Without Music. New York 1953
Milinowski, Marta: Teresa Carreño ›By the Grace of God‹. New York 1940

Moldenhauer, Hans und Rosaleen: Anton von Webern. Zürich, Freiburg 1980
Monteux, Doris: It's All in the Music: the Life and Works of Pierre Monteux. London 1965
Moreaux, Serge: Prokofiev, an Intimate Portrait. O. O., o. J.
Moscheles, Charlotte: Life of Moscheles, with a Selection from his Correspondence. London 1873
Moscheles, Felix: Fragments of an Autobiography. London 1899
Moynahan, Brian: Funeral in Berlin. In: The Sunday Times, 30. Januar 1983
Mozart. Die Dokumente seines Lebens. Supplement zu: Wolfgang Amadeus Mozart, Neue Ausgabe sämtlicher Werke. Kassel 1961
Mulder, Herman: Schönberg-Artikel in NRC-Handelsblad, 14. Mai 1971

Nabokov, Nicolas: Old Friends and New Music. London 1951
Nabokov, Nicolas: Zwei rechte Schuhe im Gepäck. München 1975
Naumann, Emil: Italienische Tondichter von Palestrina bis auf die Gegenwart. München 1876
Neilson, Francis: My Life in Two Worlds. Appleton, Wisconsin, 1952
New York Times, 16. November 1943 (Editorial)
Newcomb, Ethel C.: Leschetizky as I Knew Him. New York 1921
Newman, W. S.: The Sonata in the Baroque Era. New York [4]1983
Newmarch, Rosa: Tchaikovsky, his Life and Works. With Extracts from his writings and the diary of his tour abroad in 1888. London 1908
Newton, Ivor: At the Piano. London 1966
Niecks, Friedrich (Frederick): Schumanniana. In: Monthly Musical Record, 1884
Niecks, Friedrich: Friedrich Chopin als Mensch und als Musiker. Leipzig 1890
Niemetschek, Franz: Leben des K. K. Kapellmeisters Wolfgang Gottlieb Mozart, nach den Originalquellen beschrieben. Prag 1798/1808
Nijinsky, Romola: Nijinsky. London 1933
Nissen, Georg Nikolaus: Biographie W. A. Mozart's. Leipzig 1828
Nohl, Ludwig: Beethoven. Nach den Schilderungen seiner Zeitgenossen. Stuttgart 1877
Norris, Gerald: Stanford, the Cambridge Jubilee and Tchaikovsky. Newton Abbot 1980.

Orel, Alfred: Bruckner-Brevier. Wien 1953
Orlova, Alexandra: Tchaikovsky: the last chapter. In: Music & Letters 1981

Paderewski, Ignaz, und Mary Lawton: The Paderewski Memoirs. London 1939
Painter, George D.: Marcel Proust. Eine Biographie. Frankfurt am Main 1962/68
Panofsky, Walter: Richard Strauss. Partitur eines Lebens. München 1965
Parke, William T.: Musical Memoirs. London 1830

Parker, D. C.: Georges Bizet, his Life and Works. London 1926

Perlis, Vivian: Charles Ives Remembered. New Haven, Connecticut, 1974

Petzoldt, Richard: Georg Philipp Telemann. Leben und Werk. Leipzig 1967

Piatigorsky, Gregor: Mein Cello und ich und unsere Begegnungen. Tübingen 1968

Pohl, Carl Ferdinand: Mozart und Haydn in London. 2. Abtheilung: Haydn in London. Wien 1867

Polko, Elise: Erinnerungen an Felix Mendelssohn-Bartholdy. Leipzig 1868

Ponte, Lorenzo da: Mein abenteuerliches Leben (1823–27). Deutsche Neufassung von Walter Klefisch. Reinbek 1960

Pougin, Arthur: Verdi. Sein Leben und seine Werke. Leipzig 1887

Pougin, Arthur: A Short History of Russian Music. London 1915

Preußner, Eberhard: Die musikalischen Reisen des Herrn von Uffenbach. Kassel 1949

Pringsheim, Klaus: Erinnerungen an Gustav Mahler. In: Neue Zürcher Zeitung, 6. Juli 1960

Pulver, Jeffrey: Paganini, the Romantic Virtuoso. London ²1969

Quirke, William M.: Recollections of a Violinist. London 1914

Rachmaninow, Sergej: Rachmaninov's Recollections, told to Oskar von Riesemann. London 1934

Rasponi, Lanfranco: The Last Prima Donnas. London 1984

Ratzeberger, Matthäus: Die handschriftliche Geschichte Ratzebergers über Luther und seine Zeit, herausgegeben von Chr. Gottl. Neudecker. Jena 1850

Redlich, Hans Ferdinand: Claudio Monteverdi, Leben und Werk. Olten 1949

Redlich, Hans Ferdinand: Alban Berg. Versuch einer Würdigung. Wien 1957

Reed, William H.: Elgar as I Knew Him. London 1938

Reeve, Henry: Memoirs of the Life and Correspondence of Henry Reeve. London 1898

Reeve, William: Residence at Vienna and Berlin. London 1879

Reich, Willi: Arnold Schönberg oder Der konservative Revolutionär. Wien etc. 1968

Reichardt, Johann Friedrich: Musikalischer Almanach. Berlin 1796

Rellstab, Ludwig: Aus meinem Leben. Berlin 1861

Rimsky-Korsakov, Nikolaj: Chronik meines musikalischen Lebens (1909). Stuttgart 1928

Rivière, Jules: My Musical Life and Recollections. London 1893

Rochlitz, Friedrich: Intelligenz-Blatt zur Allgemeinen Musikalischen Zeitung, Juni 1801 (zu 1800 vgl. Bach-Dokumente III)

Rockstro, William S.: The Life of George Frederick Handel. London 1883

Roland-Manuel: Maurice Ravel. London 1947

Ronald, Sir Landon: Variations on a Personal Theme. London 1922

Rorem, Ned: The Paris Diary of Ned Rorem. New York 1966

Rostropowitsch (Rostropovich), Mstislaw: Interview mit Gillian Widdicombe, in: The Observer, 7. November 1977
Rubinstein, Arthur: Mein glückliches Leben. Frankfurt am Main 1980
Russell, Henry: The Passing Show. London 1926

Saint-Pierre, Jacques Henri Bernardin de: Œuvres. Paris 1818–20
Saint-Saëns, Camille: Musikalische Reminiszenzen (1913). Leipzig 1978
Salaman, Charles: Pianists of the Past. In: Blackwood's Magazine, September 1901
Sales, Juan Orrego: Aaron Copland, New York Composer. University of Chile o. J.
Samazeuilh, Gustav: Richard Strauss as I knew him, in: Tempo, Sommer 1964
Sandberger, Adolf: Beiträge zur Geschichte der bayerischen Hofkapelle unter Orlando di Lasso. Leipzig 1894/95
Schaljapin (Chaliapin), Feodor: Man and Mask. London 1932
Schaljapin (Chaliapin), Feodor: An Autobiography as Told to Maxim Gorky. London 1967
Schindler, Anton: Biographie von Ludwig van Beethoven. Münster 1860
Schlichtegroll, Friedrich von: Mozarts Leben (1793), Grätz (Graz) 1794
Schmid, Anton: Christoph Willibald Ritter von Gluck. Dessen Leben und tonkünstlerisches Wirken, Leipzig 1854
Schnabel, Artur: Vortrag an der Chicago University. 1945
Schnabel, Artur: My Life and Music. London 1971
Schönberg, Arnold: Ausgewählte Briefe. Herausgegeben von Erwin Stein. Mainz 1958
Schönberg, Arnold: Berliner Tagebuch. Herausgegeben von Josef Rufer. Berlin 1974
Schönzeler, Hans Hubert: Bruckner. Wien 1974
Scholes, Percy: Oxford Companion to Music. London 1938
Schostakowitsch, Dimitri: Zeugenaussage. Die Memoiren des Dmitrij Schostakowitsch. Herausgegeben von Solomon Volkow. Hamburg 1979
Schubring, Julius: Erinnerungen an Felix Mendelssohn-Bartholdy. In: Daheim, Ein deutsches Familienblatt mit Illustrationen, 2. Jahrgang, Nr. 26, März 1866
Schütz, Heinrich: Gesammelte Briefe und Schriften. Regensburg 1931
Scott, Marion M.: Beethoven. London 1934
Semon, Sir Felix: Autobiography. London 1926
Shore, Bernard: The Orchestra Speaks. London 1938
Silverstope, Frederick S.: Reminiscences. Stockholm 1841
Slonimsky, Nicolas: A Thing or Two about Music. New York 1948
Slonimsky, Nicolas: Music Since 1900. New York [4]1971
Smart, Sir George: Leaves from the Journals of Sir George Smart, herausgegeben von H. B. und C. L. E. Coxe. London 1907
Smyth, Dame Ethel: Impressions that Remained. London 1923

Šourek, Otakar: Antonín Dvořák in Briefen und Erinnerungen. Prag 1954

Specht, Richard: Giacomo Puccini. Das Leben, der Mensch, das Werk. Berlin 1931

Speer, Albert: Erinnerungen. Frankfurt am Main, Berlin 1969

Speyer, Edward: My Life and Friends. London 1937

Spohr, Louis: Lebenserinnerungen (1860/61). Tutzing 1968

Stanford, Charles Villiers: Studies and Memories. London 1908

Stanford, Charles Villiers: Pages from an Unwritten Diary. London 1914

Stassinopoulos, Ariana: Maria Callas. London 1980

Stein, Max Martin: Der heitere Reger. Wiesbaden 1969

Stendhal: The Lives of Haydn and Mozart with Observations on Metastasio and on the Present State of Music in France and Italy. London ²1818

Stendhal: Memoirs of Rossini. London 1824

Steuermann, Clara: From the Archives. In: Journal of the Arnold Schoenberg Institute, Juni 1978

Straeten, Edmond van der: History of the Violoncello, the Viola da Gamba, their Precursors and Collateral Instruments. London 1914

Strauss, Richard: Betrachtungen und Erinnerungen. Zürich, Freiburg 1949

Stravinsky, Vera, und Robert Craft: Stravinsky in Pictures and Documents, in: Musical America, Januar 1944

Stuckenschmidt, Hans Heinz: Maurice Ravel. Variationen über Person und Werk. Frankfurt am Main 1966

Stuckenschmidt, Hans Heinz: Schönberg. Leben – Umwelt – Werk. Zürich und Freiburg, 1974

Swan, Alfred und Katherine: Rachmaninov, personal reminiscences. In: Musical Quarterly, 1944

Szigeti, Joseph: Zwischen den Saiten. Rüschlikon etc. 1962

Tarnowski, Stanislaw: Chopin, as Revealed by Extracts from his Diary. London 1899

Taubman, Howard: Toscanini. New York 1951

Tausky, Margaret: Vilem Tausky tells his Story. London 1979

Tausky, Vilem und Margaret: Janáček: Leaves from his Life. London 1982

Thayer, Alexander Wheelock: Ludwig van Beethovens Leben. Leipzig 1866–1908, neu bearbeitet und ergänzt von Hugo Riemann, Leipzig ³1922

Thomas, Theodore: A Musical Autobiography. Chicago 1905

Times, The: Ravel-Artikel, 28.4.1924

Times, The: Callas-Artikel, 4.1.1958

Tippett, Sir Michael: Remembering Britten. Gespräche mit Alan Blyth. London 1981

Törne, Bengt de: Sibelius, a Close-Up. London 1937

Tschaikowsky (Tchaikovsky), Modeste: Life and Letters of P. I. Tchaikovsky. London 1906

Unger, Heinz: Hammer, Sickle and Baton. London 1939
Unger, Hermann: Musikgeschichte in Selbstzeugnissen. München 1928

Vallas, Leon: César Franck. London 1951
Varèse, Louise: Varèse, a Looking-Glass Diary. New York 1972
Viertel, Salka: The Kindness of Strangers. New York 1969
Viéville, Lecerf de la: Comparaison de la musique italienne et de la musique française. Brüssel 1705

Wagner, Richard: Mein Leben (1870). München 1963
Walker, Alan: Franz Liszt. London 1983
Walker, Frank: Hugo Wolf, a Biography. London ²1968
Walter, Bruno: Gustav Mahler. Berlin, Frankfurt am Main 1957
Walter, Bruno: Thema und Variationen. Frankfurt am Main 1967
Wasielewski, Wilhelm Josef von: Robert Schumann. Leipzig 1906
Watkins, Glenn E.: Gesualdo, the Man and his Music. Oxford 1973
Weber, Max Maria von: Carl Maria von Weber. Ein Lebensbild. Leipzig 1864–66
Wegeler, Franz Gerhard, und Ferdinand Ries: Biographische Notizen über Ludwig van Beethoven. Koblenz 1838
Weingartner, Felix: Lebenserinnerungen. Zürich / Leipzig 1928
Weinstock, Herbert: Rossini. Eine Biographie. Adliswil 1981
Werth, Alexander: Musical Uproar in Moscow. London 1949
Widmann, Josef Viktor: Erinnerungen an Johannes Brahms (1898). Neu herausgegeben von Willi Reich. Basel 1947
Wohl, Janka: Franz Liszt. Jena o. J. (um 1887)
Wood, Sir Henry: My Life of Music. London 1938

Zelter, Karl Friedrich: Selbstdarstellung. Ausgewählt und herausgegeben von Willi Reich. Zürich o. J.
Zweig, Stefan: Die Welt von Gestern. Erinnerungen eines Europäers. Stockholm 1944

Personenregister

432